KB059778

투키디데스의 함정은 지배 세력을 향한 신흥 세력의 충돌이라는, 세계 질서에 대한 가장 중요한 도전을 설명해주는 말이다. 나는 이 책을 정말 흥미진진하게 읽었다. 그저 미국과 중국 간의 관계가, 전쟁으로 귀결된 열세 번째 사례가 아니라 평화롭게 해결된 다섯 번째 사례가 되기만을 바랄 따름이다. _헨리 키신저(미국 전 국무장관)

《예정된 전쟁》을 읽고 여기에 나온 교훈을 적용한다면 수백만 명의 목숨을 구하는 데 도움이 될 것이다. _클라우스 슈밥(세계경제포럼 회장)

국가 안보 분야에서 명성이 드높은 우리 시대의 이론가이자 현역 전략가인 그레이엄 앨리슨은 응용역사학의 대가이기도 하다. 중국의 지도자들은 투키디데스의 함정에 대한 앨리슨의 경고를 읽을 것이 분명하다. 나는 오로지, 미국 지도자들도 반드시 이 책을 읽기를 바랄 뿐이다. 하지만 교양 있는 시민들도 모두 이 책을 한 권씩 사야 한다.
_니얼 퍼거슨(하버드대학교 역사학 교수, 《증오의 세기》 저자)

과연 미국이 중국과의 대결을 피할 수 있을까? 이것은 우리 시대가 당면한 가장 핵심적인 지정학적 질문이다. 이 중요하고 흥미진진한 책은 그런 충돌을 피할 수 있는 방법을 마련하기 위한 교훈들을 추출한 책이다. _월터 아이작슨(《스티브 잡스》 저자)

《예정된 전쟁》이 정책 분야에서 올해의 책이 되지 않을까? 만약 시진핑이, 이 책이 관심을 가지지 않을 수 없을 만큼 진지한 이야기라고 말한다면, 저자의 주장들을 제대로 연구해볼 필요가 있다. 분명한 구조에 기초하여, 거대한 힘들과 우발성을 두고 끊임없이 계속된 역사학적 논쟁을 솜씨 좋게 탐색하고 있는 이 책 자체가, 많은 주목을 받고 논쟁의 대상이 되며 계속해서 강의실에서 읽힐 운명이 예정된 책이다. _폴 케네디(《강대국의 흥망》 저자)

그레이엄 앨리슨은 우리 외교정책의 가장 어려운 딜레마를 전문가와 일반 시민 모두가 이해하기 쉽도록 잘 설명해준다. 그게 바로 내가 상원의원이었을 때나 부통령이었을 때나 늘 정기적으로 그의 조언을 구했던 이유다. 이 책 《예정된 전쟁》에서 앨리슨은 우리 시대의 본질을 가장 잘 보여주는 도전, 즉 중국과 미국 간의 중대한 관계를 다루어 나가는 문제를 한눈에 펼쳐 보인다. _조 바이든(미국 전 부통령)

앨리슨은 파국적인 충돌을 피하기 위한 필수적인 과정을 기록했다. 이 책은 향후 수십 년간 학습과 토론 교재로 사용될 것이다. _케빈 러드(오스트레일리아 전 총리)

언제나 명료한 개념들을 사용해온 그레이엄 앨리슨은 '투키디데스의 함정'이라는 개념을 사용하여 우리 시대의 커다란 질문을 조명한다. 과연 지배 세력(미국)은 어떻게 신흥 세력(중국)과의 전쟁을 피할 수 있을 것인가? 앨리슨은 역사적 관점을 제시하는 한편, 자신이 내부자로서 알고 있는 미국의 관점과 그가 보기 드물 정도로 깊이 있게 연구한 중국의 관점을 모두 설명해준다. _에즈라 보걸(하버드대학교 명예교수, 《덩샤오핑 평전》 저자)

역사에 해박한 그레이엄 앨리슨이, '중국의 부상'이라는 현대사에서 가장 큰 변화 국면을 맞아 매우 흥미진진한 책을 썼다. 정책 입안자와 시민 모두, 행동에 나서기 전에 이 책부터 읽고 소화해야 한다. 역사가의 지적 깊이와 정책 입안자의 실용적 현실 감각을 모두 겸비한 그는 가까운 과거와 먼 과거를 파고 들어간 끝에, 우리가 미래를 대비하는 데 필수적인 통찰력을 제시하며, 급기야 오늘날 미국이 어떻게 행동해야 하는지에 관한 우리의 사고방식을 바꾸어놓기에 이른다. _사만다 파워(전 유엔주재 미국 대사)

그레이엄 앨리슨은 학자 겸 전략가의 사표師表이다. 지금까지 정부와 아카데미의 최고 수준에서 일해온 그는 세계 '응용역사학'계를 이끌어나가는 선두 주자다. 그가 가장 최근에 쓴 이 책은 역사학으로 무장한 정치학을, 과연 중국의 부상이 주요 전쟁을 치르지 않고 전개될 수 있을 것인가 하는 우리 시대의 탁월한 전략적 질문과 연결한다. 이 책이 예측보다는 진지한 숙고에 초점을 맞추고 있음에도 그 결론은 우리를 매우 불편하게 만든다. 이 점에서 또 하나의 고전이 될 것이 틀림없는 이 책 《예정된 전쟁》은 '시의적절한 생각'의 훌륭한 예다. 저자는 우리의 통념과는 상반된 생각을 말하고 있기 때문이다.
_브랜든 심스(《유럽》 저자)

세계대전을 멈추게 만들 수 있는 책이 있다면 이 책이 바로 그런 책이다. 그레이엄 앨리슨은 미국과 중국 사이에 심각한 충돌의 기미가 보이지만 그 충돌이 필연적이지는 않다는 점을 분명하고 설득력 있게 제시한다. 우리가 눈을 뗄 수 없게 만드는 이 책은 일반인들뿐만 아니라 두 나라 정책 입안자들의 필독서다.
_샘 넌(핵 위협 구상Nuclear Threat Initiative 공동의장이자 미국 전 상원의원)

이 책을 읽어라. 미국이 대對중국 정책에서 처한 딜레마나, 이 시대의 국제문제 이해를 위한 응용역사학의 방법을 배우는 데 이보다 더 나은 입문서를 찾을 수는 없을 것이다.
_아르네 베스타《잠 못 이루는 제국》저자)

세계에서 가장 중요한 관계라고 할 수 있는 미국과 중국 간의 관계에 관해 지금까지 내가 읽어온 책 중에서 최고로 통찰력 있고 시사하는 바가 큰 책 중 하나다. 만약 그레이엄 앨리슨이 옳다면(나는 그렇다고 생각한다) 중국과 미국은 어느 쪽도 이기지 못할 전쟁을 피하기 위해서 이 탁월한 연구에서 얻어낸 교훈에 주목해야만 한다.
_데이비드 퍼트레이어스(전 CIA 국장, 미국 전 중앙지휘사령관)

현재의 가장 시급한 외교정책 문제에 관한 도발적인 주장이자, 앉은 자리에서 눈을 못 떼고 읽게 만드는 책들 가운데 최상급인 이 책《예정된 전쟁》은 우리 모두의 필독서다. 앨리슨은 그처럼 시급하고 위험투성이인 주제에 어울리는 추진력을 가지고 힘차게 써 내려간다.
_크리스토퍼 라이히(《패트리어츠 클럽The Patriots' Club》,《넘버드 어카운트Numbered Account》저자)

그레이엄 앨리슨이 또다시 엄청나게 유용한 책을 썼다. 어제의 전쟁 사례들에 대한 날카로운 검토와 오늘의 국제정치에 관한 깊이 있는 이해를 바탕으로, 앨리슨은 미국과 중국의 지도자들에게 단순히 투키디데스의 함정에 빠지는 결과를 냉정하게 경고하는 데서 그치지 않고 이 함정을 피하는 데 도움이 되는 통찰력까지 제공해주었다. 이 책《예정된 전쟁》은 태평양을 사이에 둔 두 나라의 정책 입안자, 학자, 시민 모두에게 필독서다.
_애슈턴 카터(미국 전 국방장관)

《예정된 전쟁》은 미국의 장기적 국가 안보와 경제 이익을 생각하는 사람들에게는 '필독서'다.
_댄 설리번(미 공화당 상원의원)

그레이엄 앨리슨은 미-중 관계의 위험한 포물선을 해부하고 그 포물선을 구부릴 방법을 제시함으로써 외교정책 분야에서 우리 시대에 가장 중요한 책을 썼다. 우리의 새 대통령이 당장 이 책을 읽어야 한다.《예정된 전쟁》을 모든 정부 기관의 권장도서 목록에 올린다면 우리 지도자 세대는 악명 높은 '투키디데스의 함정'에 빠지는 것을 피할 수 있을 것이다.
_샌디 윈필드(전 합동참모본부 부의장)

그레이엄 앨리슨은 핵 시대의 폴 리비에르Paul Revere다. 그는 우리를 잠에서 깨어나게 하려고 오랫동안 경종을 울려왔다. 이 탁월한 책에서 앨리슨은 우리에게 과거의 시작만큼이나 느닷없이 끝날 수 있는, 우리의 심장을 멎게 만드는 미래를 보여준다.
_윌리엄 코헨(미국 전 국방장관)

역사를 한눈에 훑으면서 논지의 핵심을 걸러내는 날카로운 능력을 갖춘 그레이엄 앨리슨은 불확실한 미래에 놓인 미-중 관계를 이끌어나가는 데 꼭 필요한 안내서를 써주었다. 중국 그리고 중국과 세계와의 관계를 진지하게 생각하는 외교관이나 금융가나 사업가라면 절대 놓쳐서는 안 되는 중요한 책이다.
_커트 캠벨(아시아 그룹 CEO, 미국 전 국무부 동아시아태평양 담당 차관보)

이 책 《예정된 전쟁》은 미-중 관계나 평화를 염려하는 모든 이들의 필독서다. 미국의 외교 정책이 만들어지는(그리고 만들어져야 하는) 방식에 관심을 두는 모든 이들에게도 마찬가지다. 이 책은 학문적 성취와 누구나 읽어낼 수 있는 글쓰기가 탁월하게 조합된 책이다.
_아미타이 에치오니(조지워싱턴대학교 국제관계학 교수, 《중국과의 전쟁 피하기Avoiding War with China》 저자)

향후 수십 년간 미국 외교정책에 가장 중요한 도전은 신흥 세력 중국과 전략적 경쟁 관계를 이어가는 문제가 될 것이다. 이전 역사가 말해주고 있듯이, 현실적으로 향후 두 나라는 전쟁을 치르게 될 확률이 매우 높다. 한편에는 충돌이 필연적이라고 생각하는 사람들이 있고, 다른 한편에는 그런 결론은 너무 단순한 생각이라고 보는 사람들이 있다. 이 중요한 책은 독자들에게 대단히 흥미로운 역사 여행과, 좋든 싫든 미국의 미래에 심대한 영향을 미칠 문제를 두고 현명하게 사고하기 위한 개념적 기초를 제공해준다.
_J. 스태플턴 로이(전 주중 미국 대사)

이 책 《예정된 전쟁》에 나와 있듯이, 미국과 중국 간의 투키디데스적 긴장을 인식한다고 해서 그 긴장이 저절로 완화되는 것은 아니다. 그레이엄 앨리슨은 어째서 이런 긴장이, 미국의 핵심 국가이익을 지키고 전쟁을 피하는 것을 목표로 중국의 부상을 다루기 위한 전략을 짜는 데 근본적인 출발점인지를 보여준다. _로버트 블랙윌(미국 외교협회 연구위원)

예정된 전쟁

DESTINED FOR WAR

예정된 전쟁

미국과 중국의
패권 경쟁,
그리고
한반도의 운명

그레이엄 앨리슨 지음
정혜윤 옮김

차례

3부 | 폭풍 전야
A GATHERING STORM

4부 | 전쟁은 필연적이지 않다
WHY WAR IS NOT INEVITABLE

두 세기 전에 나폴레옹 보나파르트Napoléon Bonaparte는 이렇게 경고했다.

"잠에 빠져 있는 중국을 깨우지 마라. 중국이 깨어나는 순간 온 세상이 뒤흔들릴 테니."

이제 중국은 잠에서 깨어났고 세상이 뒤흔들리기 시작했다.

온 나라가 농촌 벽지였던 중국은 지금 '세계사에서 가장 큰 행위자'로 변모했다. 그러나 미국인들 중에는 아직도 이런 사실이 미국에 의미하는 바를 제대로 받아들이지 않으려는 사람이 많다. 이 책의 주제를 한마디로 요약하자면 '투키디데스의 함정'이다. 새롭게 부상하는 세력이 현 지배 세력을 위협할 때는 반드시 위험을 알리는 경종을 울릴 필요가 있다. 중국과 미국은 지금 전쟁이라는 정면충돌을 눈앞에 두고 있다. 만약 양측이 전쟁을 피하기 위해서 어렵고 고통스러운 선택들을 해나가지 않는다면 그렇게 될 것이다.

빠른 속도로 부상하고 있는 중국이 지금껏 당연시되어온 미국의 우위에 도전하면서, 이 두 나라는 고대 그리스의 역사학자 투키디데스가 최초로 설명한 치명적인 함정에 빠질 위험에 처하게 되었다. 2,500년 전 고대 그리스의 두 주요 도시국가를 초토화시켰던 전쟁에 관한 글에서 그는 이렇게 설명했다.

"전쟁이 **필연적이었던** 것은 아테네의 **부상**과 그에 따라 스파르타에 스며든 **두려움** 때문이었다."

이 아득한 옛날의 통찰은 위험한 역사적 패턴을 정확하게 설명해준다. 나는 하버드대학교에서 지난 500년 동안의 기록을 살피는 '투키디데스의 함정 프로젝트'를 이끌었는데, 그 결과 주요 국가의 부상이 지배 국가의 입지를 무너뜨린 사례 열여섯 개를 찾아냈다. 가장 악명 높은 사례는 한 세기 전에 공업국으로 급성장한 독일이 맨 꼭대기 자리를 확고부동하게 차지하고 있던 영국의 입지를 뒤흔들었던 경우다. 경쟁은 결국 폭력적 충돌의 새로운 범주, 즉 세계대전이라는 파국적인 결과를 낳고 말았다. 연구 결과, 우리는 이 국가 간 경쟁 사례 가운데 열두 사례는 전쟁으로 끝났고 네 사례는 전쟁을 피했다는 사실을 발견했다. 21세기에 가장 중요한 지정학적 경쟁을 마주한 상황에서 보자면 그리 안도감이 드는 비율은 아니다.

이 책은 중국에 관한 책이 아니라, 중국의 부상이 미국과 세계 질서에 미치는 **영향**에 관한 책이다. 제2차 세계대전 이후 70여 년 동안 워싱턴의 지배에 기초한 틀이 세계 질서를 규정해왔다. 그 결과 열강들 사이에 전쟁이 없는 시대가 만들어졌고, 이제 대부분의 사람들은 이런 상태를 정상적이라고 생각하기에 이르렀다. 그러나 역사학자들은 지금이 보기 드물게 '긴 평화 시기'라고 말한다. 오늘날 점점 강국이 되어가는 중국이 이 질서를 뒤흔들면서, 지금껏 여러 세대에 걸쳐서 당연시되어왔던 평화에 의문이 제기되고 있다.

2015년, 나는 《애틀랜틱 *Atlantic*》 지에 "투키디데스의 함정: 미국과 중국은 전쟁을 향해 나아가고 있는가?"라는 글을 기고했다. 이 글에서 나는 투키디데스가 가리키는 역사적 은유가 지금의 중국과 미국 간의 관계를 가장 잘 들여다보게 해주는 렌즈라고 주장했다. 이후 이 개념은 상당한 논쟁을 불러일으켰다. 세세한 것을 따지고 들기 좋아하는 정책통이나 대통령 모두, 증거를 똑바로 보고 양측이 해낼 수도 있는 불편하지만 반드시 필요한 조율에 관해서 고민하기보다는, 투키디데스의 '필연성'에 관한 주장을 두고 허수아비 논리를 만들어냈다. 그런 뒤 그들은 워싱턴과 베이징 사이의 전쟁은 예정된 게 아니라고 주장하면서 그 허수아비 논리를 불태워버렸다. 2015년에 열린 정상회담에서 버락 오바마 Barack Obama 대통령과 시진핑 習近平 주석은 마침내 이 함정에 관해서 논의하기에 이르렀다. 오바마 대통령은 중국의 부상으로 구조적 긴장이 발생한 것은 사실이지만, 그럼에도 "두 나라는 서로 이견을 잘 조종해나갈 수 있다"고 강조했다. 이와 동시에 두 사람은, 시진핑 주석의 표현에 따르면, "주요 국가들이 또다시 전략적인 계산을 잘못하는 실수를 되풀이한다면 결국 스스로의 함정을 파는 꼴이 될 것"임을 인정했다.

나 역시 동의한다. 미국과 중국 사이의 전쟁은 필연적이지 않다. 사실 투키디데스도 아테네와 스파르타 간의 전쟁 역시 필연적이지 않았다고 동의했을 것이다. 맥락을 읽어보면 필연성에 관한 그의 주장은 강조를 위한 부풀리기로, 과장법이었음이 분명하다. 투키디데스의 함정이라는 말의 핵심은 운명론이나 비관론에 있지 않다. 그와 반대로, 우리로 하여금 신문 머리기사 표제나 정권의 수사적 표현 너머에 존재하고 있는, 베이징과 워싱턴이 평화로운 관계를 구축해나가기 위해서 제대로 숙지하고 있어야 할 구조상의 긴장을 인식할 수 있게 해준다는 점이 그 핵심이다.

만약 할리우드에서 중국이 미국에 맞서다가 마침내 전쟁까지 발발하게 되는 영화를 만든다면 그 중심인물로 시진핑과 도널드 트럼프Donald Trump보다 더 적절한 두 주인공은 찾기 힘들 것이다. 두 사람 모두 각자 자기 나라가 위대해지기를 바라는 깊은 열망의 화신이라고 할 수 있는 인물들이기 때문이다. 2012년에 중국은 시진핑을 새 지도자로 지목하여 앞으로 신흥 세력으로서 해나가게 될 역할에 방점을 찍었고, 미국 역시 선거운동 과정에서 중국을 적대시한 도널드 트럼프를 대통령으로 선출하여 지배 세력으로서의 보다 적극적인 대응을 예고했다. 개인적인 성격으로 보자면 트럼프와 시진핑만큼 다른 인물도 없을 터다. 그러나 일인자가 되기 위해서 투쟁하는 주인공이라는 측면에서 본다면 두 인물 사이에 불길한 유사성이 있다. 두 사람 모두 다음의 공통점을 가지고 있다.

- 자기 나라를 다시 위대하게 만들겠다는 공통된 야심에 따라 행동한다.
- 상대국을 자신의 꿈을 실현시키는 데 가장 주된 방해물로 여긴다.
- 자신의 독특한 리더십 능력에 자부심을 갖고 있다.
- 스스로를 조국을 부흥시키는 데 핵심 역할을 하는 사람으로 여긴다.
- 급격한 변화를 요구하는 벅찬 국내 과제를 천명했다.
- 민족주의적 포퓰리스트들을 자극해서, 나라 안의 부패를 '척결하고' 자국의 역사적인 임무 수행을 방해하려는 상대국의 시도에 정면으로 맞서는 일에 지지를 이끌어냈다.

과연 이 두 대국 사이의 임박한 충돌이 전쟁으로까지 이어지게 될까? 트럼프 대통령과 시진핑 주석이나, 그들의 후임 지도자들은 아테네와 스파르타 또는 영국과 독일의 지도자들이 밟았던 비극적인 전철을 따르게 될까? 아니면 한 세기 전의 영국과 미국처럼 또는 미국과 소련이 40년간 냉전을 겪으며 그랬듯이 효과적으로 전쟁을 피할 방법을 찾을 수 있을까? 이는 아무도 모를 일이다. 그러나 투키디데스가 밝혀낸 역학이 향후 몇 년 동안 점점 더 강력한 힘을 발휘하게 되리라는 사실만큼은 분명하다.

투키디데스의 함정이라는 생각 자체를 부인한다고 해서 이것이 현실로 닥치지 않는 것은 아니다. 함정에 빠질 가능성을 제대로 인식하자는 말이, 곧 무슨 일이 일어나든 있는 그대로 받아들이자는 말인 것도 아니다. 지금 우리 앞에는 우리가 미래 세대들을 위해서 반드시 해결해야 할 과제가 놓여 있다. 바로, 역사상 가장 끔찍한 일이 일어날지도 모르는 흐름을 정면으로 바라보고 그 가능성이 실현되는 결과를 막아내기 위해서 우리가 할 수 있는 모든 일을 다 하는 것이다.

서문

내가 이 책을 쓴 이유는 지금 당장 무슨 찬사를 받기 위해서가 아니라 후세에 내내 도움이 될 만한 이야기를 하기 위해서다.
_투키디데스, 《펠로폰네소스 전쟁사 History of the Peloponnesian War》

지금 우리는 세계의 정상에 있다. 우리가 이 꼭대기에 도달한 것은 영원토록 이곳에 머물기 위해서다. 물론 역사라는 게 있다. 그러나 역사는 다른 민족들에게나 일어나는 불쾌한 현상일 뿐이다.
_아널드 토인비Arnold Toynbee, 1897년 빅토리아 여왕 즉위 60주년 기념제 diamond jubilee를 회고하며

다른 현직 역사가들과 마찬가지로 나 역시 '역사가 주는 교훈'이 무엇이냐는 질문을 자주 받는다. 과거를 살피는 동안 내가 배운 유일한 교훈은 역사에는 영원한 승자도 영원한 패자도 없다는 사실이다. _라마찬드라 구하Ramachandra Guha

"아, 일이 이렇게 될 줄 진작 알았더라면."

독일 총리가 할 수 있는 최선의 말이었다. 테오발트 폰 베트만홀베크 Theonald von Bethmann-Hollweg 총리는 한 동료 정치가의 질문에, 어떻게 해서 자신을 비롯한 유럽 정치가들의 선택이 그때까지 세계 역사상 가장 파괴적이었던 전쟁으로 이어졌는지 제대로 설명하지 못했다. 1918년, 세계대전의 살육이 마침내 멈추었을 때 주요 참전국들 모두가 하나같이 자신들이 싸움을 통해서 지키려던 것을 잃고 말았다. 오스트리아-헝가리 제국은 해체되었고, 독일 황제는 축출당했으며, 러시아의 차르 역시 왕좌에서 내려와야 했다. 프랑스는 한 세대 동안 피를 흘렸고, 영국은 부와 젊은이들을 잃었다. 대체 무엇을 얻기 위해서였을까? 이유를 알기만 한다면 좋으련만.

베트만홀베크가 했던 말이 거의 반세기 뒤에 미국 대통령 주위를 떠돌았다. 1962년에 존 F. 케네디John F. Kennedy는 마흔다섯에 재임 2년차였지만 아직 총사령관으로서의 책무를 습득하느라 힘겹게 노력하는 중이었다. 자신이 손가락으로 핵무기와 연결된 버튼을 누르기만 하면 단 몇 분 만에 수천 수백만 명의 사람을 죽일 수 있다는 사실만큼은 잘 알고 있었다. 그런데 대체 무엇을 얻겠다고? 당시에 떠돌던 구호 가운데 이런 것이 있었다.

"붉게 물드느니 차라리 죽는 게 더 낫다."

케네디는 이 같은 이분법에 안이하게 대처하지 않고 이것은 틀린 말이라고 분명하게 지적했다. 그는 "우리의 목표는 자유를 대가로 평화를 얻는 것이 아니라 평화와 자유 모두를 얻는 것이어야 한다"고 말했다. 문제는 그와 그의 내각이 어떻게 그 두 가지 모두를 지켜낼 수 있는가 하는 것이었다.

1962년 여름, 케네디는 케이프 코드에 있는 가족 별장에서 휴가를 보내는 동안에 우연히 1914년의 전쟁 발발에 관한 바버라 터치먼Barbara Tuchman의 흥미진진한 해설이 담긴 책 《8월의 포성The Guns of August》을 읽게 되었다. 터치먼은 독일 황제 빌헬름 2세Willhelm II와 총리 베트만홀베크, 영국의 조지 5세George V와 그의 외무대신 에드워드 그레이Edward Grey, 러시아의 차르 니콜라이 2세Nicholai II, 오스트리아-헝가리 제국의 프란츠 요제프 1세Franz Joseph I 등이 마치 몽유병에라도 걸린 양 심연으로 빠져 들어가는 동안에 그들이 했던 생각과 행동을 추적했다. 터치먼은 그들 가운데 누구도 자신들에게 닥친 위험을 제대로 이해하지 못하고 있었다고 주장했다. 그런 전쟁을 원한 사람은 아무도 없었다. 만약 이전으로 돌아가서 다시 기회가 주어진다면 자신들이 했던 선택을 그대로 반복할 사람은 그들 중 아무도 없을 것이다. 자신의 책임에 관해서 깊이 생각해본 케네디는 만약 파국적인 전쟁과 평화 사이에서 다른 결과를 만들어낼 수 있는 선택에 직면하게 된다면 자신은 역사 앞에 베트만홀베크보다는 더 나은 해결책을 제시하리라고 다짐했다.

당시 케네디는 앞으로 자신에게 무슨 일이 닥치게 될지 짐작조차 못 하고 있었다. 터치먼의 책을 읽은 지 겨우 두 달 만인 1962년 10월, 그는 소련 지도자 니키타 흐루쇼프Nikita Khrushchev와 인류 역사상 가장 위험한 대결 국면에 처하게 되었다. 쿠바 미사일 위기는 소련이 핵탄두 미사일을 플로리다에서 불과 140여 킬로미터 떨어진 쿠바로 몰래 들여오려 한 사실을 미국이 알게 되면서부터 시작되었다. 상황은 순식간에 악화되었다. 처음에는 외교적 차원의 경고 발언 정도로 시작되었다가 점차 미국의 쿠바섬 봉쇄, 미국과 소련 양측의 군사 동원 그리고 쿠바 상공을 정찰하던 미국 U-2 정찰기 격추를 포함해서 몇 차례 아슬아슬한 충돌로까지 이어졌다. 팽팽한 긴장감이 감돌았던 13일간의 위기의 정점에서 케네디는 사태가 결국 핵전쟁으로 끝날 가능성이 3분의 1에서 절반 정도 된다고 생각했음을 나중에 자신의 동생 로버트에게 털어놓았다. 그 이후로 전쟁 가능성이 그보다 더 컸던 때를 찾아낸 역사가는 없었다. 케네디는 자신이 처한 상황이 얼마나 위험한지를 충분히 알고 있었으면서도, 게다가 사실상 자신의 선택들이 핵전쟁을 포함해서 전쟁의 위험을 증가시키는 선택임을 스스로 알면서도 그런 선택을 계속해서 반복했다. 그는 (외교 채널을 통해서 문제를 비밀리에 조용히 풀려고 시도하는 대신) 공개적으로 흐루쇼프와 맞서는 방법을 택했고, (스스로에게 운신의 폭을 남겨두는 대신에) 소련에게 미사일 제거를 요구하는 지나칠 정도로 분명한 경고장을 날렸다. 또, (자신의 위협이 베를린에 대한 소련의 보복 공격을 유도할 가능성이 있음을 알면서도) 공중 폭격으로 미사일을 파괴하겠다고 위협했으며, 흐루쇼프에게 단 하루의 시간 여유를 두고 시한부 최후통첩을 했다(만약 흐루쇼프가 이를 거부했다면 미국은 첫 공격을 감행하지 않을 수 없었을 것이다).

매 선택을 할 때마다 케네디는 자신이, 자신의 통제권을 넘어선 상대방이 핵폭탄으로 워싱턴 D.C.(긴장이 고조되어가는 기간 내내 자신과 자신의 가족 모두가 살고 있던 곳)를 포함한 미국 도시들을 파괴하는 선택을 하도록 만들 위험을 **고조시키고** 있다는 사실을 잘 알고 있었다. 예컨대 케네디가 미국 핵무기 경계 수준을 데프콘Defcon 2(Defense Readiness Condition의 약자로 정규전에 대비해 발령하는 전투 준비 태세. 1~5단계로 나누어져 있고 숫자가 낮을수록 전쟁 발발 가능성이 높다. 데프콘 2는 적이 공격 준비 태세를 강화하려는 움직임이 있을 때 발령된다─옮긴이)로 올렸을 때 미국의 무기들은 소련의 선제공격에 덜 취약한 상태가 되었지만 대신 안전장치는 느슨해진 셈이었다. 데프콘 2 상태에서 북대서양조약기구(나토NATO) 전폭기에 몸을 실은 독일과 터키 조종사들은 핵무기를 탑재한 채로, 소련 내의 목표 지점에서 두 시간도 채 떨어지지 않은 지점의 상공을 날고 있었다. 핵무기에 대한 전자 잠금 장치가 아직 개발되기 전이었기 때문에 사실상 조종사가 모스크바로 날아가서 핵폭탄을 떨어뜨려 제3차 세계대전을 시작하는 것을 막을 수 있는 물리적, 기술적 장치가 없는 상황이었다.

이 '통제 불능이라는 위험'을 해소할 만한 방법이 없었던 케네디와 국방장관 로버트 맥나마라Robert McNamara는 사고나 실수를 최소화하기 위해서 조직의 절차를 철저하게 따랐다. 그런 여러 가지 노력이 있었는데도, 케네디의 통제 범위를 벗어나 전쟁이 촉발될 수도 있었던 위기의 순간이 열두 차례 이상이나 있었음을 역사가들은 확인했다. 예를 들어 미국의 대잠수함은 소련 잠수함들을 수면 위로 올려놓기 위해서 소련 잠수함 주변에 훈련용 폭뢰를 떨어뜨리는 군사작전을 펼쳤는데, 이 때문에 소련 함장은 자기가 공격을 받았다고 믿고 자칫하면 핵 어뢰를 발사할 뻔했다. 또, U-2 정찰기가 실수로 소련 영공을 침범했는데 이 때문에 흐루쇼프는 워싱턴이 선제 핵 공격을 하기 위해서 정확한 좌표를 찾고 있는 것으로 오인해 공포에 질렸다.

만약 이런 행동들 가운데 하나가 핵을 사용한 제3차 세계대전을 촉발시켰다면 과연 존 F. 케네디는 자신의 선택이 어떻게 해서 그런 결과를 낳게 되었는지 설명할 수 있을까? 같은 질문에 그가 베트만홀베크보다 더 잘 대답할 수 있을까?

인간사를 다루는 철학자, 법학자, 사회과학자들을 내내 괴롭혀온 주범이 바로 그 원인의 복잡성이다. 전쟁이 어떻게 해서 발발하게 되는지를 분석할 때 역사학자들은 주로 가까운 원인들 또는 즉각적인 원인들에 초점을 맞춘다. 제1차 세계대전의 경우에는 합스부르크의 프란츠 페르디난트Franz Ferdinand 대공의 암살이나, 러시아 군대를 움직여 주요 세력과 맞서기로 한 차르 니콜라이 2세의 결정이 그 예다. 만약 쿠바 미사일 위기가 전쟁으로 이어졌다면, 가장 가까운 발단 요인은 소련 함장이 자신의 잠수함이 가라앉게 생긴 사태를 수수방관하고 있는 대신 핵 어뢰를 발사하는 결정을 내린 일이나, 터키 조종사가 핵을 탑재한 전폭기를 모스크바를 향해서 모는 그릇된 선택을 한 일일 수 있다.

물론 전쟁이 일어나는 데는 가까운 촉발 요인이 결정적이라는 점은 부인할 수 없는 사실이다. 그러나 역사학의 창시자는, 피를 보게 만든 가장 명백한 요인들이 정작 전쟁을 촉발시키는 훨씬 더 중요한 근본 원인을 가린다고 믿었다. 투키디데스는 우리에게, 전쟁을 촉발시키는 직접적인 사건보다 더 중요한 것은 그 기저에 놓여 있는 구조적 요인들이라고 가르쳐준다. 이 구조적인 요인들은, 만약 이런 조건들이 없었다면 적절하게 처리할 수 있었을 사건들을 예측 불능의 심각한 상황으로 치닫게 하고 급기야는 상상을 초월하는 결과를 낳게 만든다.

투키디데스의 함정

고대 그리스의 역사학자 투키디데스는 국제관계학에서 가장 자주 인용되는 문장을 하나 남겼다.

"전쟁이 필연적이었던 것은 아테네의 부상과 그에 따라 스파르타에 스며든 두려움 때문이었다."

투키디데스는 기원전 5세기에 자신의 조국인 도시국가 아테네가 휩싸였던 충돌, 즉 펠로폰네소스 전쟁에 관해 썼다. 이 충돌은 고대 그리스 땅 전체를 거의 집어삼켜버리기에 이른다. 그 자신 군인이었던 투키디데스는 아테네가 당시 그리스의 지배 세력이었던 병영 도시국가 스파르타에 도전하는 모습을 직접 지켜보았다. 두 세력 간에 무력전이 펼쳐지는 장면을 목격한 그는 그들이 싸움의 끔찍한 대가를 치르는 모습을 자세하게 기록했다. 그러나 그는 지칠 대로 지친 스파르타가 마침내 아테네를 격파하는 그 씁쓸한 결말을 보기 전에 삶을 마쳤다. 오히려 그에게는 다행스런 일이다.

펠로폰네소스 전쟁의 발발 요인을 두고 이런저런 설명들이 시도되었지만, 투키디데스는 곧장 문제의 핵심을 파고들었다. '아테네의 부상과 그에 따라 스파르타에 스며든 두려움'에 주목한 그가 밝혀낸 것은 역사상 가장 파국적이고 가장 수수께끼 같은 전쟁들을 야기한 제일 원인이었다. 그에 따르면, 당사국들의 직접적인 의도가 무엇이든, 새로 부상하는 세력이 지배 세력을 대체할 정도로 위협적일 경우에 그에 따른 구조적 압박이 무력 충돌로 이어지는 현상은 예외적이라기보다는 차라리 법칙에 가깝다. 이런 일은 기원전 5세기 아테네와 스파르타 사이에서 그리고 1세기 전 독일과 영국 사이에서 일어났으며, 1950년대와 60년대의 소련과 미국 사이에서도 일촉즉발의 상황을 만들어냈다.

다른 여러 나라들과 마찬가지로 아테네 역시 자신들의 진보가 건전한 방향으로 이루어졌다고 믿었다. 갈등이 있기 전, 반세기가 넘는 기간 동안 아테네는 눈부신 문명의 첨탑으로 우뚝 솟아올랐다. 철학, 연극, 건축, 민주주의, 역사학 그리고 해군력까지, 아테네는 그때껏 태양 아래에서 볼 수 있었던 그 어떤 것도 능가하는 차원으로 이 모든 요소를 다 갖추고 있었다. 아테네의 급속한 발전은, 당시 펠로폰네소스 지역에서 지배 세력으로서의 위치에 점점 더 익숙해져가고 있던 스파르타를 위협하기 시작했다. 아테네인들의 자신감과 자부심은 점점 커져갔고, 그와 더불어 존중받고 싶은 마음과 새로운 세력 현실을 반영하여 질서가 재편되기를 기대하는 마음도 함께 자라났다. 이런 반응은 뭔가 달라진 어중간한 상황에서 누구나 보이기 마련인 자연스런 반응이라고 투키디데스는 우리에게 말한다. 그렇다. 어떻게 아테네인들이 자기네들의 이해가 더 중요하게 받아들여질 만하다고 믿지 않을 수 있었겠는가? 어떻게 아테네인들이 그와 같은 불균형을 좁혀나가는 데 더 많은 영향력을 행사하기를 바라지 않을 수 있었겠는가?

그러나 투키디데스의 설명에 따르면, 스파르타 입장에서는 아테네의 요구가 비합리적이고 심지어 고마움을 모르는 태도로 보이는 것도 자연스러운 일이었다. "아테네가 번영할 수 있도록 안전한 환경을 마련해준 게 누구인가?"라는 스파르타의 반문도 틀린 말이 아니었기 때문이다. 요컨대 자만심으로 한껏 부풀어 오른 아테네는 더 많은 발언권과 영향력을 가져야 한다고 느꼈고, 스파르타는 불안하고 두려운 마음으로 그리고 그때까지 누려온 자국의 위상을 지키기 위한 단호한 태도로 반응했다.

이런 역학은 다른 관계 구조, 심지어는 가족관계 안에서조차도 흔히 발견된다. 소년이 청년기를 거치면서 몸집이 자기 형을(또는 자기 아버지까지) 능가할 조짐이 보인다면 우리는 과연 어떻게 대응해야 할까? 방이나 옷장 공간이나 앉는 자리 모두 나이만이 아니라 상대적인 몸집 크기까지 고려해서 다시 조정해서 배분해야 하는 것일까? 고릴라처럼 알파 수컷이 지배하는 종의 세계에서는 잠재적 계승자가 몸집이 점점 커지고 힘도 더 세지면, 그 집단의 현재 우두머리와 우두머리 자리를 넘보는 도전자 모두 마지막 결전을 치를 태세를 갖춘다. 비즈니스 세계에서도 획기적인 기술 변화 덕분에 급부상한 애플이나 구글, 우버 같은 회사들이 빠른 속도로 새로운 산업에 끼어드는 순간, 휴렛팩커드나 마이크로소프트, 택시처럼 기존에 확고한 기반을 잡고 있던 회사 운영진들은 그 신생 회사들의 사업 모델을 받아들여 새롭게 적응해나가는 방법으로 치열한 경쟁을 시작할 수밖에 없게 된다. 가만히 앉아만 있다가는 결국 망해버릴 테니 말이다.

투키디데스의 함정은 새롭게 부상하는 신흥 세력이 지배 세력의 자리를 차지하려는 위협을 해올 때 발생하는 자연스럽고 불가피한 혼란 상황을 지칭하는 말이다. 사실 이런 상황은 어느 영역에서든지 벌어진다. 그러나 국제 관계에서만큼 위험한 의미를 갖는 곳은 없다. 투키디데스의 함정이라는 말이 유래한 바로 그 예가 전쟁으로 치달아 고대 그리스 전체를 주저앉게 만든 이래로, 이 현상은 그 후 2,000년이 넘는 세월 동안 국가 간의 대외 관계에 끊임없이 영향을 미쳐왔기 때문이다. 오늘날 세계에서 가장 큰 두 세력이 아무도 원하지 않지만 결국 피할 수 없을지도 모르는 대재앙의 길로 들어서게 된 것도 바로 이런 이유 때문이다.

미국과 중국의 전쟁은 예정된 것인가?

중국의 부상으로 세계는 지금 힘의 균형에 급속한 변화가 일어나고 있다. 이처럼 빠른 변화는 역사상 처음이다. 만약 미국을 하나의 기업이라고 친다면 제2차 세계대전 직후 한동안은 미국이 세계경제 시장의 50퍼센트를 차지했다고 볼 수 있을 것이다. 그러나 1980년에 이르러서는 22퍼센트까지 내려갔고, 30여 년간 두 자릿수 경제성장을 이루어온 중국의 추격으로 지금 미국이 세계경제에서 차지하는 비율은 16퍼센트로까지 줄어들었다. 이 추세가 계속된다면 향후 30여 년 뒤에 세계경제에서 미국이 차지하는 비율은 11퍼센트로까지 하락하게 될 것이다. 같은 기간 동안에 중국이 세계경제에서 차지하는 비율은 1980년의 2퍼센트에서 2013년에는 18퍼센트로 급등했고 2040년경이면 30퍼센트를 훌쩍 넘길 것으로 예측된다.

경제 발전 덕분에 중국은 만만치 않은 정치적, 군사적 경쟁자로 변해가고 있다. 미국은 냉전 기간 내내 소련의 도발에 어설프게 대응했던 전력이 있는데, 이 때문에 펜타곤에 이런 표어가 붙을 정도였다.

"진짜 적을 만나게 된다면 우리는 심각한 곤경에 처하게 될 것이다."

중국은 진짜 적이 될 가능성이 있는 나라다.

미국과 중국이 전쟁을 치른다는 생각은 어리석을 뿐 아니라 가능성도 별로 없는 이야기처럼 들린다. 그러나 100년 전에 제1차 세계대전이 벌어졌던 때를 떠올려보면, 인간이란 존재가 얼마나 어리석을 수 있는지 다시 생각하게 된다. 우리가 전쟁은 "상상조차 하기 힘들다"라고 말할 때 이 말은 정말로 세상에 일어날 수 있는 일에 관한 이야기일까? 혹시 우리 상상력의 한계에서 나온 말에 불과한 것은 아닐까?

우리가 세계 질서에 관해서 가능한 한 멀리 바라보고자 할 때 던질 수 있는 결정적인 질문은, 과연 중국과 미국이 투키디데스의 함정을 피할 수 있느냐 하는 것이다. 이런 유형에 들어맞는 대부분의 경쟁은 끝이 좋지 않았다. 지난 500년이 넘는 세월 동안, 주요 신흥 세력이 지배 세력의 자리를 차지하려고 위협한 경우가 열여섯 차례 있었다. 그중 열두 사례는 전쟁으로 귀결되었다. 이런 비극적인 결과를 피할 수 있었던 경우는 단 네 차례뿐이었는데, 네 차례 모두 도전 세력이나 도전을 받는 세력이 똑같이 상황을 조정하기 위해서 태도와 행동 면에서 엄청나게 고통스러운 노력을 기울인 덕분이었다.

미국과 중국 역시 두 가지 진실만 제대로 새긴다면, 전쟁을 피할 수 있다. 우선, 지금 궤도에서 **수십 년 안에 미국과 중국 간에 전쟁이 일어날 가능성이 그냥 있기만 한 것이 아니라, 지금 인식하고 있는 것보다 훨씬 더 높다**는 사실이다. 실제로 역사적 경험이라는 측면에서 본다면, 전쟁이 일어날 가능성이 그렇지 않을 가능성보다 더 높다. 게다가 우리가 위험을 과소평가한다면 위험은 더 커질 것이다. 만약 베이징과 워싱턴의 지도자들이 지난 10년간 해왔던 대로 행동한다면 미국과 중국은 결국 전쟁을 하게 될 것이 분명하다. 두 번째로, **전쟁은 필연적이지 않다**는 사실이다. 역사를 살펴보면 주요 지배 세력들이 전쟁을 벌이지 않고도 경쟁 세력들과, 심지어 자신들의 자리를 위협하는 세력들과도 관계를 잘 조종해나갈 수 있었음을 알 수 있다. 실패뿐만 아니라 그런 성공 사례도 오늘날의 정치가들에게 많은 가르침을 준다. 조지 산타야나George Santayana가 지적했듯이, 역사로부터 교훈을 얻는 데 실패한 자들만이 그 역사를 되풀이하는 벌을 받는 법이다.

이 책의 본문에서는 투키디데스의 함정이라는 말의 기원과 역학을 살피고 이것이 현재의 미국과 중국 간의 대결에 주는 함의를 설명할 것이다. 우선 1부에서는 중국의 부상에 관해서 간단하게 설명할 것이다. 오늘날 중국이 급성장을 한 사실을 모르는 사람은 없지만, 그 규모나 영향에 관해서 제대로 이해하고 있는 사람은 별로 없다. 전 체코 대통령 바츨라프 하벨Václav Havel의 표현을 빌리자면, 그 일이 얼마나 눈 깜짝할 사이에 일어났는지 우리에게는 놀라워할 시간조차 없었다.

2부에서는 역사라는 더 큰 화폭에서 최근의 미-중 관계의 발전이 그려온 모습을 살필 것이다. 이는 현재 일어나는 일들을 이해하는 데 도움이 될 뿐만 아니라 일련의 사건들이 과연 어느 방향으로 흘러가고 있는지 그 흐름을 포착해낼 단서를 제공해준다. 이를 위해서 먼저, 2,500년 전까지 거슬러 올라가서, 아테네의 급속한 성장에 지배 세력이자 병영국가인 스파르타가 심리적 타격을 받은 끝에 결국 펠로폰네소스 전쟁으로까지 이어졌던 과정을 살펴볼 것이다. 또, 지난 500년 동안의 핵심 사례들 역시 신흥 세력과 지배 세력 간의 긴장이 전쟁으로 기울기 시작하는 결정적인 지점에 대한 통찰을 제공해준다. 그중 지금의 불편한 상황과 가장 비슷했던 사례인 제1차 세계대전 전에 독일이 세계의 지배 세력이었던 대영제국에 도전했던 사례로부터 우리 모두 멈춰서는 법을 배울 수 있을 터다.

3부에서는 지금 미국과 중국 간 관계의 흐름을 볼 때 양국이 차츰 폭풍 구름을 키워나가고 있는 상황이라고 보는 게 옳은지 그렇지 않은지를 따져 볼 것이다. 최근 들어 날마다 미디어에서 중국의 '공격적인' 행동과, 제2차 세계대전 이후에 미국에 의해 만들어진 '국제적 규칙에 기초한 질서'를 중 국이 기꺼이 따르지 않으려고 하는 사실을 보도하는 모습을 보고 있노라 면 1914년에 일어난 일련의 사건들과 모습들이 자연스레 떠오른다. 약간의 자기 인식이 불가피한 상황이 아닐 수 없다. 만약 중국이 '꼭 우리 미국과 같다면', 즉 미국이 향후 100년은 미국의 세기가 되리라는 자신감에 넘쳐서 20세기로 뛰어들었던 당시와 같다면, 경쟁은 훨씬 더 치열해지고 전쟁을 피 하기가 훨씬 더 힘들어지게 될 것이다. 만약 중국이 실제로 미국의 자취를 따른다면, 우리는 시어도어 루스벨트 Theodore Roosevelt가 '우리 서방'을 자신 이 원하는 모습대로 만들었듯, 중국 군부가 몽골에서부터 오스트레일리아 에 이르기까지 외부를 향해 베이징의 의지를 관철시키려는 모습을 보게 될 마음의 준비를 해야 한다.

중국은 미국이 최대 세력으로 부상했을 때와는 다른 궤도를 걷고 있다. 하지만 중국의 부상에서 낯익은 모습도 자주 보인다. 시진핑 주석의 중국 이 원하는 바는 과연 무엇일까? 한마디로 말하자면 중국을 다시 위대하게 만드는 일이다. 10억이 넘는 중국 인민들이 내심 가장 열망하고 있는 것은 자신들의 나라가 부유할 뿐만 아니라 강력한 영향력을 지니게 되는 일이다. 실제로 그들의 목표는 중국이 충분히 부강해져서 다른 나라들이 자신들의 이해관계를 의식하고 자신들이 마땅히 받아야 할 존중을 보일 수밖에 없 게 만드는 일이다. 우리는 이런 '차이나 드림'의 규모 자체와 야망을 직시하고, 중국과 미국 간의 경쟁은 중국이 '책임감 있는 이해 당사국'이 되는 순간 자연스레 사그라지리라는 헛된 미망에서 깨어나야 한다. 특히, 나의 동료였던 새뮤얼 헌팅턴Samuel Huntington이 '문명의 충돌'이라고 부른 저 유명한 현상에서 이미 그런 사실이 설명된 적이 있다. 그에 따르면, 중국과 미국 두 나라의 역사적 괴리는 결코 간단한 문제가 아닌데, 가치 및 전통이 서로 근본적으로 다른 두 세력 간의 화합이 훨씬 더 달성하기 힘든 목표이기 때문이다.

지금의 경쟁이 결국 어떤 결과로 이어질지는 알 수 없지만, 실제 군사력을 동원한 충돌만큼은 요원해 보일지도 모른다. 그러나 정말 그럴까? 사실, 전쟁을 향한 길은 우리가 믿고 싶어 하는 것보다 더 다양하고 더 매끈하게 닦여 있다(그리고 진부할 정도로 평범하다). 오늘날 종종 발생하는 남중국해, 동중국해, 사이버 공간에서의 대결에서부터 통제 불능 상태까지 가버리곤 하는 무역 갈등에 이르기까지, 이런 일들이 미국과 중국의 군인들이 서로를 죽이는 시나리오로 전개되기는 무서울 정도로 쉽다. 겉보기에는 이런 시나리오 가운데 어떤 것도 별로 실현 가능성이 없어 보이지만, 우리가 합스부르크 대공 암살이나 쿠바에서 흐루쇼프가 행한 핵 모험의 의도치 않았던 결과들을 떠올려본다면 '가능성이 낮다'와 '불가능하다' 사이에 놓인 틈이 얼마나 좁은지 다시 생각하게 된다.

4부에서는 어째서 전쟁이 필연적이지 **않은지**를 설명한다. 대부분의 정책 공동체와 일반 대중들은 전쟁이 발발할 가능성에 대해서 천진난만한 무사안일주의에 빠져 있는 반면, 숙명론자들은 저항할 수 없는 힘이 고정된 대상을 향해 빠른 속도로 접근하고 있다고 본다. 그러나 양측 모두 상황을 제대로 보지 못하고 있는 것이다. 두 사회의 지도자 모두가 과거의 성공과 실패로부터 제대로 배우기만 한다면, 전쟁을 치르지 않고 양측 모두의 핵심 이익을 충족시킬 수 있는 전략적 단초를 충분히 찾아낼 수 있을 터다.

5,000년의 역사를 가진 문명이 14억 인구와 더불어 옛 명성을 되찾아가고 있는 현상은 해결해야 할 어떤 문제가 아니라 이미 하나의 **조건**, 더구나 한 세대에 걸쳐서 적절하게 대처해야 할 장기적인 조건이 되었다. 이 과정이 성공하려면, 새로운 구호를 외치거나 정상회담이나 각 부서 실무 집단들 간의 미팅 횟수를 늘리는 데에만 의존해서는 안 된다. 전쟁을 하지 않고 이 관계를 제대로 유지해나가기 위해서는 두 정부가 주 단위로 정상급 수준의 관심을 지속적으로 이어가는 노력이 필요하다. 이런 노력에는, 1970년대에 미-중 관계를 재확립했던 헨리 키신저Henry Kissinger - 저우언라이周恩來 회담 이후로는 찾아보기 힘들었던 깊이 있는 상호 이해가 바탕이 되어야 한다. 이는 지도자와 대중 모두 지금까지의 그 누구보다도 태도와 행동 면에서 더 크게 변해야 한다는 뜻이며, 바로 이 점이 무엇보다도 가장 중요한 지점이다. 투키디데스의 함정을 피하려면 생각하기 힘든 것을 기꺼이 생각할 줄 알아야 하며 상상하기 힘든 것을 기꺼이 상상할 줄 알아야 한다. 그래야만, 결국 역사의 포물선을 구부려놓는 길 외에는 다른 방도가 없다는 사실을 우리 모두가 깨닫게 될 것이다.

1부

중국의 부상

1.

세계사에서 가장 큰 행위자

아테네인들이 어떤 사람들인지 여러분은 잘 모릅니다. 그들은 늘 새로운 일을 생각해내느라 분주하고 그 일을 재빠르게 실행합니다. 그들은 계획을 세웁니다. 그러나 그 계획이 성공하기가 무섭게, 그 성공은 다음에 하게 될 일에 비하면 아무 일도 아닌 것이 되어버리지요.
_투키디데스, 코린토스 대사가 스파르타 의회에서 한 연설, 기원전 432년

잠에 빠져 있는 중국을 깨우지 마라. 중국이 깨어나는 순간 온 세상이 뒤흔들릴 테니. _나폴레옹, 1817년

2011년 9월, 미국 중앙정보국CIA 국장이 새로 취임하자마자 나는 지금 미국에서 가장 성공한 장군을 만나러 버지니아 랭리시에 있는 그의 사무실로 갔다. 데이비드 퍼트레이어스David Petraeus와 내가 처음 만난 것은 1980년이었다. 그가 프린스턴대학교 박사과정에 재학 중인 학생이고 나는 하버드 케네디스쿨의 학장을 맡고 있을 때였다. 그 후로 우리는 서로 꾸준히 연락하는 사이로 지내왔는데, 그동안 그는 미 육군에서 초고속 승진을 거듭했고 나는 계속 학자로 지내면서 몇 차례 펜타곤에서 일하는 기회를 갖기도 했다. 그가 맡은 새로운 일 전반에 관해서 이런저런 가벼운 대화를 나누다가, 마침내 나는 데이비드에게 정보국 고참들이 미국 정부에서 가장 깊숙이 감

취진, 최고 극비 사항으로 분류된 문서 파일인 '알짜 정보 상자'를 그에게 개봉하기 시작했는지 물었다. 그는 그런 질문을 할 줄 알았다는 듯한 표정으로 웃으며 대답했다.

"그럼요."

그런 뒤에 그는 내가 무슨 말을 더 하기를 기다렸다.

잠시 주저하다가 나는 '딥 슬리퍼deep sleepers'에 관해서 알아낸 게 좀 있느냐고 물었다. 정보국은 외국에 나가 살게 될 몇몇 개인들과 은밀히 관계를 맺어서 그들로부터 정보를 얻는데, '딥 슬리퍼'는 그들을 지칭하는 은어다. 그들의 핵심 임무는 외국에서 살면서 경제적으로 성공하여 그 나라의 문화와 사람들과 정부를 충분히 이해하는 것이다. 정보국은 눈에 띄지 않게 그들이 직업상 하는 일을 도와주고 그들은 정보국의 요청이 있을 때마다 그 나라에서 무슨 일이 벌어지고 있는지, 장래에 무슨 일이 일어날 것 같은지에 관해서 자신들의 솔직한 생각을 전한다. 정보국의 요청은 아마 10년에 한두 차례 정도로, 그렇게 잦지는 않다.

내가 보고서를 하나 열자 데이비드는 탁자 너머로 몸을 바짝 숙였다. 보고서를 작성한 사람은 미래를 내다볼 줄 아는 날카로운 통찰력을 지닌 사람으로, 그가 이해한 현실은 워싱턴이 우리 시대의 가장 큰 지정학적인 도전에 어떻게 대응해야 할지를 알려줄 수 있었다. 내가 새 국장에게 말한 대로 이 보고서 작성자는 기대 이상의 성공적인 역할을 했다. 그는 중국이 대약진운동(공산혁명 후 중화인민공화국에서 근대적인 공산주의 사회를 만드는 것을 목적으로 1958년부터 1961년 말 또는 1962년 초까지 마오쩌둥毛澤東의 주도로 시작된 농공업 증산 정책-옮긴이)과 1960년대의 문화대혁명에서부터 1980년대에 덩샤오핑鄧小平이 주축으로 삼은 자본주의에 이르기까지 중국의 격변

과정을 가까이에서 지켜보았다. 실제로 그는 중국을 통치한 다수의 인물들과 진지한 사업 관계를 맺어왔는데 그 가운데는 미래에 중국 주석이 될 시진핑도 포함되어 있었다.

나는 질문과 대답으로 구성된 50쪽짜리 보고서에서 첫 번째 질문 조합을 읽어주기 시작했는데 거기에는 다음과 같이 귀중한 질문들이 들어 있었다.

- 현재의 중국 지도자들은 가까운 미래에 지금 아시아에서 가장 큰 영향력을 발휘하고 있는 미국의 자리를 차지하는 데 진지한 관심을 가지고 있는가?
- 최강국이 되기 위한 중국의 전략은 무엇인가?
- 중국이 자신들의 전략을 펼치는 데 주된 장애물은 무엇인가?
- 만약 중국의 목표가 성공을 거둔다면 아시아 이웃 국가들에게 어떤 결과를 가져오게 될 것인가? 그리고 미국에게는?
- 중국과 미국 간의 충돌은 필연적인가?

보고서 작성자는 이 질문들에 대해서 의미 있는 대답을 제시하고 이것 외에도 많은 견해를 공유해주었다. 중국의 리더십에 관해서 생각의 커튼을 활짝 열어젖히는 역할을 한 것이다. 그는 두 나라가 나중에 폭력적으로 충돌할 가능성이 어느 정도인지를 냉정하게 평가했고, 상상조차 할 수 없는 일이 일어나는 것을 막는 데 도움이 될 만한 실천 가능한 지혜까지 나누어주었다.

물론 리콴유李光耀는 CIA 첩보원이 아니었다. 그는 생각, 마음, 정신 모두 싱가포르에 속해 있는 사람이었다. 오랫동안 정치인으로 살다가 2015년에 세상을 떠난 그는 평범한 모습 이면에 숨겨진 의미를 걸러낼 줄 아는 지혜의 세례반이었다. 데이비드에게 건네주었던 보고서는 2013년에 내가 로버트 블랙윌Robert Blackwill, 알리 와인Ali Wyne과 함께 쓴 책《리콴유: 중국, 미국 및 세계에 대한 최고 정치 전략가의 통찰 Lee Kuan Yew: The Grand Master's Insights on China, the United States, and the World》(한국어판 제목은 《리콴유가 말하다: 누가 No.1이 될 것인가? 중국인가, 미국인가?》, 석동연 옮김, 행복에너지, 2015-옮긴이)의 맛보기 글이었다. 작은 도시국가의 기반을 마련하고 오랫동안 지도자 역할을 맡아온 리콴유는 작고 가난하고 하찮은 어업 마을을 현대적인 거대도시로 성장시켰다. 인종 면에서는 중국계이고 교육은 영국 케임브리지대학교에서 받은 그는 유교와 영국 상류 계급의 가치를 혼합한 가치를 실현했다. 그런 그가 2015년에 죽음을 맞이할 때까지 세계 최고의 중국 관측통이기도 했다는 사실에는 의문의 여지가 없다.

중국에서 일어나고 있는 일에 관해서뿐만 아니라 더 넓은 세계에 관해서도 빛나는 통찰력을 가진 덕분에 리콴유는 리처드 닉슨Richard Nixon에서부터 오바마에 이르기까지 미국의 수반들 모두를 포함해서 각 대륙의 대통령이나 총리들이 찾는 전략 상담가 역할을 했다. 중국에 대한 그의 날카로운 이해는 헨리 키신저의 말대로 그의 "독보적인 전략 감각"[1] 덕분만이 아니라 이 잠자는 거인에 관해서 가능한 한 많이 알아야만 하는 필요성 때문이기도 했다. 마오의 농업 마르크스주의를 실천하고 있던 중국이 비록 경제적, 정치적 힘이라는 측면에서 그리 두드러지지는 않았지만, 그럼에도 중국은 이웃나라들의 머리 위로 거대한 그늘을 드리운 거인이었고 그 그늘 아래에 있던 리콴유의 섬나라는 생존에 충분한 햇빛을 얻기 위해서 언제나 고군분투해야만 했다. 리는 중국의 진짜 본질과 충분한 잠재력까지도 일찌감치

간파한 사람이었다.

특이하게도, 리콴유가 중국과 중국의 지도자들에 관해서 공부를 할 때 그들 역시 리와 리의 나라를 공부했다. 1970년대 후반에 덩샤오핑이 하루 빨리 중국에 시장경제를 도입해야겠다는 생각을 하기 시작했을 때, 중국 지도자들은 싱가포르를 경제적 차원뿐만 아니라 정치적 차원의 발전 면에 서도 일종의 실험실로 생각했다. 리는 수천 시간을 할애해서 중국의 대통령, 총리, 내각 관료들 그리고 자신의 '북쪽 이웃'에 새로 떠오르기 시작하는 지도자들과 직접 만나서 대화했다.[2] 덩샤오핑에서부터 시진핑에 이르기까지 모든 중국 지도자들이 그를 '스승'이라고 불렀는데. 이 단어는 중국 문화에서 극도의 존경심을 표할 때 쓰는 말이다.

내가 리에게서 얻어낸, 새 CIA 국장에게 가장 도움이 될 만한 통찰은 중국의 궤적에 관한 가장 불편한 질문을 다루는 부분이다. 중국의 극적인 변화가 세계 힘의 균형에 의미하는 바는 무엇인가? 리는 날카롭게 답했다.

"중국이 세계 균형을 뒤흔드는 정도를 말하자면, 세계가 새로운 균형을 찾지 않을 수 없을 정도다. 이제 더 이상 중국이 그저 또 하나의 덩치 큰 행위자에 불과한 척 그냥 넘어갈 수는 없게 되었다. **중국은 역사상 가장 큰 행위자**이기 때문이다."[3]

과연 미국이 2인자로 밀려날 것인가?

하버드에서 가르치는 국가 안보 수업에서 중국에 관한 강의를 할 때면 나는 가장 먼저 퀴즈를 하나 낸다. 첫 번째 질문은 학생들에게 1980년의 중국과 미국의 각종 순위를 지금의 순위와 비교해보라는 것이다. 그때마다 학생들은 자신들이 본 것에 깜짝 놀라곤 한다. 아마 2015에 작성된 도표의 숫자를 한번 슬쩍 보기만 해도 그 이유를 알게 될 것이다.

미국에 대한 중국의 각종 비율 지표

	1980	2015
GDP	7%	61%
수입	8%	73%
수출	8%	151%
지급준비금	16%	3,140%

미국 달러로 측정한 수치. 출처: 세계은행.

　어떤 국제기구 테이블에도 모습을 드러낸 적이 없던 한 나라가 꼭 한 세대 만에 꼭대기 자리를 차지할 정도로 도약했다. 1980년 중국의 국내총생산GDP은 3000억 달러가 채 안 되었다. 2015년에는 11조 달러에 이르러 중국은 시장 거래량이라는 측면에서 볼 때 규모가 세계에서 두 번째로 큰 경제 대국이 되었다. 다른 나라들과의 무역 거래 규모는 1980년에 400억 달러도 안 되는 수준이었다가 2015년에는 100배가량 증가해서 4조 달러에 달했다.[4] 2008년 이후로 2년마다 중국이 이룬 GDP **증가량**은 인도 전체의 경제 규모보다 더 컸다.[5] 2015년에는 성장률이 다소 둔화되었음에도 중국 경제는 16주 만에 그리스를 그리고 25주 만에 이스라엘을 하나씩 만들어낼 정도로 성장했다.

1869년과 1913년 사이에 경이적인 성장률을 보이던 미국은 결국 영국을 넘어서서 세계 최대의 경제 대국이 되어 유럽 자본을 깜짝 놀라게 만들었는데, 당시 미국의 연평균 경제성장률은 4퍼센트 정도였다.[6] 그런데 중국 경제는 1980년 이후로 연간 10퍼센트의 비율로 성장했다. 72를 연평균 성장률로 나누어 경제 또는 투자가 두 배가 될 시기를 결정하는 72 법칙에 따르면, 중국 경제는 7년마다 두 배가 되었다는 뜻이다.

이게 얼마만큼 놀라운 수치인지를 제대로 인식하려면 연대를 한참 더 거슬러 올라가볼 필요가 있다. 18세기에 영국은 산업혁명을 일으켜 우리가 지금 알고 있는 현대 세계를 만들어냈다. 1776년에 애덤 스미스 Adam Smith 는 《국부론 Wealth of Nations》에서 1,000년 동안의 가난 끝에 시장 자본주의가 어떻게 부와 새로운 중간계급을 만들어냈는지를 설명했다. 그로부터 7년 뒤에 조지 3세(미국과의 혁명전쟁에서 패배한 바로 그 '광인 조지 왕')는 중국으로 특사를 보내 양국이 상호 호혜 관계를 수립하자고 제안했다. 당시에 영국의 노동생산성은 중국에 비해 엄청나게 높았다.[7] 수 세기 동안 중국 인구는 엄청났지만 그들은 빈곤에 허덕였다. 하루치 노동으로 스스로와 가족을 먹여 살리기 힘들 정도였다. 따라서 국가에도 군인들에게 복무 수당을 지급하거나 국경 너머까지 영향력을 행사할 수 있도록 해줄 해군의 군비 따위에 투자할 만한 잉여가 상대적으로 거의 남지 않는 상황이었다(그때까지 4,000년간 딱 한 차례, 단 50년 동안의 이 예외를 제외하고는 중국 황제들이 이런 상황에 놓였던 적은 없었다). 오늘날 중국 노동자들의 생산성은 미국 노동자들의 4분의 1이다. 만약 다음 10년 혹은 20년 동안에 그들의 노동생산성이 미국의 절반에 이르게 된다면 중국의 경제 규모는 미국의 두 배가 될 것이고, 생산성이 미국과 같아진다면 경제 규모는 무려 미국의 네 배에 달하게 될 것이다.

이런 기초적인 산수 계산만으로도, 중국의 비중이 커져가고 있는 상황을 '재조정'하려는 워싱턴의 노력에는 근본적인 문제가 있음을 알 수 있다. 2011년, 힐러리 클린턴Hillary Clinton 국무장관은 엄청난 팡파르를 울리며 미국 외교정책의 "중심축을 이동하여" 워싱턴의 관심과 자원을 중동 지역에서 아시아로 옮긴다고 공표했다.[8] 이를 두고 오바마 대통령은 이렇게 표현했다.

"10년간 두 차례의 전쟁을 치르면서 적지 않은 피와 돈을 대가로 지불해온 우리 미국의 관심은 이제 엄청난 잠재력을 지닌 아시아-태평양 지역으로 옮아가고 있습니다."[9]

그는 아시아-태평양 지역에서 외교, 경제, 군사적 차원의 참여를 늘리기로 약속하고, 중국의 부상이 그 지역에 미치는 영향을 앞으로 그냥 보고만 있지는 않겠다는 미국의 의지를 알렸다. 오바마 대통령은 이 '재조정'을 자신의 내각이 이룬 특별한 주요 외교정책 성과들 중 하나로 내세웠다.

이 과정은 오바마 행정부의 클린턴 장관 재직 당시에 국무부 차관을 지냈던 커트 캠벨Kurt Campbell의 주도로 진행되었다. 2016년에 출간된 자신의 책《중심축 이동하기: 미국의 대對아시아 정책 방향의 미래The Pivot: The Future of American Statecraft in Asia》에서 그는 정책의 '대대적인 재조정'을 위해서 실현 가능한 최선의 경우를 단순한 염원 이상으로 만들고자 한다. 그러나 온갖 노력에도 그는 자신의 주제를 지지할 만한 지표는 별로 찾아내지 못한다. 대통령이 관심을 내보인 시간, 국가안보회의NSC 의장 및 부의장 주제 회의에서 차지한 시간, 해당 지역 지도자들과의 만남, 전투기 출격 횟수, 함선 주둔 시간, 할당된 예산 등으로 측정했을 때 중심축의 변화는 찾기 힘들다. 이라크와 아프가니스탄에서 진행 중인 전쟁들이, 새로 시작된 시리아 전쟁과 중동 지역 전역에 퍼져 있는 ISIS(Islamic State of Iraq and al-Sham: 이라크-알샴 이슬람국가)와의 전쟁과 결합되어 정부의 외교정책 의제를 독점하고 8년간의 대통령 재임 기간을 내내 지배했다. 오바마 백악관에서 일했던 한 관리는 이렇게 회상했다.

"중심축이 중동 지역에서 딴 데로 이동한 것처럼 느낀 적은 한 번도 없었다. 주요 국가안보회의 모임의 약 80퍼센트는 중동 지역에 초점이 맞춰졌다."[10]

설령 미국의 관심이 딴 데 있지 않았더라도, 아마 워싱턴은 경제 중력의 법칙에 저항하는 데 어려움을 겪었을 것이다. 미국과 중국 두 나라가 시소의 양쪽 끝에 앉아 있는 경쟁자라고 생각하고 두 나라 경제의 상대적인 무게를 한번 비교해보라. 결과는 고통스럽기만 한 게 아니라 명백하다. 그동안 미국은 오른발(아시아)에 무게중심을 두기 위해서 왼발(중동)에 힘을 빼야 할지 그러지 말아야 할지를 두고 논쟁을 벌이기 바빴다. 그러는 동안 중

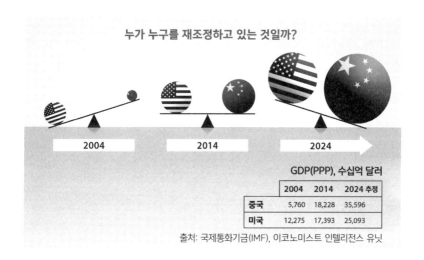

누가 누구를 재조정하고 있는 것일까?

2004   2014   2024

GDP(PPP), 수십억 달러

	2004	2014	2024 추정
중국	5,760	18,228	35,596
미국	12,275	17,393	25,093

출처: 국제통화기금(IMF), 이코노미스트 인텔리전스 유닛

국은 미국의 세 배에 달하는 속도로 묵묵히 성장을 이어갔다. 그 결과 시소는, 곧 미국 쪽 두 발이 모두 완전히 바닥에서 떨어져 허공에 대롱대롱 매달리게 될 지점까지 기울고 말았다.

이것이 바로 내 강의실 퀴즈의 첫 번째 질문에 숨겨져 있는 전후 사정이다. 두 번째 질문에 학생들은 더 크게 놀란다. 질문은 이것이다. 언제쯤이면 미국이 스스로가 2인자라는 사실을 **실제로** 깨닫게 될까? 과연 몇 년 만에 중국이 미국을 따라잡아 최대 자동차 시장이나 최대 사치품 시장이 또는 명실상부하게 세계에서 가장 큰 경제 대국이 될까?

학생들은 대부분의 지표에서 중국이 **이미** 미국을 능가했음을 알고는 할 말을 잃는다. 선박, 철, 알루미늄, 가구, 옷, 섬유, 휴대전화기, 컴퓨터를 가장 많이 소비하는 나라인 중국은 세계 제조업의 최강자가 되었다.[11]

학생들은 중국이 대부분의 각종 상품을 가장 많이 소비하는 최대 소비국까지 되었다는 사실을 발견하고는 더욱 놀라 입을 다물지 못한다. 2015년에 중국 소비자들은 자동차 2000만 대를 구매했다. 미국보다 300만 대가더 많은 수치다.[12] 중국은 휴대전화기와 전자상거래 부분에서도 세계에서 가장 큰 시장이며 인터넷 사용자도 가장 많은 나라다.[13] 석유 수입, 에너지소비, 태양력 발전 장치를 가장 많이 설치한 나라도 바로 중국이다.[14] 아마도 미국의 자기 인식에 가장 당혹스러움을 안겨준 사실은, 2008년의 세계금융 위기 이후로 쭉 그래왔던 대로, 중국이 2016년에 들어와서도 세계경제 성장의 가장 큰 동력이 되고 있다는 사실일 것이다.[15]

그래도 이것은 불가능해요!

대략 1870년 이후에 태어난 시민들이 전부 다 해당될 텐데, 미국이 일인자인 세상에서 자란 미국인들에게는 세계에서 가장 큰 경제 대국인 미국의 자리를 중국이 차지할 수 있다는 생각은 상상조차 하기 힘들다. 대다수 미국인들은 경제적 1등국이라는 미국의 상상적 지위가 그들의 국가 정체성의 한 부분이 되었을 정도로 양도 불가능한 권리라고 느낀다.

세계의 최정상이라는 자리에 대한 미국의 애착은 2014년에 열린 국제통화기금IMF/세계은행 회의에서 IMF가 세계경제에 관한 연례 보고서를 제출했을 때 미국이 폭발했던 일을 설명하는 데 도움이 된다. 당시 언론의 머리기사 제목은 이랬다.

"미국은 이제 2인자."

〈마켓워치MarketWatch〉(미국의 대표적인 온라인 금융 정보 신문─옮긴이)는 이렇게 외쳤다.

"이를 달리 완곡하게 말하는 방법이 없으므로 그냥 단도직입적으로 말하겠다. 우리는 더 이상 일인자가 아니다."[16]

〈파이낸셜 타임스Financial Times〉는 좀 더 엄숙하게 IMF의 메시지를 요약했다.

"이제 공인된 사실이 되었다. IMF의 추산에 따르면 2014년 미국의 경제 규모는 17조 4000억 달러이고 중국의 경제 규모는 17조 6000억 달러다."

이어서 〈파이낸셜 타임스〉는 "2005년에만 해도 중국 경제 규모는 미국의 절반도 되지 않았다. 그러나 IMF의 예측에 따르면, 2019년까지 그 규모가 미국보다 20퍼센트 더 커질 것"이라고 쓰고 있다.[17]

IMF는 중국의 GDP를 구매력평가PPP(Purchasing power parity: 두 나라 통화의 개별 국내 구매력이 서로 같아지도록 정해놓은 두 통화의 교환 비율. 칼 구스타브 카셀Karl Gustav Casel은 구매력평가설에서 이것을 정상적인 외국환 시세라고 하였다-옮긴이)라는 잣대로 측정했다. PPP는 국가 경제를 서로 비교하는 일을 하는 주요 국제기관들이 지금 주로 이용하고 있는 기준이다. CIA의 평가대로, PPP는 "국가들 간의 경제적 힘과 복리를 비교하기 위해 사용 가능한 방법 중에서 가장 좋은 출발점이 되어준다". IMF의 설명에 따르면, "시장 요율은 더 불안정해서 이를 사용할 경우, 개별 국가의 성장률이 안정적일 때조차도 총 성장을 측정하는 데 상당한 낙차가 발생한다. 반면, PPP는 전반적인 경제적 복리를 더 잘 측정할 수 있는 잣대로 여겨지는 경우가 많다".[18] PPP로 측정했을 때 중국은 미국을 넘어섰을 뿐 아니라, 세계 GDP에서 차지하는 비율도 1980년의 2퍼센트에서 지금은 약 18퍼센트로 급증한 상황이다.[19]

미국의 우월함이 하나의 신조인 사람들은 IMF의 발표에 자극을 받아 미국이 여전히 일등인 도표를 열심히 찾았다. 바로 1인당 GDP가 그중 하나다. 1인당 GDP는 삶의 질이나 복리를 더 잘 설명하는 새로운 데이터이자 시장 환율MER로 GDP를 측정한 이전 기준이 더 적절하다는 새로운 근거 역할을 한다.[20] 하지만 널리 신뢰받고 있는 내 동료들 가운데 다수가 이에 동의하지 않아서, 나는 세계적인 석학이자 전직 중앙은행장 및 MIT 교수를 지낸 바 있는 스탠리 피셔Stanley Fisher에게 미국 경제를 중국 경제와 견주어 평가하는 데 어떤 방법이 가장 적절한지 물었다. 피셔는 미시경제학에 관한 교과서를 집필했고 벤 버냉키Ben Bernanke 전 연방준비제도이사회의 의장과 마리오 드라기Mario Draghi 유럽 중앙은행 총재를 가르쳤으며, 이스라엘

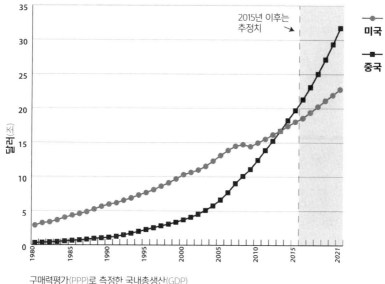

각국 통화의 구매력으로 측정한 미국 대 중국의 GDP

2015년 이후는
추정치

미국

중국

구매력평가(PPP)로 측정한 국내총생산(GDP)
출처: 국제통화기금

중앙은행 총재로 일한 경력이 있고 지금은 미 연방준비제도이사회의 부의
장이다. 요컨대 그는 자신이 무슨 이야기를 하고 있는지를 제대로 알고 있
는 사람이라는 말이다. 그의 판단에 따르면, PPP야말로 최선의 잣대다. 상
대적인 경제적 힘을 평가하는 데에서만 그런 것이 아니다.

"국가 경제의 규모를 비교하는 데, 특히 잠재적 비교 군사력을 평가하는
첫 단계에서 최선의 잣대는 PPP다. 이 잣대로 항공기, 미사일, 선박, 항해사,
항공 조종사, 드론, 군사기지 등의 군비를 한 국가가 얼마나 구매할 수 있
는지, 이때 자국 통화로는 얼마를 지불할지를 측정할 수 있기 때문이다."[21]

국제전략문제연구소International Institute for Strategic Studies(영국 외교 분야의 싱
크탱크-옮긴이)가 해마다 출간하는 권위지 《밀리터리 밸런스Military Balance》

역시 같은 생각이다.

"PPP를 사용해야 한다는 주장은 중국과 러시아에 가장 강력하게 적용된다."[22]

이 책을 쓰는 동안에 중국과 관련해서 서방 언론이 가장 좋아하는 기사는 중국 경제가 '성장 둔화' 현상을 겪고 있다는 것이다. 2013년에서 2016년까지 중국 경제에 관한 주요 언론 기사에서 가장 많이 쓰인 단어를 조사해보면 중국에서 일어나고 있는 일을 설명하는 말로 이 단어가 가장 자주 언급되고 있다.[23] 곧바로 제기되는 질문은 바로 이것이다.

"어느 나라와 비교해서 성장이 둔화되고 있다는 말인가?"

같은 기간 동안에, 미국의 경제 상태를 설명하는 데 미국 언론이 가장 많이 쓴 형용사는 '회복'이었다. 하지만 중국의 '둔화'를 미국의 '회복'과 한번 비교해보라. 과연 중국 경제가 미국 경제의 성장률과 같은 비율로 둔화되었을까? 아니, 조금 더 클까? 아니면 훨씬 더?

중국 경제는 2008년 이전 10년 동안 평균 10퍼센트의 성장 속도를 보였으나 2015년과 2016년에는 연간 6~7퍼센트로 성장세가 낮아졌다. 이로 미루어볼 때 2008년의 금융 위기와 대침체 이후로 중국 경제성장 속도가 다소 주춤해진 것은 사실이다. 그러나 중국의 경제성장률이 경제 위기 전보다 대략 3분의 1가량 하락하는 동안에 세계경제 성장률은 거의 절반으로 내려앉았다. '회복' 국면인 미국 경제는 대침체 이후 연간 평균 2.1퍼센트씩 성장하고 있다. 한편 유럽연합EU의 경제성장률은 대침체 이후 연간 1.3퍼센트였고 아직도 여전히 부진에서 벗어나지 못하고 있다. 일본도 마찬가지여서 같은 기간 동안 평균 성장률이 겨우 1.2퍼센트에 불과하다.[24] 중국 경제를 두고 여기저기서 둔화를 이야기하지만 부디 이 한 가지 명명백백한 사실만큼은 잊지 말기 바란다. 대침체 이후로 세계 총 성장의 40퍼센트가 단 하나의 국가, 바로 중국에서 일어났다는 사실 말이다.[25]

로마가 2주 만에 만들어질 수 있을까?

1980년에는 중국 땅을 찾는 미국인들이 별로 없었다. 중국이 서방에 '개방'된 것은 아주 최근의 일이며 당시에는 아직 그곳을 여행하기가 쉽지 않았다. 중국을 찾은 사람들의 눈에 들어온 것이라곤 마치 먼 과거를 옮겨다 놓은 듯한 모습뿐이었다. 변화라고는 없이 깊은 잠에 빠진 것만 같은 광활한 시골. 대나무로 만든 집들과 곧 무너져 내릴 듯한 소련 양식의 아파트 단지들 그리고 오직 자전거를 모는 인파들로만 가득 찬 도시의 거리가 전부였다. 자전거를 탄 사람들은 하나같이 거의 똑같은 모양의 칙칙한 마오풍 옷을 입고 있었다. 홍콩에서 위험을 무릅쓰고 바다를 건너온 여행객들은 텅 빈 광저우廣州와 선전深圳 땅에 작은 마을들이 드문드문 들어서 있는 광경을 보았다. 어디를 가든지 미국 여행객들이 볼 수 있는 광경이라고는 지독한 가난뿐이었다. 중국의 10억 인구 중 88퍼센트는 하루에 2달러 미만으로 근근이 먹고사느라 버둥거리고 있었다.[26]

한때 텅 비어 있었던 베이징 거리는 이제 600만 대의 자동차로 꽉 차 있다. 중국이 서방을 향해서 다시 문을 여는 데 핵심 역할을 했던 헨리 키신저 국무장관은 1970년대 초, 비밀리에 외교 임무를 수행하기 위해서 중국으로 갔던 일을 회고하면서 이렇게 말했다.

"1971년의 중국을 떠올린다면, 만약 당시에 누군가 나에게 베이징 사진을 한 장 보여주면서 이것이 25년 뒤의 베이징 모습이라고 했다면 나는 그런 일은 절대로 있을 수 없다고 말했을 것이다."[27]

선전 지역은 이제 인구가 1000만 명이 넘는 메가시티이고 부동산 실거래가가 실리콘밸리와 맞먹는다. 중국을 면밀히 관찰해온 전 오스트레일리아 총리 케빈 러드Kevin Rudd는 이 나라의 폭발적인 성장을 "영국의 산업혁명과 세계 정보혁명이 300년이 아니라 30년으로 압축되어 한꺼번에 불타 오른 일"[28]이라고 설명했다.

미국인들이 건물을 짓거나 도로를 수리하는 데 얼마나 오래 걸리는지 불평을 제기하면 관계 기관은 흔히, "로마는 하루아침에 만들어지지 않았다"는 말로 대꾸하는 경우가 많다. 이는 미처 중국을 떠올리지 못했음에 분명한 발언이다. 2005년까지 중국은 로마만 한 크기의 도시를 **2주마다** 하나씩 만들었다.[29] 2011년에서 2013년 사이에 중국이 만들고 사용한 시멘트의 양은 미국이 20세기 내내 만들고 사용한 시멘트의 양보다도 더 많았다.[30] 2011년에 한 중국 회사는 30층짜리 고층건물을 단 15일 만에 지었다. 3년 뒤에 다른 건설 회사는 57층짜리 고층건물을 19일 만에 완성했다.[31] 사실 중국은 단 15년 만에 유럽 전체의 주택 공급량과 맞먹는 수의 건물을 지었다.[32]

〈뉴욕 타임스New York Times〉의 칼럼니스트 토머스 프리드먼Thomas Friedman은 2010년 세계경제포럼의 여름 컨퍼런스가 열린, "거대하고 아름답게 꾸며놓은" 텐진 메이장 전시 컨벤션 센터를 처음 본 순간 숨이 턱 막혔다고 고백한 적이 있다. 이 건물은 겨우 8개월 만에 완공되었다. 프리드먼은 그 위업에 주목하면서 놀라기만 한 것이 아니라 낙담도 했다. 워싱턴 지하철 건설팀이 메릴랜드에 있는 그의 집 근처 "레드 라인 역의, 계단 스물한 개짜

리 작은 에스컬레이터 두 개"를 수리하는 데 거의 같은 시간이 걸렸기 때문이다.[33]

프리드먼은 자신의 책 《뜨겁고 평평하고 붐비는 세계*Hot, Flat, and Crowded*》(한국어판 제목은 《코드 그린—뜨겁고, 평평하고, 붐비는 세계》, 최정임 옮김, 21세기북스, 2008–옮긴이)에서 한 챕터 전체를 할애해서 미국이 "딱 하루만 중국"이라면 실천할 수 있는 광범위한 개혁을 꿈꾸었다.[34] 지금 중국은 미국에서라면 몇 년이 걸릴 일을 단 몇 시간 만에 해치우고 있다. 내 사무실이 있는 하버드 케네디스쿨과 비즈니스스쿨 사이에는 찰스강이 가로지르고 있어 그 강을 잇는 다리를 날마다 보게 되는데, 다리를 볼 때마다 이 사실이 떠오른다. 다리는 장장 4년이 지난 지금까지도 공사 중인 탓에 교통 마비가 끊이지 않고 있다. 2015년 11월에 베이징은 그보다 훨씬 더 큰 1,300톤짜리 산유안 다리를 겨우 43시간 만에 교체했다.[35] 1996년과 2016년 사이에 약 11만 킬로미터 길이의 고속도로를 포함해서 약 420만 킬로미터의 도로를 건설해서 국토의 95퍼센트를 연결했다. 가장 광범위한 고속도로 시스템을 갖춘 나라인 미국이 거의 50퍼센트인 점에서 본다면 따라잡고도 남는 상태라고 할 수 있다.[36]

지난 10년 동안 중국은 세계에서 가장 긴 고속철도를 건설했다. 이제 1만 9,000킬로미터가 넘는 길이의 철도가 시속 290킬로미터의 속도로 승객들을 각 도시로 실어 나르고 있다. 미국으로 치면 뉴욕에서 캘리포니아를 두 차례 왕복할 수 있는 길이다. 시속 290킬로미터라는 속도는 뉴욕 그랜드 센트럴 터미널에서 워싱턴 D.C.에 있는 유니언 역까지 한 시간 만에 갈 수 있는 속도이기도 하다. 사실 중국은 이제 전 세계에 있는 고속철도를 전부 다 합한 것보다도 더 긴 고속철도를 보유하게 되었다.[37] 같은 기간 동안 캘리포니아는 LA와 샌프란시스코를 잇는 길이 840킬로미터짜리 고속철도의 철로 하나를 건설하느라 엄청나게 애를 먹어오고 있는 중이다. 투표권자들이 이 계획을 2008년에 승인했지만 캘리포니아주는 최근, 완공이 되려면 2029년까지 기다려야 하며 비용은 680억 달러에 달하게 될 것이라는 사실을 시인했다. 애초에 약속했던 기간보다 9년이 더 걸리고 비용은 350억 달러가 더 들어가는 셈이다.[38] 그때까지 중국은 고속철도 2만 6,000킬로미터를 더 건설할 계획이다.[39]

고층빌딩, 다리, 고속철도를 넘어 인간 개발의 영향 면에서 훨씬 더 어마어마한 변화가 일어났다. 한 세대 전만 해도 중국인 100명 가운데 90명이 하루에 2달러 미만으로 살았지만, 지금은 그런 상황에 처한 사람이 100명 가운데 세 명도 안 된다.[40] 1980년에 193달러였던 1인당 평균 소득이 지금은 8,100달러가 넘었다.[41] 국제연합UN에는 세계에서 가장 가난한 사람들의 삶을 향상시키기 위해서 세워둔 밀레니엄 발전 목표라는 것이 있는데, 2010년에 세계은행 대표 로버트 졸릭Robert Zoellic은 세계가 그 목표에 얼마만큼 다가갔는지를 평가하면서 이렇게 말했다.

"1981년과 2004년 사이에 중국은 5억 명 이상의 사람들을 극심한 빈곤으로부터 탈출시키는 데 성공했다. 이것은 가난을 극복한, 역사상 가장 큰 도약임에 틀림없다."[42]

중국의 교육, 보건 그리고 이와 관련된 지표들은 모두 하나같이 중국 인민들의 복리가 향상되었음을 보여준다. 1949년에 중국 시민들의 기대 수명은 서른여섯 살이었고 열 명 가운데 여덟 명이 읽고 쓸 줄을 몰랐다. 2014년에 이르러서는 기대 수명이 두 배 이상인 일흔여섯 살로 껑충 뛰었고 95퍼센트가 읽고 쓸 줄 알게 되었다.[43] 만약 중국이 계속해서 지금의 성장을 이어나간다면 수백만 명의 사람들이 생전에 100배의 생활수준 향상을 경험하게 될 것이다. 지난 10년간 미국의 1인당 평균 성장률로 따졌을 때 미국 국민들이 그런 향상을 보려면 740년을 기다려야 할 터다. 〈이코노미스트 Economist〉가 독자들에게 반복해서 설명해왔듯이, 사적 부의 축적 면에서 볼 때 지금 현대 역사상 처음으로 아시아가 유럽보다 더 부유해졌다. 2020년 경이면 아시아가 북미 대륙을 넘어서리라고 전망되며, 중국은 (가구 전체의 금융자산을 포함한) 부의 축적에 주된 동력이 될 것이다.[44]

역사가 눈을 한번 깜빡이는 동안에 중국의 경제성장은 수천 수억 명의 사람들을 가난에서 구제했을 뿐 아니라 엄청나게 많은 수의 백만장자와 억만장자를 만들어냈다. 추산에 따르면, 2015년에 중국이 그동안 억만장자가 가장 많은 나라였던 미국을 앞질렀으며, 지금은 매주 새로운 억만장자가 한 명씩 더 생겨나고 있는 중이다.[45] 중국인들은 가구당 가용 소득의 30퍼센트 이상을 저축에 할애하므로 세계에서 가장 저축을 많이 하는 사람들에 속하지만, 만약 카를 마르크스Karl Marx가 지금 얼마나 많은 중국 '공산주의자들'이 프라다를 입고 있는지 알게 된다면 과연 무슨 말을 할지 누구도 상상하기 쉽지 않을 것이다. 2015년에는 중국 쇼핑객들이 그해에 팔린 전 세계 사치품 전체의 절반을 사들였다.[46] 루이비통, 샤넬, 구치는 이제 중국인들을 자신들의 주요 고객으로 본다. 소더비와 크리스티의 최고 고가품 경매는 이제 더 이상 뉴욕이나 런던이 아니라 베이징이나 상하이에서 열린다.

과학기술 혁명

한 세대 전만 해도 중국은 교육, 과학, 기술, 혁신 등 대부분의 분야에서 최하위 순위를 차지하고 있었다. 하지만 인적자원에 대한 투자를 20여 년간 뚝심 있게 밀고 나간 끝에 마침내 중국은 세계의 주요 경쟁국으로 거듭나게 되었다. 이제 중국은 미국과 맞먹거나, 일부 척도로는 미국을 능가하기까지 하는 나라가 된 것이다.[47]

세계 각국 고등학생들 간의 교육 수행 능력을 비교하는 국제적인 주요 기준으로 '국제학업성취도평가PISA, Programme for International Student Assessment'가 있다.[48] 2015년에 치른 PISA 테스트의 수학 분야에서 중국은 6위를 기록한 반면, 미국은 39위에 머물렀다. 중국 학생들의 성적은 경제협력개발기구OECD 평균보다 훨씬 더 높은 반면, 미국 학생들의 성적은 상당한 정도로 평균을 밑돌았다. 미국에서 성적이 가장 좋은 주인 매사추세츠주조차 만약 하나의 국가로 취급하여 등수를 매긴다면 20위에 그치게 될 것이다. 2012년 테스트에서 9위를 차지했던 것과 비교해볼 때 하락한 수치다.[49] 공학과 컴퓨터 사이언스 분야의 대학교 신입생들을 비교한 가장 최근의 연구인 스탠퍼드대학교 연구에 따르면, 중국의 고등학교 졸업생들은 비판적 사고 기술 면에서 미국 졸업생들보다 3년을 더 앞선 상태로 대학교에 입학한다고 한다.

2015년에 〈US 뉴스 앤드 월드 리포트US News & World Report〉가 발표한 순위 가운데 공학 분야에서는 중국의 칭화淸華 대학교가 MIT대학교를 앞질러서 세계 최고의 대학이 되었다. 공학 분야의 10위권 학교 중에서 중국과 미국 대학교가 각기 네 개씩 포함되었다.[50] 과학, 기술 그리고 현대 경제에서 가장 **빠르게** 성장하고 있는 영역에서의 진보를 이끌어내는 데 핵심적인 능력을 양성하는 과학기술 분야(과학, 기술, 공학, 수학)의 대학교 졸업생 수는 중국이 미국의 네 배에 달한다(130만 명 대 30만 명). 게다가 그 수치는 현재 미국 대학교에 다니고 있는 30만 명의 중국 학생들은 포함이 안 된 수치다.[51] 오바마 행정부가 2009년부터 과학기술 교육을 장려하는 야심찬 교육 혁신 계획을 수립하여 이후 10년간 꾸준히 실천해왔는데도 이 차이는 좁혀지지 않았다. 오바마 정부 기간 내내 매년 중국 대학교들이 미국 대학교들보다 과학기술 분야의 박사 학위 수여자를 더 많이 배출했다.[52]

교육에 투자한 중국은 이제 경제 전반에 걸쳐서 그 투자 효과를 뚜렷하게 보고 있다. 오랫동안 주로 저가 소비재의 저비용 생산국으로 알려져온 중국은 이제 첨단 기술 제품 생산국으로 이동해가고 있는 중인데, 이 분야의 총 부가가치 증가에서 중국이 차지한 부분이 2003년 7퍼센트였던 것이 2014년에는 27퍼센트로 증가했다. 이 성장을 기록한 미국 국립과학재단의 보고서에는, 같은 기간 동안에 미국의 기여는 36퍼센트에서 29퍼센트로 하락했다는 사실도 함께 들어가 있다. 예컨대, 빠르게 성장하고 있는 로봇 과학 분야에서 중국은 2015년에 새로운 특허권 등록을 미국보다 두 배 더 많이 그리고 산업 로봇의 작업장 추가 투여는 두 배 반 더 많이 했다.[53] 중국은 이제 컴퓨터, 반도체, 통신 장비뿐만 아니라 의약품 생산에서까지 세계 최고의 자리를 차지하고 있다.[54]

2015년에 중국인들은 특허권 신청을 2위인 미국보다 거의 두 배나 더 많이 하여, 한 해 동안에 100만 개 이상의 특허권을 신청한 첫 번째 나라가 되었다.[55] 이대로 계속해서 나아간다면 2019년 무렵이면 연구-발전 지출 면에서 중국은 미국을 추월하여 세계 최고가 된다.[56] 2014년에 미국 예술과

학아카데미에서 실시한 한 연구에서 경고한 대로, "미국이 하루빨리 과학 연관 사업을 강화하기 위한 대책을 강구하지 않는다면, 오랫동안 새로운 발견을 낳고 일자리를 활발하게 증가시키는 혁신의 동력으로 지녀온 유리함이 전부 사라져버리고 말 것"이다.[57]

이런 흐름에 대한 반응으로 많은 미국인들이 아직도, 그 엄청난 규모와 허장성세에도 아랑곳없이 중국 성공의 기본 서사는 여전히 모방과 대량생산일 뿐이라는 믿음 속으로 도피해버리려고 한다. 이런 관점은 현실에 일말의 근거들 두고 있다. 이를테면 스파이를 활용한 구식 방법과 갈수록 늘어나는 인터넷을 이용한 각종 방법들 모두를 활용한 지적 재산의 도용은 중국 경제 발전 프로그램에 또 하나의 핵심적인 부분이 되어왔다. 예전에 중국인 동료가 나에게 설명해주었듯이, 미국인들이 R&D(연구개발)라고 부르는 것을 중국인들은 도용(theft)의 머리글자 T를 덧붙여서 RD&T라고 부른다고 한다. 물론 중국은 훔쳐갈 만한 지적 재산이 있는 나라들만을 관심의 대상으로 삼는다. 그러니 결국 미국이 가장 중요한 대상이다.

"지금 이 시간에도 도용당하고 있는 지적 재산의 양은 충격적일 정도로 어마어마하다."

FBI의 국장 제임스 코미James Comey는 2014년에 이렇게 말했다.

"미국의 대형 기업은 두 종류뿐이다. 바로, 중국인들에게 해킹을 당한 기업과 아직 해킹 당한 사실을 눈치 채지 못한 기업이다."

2016년에 CBS의 〈60분 60 Minutes〉이 취재해서 보도한 바에 따르면, 중국의 기업 간첩은 미국 회사들이 수천억 달러를 쓰게 만들어, 급기야는 한 국무부 최고 관리가 중국의 사이버 도둑질을 "우리 국가 안보에 심각한 위협"이라고까지 부르는 지경이 되었다고 한다.[58]

중국은 여전히 사이버 해적 행위와 기업 스파이 활동의 온상으로 남아 있지만, 해마다 자체적으로 힘을 키워가고 있는 중국의 혁신 능력은 갈수록 무시하고 넘어가기 힘들어지고 있다. 이를테면, 백악관의 과학기술정책실이 "경제적 경쟁력, 과학적 발견 그리고 국가 안보에 필수적"이라고 지목한 슈퍼컴퓨터의 경우를 한번 생각해보자.⁵⁹ 미국이 슈퍼컴퓨터에서 '선두'를 유지할 수 있도록 보장하기 위해서 오바마 대통령은 2015년 국가전략컴퓨팅계획NSCI, National Strategic Computing Initiative을 미국 혁신 전략의 기둥으로 삼았다. 그러나 2013년 6월부터 세계에서 가장 빠른 슈퍼컴퓨터는 실리콘 밸리가 아니라 중국에 있다. 사실, 세계에서 가장 빠른 슈퍼컴퓨터 500위 안에 드는 컴퓨터 중에 지금은 미국보다 두 대가 더 많은 167대가 포함되어 있다. 2001년만 해도 이 순위에서 중국은 빠져 있었다. 더욱이, 중국에서 가장 성능이 좋은 슈퍼컴퓨터는 그나마 가장 근접한 미국 슈퍼컴퓨터보다 다섯 배나 더 빠르다. 또 중국의 슈퍼컴퓨터가 예전에는 미국의 프로세서에 주로 의존했지만, 2016년에는 가장 성능 좋은 컴퓨터가 완전히 중국에서 만든 프로세서들로만 만들어졌다.⁶⁰

2016년에 중국이 뚫어내는 데 성공한 두 가지 돌파구는 미래를 보여주는 불편한 지표다. 중국은 세계 최초로 양자통신위성을 쏘아 올렸는데, 이는 도감청이 되지 않고 전례 없는 범위의 통신이 가능하도록 고안된 통신위성이다. 또, 지상 최대의 전파망원경도 만들어냈는데 이것은 지적 생명체를 찾아서 우주 깊숙이 들여다볼 수 있는 독보적인 능력을 지닌 장치다. 이런 성취들은 중국이 비용이 많이 들고 시간이 많이 걸리는 혁신적인 프로젝트를 맡아 성공적으로 완수해낼 수 있는 능력이 있음을 보여준다. 반면 미국은 최근에 수십억 달러를 투자한 대형 프로젝트들의 실패로 드러났듯이, 이런 능력이 갈수록 위축되고 있다. 남캘리포니아의 사바나강에서 실시한 플루토늄 재처리에서부터(지금까지 50억 달러의 세금을 썼음에도 최근 들어 다시 추산해본 결과 이 계획을 완수하는 데 수십 년간 연간 10억 달러씩 더 들어가리라는 사실이 발표되고 나서 이 계획은 취소될 위험에 처해 있다) MIT대학교에서 '주력 상품'이라고 부른, 미시시피의 켐퍼 카운티에서 추진해온 탄소수집 및 저장 프로젝트에 이르기까지(비용은 40억 달러가 초과되었고, 2년 넘게 완공이 지연되고 있으며, 앞으로 어떻게 될지도 불투명하다) 그 예는 많다.[61]

총이 크면 총구도 크다

GDP가 한 나라의 부상을 보여주는 유일한 척도는 아니지만, 그것이 국력의 토대를 마련해주는 것은 사실이다. 또 GDP가 곧바로, 혹은 자동적으로 경제력이나 군사력으로 해석되는 것도 아니지만, 만약에 우리가 역사를 나침반으로 삼는다면 시대를 막론하고 GDP 규모가 더 큰 나라들이 국제 관계를 이끌어나가는 데 그 규모에 비례하여 더 많은 영향을 미쳤음을 발견하게 된다.

중국인들은 마오가 남긴 금언 "권력은 총구에서 나온다"는 말을 절대 잊지 않는다. 그들은 장제스蔣介石의 국민당 계승자들이 아니라 공산당이 중국을 지배하는 단 한 가지 이유를 알고 있다. 바로 마오와, 그와 함께 싸운 동지들이 내전에서 이겼기 때문이다. 1989년에 학생들과 그들을 지지하는 사람들이 톈안먼 광장에서 들고 일어나 저항했을 때 권력을 쥐고 있는 공산당 정권을 지키기 위해서 그들을 분쇄한 이들은 누구였을까? 바로 총과

탱크로 무장한 중국 군인들이었다. 중국 경제가 점점 커짐에 따라 이 나라의 총과 탱크 그리고 21세기형 무기가 더 좋아진 덕분에 다른 강대국들 특히 미국과 새로운 수준의 경쟁이 가능해졌다. 페이스북이나 우버 같은 기술 중심 스타트업이 기존에 주도권을 쥐고 있던 기업들을 뒤집기 위해서 파괴적인 혁신이라는 개념을 사용했듯이 중국 군부는 수십 년간 미국이 발전시켜온 선박과 비행기 및 위성에 맞설 수 있는, 더불어 비용 절감에도 도움이 되는 신기술을 개발하고 있다. 오늘날 선진국을 따라잡으려고 하는 나라들은 자신들의 경쟁 국가들이 하드웨어와 다른 '레거시' 플랫폼(과거로부터 물려받은 기술이나 방법론, 컴퓨터 시스템, 소프트웨어 등을 기반으로 운영되는 플랫폼—옮긴이)에서 이미 했던 투자를 또 할 필요가 없다. 신기술 덕분에 비대칭적인 대응이 가능해졌다. 중국 본토에서 발사할 수 있는, 항공모함을 파괴하기 위한 미사일이나, 수십억 달러짜리 미국 위성을 파괴할 수 있는 100만 달러짜리 위성 공격용 미사일이 그 예다.[62]

중국은 1980년대 후반 이후로 평균 GDP의 2퍼센트만을 국방에 썼지만 (미국은 4퍼센트 가까이 썼다),[63] 30년간 두 자릿수 경제성장을 해온 덕분에 중국의 군사 능력은 여덟 배나 늘었다.[64] 지금 국방 예산은 시장 환율로 따졌을 때 1460억 달러(PPP로 따졌을 때는 3140억 달러) 정도인데, 이는 미국 다음으로 많고 러시아의 두 배에 달하는 금액이다.[65] 중국의 군사력 증강에 관해서는 6장에서 좀 더 자세히 다룰 것이다. 여기서는, 중국이 이미 전장에서 유리한 요소들을 많이 확보해둔 상태라는 점을 언급하는 것만으로도 충분하다. 본토 군사력의 균형 변화에 관한 가장 권위 있는 평가는 2015년에 랜드연구소RAND corporation(더글러스 항공기 회사가 미국 군대를 연구하고 분석하기 위해서 만든 연구소로, 미국의 대표적인 세계정책 싱크탱크—옮긴이)가 내놓은 "미-중 군사력 평가"라는 제목의 연구 결과다. 보고서에 따르면, 2017년까지 중국은 아홉 개 중 여섯 개의 재래식 군사력 영역에서 "앞서거나", "거의 동등한" 상태가 된다고 한다. 예컨대 공군기지나 지상 목표물에 대한 미사일 공격, 제공권制空權 획득, 적의 우주 기반 무기 사용 방지 등에서 그렇다. 보고서는 향후 5년에서 15년 사이에 "아시아는 경계 지역에서 미국의 지배력이 꾸준히 약화되는 모습을 목격하게 될 것이다"라고 결론 내리고 있다.[66] 경제 분야에서의 발전과 마찬가지로 중국의 군사적 발전도 세계 패권국으로서의 미국의 지위를 급속하게 허물어뜨리면서 미국 지도자들로 하여금 이제 미국의 힘이 한계에 부닥친 상황이라는 불편한 진실을 직시하지 않을 수 없도록 압박하고 있다.

새로운 힘의 균형

힐러리 클린턴은 국무장관으로 일하는 동안에, 21세기에는 힘의 균형이라는 개념이 낡아빠진 구시대적 개념이 되었다는 의견을 내놓은 적이 있다.[67] 리콴유는 그 말에 동의하지 않았다. 그는 이 개념이 국가들 간의 관계를 이해하는 데 가장 기초적인 요소라고 보았다. 그러나 그의 설명은 이랬다.

"옛날에는 힘의 균형이라는 개념이 대체로 군사력을 의미하는 것이었다면, 지금은 경제력과 군사력을 합한 개념이다. 사실 이제는 경제력이 군사력보다 더 중요해진 것 같다."[68]

이런 새로운 힘의 균형은 다른 이름으로 불려왔다. 바로 '지리경제학'이라는 말이다. 지리경제학은 지정학적 목표를 얻기 위해서 경제적 수단(무역과 투자 정책에서부터 제재, 사이버 공격, 해외 원조에 이르기까지)을 이용하는 것을 말한다. 로버트 블랙월과 제니퍼 해리스 Jennifer Harris는 2016년에 쓴 책 《다른 수단을 사용한 전쟁: 지리경제학과 국가운영기술 War by Other Means: Geoeconomics and Statecraft》에서 이 개념을 자세히 살핀다. 그들은 중국이 "세계에서 지리경제학을 가장 많이 사용하는 나라이지만 이런 사실은 아마도 거꾸로, 지역적 혹은 세계적 차원의 세력 전망을 경제적(정치-군사와 반대되는 차원에서의) 활동을 중심으로 할 수밖에 없게 만든 주된 요인이기도 할 것이다"[69]라고 지적했다.

중국은 주로 경제를 통해서 외교정책을 실행하는데 그 이유는 거칠게 말하자면, 그냥 그럴 능력이 있기 때문이다. 중국은 지금 주요 아시아 국가들을 포함해서 130개가 넘는 나라들에게 가장 큰 무역 파트너다. 2015년, 동남아시아국가연합 ASEAN 가입국들 전체 무역에 미국이 차지한 규모는 9퍼센트에 그쳤지만, 중국은 15퍼센트를 차지했다. 이런 불균형은 범태평양 파트너십이 부재하는 가운데 점점 더 가속화될 것이다. 새롭게 형성되고 있는 공영共榮 시대에 중국이 이런 범태평양 파트너십을 구축하는 방향으로 재빠르게 움직이고 있기 때문이다.[70]

이런 지리경제학적 전략은 손자孫子의 병술로 거슬러 올라간다.

"전투마다 승리를 거두는 게 아니라 아예 전투를 치르지 않고 적을 이기는 장수가 가장 탁월한 장수다."

헨리 키신저가 《중국 이야기 On China》(한국어판 제목은 《헨리 키신저의 중국 이야기》, 권기대 옮김, 민음사, 2012- 옮긴이)에서 설명한 대로, 손자에게 승리는 "단순히 무력의 승리가 아니라" 군사적 충돌을 통해서 얻어내고자 했던

"최종적인 정치적 목표의 실현"이었다.

"전장에서 적과 맞서는 것보다 훨씬 더 좋은 것은…… 적을 꼼짝없이 불리한 상황에 있을 수밖에 없도록 몰아넣는 것이다."[71]

지금 중국은 경제 관계를 활용해서 바로 그렇게 하고 있다.

물론 국제 문제를 다루는 일에는 단순한 경제적 지렛대 이상이 필요하다. 정부는 경제적 영향력뿐만 아니라 경제적 방편들을 효과적으로 휘두르는 기술도 확보하고 있어야 한다. 이런 점에서 중국은 '소프트 파워'라는 단단한 방편들을 사용하는 데 독보적인 실력을 발휘해왔다. 상대국들이 현실을 뒤늦게 깨닫거나 이런 상황에 저항하겠다고 마음먹었을 때, 이미 중국은 상대국이 보조를 맞출 때까지 자국에게 필요한 만큼 물건을 사고팔고 제재하고 투자하고 뇌물을 먹이고 훔치는 방법으로 자신의 경제적 힘을 당근과 채찍으로 사용할 준비가 되어 있다. 특히 핵심 수입품의 공급처나 수출 시장으로 중국에 의존하게 된 나라들은 이런 중국의 행태에 더 취약하다. 이견이 생기면 중국은 일단 단순한 지연 전략을 그리고 다음 단계로 봉쇄 전략을 쓴다. 2010년에 (일본에 억류된 중국 어부 몇 명을 돌려보내 달라고 설득하기 위해서) 갑자기 일본에 희귀 금속 수출을 완전히 중단했던 일, 2011년에 (노벨상위원회가 중국의 유명한 반체제 인사 류샤오보劉曉波를 수상자로 선정한 데 대해 벌을 주기 위해서) 노르웨이의 최대 시장이라는 점을 이용해서 노르웨이로부터 연어 구입을 완전히 중단했던 일 그리고 2012년에 (남중국에서 스카버러 암초를 두고 필리핀 정부와 분쟁이 벌어졌을 때 필리핀 정부의 태도를 바꾸기 위해서) 필리핀으로부터 수입하는 바나나에 대한 검역을 지연시켜 바나나가 부두에서 몽땅 썩어버리게 만든 일 등이 대표적인 사례다.

중국은 많은 나라들이 국제 체제가 자신들의 편일 때조차도 중국의 바람대로 따르는 방법 외에는 현실적으로 다른 선택지가 없는, 경제적 힘의 그런 우월함을 즐긴다. 예컨대 2016년에 중국은 남중국해에서 벌어진 필리핀과의 분쟁에 대해서 자국에게 불리한 판결을 내린 상설중재재판소의 결정을 여지없이 거부하고 또 다른 의지까지 행사하려고 했다. 이 사건을 비롯하여 남중국해에서 교착상태에 빠진 다른 사례들에서도 중국은 대부분 자국이 원하는 목적을 달성하게 해주는 '절충점'을 찾기 위해서 미끼, 선심, 뇌물, 협박을 결합시키는 능력을 보여주었다.

물론 쌍무적인 협상보다 나은 것은 그 틀을 만든 국가가 혜택을 누리는 국제 체제다. 미국은 제2차 세계대전의 여파 속에서 이 길을 선택하여 브레튼 우즈 체제를 만들었다. 그리하여 국제통화기금(국제 금융을 조정하기 위해서), 세계은행(개발도상국에 저금리로 돈을 빌려주기 위해서) 그리고 관세 및 무역에 관한 일반협정GATT 및 그 후신인 세계무역기구WTO(무역을 장려하기 위해서)를 설립했다. 국제통화기금과 세계은행 모두 제도를 운영하는 과정에서 뭔가를 바꿀 때 유일하게 한 나라에만 거부권이 있었다. 그 나라가 바로 미국이다.

충분히 예상할 수 있듯이, 경제가 성장하면서 중국을 이끌어가던 사람들은 국제사회가 지금까지 지켜온 이런 방법들에 대해서 불만을 품게 되었고 따라서 새로운 방법들을 만들어가기 시작했다. 미국이 세계은행에서 투표권을 더 많이 갖겠다는 중국의 요구를 수용하지 않자, 2013년에 베이징은 자신들의 독자적인 체제인 아시아인프라투자은행AIIB을 설립하여 워싱턴을 깜짝 놀라게 했다. 워싱턴은 세계 각국을 향해 중국이 만든 은행에 가입하지 말라고 압력을 넣기 위해서 백방으로 뛰었지만, 2015년에 은행이 문을 열기도 전에 이미 57개국이 가입했다. 가입 국가들 중에는 미국의 핵심 우방국들도 들어 있었는데, 그중 영국이 선두를 차지했다. 그 나라들이 미국을 향해 '노'로 그리고 중국을 향해 '예스'로 응답한 것은, 시장 금리보다 낮은 금리로 돈을 빌리고 은행이 자금을 지원하는 대형 건설 프로젝트의 계약을 따내려는 바람에서였다. 그 나라들의 가입 동기는 자명하다. AIIB가 설립되기 전부터 이미 중국개발은행이 세계은행을 앞질러 세계 개발 프로젝트들에 자금을 가장 많이 지원하는 은행이 된 상태였기 때문이다.[72] AIIB에 초기 자본으로 300억 달러를 투입한 것을 포함해서 2016년에 중국의 세계 개발 자금용 총자산은 서방의 여섯 개 주요 개발 은행의 개발 자금용 총자산을 합한 금액보다 1300억 달러 더 많았다.[73]

중국이 서방의 규칙에 따라 행동하기보다는 자체적인 클럽을 만들기로 결정한 것은 이번이 처음은 아니다. 2008년의 금융 위기와 대침체의 여파로 중국은 브릭스BRICS(브라질, 러시아, 인도, 중국 그리고 남아프리카공화국으로 구성된 모임)를 결성했다. 이들 나라는 경제가 급격하게 팽창하는 나라들로, 미국이나 G7(캐나다, 프랑스, 독일, 이탈리아, 일본, 미국, 영국으로 구성된 서방의 주요 선진국 모임-옮긴이)의 감독을 받지 않고 의사결정과 행동을 취하는 것을 목표로 삼았다. 2014년, 블라디미르 푸틴Vladimir Putin이 우크라이나에 러시아 군대를 파견한 이후로 미국과 유럽연합은 1997년 이후부터 러시아를 포함하여 G8이 된 이 모임의 정상회담에 더 이상 푸틴을 초대하지 않고 이제 그가 "고립되었다"고 선언했다. 한 달 뒤에 시진핑과 브릭스의 다른 지도자들은 자신들의 정상회담에 푸틴이 참여하는 것을 두 팔 벌려 환영했다.

중국이 주도하는 다른 계획들도 이와 유사한 효과를 가져왔다. 2013년 9월, 시진핑은 중국이 아시아, 유럽, 북아프리카의 65개국, 44억 인구를 연결하는 '새로운 실크로드' 인프라를 건설하는 데 1조 4000억 달러를 투자

하겠다는 계획을 발표했다. '일대일로—帶—路OBOR, One Belt One Road'로 알려진 이 '실크로드 경제 벨트'와 '21세기 해양 실크로드'를 통해서 중국은 유라시아 대륙 전체를 관통하는 고속도로, 고속철도, 공항, 항구, 파이프라인, 송전 라인, 광섬유 케이블망을 건설하고 있다. 한때 고대 중국의 통상로였던 길을 따라서 만든 이 현대의 물리적 연결은 외교, 통상, 금융에서 새로운 유대관계를 강화시킬 것으로 보인다. 이를 위한 일대일로 계획에는 1조 4000억 달러가 넘는 비용을 들여서 추진될 900개의 프로젝트가 포함되어 있다. 투자자이자 전 IMF 경제학자인 스티븐 젠Stephen Jen에 따르면, 인플레를 감안하더라도 이 금액은 마셜플랜 열두 개를 추진할 수 있는 비용이라고 한다.[74]

아낌없는 부조라고 부르든 경제적 제국주의라고 부르든 어떻게 부르는지는 상관이 없다. 현실은 중국의 경제 네트워크가 전 세계에 퍼져나가고 있으며, 오랫동안 미국의 우방이었던 아시아 국가들조차 미국에서 중국 쪽으로 기울게 만드는 식으로 세계 힘의 균형을 바꿔놓고 있다. 리콴유는 이렇게 간결하게 요약했다.

"중국은 자국의 거대한 시장과 점증하는 구매력으로 동남아시아 국가들을 자기네 경제 시스템 속으로 빨아들이고 있다. 결국 일본과 한국 역시 빨려 들어가지 않을 수 없게 될 것이다. 지금 중국은 강제력을 사용하지 않고도 여러 나라들을 흡수하고 있는 것이다. …… 커져만 가는 중국 경제의 진동에 맞서서 싸우기는 쉽지 않을 것이다."[75]

이는 중국판 황금률Golden Rule, 즉 금을 가진 사람이 지배한다는 규칙에 맞서는 일이기도 하기 때문이다.

중국과 미국의 상대적인 입지가 꾸준히 변화해온 현상이 의미하는 바는 미국에서 통찰력이 매우 뛰어난 아시아 전문가 중 한 사람인 스티븐 보즈워스Stephen Bosworth의 말 속에 잘 포착되어 있다. 미국 정부에서 30년 넘게 일하면서 필리핀과 한국 등에서 대사를 지낸 적이 있는 그는 1998년에 터프츠대학교의 플레처 법률외교대학의 학장직 요청을 받아들여, 이후 10년간 관심의 초점을 아시아에서 교육기관으로 돌려서 교육에 완전히 헌신했다. 그러던 중 2009년에 오바마 대통령의 요청으로 북한 특사로 파견되었는데, 2주간에 걸쳐서 아시아 전역을 돌아다니며 각국의 총리와 대통령을 만나고 돌아온 그는 자신이 본 것을 거의 믿을 수 없을 정도라고 보고했다. 그것은 "놀라울 정도로 격세지감이 느껴지는 경험"이었다. 아마 1998년 이전을 말하는 것일 텐데, 그는 이렇게 말했다.

"예전에는 어떤 위기나 문제가 발생하면 언제나 아시아 지도자들이 가장 먼저 했던 질문이 '워싱턴의 생각은 무엇인가?'였는데, 지금은 무슨 일이 생기면 이렇게 묻는다고 한다. '베이징의 생각은 무엇인가?'"

2부

역사의 교훈

2.

아테네 대 스파르타

마침내 아테네는 누가 보더라도 국력이 절정에 달했음을 알 정도가 되었으며, 급기야는 스파르타의 동맹국들까지 침략하기 시작했다. 스파르타가 더 이상 이런 상황을 참아낼 수 없다고 느끼고 이 전쟁을 시작하여 공격에 전력을 다하기로 그리고 가능하다면 아테네의 힘을 무너뜨리기로 결정한 것은 바로 이런 상황에서였다. _투키디데스, 《펠로폰네소스 전쟁사》

전쟁이 필연적이었던 것은 아테네의 부상과 그에 따라 스파르타에 스며든 두려움 때문이었다.
_투키디데스, 《펠로폰네소스 전쟁사》

대학교 1학년 때 나는 고대 그리스 과목을 수강한 적이 있다. 첫 해의 대부분은 새로운 알파벳과 어휘, 문장구조, 문법 등을 익히는 데 시간을 보내야 한다. 하지만 교수는 우리가 열심히만 공부하면 2학기 말쯤에는 크세노폰 Xenophon의 《아바나시스 Abanasis》(페르시아 왕 키루스의 소아시아 원정기-옮긴이)를 읽게 되리라고 언질을 주었다. 그뿐만 아니라 성적이 우수한 수강 2년차 학생들에게 '상'을 하나 내걸었다. 바로 투키디데스 강독이었다.

아직도 '투키디데스'를 또박또박 발음하던 교수의 음성이 생생하게 떠오른다. 교수는 충일감과 경외심이 결합된 듯한 모습으로 이 아테네 역사가의 이름을 불렀던 것이다. 라반 Laban 교수에게 고대 그리스는 인류 역사상 최초로 우뚝 솟은 위대한 문명의 첨탑이었다. 우리는 일단, 글이 쓰인 언어를 읽고 쓸 줄 알게 된 다음에라야 그가 역사의 아버지라고 여긴 사람으로부터 이 문명에 관해서 배울 수 있었다. 교수는 헤로도토스Herodotos 역시 중요한 역사가로 인정했지만 투키디데스는 역사를 오직 "실제로 발생한 일로" 포착하는 데에만 초점을 맞춘 최초의 역사가였다고 주장했다.[1] 투키디데스의 설명에는 구체적인 내용을 짚어가는 저널리스트다운 눈, 서로 경쟁하는 설명들 사이에서 진실을 찾는 연구자다운 태도 그리고 복잡한 사건들 뒤에 놓인 근본 원인을 드러내는 역사가로서의 능력이 전부 다 결합되어 있다. 또한 라반 교수가 우리에게 가르쳐주었던 대로, 투키디데스는 우리가 지금 현실 정치 또는 국제 관계에서의 현실주의라고 부르는 것을 최초로 통찰한 사람이기도 했다. 당시에 나는 세계 정치에 관해서 이제 막 흥미를 갖기 시작한 터였기에, 라반 교수의 상을 받고 싶은 마음이 훨씬 더 간절했고, 결국 그 상을 받을 수 있었다.

정작 투키디데스 자신의 삶에 관해서는 남아 있는 기록이 별로 없다. 우리가 알고 있는 사실은, 그가 기원전 5세기 중반경에 태어나서 고대 그리스의 가장 강력한 두 도시국가 중 하나인 아테네의 시민이었다는 점 그리고 그가 고향 땅에서 추방되어 대전大戰이 한창일 때 지중해 지역 곳곳을 돌아다녔다는 점이다. 당시의 충돌로 고대 세계 전체는 엄청난 고통을 겪었다. 당시 지배 세력이었던 스파르타에 밀서 싸운 그의 조국 아테네 역시 큰 상처를 입어, 결국에는 두 나라 모두 허약한 상태가 되고 말았다. 투키디데스의 《펠로폰네소스 전쟁사》는 이 충돌에 관한 거의 완벽에 가까운 설명이자 서양 문명사상 위대한 역작이다. 이 책은 지금까지도 역사학자나 고전학자뿐 아니라 전 세계 대학교와 군사대학교에서 군사 전략가나 민간 전략가들이 연구와 토론의 주제로 삼는 세미나용 텍스트로 읽히고 있다.

투키디데스가 자신의 저서 도입부에서 밝히고 있듯이, 그가 전쟁 과정에서 일어난 일들을 세세히 기록한 목적은 미래의 정치가, 군인, 시민들이 전쟁을 제대로 이해해서 선대에서 저지른 실수를 피할 수 있도록 도움을 주려는 생각에서였다.

"나의 역사 기록이 미래를 이해하는 데 도움을 받고자 과거에 관해서 정확한 지식을 얻으려는 사람들로부터 유용한 도구라고 인정받는다면, 미래가 과거를 그대로 비추지는 않더라도 인간사가 크게 다르지는 않을 것이기에, 만족스러울 것 같다."[2]

'응용역사학자'의 시조 격인 그는, 나중에 윈스턴 처칠Winston Churchill이 다음과 같이 표현한 것과 비슷한 관점을 가지고 있었다.

"더 길게 되돌아볼수록 더 멀리까지 내다볼 수 있다."

이 수업 2년차 동기들과 나는 투키디데스로부터, 아테네와 스파르타 사이의 대전이 벌어지기 이전에 오랫동안 평화로운 시기가 이어졌다는 사실을 배웠다. 우리는 아테네의 민주주의에 대한 실험과 모든 분야에서 전례 없던 창조적인 성취들이 꽃을 피운 일에 관해서 읽었다. 철학, 연극, 건축, 역사, 해전 기술 등은 사실상 이들 그리스인들이 발명해낸 것이나 다름없었다. 다른 문명으로부터 전수받은 분야라면, 이들은 그것들을 인류 역사상 전례 없는 수준으로 끌어올려놓았다. 소크라테스Socrates, 플라톤Platon, 소포클레스Sophocles, 에우리피데스Euripides, 아리스토파네스Aristophanes, 익티누스Ictinus(파르테논을 지은 건축가), 데모스테네스Demosthenes 그리고 페리클레스Perikles는 지금도 문명 진보의 거인으로 남아 있다.

투키디데스가 역사를 기록한 것은 어떻게 해서 수십 년 동안 평화로이 공존했던 국가들이 종국에는 파국적인 전쟁을 맞을 수밖에 없게 되었는지를 우리가 이해할 수 있도록 하기 위해서였다. 다른 관찰자들은 주로 근접 요인들을 강조했지만, 투키디데스는 문제의 심장부로 파고 들어간다. 그는 이렇게 썼다.

"스파르타와 아테네가 휴전 협정을 파기한 이유에 관해서 나는 먼저, 두 나라가 서로에 대해서 가졌던 불만의 원인과 그들의 이해관계가 충돌하는 구체적인 사례들을 설명하고자 한다."

하지만 그는 "전쟁의 진짜 이유는 그런 주장들에 의해서 가려지기 쉽다"고 경고한다.

그런 직접적인 요인들 아래에는 보다 근본적인 원인이 놓여 있으며, 그는 그것에 초점을 맞춘다. 전쟁이 "필연적이었던 것은 아테네의 부상과 그에 따라 스파르타에 스며든 두려움 때문이었다"고 투키디데스는 말한다.[3]

이것이 바로 내가 '투키디데스의 함정'이라고 이름 붙인 현상, 즉 새로 부상하는 세력이 지배 세력의 자리를 빼앗으려고 위협해올 때 극심한 구조적 긴장이 발생하는 현상이다. 이런 상황에서는 예기치 못했던 보기 드문 사건들만이 아니라 외교 관계에서 흔히 생기는 불씨조차 대규모 충돌을 촉발할 수 있다.

이런 역학이 어떻게 아테네와 스파르타를 전쟁으로 몰아넣었는가 하는 이야기가 투키디데스의 설명에 멋쩨하게 등장한다. 페르시아의 침략을 막아내기 위한 대전에서 연합군으로 싸웠던 아테네와 스파르타는 이후 자신들의 전략 경쟁을 평화로이 해나가기 시작했다. 두 나라는 30년 평화조약을 체결하는 등 전쟁으로 이어질 수도 있었던 일련의 위기를 성공적으로 해결했다. 두 나라 사이에 문화, 정치제도, 관심사들이 극단적일 정도로 다른 탓에, 열띤 경쟁이 불가피하다는 사실을 그들은 알고 있었다. 그러나 그들은 전쟁이 재앙을 가져올 수 있다는 사실도 알고 있었으므로 전쟁을 치르지 않고 자신들의 이익을 확보하는 방법을 찾기로 단호히 마음먹었던 것이다.

그런데 그 뒤에 어떻게 해서 그리스의 이 두 도시국가는 충돌에 굴복하여 피차 그처럼 파국적인 결말을 맞을 수밖에 없게 되었을까? 600쪽짜리 《펠로폰네소스 선쟁사》의 매 페이지마다 이 치명적인 전쟁의 길을 향한 온갖 우여곡절에 관해서 흥미진진하고 구체적인 이야기들이 이어진다.[4] 두 당사국들과 멜로스, 메가라, 코르키라(케르키라) 등 상대적으로 힘이 약한 여러 도시국가들 사이의 외교적 접촉에 관한 이야기들은 국가 운영 방식에 관한 기초적인 이해를 도와준다. 하지만 투키디데스의 주요 서사는 아테네와 스파르타를 충돌로 이끈 인력이다. 즉 아테네의 지속적인 부상과, 이로 인해 그리스 내에서 자국이 차지하고 있던 우월적 지위가 갈수록 위태로워지고 있다는 스파르타의 위기감 증폭을 집중해서 다룬다. 요컨대 그의 핵심 주제는 '투키디데스의 함정'과, 고대 세계에서 가장 전설적인 두 세력이 서로 오랫동안 노력했으면서도 어떻게 결국 그 함정에 꼼짝없이 걸려들 수밖에 없게 되었는가 하는 사실이다.

신흥 세력이 지배 세력과 맞서다

기원전 490년에 페르시아가 그리스를 침략하기 전에는 스파르타가 한 세기가 넘도록 이 지역의 지배 세력으로 군림했다. 펠로폰네소스라고 알려진 그리스 반도 남부 지역의 한 도시국가인 스파르타는 국경을 마주하고 있는 몇몇 중간급 세력들과 씨름해야 했을 뿐 아니라 헤일로타이라고 알려진 노예들의 불만도 잠재워야 했다. 스파르타에서 헤일로타이와 시민의 비율은 7 대 1로, 노예가 훨씬 더 많았다.[5]

스파르타는 오늘날 극단적인 군사 문화의 표본으로 남아 있다. 가족에서부터 정부에 이르기까지, 사회 전체의 조직 원리가 전투력을 극대화하는 것에 초점이 맞춰져 있었다. 스파르타 정부는 육체적으로 완벽한 유아만 생명을 유지하도록 허용했다. 그들은 사내아이가 일곱 살이 되면 가족의 품에서 떼어내 군사학교에 입학시키고, 그곳에서 교육하고 훈련해 전쟁터에 나가서 싸울 준비를 하게 했다. 아이가 자라 스무 살이 되면 결혼을 할 수 있었지만 계속해서 막사에서 살면서 공동 식사를 하고 매일 훈련을 받아야 했다. 그리고 조국 스파르타에 23년을 봉사하고 난 서른이 되어서야 완전한 시민권과 의회에 참여할 수 있는 권리를 얻었다. 의회는 아테네와는 달리 보수주의적인 원로 귀족들에 의해서 지배되었다. 60세가 되기 전에는 군복무의 의무에서 벗어날 수 없었다. 스파르타 시민들은 다른 무엇보다도 용기, 용맹스러움, 규율처럼 군인에게 중요한 덕목을 높이 샀다.

플루타르코스Ploutarchos가 우리에게 말해주듯이, 스파르타의 어머니들은 전쟁에 나가는 아들을 향해, 전투를 마치고 집으로 돌아올 때는 "방패를 거뜬히 짊어지고 오든지 아니면 그 위에 실려서" 돌아오라고 말했다.[6]

이와는 대조적으로 아테네는 자신들의 문화에 자부심을 지닌 아티카의 건조하고 황량한 곳 위에 세워진 항구도시였다. 사람이 거의 살지 않는 높은 산들 때문에 그리스의 나머지 본토로부터 고립되어 있던 아테네는 무역 국가로, 에게해를 종횡무진하면서 올리브기름과 목재, 섬유와 값나가는 돌을 파는 상인들로부터 물건을 공급받았다. 요새 국가인 스파르타와 달리,

아테네는 개방적인 사회여서 그리스 전역에서 온 학생들이 자신들의 교육기관인 아카데미아에 다닐 수 있게 허용했다. 수 세기 동안 독재자들이 지배해오던 아테네는 민주주의라고 부르는 새롭고 대담한 정치적 실험까지 하기 시작했다. 민회와 500인회는 모든 자유민이 참여할 수 있게 해서 온갖 주요 사안을 결정했다.

기원전 5세기 전의 그리스 세계는 대체로 여러 자치 도시국가들로 나뉘어 분리되어 있었다. 그러나 기원전 490년에 있었던 페르시아의 침략이 그리스인들로 하여금 전례 없던 공동의 위협에 대처하기 위해서 서로 뭉치지 않을 수 없도록 만들었다. 나중에 테르모필레 전투에서 300명으로 구성된 스파르타의 전설적인 엘리트 자살 군단은 그리스 연합군이 올 때까지 시간을 벌기 위해서 자신들의 목숨을 희생하여 페르시아 군대 전체를 물리쳤다. 살라미스해전에서 아테네 사령관을 필두로 한 연합군 함대는 3분의 1에 불과한 병력으로 페르시아 함대를 멋지게 물리쳤다. 기원전 479년에 그리스 연합군은 두 번째로 침략한 페르시아 군대를 손쉽게 물리쳤다. 그리고 이것이 마지막이었다.

그리스 연합군이 승리하는 데 중추적인 역할을 한 사실을 자각한 아테네인들은 자기네 나라가 그리스를 이끄는 주요 세력으로 인정받기를 열망했다. 사실, 페르시아를 물리친 뒤에 아테네는 놀라운 경제적, 군사적, 문화적 부흥기를 맞았다. 경제적 부흥 덕분에 헬레니즘 세계 곳곳에서 무역상과 선원들이 아테네 상선에서 일하려고 몰려들었다. 무역 규모가 점점 커져감에 따라 아테네인들은 전문 해군 병력을 보충하고자 무역 선단을 추가했다. 아테네의 해군 규모는 이미 아테네와 가장 근접한 해군력을 지닌 경쟁국의 두 배가 넘는 상황이었는데도 이에 만족하지 않았던 것이다.[7] 본토에서 멀리 떨어진 코르키라섬이 강력한 함대를 지닌 유일한 또 하나의 그리스 국가였고, 다음은 스파르타의 핵심 동맹국인 코린토스였다. 그러나 두 세력 모두 진짜 위협이 되지는 못했다. 페르시아전쟁에서 아테네가 놀라운 승리를 거둔 덕에, 함대의 규모보다 항해술이 훨씬 더 중요하다는 사실이 입증되었기 때문이다.

5세기 내내 아테네는 페르시아와 싸우기 위해서 결성했던 방어적 동맹 네트워크를 사실상의 해양 제국으로 바꿔놓는 작업을 꾸준히 진행했다. 아테네는 낙소스처럼 자국의 손아귀를 벗어나려는 동맹국들을 향해 부담을 나누어 지라며 압박했다. 기원전 440년까지, 아테네는 멀리 떨어져 있는 레스보스섬과 키오스섬을 제외한 모든 아테네 식민국들로 하여금 독자적인 해군을 포기하고 대신 아테네에 보호 비용을 지불하게 했으며, 이로써 이 지역 전체로 해상 무역망을 확장할 수 있었다(이런 무역 체제가 만들어진 덕분에 그리스의 수많은 작은 도시국가들이 이전보다 더 번영하고 서로 더 밀접하게 연결되었다). 각지에서 금이 쏟아져 들어왔고 아테네 정부는 전례 없던 건축물(예컨대 파르테논 신전 같은)을 짓는다든지 소포클레스의 연극을 수시로 무대에 올리는 등의 문화적 부흥에 자금을 댈 수 있었다. 그리스의 다른 나라들이 점점 원한 어린 시선으로 아테네를 바라보기 시작했으나, 그들은 자기네 제국의 팽창이 매우 점잖은 방식으로 이루어지고 있다고 보았다.

그들은 나중에 스파르타인들을 향해 이렇게 주장했다.

"우리는 폭력으로 제국을 만들지 않았다. 대신 동맹국들이 자발적으로 우리한테 와서 자신들을 이끌어달라고 매달렸다."[8]

스파르타는 이런 아테네의 가식에 코웃음을 쳤다. 그들은 아테네인들이 자신들만큼이나 무자비하고 교활하다는 사실을 알고 있었다. 하지만 그들의 불신은 두 세력의 정치와 문화 개념에 극명한 차이가 있음을 반영하기도 한다. 스파르타의 정치체제는 군주제와 과두제를 섞은 복합적인 것으로, 멀리 떨어져 있는 국가의 일에 거의 간섭하지 않고 대신 국내에서 노예들이 반란을 일으키는 것을 막는다든지 지역 내에서 자국의 지배력을 유지하는 데 초점을 맞추었다. 스파르타인들은 자신들의 독특한 문화를 자랑스럽게 여겼다. 하지만 아테네인들과는 달리, 그들은 다른 국가들로 하여금 자신들의 모델을 따르라고 설득하지는 않았다. 스파르타는 훌륭한 보병대를 보유하고 있었지만 보수적인 현 지배 세력이었다.[9] 나중에 한 코린토스 대사는 스파르타 의회에서 이렇게 말했다.

"아테네인들은 혁신에 중독되어 있습니다. 그들이 만들어내는 것들은 개념이나 실행에서부터 디자인에 이르기까지 오로지 날램이 특징입니다. 이미 가지고 있는 것만을 그대로 보존한 채 아무것도 새로 만들어내지 않는다면, 어떤 행동을 하지 않을 수 없는 상황이 닥쳤을 때 절대로 충분히 멀리까지 도약할 수가 없다고 생각하기 때문이지요."[10]

코린토스인의 이 같은 희화화가 완전히 과장은 아니다. 아테네인들의 모든 생활 영역에는 대범함이 투영되었다. 아테네인들은 자신들이 인류 진보의 최전선에 있다고 믿었다. 그들은 그리스의 섬마다 주축을 이루고 있던 과두제 정부를 무너뜨리고 민주주의를 장려하면서 다른 국가 일에 간섭하는 데 거리낌이 없었다. 중립국들을 대상으로(예컨대 코르키라) 동맹국이 되어달라고 꾸준히 설득하는 일도 멈추지 않았다. 스파르타를 가장 당황케 한 것은 아테네의 야망에 한계가 없어 보인다는 점이었다. 전쟁 발발 직전에 한 아테네 외교관은 스파르타 의회에서 이 점을 직설적으로 이야기했다.

"이런 전범典範을 만든 것은 우리가 아닙니다. 지금까지 쭉 약자가 강자에게 종속되는 게 세상 이치였습니다."[11]

페르시아가 퇴각하자마자 스파르타는 전 그리스 세계를 향해 자국의 우월적 지위를 상기시키기 위해서 아테네에 도시를 감싸는 성벽을 만들지 말라고 요구했다. 이런 요구는 아테네가 뻔히 알고도 스스로를 지상군의 침략에, 따라서 스파르타의 명령에 따르지 않을 경우에는 스파르타의 처벌에 취약한 상태가 되도록 노출시킨다는 뜻이었다. 그러나 아테네로서는 이전 상태로 돌아갈 생각이 없었다. 아테네인들은 페르시아의 침략에 맞서 싸우면서 자신들이 했던 고통스런 희생으로 자신들이 어느 정도의 자주성을 얻었다고 믿었다. 그러나 스파르타의 지도자들은 아테네의 거절에서 모독의 증거를 보았다. 나아가 기존 질서를 위협할 제국주의적 야망이라는, 훨씬 더 불길한 징조를 보는 지도자들도 있었다.

당시에 아테네의 군사력 강화가 스파르타에 물리적인 위협이 되지는 않았다. 동맹국들의 힘을 다 합치면 스파르타의 군사력이 아테네의 두 배를 넘었기 때문이다. 대부분의 스파르타인들은 그리스에 대한 명실상부한 군사적 주도권자라는 연합군 내에서의 지위에 자신감을 가지고 있었다. 그럼에도 아테네의 힘은 계속해서 커져갔고, 그에 따라 아테네를 선제공격해서 전 그리스를 향해 누가 일인자인지를 제대로 상기시켜주자고 주장하는 이들도 생겨났다. 이들 스파르다 지도사들은 아테네가 부상하는 것을 그대로 내버려두면 결국 스파르타의 주도권이 위태로워지리라고 보았다. 의회는 첫 번째 전쟁 요청을 기각했지만, 아테네의 힘이 점점 커져갈수록 스파르타 매파의 영향력도 갈수록 커져갔다.

한동안 스파르타는 외교를 통해서 아테네의 상승 욕구를 억제할 수 있다는 믿음을 버리지 않았다. 통틀어 제1차 펠로폰네소스전쟁이라고 알려진, 기원전 5세기 중반의 거의 전면적인 분쟁과 갈등을 겪고 난 기원전 446년에, 두 세력은 포괄적인 조약을 맺어 서로의 관계를 공식화했다. 이 유명한 30년 평화조약은 한 차원 진일보한 지역 안보 질서의 토대가 되었다. 조약은 동맹국이 마음대로 동맹을 깨고 상대 진영으로 넘어가지 못하도록 규정하고 중재와 불간섭을 결합한 규칙과 절차를 만들었는데, 이는 지금까지도 국가들 간의 분쟁을 해결하는 데 모범적인 선례로 이용되고 있다. 그 후 아테네와 스파르타는 상호 협상을 통해서 분쟁을 해결하고, 그것이 여의치 않을 경우에는 델피 신전의 오라클 같은 중립적 위치에 있는 이에게 중재를 요청하기로 합의했다. 조약 자체가 아테네를 동등한 상대로 인정한 측면이 있기는 했지만, 스파르타로서는 자국 주도하에서 맺은 펠로폰네소스동맹의 충성스런 핵심 동맹국들인 코린토스, 테베, 메가라가 전부 바로 아테네의 문전에 위치하고 있는 나라들이라는 사실에 충분히 안도할 만한 상황이었다.

전쟁의 과실이 쓰디쓴 만큼이나 두 나라 모두에게 평화의 과실은 달콤했다. 조약 덕분에 스파르타와 아테네는 자국 내의 일에만 집중할 수 있었다. 스파르타는 군사비용을 절감하고 이웃 나라들과의 오랜 동맹 관계를 강화했다. 아테네는 강력한 해군력을 사용해서 에게해 전체를 장악했다. 그리고 이를 통해서 해상국들로부터 금을 추출했다. 그렇게 해서 축적한 전략적 예비금이 총 금 6,000달란트라는 전례 없는 금액에 달했는데, 거기에다가 해마다 1,000달란트의 소득이 증가하는 추세였다. 금욕적이고 보수적인 사회이기로 유명한 스파르타조차 작은 규모이긴 해도 나름의 문화적 부흥기를 맛보고 있었다.[12]

이런 틀은 코트다쥐르(지금의 프랑스 남동부의 지중해 연안)에서부터 흑해 연안에 이르는 거대한 헬레니즘 세계 안에서 전례 없이 조화로운 시기를 선사해주었다. 하지만 30년 평화조약이 그 아래에 잠복해 있는 긴장의 원인 자체를 없애지는 못했다. 그저 그 원인이 활성화되는 것을 한동안 중단시켜 놓은 것일 뿐이었다. 투키디데스가 우리에게 말해주듯이, 이런 조건 아래에서는 아주 사소한 일도 장작더미를 활활 불타게 만드는 불씨가 될 수 있었다.

불꽃

불꽃이 점화된 것은 기원전 435년의 일이다. 지역 충돌이 발생했을 때 처음에는 그 충돌이 아테네의 이해관계에 그다지 큰 영향을 미칠 것처럼 보이지 않았다. 스파르타의 중요한 동맹국인 코린토스가 중립국이었던 코르키라를 자극하여 저 멀리 지금의 알바니아에 위치한 에피담누스를 두고 결전을 벌이려 했던 것이 사건의 발단이었다.[13]

처음에는 코르키라가 더 우세해 보였다. 120척의 전함으로 구성된 코르키라의 함대가 첫 전투에서 코린토스를 완전히 궤멸시켰기 때문이다. 그러나 굴욕을 당한 코린토스는 곧바로 두 번째 전투를 준비하기 시작했다. 코린토스는 그리스 전역에서 해상 전투 요원을 모집하여 재빠르게 자신들의 해군 전력을 늘려서, 머지않아 150척의 전함을 지닌 동맹국이 되었다. 아직 아테네에 비하면 상대도 되지 않았지만 코린토스는 그리스에서 두 번째로 큰 함대를 보유한 나라가 된 것이다. 이에 당황한 중립국 코르키라는 아테네에 도움을 요청했다.

멀리 떨어진 에피담누스에서 코린토스가 취한 행동이 어쩌면 스파르타의 악의적인 의도였을 수도 있다는 생각에 두려움을 느낀 아테네는 이제 전략적 딜레마에 빠지게 되었다. 아테네 앞에 놓인 것은 우열을 가늠하기 힘든 두 가지 나쁜 선택지뿐이었다. 만약 직접 코르키라를 돕는다면, 코린토스를 적으로 만들어서 결과적으로 30년 평화조약을 어기는 셈이 될 가능성이 있었다. 하지만 만약 아무 행동도 하지 않는다면 코린토스로 하여금 코르키라의 함대를 합병하는 결과를 허용하여 결국 제해권이 스파르타 쪽으로 넘어가버리고 마는 위험한 상황과 맞닥뜨리게 될지 몰랐다.

아테네 민회의 분위기는 심각하기 짝이 없었다. 아테네는 코린토스와 코르키라의 외교관이 내세우는 각자의 입장을 주의 깊게 들었다. 논쟁이 이틀 동안이나 계속된 끝에 결국 투키디데스가 아테네의 '제1시민'이라고 언급한 페리클레스가 절충 방식을 제안했다. 페리클레스는 아테네가 상징적으로 작은 함대를 코르키라에 파견하되 공격을 받지 않는 한 전쟁에 직접 개입하지 말도록 지시해두자고 했다. 불행하게도 방어적인 태도로 전쟁을 억지하겠다는 이와 같은 시도는 전쟁을 막기에는 너무 미약했고, 전쟁을 유도하기에는 그 파급력이 충분했다. 코린토스는 아테네가 자신들을 적으로 취급하여 병력을 동원한 것에 분노했다.

스파르타 역시 이와 비슷한 전략적 딜레마에 직면했다. 만약 자신들이 코린토스의 코르키라 공격을 지지한다면 아테네는 스파르타가 자국의 해군력에 도전한다고 합리적인 결론을 내리고 선제공격을 준비할지도 몰랐다. 반면에 만약 스파르타가 중립을 지킨다면 아테네가 갈등에서 결정적인 행위자가 되어 결국 스파르타가 다른 펠로폰네소스 동맹국들로부터 신뢰를 잃게 될지도 몰랐다. 스파르타로서는 이런 상황이야말로 묵과하고 넘어갈 수 없는 마지노선이었다. 이웃 나라들에게 안정적인 영향력을 유지하는 일은 노예들의 위협을 막는 데 필수적인 전략이었기 때문이다.

스파르타와 아테네는 또한, 또 다른 스파르타 동맹국인 메가라를 두고 서로 입장이 갈라졌다. 발단은 기원전 432년에 페리클레스가 메가라 법령을 공표한 일이었다. 메가라 법령은 메가라인들이 아테네의 사원에서 불경한 언행을 저지르고 아테네에서 도망친 노예를 숨겨준 데 대한 벌로 메가라에 가한 일종의 경제제재였다. 딱히 스파르타와의 조약을 어긴 부분은 없었지만 이 법령에는 스파르타를 불쾌하게 만들 만한 측면이 있었다. 법령을 접한 스파르타는 이것을 아테네가 스파르타의 우위 구조를 존중하지 않는 또 다른 징후로 보았다. 스파르타가 아테네를 향해 메가라 법령을 철회하라고 요구하자, 페리클레스는 이 요구를 자신의 신뢰성을 훼손하는 것으로 보았다. 순순히 물러설 경우, 스파르타로 하여금 그리스 세계의 다른 곳에서 진행 중인 아테네의 부상을 막겠다는 자신감을 북돋아줄 뿐 아니라, 그 법령을 자국의 특권으로 여겼던 많은 아테네 시민들을 분노케 할 터였다.

스파르타의 왕 아르키다모스 2세Archidamos II와 페리클레스는 서로 사적인 친구였다. 아르키다모스는 아테네의 관점으로 상황을 볼 수 있었고 자신의 백성들이 이성보다는 감정에 더 좌우된다는 사실을 깨달았다. 아르키다모스는 스파르타인들의 설제력에 호소하면서, 스파르타 의회를 향해 아테네인들을 악마로 만들지도, 스파르타 정부의 대응력을 만만하게 보지도 말아 달라고 설득했다.

"우리는 적을 염두에 두고 대비할 때마다 일단은 적의 의도가 선한 것이라고 가정하고 봅니다."**14**

하지만 스파르타의 매파는 그 말에 동의하지 않았다. 그들은 아테네인들이 너무도 오만해진 나머지 스파르타의 안보에 도저히 용납할 수 없는 위험을 가져왔다고 주장했다. 그들은 아테네 의회가 낙소스와 포티다이아에서부터 지금의 메가라와 코르키라에서의 위기에 이르기까지 다른 그리스 국가들 일에 자주 개입한다는 사실을 상기시키고, 스파르타의 동맹국들이 갈수록 약화되고 있는 현실에 대한 의원들의 두려움에 호소했다. 그리고 그들은 아테네가 "더 이상 선량하게 행동하기를 중단하고 불량해진 데 대해서 배로 응징 받아 마땅하다"[15]면서, 더욱 단호히 대응할 것을 주문했다.

스파르타의 전쟁 찬성파 쪽 입장에서는 상황이 더없이 단순해 보였고, 그들의 주장은 코린토스 대사의 말로 인해 더 힘을 얻었다. 대사는 스파르타 의회에서 연설하면서 아테네가 제멋대로 설치고 있는데도 스파르타는 무사안일주의에 빠져서 수수방관하고 있다고 비난했다.

"이 모든 상황에 여러분이 책임을 져야 합니다. 애초에 아테네인들이 마음껏 국력을 기르도록 내버려둔 것은 여러분입니다. …… 여러분들은 적의 힘이 조금씩 커지기 시작할 때 아예 싹을 잘라버리지 않고 그 힘이 두 배로 커질 때까지 그냥 앉아서 기다리기만 했지요."[16]

코린토스인들이 만약 스파르타가 무슨 행동을 취하지 않는다면 자기네들은 동맹을 탈퇴할 생각이라고 말했을 때, 그 자리에 있던 스파르타인들 모두 틀림없이 진저리를 칠 정도로 충격을 받았을 것이다. 메시지는 분명했다. 아테네의 부상이 수백 년간 스파르타가 그리스 전체의 안전을 지키는 데 도움이 되어온 핵심 동맹을 무너뜨릴 수도 있다는 말이었다.

격렬한 논쟁이 오간 끝에 스파르타 의회는 투표를 통해서 전쟁을 하기로 결정했다. 투키디데스가 설명했듯이, "스파르타인들이 전쟁 선포에 찬성하는 투표를 한 까닭은, 아테네가 성장함에 따라 이미 그리스의 더 많은 지역이 아테네의 영향력 아래 들어가 있는 것을 보면서 앞으로 아테네의 힘이 지금보다 더 강력해질까 봐 두려웠기 때문"[17]이었다. 이제 스파르타의 두려움이 얼마나 근거 있는 반응인지 여부는 상관이 없었다. 한 무리의 지도자들이 아테네의 세력 확대가 자국의 세력과 안전을 위협한다고 확신했으므로 누구라도, 심지어 그들의 왕조차도 그들을 다른 방향으로 설득할 만한 여지는 별로 없는 상황이었다.

아테네는 스파르타가 어떻게 반응할지 왜 생각해보지 않았을까? 투키디데스 자신은 어째서 페리클레스가 메가라와 코르키라를 둘러싼 갈등으로 결국 아테네가 스파르타와의 전쟁으로 뛰어들게 되는 상황을 막을 방법을 찾지 못했는지를 설명할 수 없다. 하지만 그 이후에 전개된 국제관계사를 죽 살펴보면 힌트를 얻을 수 있다. 번번이 진정한 국가이익처럼 보이는 방향으로 행동하지 못하는 나라들을 보면, 국가 정책이 일관된 한 가지 관점이 아니라 필수적으로 거칠 수밖에 없는 정부 내 각 분파들 간의 협상에 따라 결정되기 때문인 경우가 많다. 페리클레스가 여러 차례 지도자로 재선되기는 했지만 그에게 공식적인 권한은 별로 없었다. 아테네의 법률 시스템은 독재의 위험을 피하기 위해서 의도적으로 한 개인의 권력을 제한하는 방식으로 고안되었기 때문이다.[18] 따라서 페리클레스는 의회 실력자인 만큼이나 여러 정치인들 중 한 사람이었고, 그의 영향력은 그서 그의 설득 능력에 달려 있을 뿐이었다.

분명, 메가라 법령이 스파르타와의 관계가 비등점에 도달하게 만든 주범이었지만, 페리클레스는 이 제재를 도발이 아니라 꼭 필요한 절충안으로 보았다.[19] 애당초 법령 철회는 가망이 없는 이야기였다. 아테네 대중들은 스파르타의 요구에 무조건 머리를 숙이기를 원치 않았기에, 페리클레스는 법령을 철회하는 것이 오히려 그대로 놔두는 것보다 더 위험할지도 모른다고 결론지었다. 만약 스파르타의 요구를 받아들인 뒤에도 어쨌건 스파르타가 전쟁을 선언해버리기라도 한다면, 아테네는 손해만 보는 게 아니라 명예까지 훼손될 터였다. 결국 페리클레스는 대중의 압력에 굴복하고 썩 내키지 않는 마음으로 전쟁 계획을 짜기 시작했다.

양측 모두 분명한 군사적 우위를 확보하지는 못한 상황이었으나, 양측 모두 자신들의 능력에 대해서 위험할 정도로 자신만만했다. 최근에 군사적 패배를 경험한 적이 없는 스파르타는 아테네 해군력이 어느 정도인지를 제대로 가늠하는 데 실패했다. 나중에는 스파르타 의회에서, 자국 군인들이 아테네의 농지와 저장고를 불태워서 아테네인들을 순식간에 굶어죽게 만들수 있다고 주장하는 이도 나왔다. 그러나 이런 말은 아테네 함대가 해로를 통해서 도시에 식량을 재공급할 수 있다는 사실을 무시한 발언이었다.

한편 수십 년간 모은 금을 쌓아두고 있던 아테네 정부는 이것이 승리의 기반이 되리라고 확신했다. 페리클레스에게는 혹시라도 아테네가 적에게 포위당했을 경우 이미 3년은 버틸 수 있는 자금력이 확보된 상태라는 계산이 있었다. 그의 생각에 3년이면 아마도 스파르타의 노예 계급인 헤일로타이의 반란을 선동하여 스파르타를 무너뜨리기에는 충분하고도 남는 시간이었다. 모든 참관인들 가운데 선견지명을 가진 사람은 오직 스파르타의 왕 아르키다모스뿐이었다. 그는 어느 쪽에게도 압도적으로 유리하지 않으며, 그렇기 때문에 전쟁이 한 세대는 계속되리라고 예견했다.

아르키다모스가 예견한 대로 전쟁은 참혹했다. 30여 년에 걸친 아테네와 스파르타 간의 유혈참극으로 그리스 문화의 황금시대는 종말을 고하고 말았다. 페르시아전쟁 이후에 합의된 규칙에 의해 만들어지고 힘의 균형으로 공고화되어온 질서는 완전히 무너져버렸다. 그리스 도시국가들을 극작가조차도 미처 상상하지 못했을 정도의 폭력 속으로 내몰았다. 예컨대 멜로스 섬을 점령한 아테네 군인들은 성인 남자는 모조리 학살하고 여자와 아이는 노예로 보냈다. 이것은 수백 년간 그리스가 지켜온 전투 규칙을 어긴 행동이었다. 이 사건은 투키디데스의 멜리아 대화록 속에 영원히 남게 되었다. 이 대화록에서 아테네 대사는 현실 정치의 본질을 포착하고 있다.

"그럴 듯한 구실을 내세워서 당신네들을 괴롭히지는 않겠소. 우리가 메디아를 무너뜨렸으니 우리 제국에 무슨 권한이 있다든지, 아니면 여러분이 무슨 잘못을 저질러서 우리가 공격하는 것이라든지 하는 식으로 말이오."

그리고 그는 이렇게 덧붙여 설명했다.

"사실, 옳고 그른 것은 오직 양측의 힘이 동등한 관계에서만 의미가 있는 문제라는 것을 여러분도 우리만큼이나 잘 알고 있을 것이오. 현실 세계에서는 그저 강자는 자신이 원하는 대로 행동하고 약자는 어쩔 수 없이 고통을 감내할 수밖에 없는 법이오".[20]

특히 전쟁은 아테네 제국의 몰락을 알리는 조종 소리로 들렸다. 스파르타는 전쟁에서 승리했으나, 국력은 쇠약해졌고 동맹은 망가졌으며 부富도 거의 바닥난 지경이 되었다. 그 후 2,000년 동안 그리스가 다시 자진해서 뭉치는 일은 일어나지 않았다. 요컨대 '투기디데스의 함성'이라는 아이디어의 발단이 된 이 사건, 펠로폰네소스전쟁은 그리스 역사만이 아니라 서양 문명사에서도 하나의 분수령이 된 것이다.

과연 전쟁이 필연적이었을까?

왜 그리스의 두 주요 세력 간의 경쟁은 결국, 각자 가장 소중하게 여겼던 것을 파괴해버리고 만 전쟁으로 이어지게 되었을까? 투키디데스에 따르면, 근본적인 원인은 신흥 세력과 지배 세력 간의 구조적 긴장이 얼마나 깊은가에 있다. 이런 경쟁이 두 나라를 잇따른 교착상태에 빠뜨림에 따라 서로의 정치 구조 안에서 가장 열성적인 목소리가 갈수록 더 높아지고, 자존심이 더 강해지며, 상대국이 얼마나 위협적인지를 주장하는 목소리는 더 날카로워지고, 평화를 유지하려고 애쓰는 지도자들에 대한 도전은 점점 더 강해진다. 투키디데스는 전쟁으로 이끈 이 역학에 기름을 끼얹은 세 가지 주요 동인을 밝혔다. 바로 이해관계, 두려움 그리고 명예다.

국가이익이라는 것은 더없이 단순하다. 국가 안보를 논할 때 가장 기본으로 삼는 기준은 국가의 생존과, 자국 영토 내에서 다른 나라의 강요 없이 자유로이 의사결정을 할 수 있는 주권을 지키는 일이다. 투키디데스의 설명에 따르면, 아테네의 끝없는 팽창이 "스파르타의 동맹국들을 잠식하기 시작함"에 따라, 스파르타는 "더 이상 묵과할 수 없는 입장에 처했다고 느꼈고" 따라서 전쟁 외에는 대안이 없다고 생각했다. '두려움'은, 구조적 현실에 관한 '사실'만이 전부가 아니라는 것을 상기시키기 위해서 투키디데스가 사용한 단어다. 객관적인 조건을 인식하는 주체는 바로 인간이고, 우리 인간이 그 조건을 바라보기 위해 사용하는 렌즈는 우리 감정의 영향을 받는다. 특히 지배 세력의 두려움은 종종 착시 현상을 불러일으켜 위험을 과장하게 만든다. 반면, 새로 부상하는 세력의 자신감은 가능한 일에 대한 비현실적인 기대를 불러일으키고 기꺼이 위험을 무릅쓰게 만든다.

이해관계와 인식 너머에는 투키디데스가 '명예'라고 부른 제3의 요소가 있다.[21] 현대인들의 귀에는 이 말이 허세처럼 들릴지도 모른다. 하지만 투키디데스의 개념은 지금 우리가 국가의 자기 인식, 마땅히 받아야 할 인정과 존중에 관한 확신 그리고 자존심으로 생각하는 것을 모두 포함한 개념이다. 한 세기에 걸쳐 점점 힘이 강해진 아테네는 자연스레 스스로의 자격에 관한 자각도 커질 수밖에 없었다. 메가라나 코린토스처럼 자국보다 약한 나라가 접근해왔을 때 이들 나라가 스파르타의 동맹국이라는 사실은 이들 나라가 아테네에 적절한 경의를 표하지 않는 것에 대한 변명이 결코 될 수 없었다. 이 위대한 역사가의 말에 따르면, 이 세 가지 요소가 갈수록 서로 점점 더 심하게 얽히는 바람에 아테네와 스파르타는 피할 수 없는 대결을 반복하게 되었다.

두 나라의 지도자들은 갈등을 막기 위해 최선을 다해 노력했지만, 끊임없는 재조정으로는 마침내 유혈 사태에 이를 정도로 갈등이 심화되는 것을 막지 못했다. 서로 일종의 체스 게임을 벌이는 동시에, 각 나라는 서로의 상대국에 제대로 맞서지 못한다면 그것은 불명예이자 재앙이라고 믿는 국내의 정치 주체들이 점점 늘어나는 상황과도 씨름해야 했다. 결국, 아테네와 스파르타의 지도자들은 자국의 국내 정치에 휘말려버린 것이었다. 미국 대통령학 분야의 석학인 리처드 뉴스타트Richard Neustadt가 미국 대통령 역할의 특징이라고 다음과 같이 통찰력 있게 요약한 바를, 페리클레스와 아르키다모스는 이해하고 있었다.

"우리가 출발점으로 삼아야 하는 말은 여전히 '약함'이다."[22]

아테네의 부상이 전쟁을 '필연적으로' 만들었다는 투키디데스의 주장은 과연 옳은 것일까? 물론 말 그대로는 아니다. 그가 말하고자 하는 바의 핵심은 아테네의 힘이 갈수록 커지고 덩달아 스파르타의 우려도 갈수록 커져 감에 따라, 두 나라는 점점 더 전쟁을 피하기 어렵게 만드는 길을 자꾸만 택했다는 점이다. 위기가 발생했을 때 아테네의 확신에 찬 주장은 오만으로 까지 부풀어 올랐고, 스파르타의 불안은 피해망상 수준으로까지 곪아갔다. 평화조약은 상대 세력의 영향권에 대한 개입을 금지함으로써 의도치 않게 남아 있는 중립국들에 대한 아테네와 스파르타의 경쟁을 격화시키는 결과 를 낳았다. 코르키라와 메가라에서 발생한 일촉즉발의 위기 상황은 결국, 수십 년 동안 점점 커져온 압력의 분출구가 되었다.

그렇게 투키디데스의 함정에 최초의 희생자들이 걸려든 것이다. 아테네와 스파르타 양국 모두에서 훌륭한 정치가들과 지혜로운 목소리들이 입을 모 아 전쟁은 곧 재앙을 뜻하리라고 경고했지만, 힘의 균형이 이동한 현실 탓 에 양측 모두, 가능한 선택지 중 가장 덜 나쁜 쪽이 폭력이라고 결론짓게 되었다. 그렇게 전쟁이 시작되었다.

3.

500년

갈망하는 것을 대책 없는 희망에 내맡기고, 최고의 이성을 원하지 않는 말에 귀를 닫는 데 사용하는 게 바로 인간의 습성이다. ······ 전쟁은 폭력적인 교사다.
_투키디데스, 고국 아테네를 위한 변명, 기원전 424년

지나간 것은 서막에 불과하다.
_윌리엄 셰익스피어William Shakespeare

역사는 절대 그대로 반복되지 않지만 가끔씩 운_韻을 맞추는 경우가 있다. _마크 트웨인Mark Twain

전쟁의 끝을 본 사람은 죽은 자들뿐이다. _조지 산타야나

투키디데스의 함정을 보여주는 전형적인 예는 아테네와 스파르타 사이의 전쟁이다. 하지만 그 뒤 수 세기 동안에도 우발적인 사건들을 전쟁으로 몰아넣는, 신흥 세력과 지배 세력 사이의 역학에 사로잡힌 사례들이 많았다. 하버드에서 실시한 투키디데스의 함정 프로젝트는 지난 500년을 되돌아보면서, 신흥 세력이 지배 세력에 도전한 열여섯 개의 사례를 찾아냈다.* 이 경쟁 사례 중 열두 개의 경우가 결국 전쟁으로 이어졌다.[1]

---

* 투키디데스의 함정 사례 파일은 하버드 벨퍼 센터에서 실시한 응용역사학 프로젝트의 한 부분으로 만든 것으로, 부록 1에 들어 있다.

	시기	지배 세력	신흥 세력	갈등 영역	결과
1	15세기 말	포르투갈	에스파냐	세계 제국과 무역	전쟁 회피
2	16세기 전반	프랑스	합스부르크	서유럽의 영토권	전쟁
3	16, 17세기	합스부르크	오토만제국	중부 유럽과 동유럽의 영토권과 지중해의 제해권	전쟁
4	17세기 전반	합스부르크	스웨덴	북유럽의 영토권 및 제해권	전쟁
5	17세기 중엽~말	네덜란드공화국	영국	세계 제국, 제해권, 무역	전쟁
6	17세기 말~18세기 중엽	프랑스	대영제국	세계 제국과 유럽의 영토권	전쟁
7	18세기 말과 19세기 초	영국	프랑스	유럽의 영토권 및 제해권	전쟁
8	19세기 중엽	프랑스와 영국	러시아	세계 제국, 중앙아시아와 동부 지중해에서의 영향력	전쟁
9	19세기 중엽	프랑스	독일	유럽의 영토권	전쟁
10	19세기 말과 20세기 초	중국과 러시아	일본	동아시아의 영토권 및 제해권	전쟁
11	20세기 초	영국	미국	세계경제 지배와 서반구에서의 해군력 우위	전쟁 회피
12	20세기 초	프랑스와 러시아의 지지를 받는 영국	독일	유럽의 영토권과 세계 제해권	전쟁
13	20세기 중엽	소련, 프랑스, 영국	독일	유럽의 영토권 및 제해권	전쟁
14	20세기 중엽	미국	일본	아시아-태평양 지역의 제해권과 영향력	전쟁
15	1940년대~1980년대	미국	소련	세계 패권	전쟁 회피
16	1990년대~현재	영국과 프랑스	독일	유럽에서의 정치적 영향력	전쟁 회피

이 장에서는 이들 전쟁 사례 가운데 다섯 개 사례를 골라, 결국 전쟁으로 이어지게 된 과정을 간략하게 설명하려고 한다. 연대를 역순으로 따라 올라가면서 일단 1941년 12월에 일본이 진주만 공격을 감행하게 된 근거를 살피는 일에서 시작하여, 다음으로는 19세기에 급격히 부상한 일본이 처음에는 중국과, 그 뒤에는 러시아와 전쟁에 이르게 된 속편 격 전사前史를 살피도록 하겠다. 그런 다음에는 오토 폰 비스마르크Otto Von Bismarck가 프랑스를 교묘하게 조종해서 독일 통합에 결정적인 역할을 한 전쟁에 뛰어들도록 자극한 과정을 추적할 것이다. 이어서, 17세기에 영국의 해군이 성장함에 따라 당시 해상을 지배하고 있던 네덜란드공화국이 어떻게 반응했는지를 분석하고, 15세기에 합스부르크 왕가가 프랑스에 도전한 사건으로 마무리할 것이다.

과연 무역 갈등이 핵전쟁으로까지 비화될 수 있겠는가 하는 의구심이 드는 독자라면 일본과 미국을 진주만으로 이끈 기이한 과정을 주의 깊게 살펴보기 바란다. 또, 한 국가가 국내 과제를 달성하기 위해서 상대를 자극하여 전쟁으로 이끄는 경우가 있다는 사실을 믿기 힘든 독자라면 비스마르크를 기억하기 바란다. 해군끼리의 경쟁이 치열해지는 바람에 한 나라의 정부가 유혈 전쟁을 결정하게 될 수도 있음을 이해하려면 영국과 네덜란드공화국 간에 오갔던 상호작용 과정을 살피는 것이 도움이 될 것이다.

이런 사례들 간에 상당한 차이점들이 존재하는 것은 분명한 사실이다. 정체가 군주제인 나라도 있고 민주제인 나라도 있다. 외교 과정에서 메시지를 교환하는 데 몇 주가 소요되는 경우도 있고 실시간으로 소통이 이루어지는 경우도 있다. 그러나 모든 사례로부터 우리는, 불확실성과 만성적 긴장이라는 조건과 그런 조건하에서 국가의 수반들이 경쟁국을 상대로 전략적 딜레마에 직면한 사실을 발견하게 된다. 혹시, 과거의 사례를 들여다보면서 이들의 판단을 그저 비합리적이거나 잘못된 생각으로 넘겨버리고 싶은 유혹을 느끼는 독자들이 있을지도 모른다. 그러나 우리는 좀 더 진지하게 접근할 필요가 있다. 그들이 느꼈을 압박, 희망, 두려움 그리고 그들이 했던 선택을 이해하고 심지어 공감까지 할 수 있어야 한다는 말이다.

어떤 충돌도 필연적이지 않다. 그러나 전쟁이라는 결과로 이끈 요인들의 무게 탓에, 과연 어떻게 행동했다면 전쟁을 피할 수 있었을지 알기 어려운 경우가 있다. 만약 우리 자신이 그 자리에 있었다면 전쟁을 지지하는 페리클레스의 연설을 듣고 나서 아테네 의회에서 과연 어떻게 투표했을지 생각해보는 데 그리 큰 상상력이 필요하지는 않다. 혹은 합스부르크 왕가 출신의 신성로마제국 황제 카를 5세Karl V에게 어떤 조언을 했을지도 모를 일이다.

각 사례마다 투키디데스가 밝힌 역학의 기본 윤곽이 선명하게 드러난다. 투키디데스의 함정 프로젝트에서 '신흥 세력 증후군'과 '지배 세력 증후군'이라고 이름 붙인 현상이 생생하게 보이기 때문이다. 전자는 신흥국가의 높아진 자의식, 관심사 그리고 국제적 인정과 존중을 받을 자격에 대한 권리의식에 초점을 맞춘다. 후자는 어쩔 수 없이 전자의 거울상일 수밖에 없다. 기존 지배 세력은 '쇠락'을 경험하면서 지나친 공포와 불안감을 보인다. 형제 간의 경쟁 관계 변화가 저녁 식사 테이블에서 반영되듯이, 외교 활동을 위한 국제회의 테이블에서도 예측 가능한 변화가 반영된다. 자국 중심주의적 사고가 커지면서("내 목소리는 중요하다") 인정과 존중을 기대하게 되고("내가 하는 말을 들어라") 더 많은 영향력을 행사하고 싶어 한다("내 주장은 이렇다"). 자연스레 기존 지배 세력은 신흥 세력의 확신에 찬 자기주장을 불경하고 배은망덕하고 심지어 도발적이거나 위험하다고까지 여기게 된다. 그리스

말로 표현하면, 과장된 자기중심주의는 오만함hubris이 되고 비이성적인 두려움은 피해망상paranoia이 된다.

일본 대 미국
20세기 중반

1941년 12월 7일, 일본 전투기가 하와이 진주만에 있는 미국의 태평양 해군기지를 공격하여 그곳에 주둔해 있던 미국 함대 대부분이 침몰했다. 당시에는 경제 규모로 보나 해군 전력으로 보나 미국에 비해서 난쟁이에 불과했던 자그마한 섬나라가 세계에서 가장 강력한 나라를 공격하리라는 것은 상상조차 하기 힘든 일이었다. 그러나 일본의 입장에서 볼 때 다른 선택들은 그보다 더 나빠 보였다.

워싱턴은 당시 일본이 중국 등 주변국들을 더 이상 침략하지 못하게 하기 위해서 금융이나 무역 제재 같은 경제적 방식을 사용하려고 했다. 일본 정부는 이런 제재를 자국의 생존을 위협하는 목조르기 행위로 보았다. 그러나 일본이 강력히 항의했는데도, 미국은 이 같은 제재에 따른 결과를 이해하거나 일본이 어떻게 반응할지를 예측하지 못했다. 진주만 '기습' 공격이 있기 닷새 전, 미국 주재 일본 대사는 미국을 향해 일본 정부는 일본이 "미국으로부터 미국의 위상에 굴복하라는 심각한 수준의 압박을 받고 있는데, 이 압박에 굴복하느니 차라리 싸우는 게 낫다"[2]고 결론지었음을 분명하게 경고했다. 워싱턴은 경고를 무시하고, 일본이 감히 의문의 여지없이 우월한 힘을 지닌 상대를 대상으로 전쟁을 일으키지는 않으리라고 확신하면서 느긋해하고 있었다.

진주만을 향한 길은 사실 반세기 전, 미국이 처음으로 아시아 쪽으로 고개를 돌렸을 때부터 시작되었다. 1898년에 에스파냐와 벌인 전쟁에서 미국은 자국의 첫 주요 식민지가 된 필리핀과 괌을 전리품으로 손에 넣었다. 다음 해에 국무장관 존 헤이John Hay는 '문호 개방'이라고 부른 것을 발표하여, 미국은 어떤 외국 세력도 중국과의 무역을 식민화하거나 독점하는 것을 허용하지 않겠다고 선포했다. 대신 중국은 모든 상업적인 관심(특히 미국의 관심)에 동등하게 자국을 '개방'해야 했다.

산업화를 통해서 급격하게 성장하고 있던 일본의 눈에는 스스로 식민지 개척의 원조 격이자 저 멀리 떨어져 있는 강대국이, '떠오르는 태양의 땅'이 스스로의 운명을 실현시키는 것을 금지하겠다고 선포하는 일이 매우 부당하게 보였다. 영국은 인도와 세계의 나머지 땅 상당 부분을 지배했다. 네덜란드는 인도네시아를 점령했다. 러시아는 시베리아를 흡수하고 사할린섬을 점령하여 일본과 바로 국경을 마주하게 되었다. 유럽 세력들 역시 일본을 향해 1894~95년에 중국을 패배시키고 나서 얻은 땅에서 철수할 것을 강요했다. 바로 이런 시점에서 미국이 이제 게임은 끝났다고 선언한다? 일본에게 대꾸할 말이 있었다면 아마 '절대 그럴 수는 없다'였을 것이다.

1904년, 일본은 세심하게 준비하여 러시아와의 일전에 나섰고, 손쉽게 이겨 랴오둥반도, 뤼순항, 남만주철도, 사할린섬 절반의 지배권을 얻었다. 그때까지 일본은 이미 중국을 타이완섬 밖으로 밀어내고 한반도를 점령했다. 1931년, 도쿄는 중국 본토를 침략하여 내륙으로 800여 킬로미터까지 들어가 중국의 절반가량을 손에 넣었다('난징의 강간'이라는 말로 상징되곤 하는 1937년의 악랄한 군사작전 이야기는 오늘날 중국의 모든 학생이 읽는 고등학교 교과서에 매우 상세하게 나온다(중국계 미국인 작가 아이리스 장張純如이 '난징南

京 대학살'에 대해 쓴 논픽션 《난징의 강간*The Rape of Nanking*》을 말한다—옮긴이)).

1933년에 도쿄는 '아시아인들을 위한 아시아'를 선포하면서 '일본판 먼로 독트린'을 발표했다(먼로독트린은 1823년에 미국의 제임스 먼로James Monroe 대통령이 외교정책 노선을 밝힌 것으로, 유럽 열강이 미 대륙에 있는 나라들을 침략하는 것을 더 이상 묵과하지 않겠다는 내용을 주로 담고 있다—옮긴이). 이에 따라 도쿄는 "극동 지역의 평화와 질서 유지의 책임은 일본에 있다"고 선언했고, 나중에는 여기에 '대동아공영권'이라는 거창한 이름까지 부여하기에 이른다. 일본의 전략에는 '이기든 지든 둘 중 하나'라는 식의 비타협적인 신념이 반영되어 있었다. 그들은 이렇게 생각했다.

"만약 태양이 위로 올라가고 있지 않다면 그것은 바로 내려가고 있다는 이야기다."[3]

그러나 자칭 개방의 수호자는 일본의 야심과 행동들을 용납할 수 없었다. 역사학자 폴 케네디Paul Kennedy가 말했듯이, 미국은 일본의 공격성에 대응하지 않을 수 없었다.

"일본의 공격적인 언행을, 이론상 미국의 생활 방식이 신뢰해 마지않는 개방적 질서를 위협하는 것으로 보았기 때문이다."[4]

미국의 대응은 군사적 수단보다는 경제적 수단으로 시작되었다. 처음에 미국은 일본으로 수출하는 고품질 고철과 항공 연료에 금수 소치를 내렸다. 뒤이어 워싱턴은 철, 놋쇠, 구리 등의 필수 자원을 포함시키면서 단계적으로 제재를 늘려갔으며, 마지막에는 석유까지 금수 조치 품목으로 지정했다.

1941년 8월에 프랭클린 루스벨트Franklin D. Roosevelt가 내린 금수 조치는 실로 역사에 길이 남을 조처였음이 입증되었다. 한 주요 분석가의 설명에 따르면, "석유가 관계 악화의 유일한 원인은 아니었지만, 일단 그것이 외교적 수단으로 쓰이는 순간 적의가 끓어오르는 사태는 피할 수가 없었다".[5] 절박해진 일본 지도자들은 진주만에 선제적인 '결정타'를 날릴 계획을 승인했다. 공격 계획을 세운 야마모토 이소로쿠山本五十六 장군은 정부를 향해 이렇게 큰소리쳤다.

"미국과 영국을 상대로 전쟁을 시작한다면 나는 첫 6개월에서 1년 동안 거세게 밀어붙여서 계속해서 승리하는 모습만 보여줄 것입니다."

하지만 그는 경고도 했다.

"그러나 만약 전쟁이 2, 3년 동안 계속된다면 최종적으로 승리할 자신은 없습니다."[6]

미국의 정책 입안자들의 반응은 충격 그 자체였다. 그들은 아무런 정당한 이유도 없는 공격이라며 맹렬히 비난했다. 그러나 그들이 정말로 깜짝 놀랄 수밖에 없는 상황이 벌어진 데 대해서 그들 자신 말고는 달리 탓할 사람이 없었다.[7] 만약 그들이 오후 한나절을 내어 투키디데스를 읽고 아테네가 메가라 법령을 공표한 결과 벌어진 일련의 사건들에 대해서 생각을 해 보았더라면, 또는 1914년 이전 10여 년 동안 독일의 부상을 어느 정도 인정하려는 영국의 노력(이 부분은 다음 장에서 자세히 살필 것이다)에 대해서 한 번쯤 곱씹어보았더라면, 일본의 계획을 좀 더 잘 예측할 수 있었을 것이다. 개인적으로 그렇게 했던 사람도 없지는 않았다. 1941년에 제재 수위가 갈수록 높아지던 시기에 도쿄 주재 미국 대사 조지프 그루Joseph Grew는 일기에 이런 통찰을 적어 넣었다.

"보복과 그에 대한 보복의 악순환이 계속되고 있다. …… 결국 종착점은 전쟁이 될 수밖에 없다."[8]

신흥 세력과 지배 세력 간의 세력 다툼으로 희소한 자원에 대한 경쟁이 더 격화되는 경우가 많다. 신흥 세력이 팽창하는 경제 때문에 필수 자원을 확보하기 위해서 더 멀리까지 갈 수밖에 없어, 지배 세력의 지배나 보호 아래에 있는 자원에까지 손을 뻗게 될 때 경쟁은 자원 쟁탈전으로 비화될 수 있다. 이때 한 국가가 스스로 자국의 생존이 걸린 품목이라고 판단하는 수입품을 인정하지 않으려는 시도는 전쟁을 불러올 수 있다.

일본 대 러시아와 중국
19세기 말과 20세기 초

19세기 말과 20세기 초에 일본이 부상하여 중국과 러시아에 도전한 일은 사실상 진주만의 예고편이었다. 1853년에 미 해군제독 매슈 페리Matthew Perry와 그의 '흑선Black Ship'이 장장 두 세기에 걸쳐서 일본이 고수해온 고립주의와 저항을 극복한 때가 그 시작이었다. 그동안 일본은 유럽의 잇단 접근에 단단히 문을 걸어 잠그고 있던 터였다. 페리는 황제에게, 미국 선박의 연료와 식량 공급을 위해서 항구를 열든지 아니면 황제로서는 거의 이해할 수조차 없는 현대식 도구의 과녁이 되든지 하라는 냉혹한 선택을 강요했다. 일본은 전자를 선택했고 머지않아 스스로 현대화에 완전히 매료되고 말았다.

20여 년도 채 지나지 않아, 1868년에 메이지유신을 단행한 일본은 서양 열강들을 따라잡기 위해서 개발 경쟁에 뛰어들었다.* 빌리거나 적용시키거

---

* 메이지유신을 통해서 황제는 국가 최고 권위자의 입지를 회복했다.

나 훔칠 수 있는 최고의 산업 생산물을 찾아서 전 세계를 샅샅이 뒤지고 다닌 기술 관료들의 도움으로, 1885년에서 1899년 사이에 일본의 국민총생산GNP은 거의 세 배가 되었다.[9] 이런 경제적 급상승은 서양과 동등한 위치에 서겠다는 도쿄의 결심을 더욱 단단하게 만들었다. 서양 열강들이 계속해서 식민지를 개척하고 일본의 이웃 나라들에 영향력을 행사해나가자, 일본은 역사학자 이리에 아키라入江昭가 "더 공격적인 서양에 희생양이 되는 것을 피해야 한다는 소극적인 생각과 열강의 대열에 합류하기 위해서 스스로의 힘을 더 키워야 한다는 적극적인 생각이 결합된, 스스로 더 역동적으로 대처해야 한다는 절박감"[10]이라고 부른 감정에 사로잡혔다.

이런 절박감 덕분에 일본은 육군과 해군의 전력을 극적으로 강화시킬 수 있었다. 국방 예산 지출이 1880년에는 전체 예산의 19퍼센트였으나 1890년에는 31퍼센트로 껑충 뛰었다.[11] 국력이 점점 더 강해지면서, 다수가 서양의 시장이었던 이웃 나라들에 대한 일본의 태도는 갈수록 더 단호해졌다. 1894년에는 조선에서 일어난 반란에 중국과 일본 두 나라 모두 군대를 파견하는 행동을 취했다.[12] 곧바로 양측이 서로 충돌했고, 결국 일본이 중국을 이기고 중국으로부터 조선, 타이완 그리고 만주 남동부 일대를 받아냈다. 만주 남동부는 해군의 전략적 기지이자 무역항인 뤼순항이 있는 곳이다. 그러나 러시아는 만주 남동부에 대해서 나름의 계획이 있었던 터, 모스크바와 그 유럽 동맹국들이 도쿄를 강하게 압박하는 바람에 일본은 중국과 시모노세키조약에 서명한 지 단 6일 만에 결국 만주에 대한 지배권을 포기할 수밖에 없었다. 이 과정에서 러시아는 일본을 향해, 새로운 세력이 '핵심적'이라고 생각하는 어떤 영토도 잠식하게 내버려두지 않겠다는 점을 분명하게 못 박았다.[13]

충분히 예상할 수 있듯이, 이렇게 체면을 구기고 지정학적 영향력까지 잃어버린 일본은 속이 부글부글 끓어오를 수밖에 없었다. 어느 저명한 일본 학자가 쓴 글에 이런 부분이 나온다.

"러시아가 만주를 그리고 궁극적으로는 조선을 손에 넣게 되면, 한편으로는 배타적인 정책을 통해서 동양 전체를 지배할 수 있을 만큼 제해권과 상업적 영향력을 강하게 키워나갈 수 있게 되며, 다른 한편으로는 한 나라로서 일본이 가진 포부를 완벽하게 망가뜨려서 일본을 천천히 굶주리고 썩게 만들며 마침내 정치적으로까지 합병시킬 수 있게 될 것이다."[14]

러시아가 뤼순항에 있는 만주 기지를 조차하겠다고 중국에 강압적으로 요구했을 때 그리고 시베리아 횡단철도를 연장해서 모스크바와 황해를 바로 연결하기 위한 공사를 시작했을 때, 마침내 이런 악몽이 현실로 다가오고 있는 듯 보였다.

이 "1895년의 굴욕" 이후에 일본은 10년 동안 "러시아와의 마지막 일전을 차근차근 준비했다".[15] 러시아는 자국의 전략적, 상업적 이해를 위해서 일본이 중국에 대해서 완벽한 군사적 승리를 거두고 얻어낸, 그런 뒤에 서양의 개입으로 빼앗기고 만 바로 그 땅에다가 철로를 건설했다. 이런 일을 당한 일본인들의 심리적 상태를 유추해볼 때, 당연히 일본 지도자들로서는 더 이상 무작정 서양의 요구에 따를 수는 없다고 확신할 수밖에 없었을 것이다. 1904년에 전쟁 준비를 마친 일본은 러시아에게 만주의 핵심 지역에 대한 지배권을 자국에 양도하라고 요구했다. 러시아가 이를 거부하자 일본은 선제공격을 시작했고 이 전쟁에서 일본은 충격적일 정도로 대대적인 승리를 거두었다.

일본의 절박감과 불안 그리고 피해자 의식과 복수심을 떠올린다면 우리는 신흥 세력 증후군을 더 깊게 이해할 수 있다. 반대 의사를 고집하기에는 힘이 너무 약했던 터라 굴욕적인 처우를 감내할 수밖에 없었던 도쿄는 자신들이 마땅히 차지해야 한다고 생각한 서열상의 위치를 얻어내기 위해서 이를 악물었다. 이런 심리적 패턴은 수 세기 동안 새롭게 부상하는 나라들 사이에서 끊임없이 반복되어왔다.

독일 대 프랑스
19세기 중반

프로이센이 1864년에 덴마크를 상대로 거둔 승리와 1866년에 오스트리아를 상대로 거둔 승리를 목격한 유럽 최강 세력의 내부에는, 역사가 마이클 하워드Michael Howard의 표현에 따르면, "가장 위험한 기운 즉 최강국이 스스로 2등 국가에게 밀린다고 생각할 때 퍼지는 기운"[16]이 자욱했다. 당시에 프랑스의 한 관리가 설명했듯이, "위엄은 상대적인 것이다. …… 주위에 새로운 세력들이 하나 둘 생겨나기만 해도 한 나라의 힘은 약화될 수 있"[17]기 때문이다.

프로이센의 부상 속도는 파리를 충격에 빠뜨렸고 베를린을 대담하게 만들었다. 프로이센은 다른 독일 주들을 합병해나가면서 1820년에는 프랑스의 3분의 1이었던 인구 규모가 1870년에는 프랑스의 5분의 4로까지 늘어나게 되었다. 1860년에 프랑스의 절반가량이었던 철강 생산이 10년 뒤에는 프랑스를 넘어서기에 이르렀다.[18] 군사력 또한 급속하게 현대화되어, 1870년에는 프랑스보다 3분의 1가량 규모가 더 커졌다. 당시의 군사 전문가는 이렇게 썼다.

"프랑스는 놀라서 입이 떡 벌어졌다. 작고 다루기 쉬웠던 이웃이 거의 하룻밤 사이에 산업과 군사 영역의 거인이 되어 있었던 것이다."[19]

사실 프랑스 황후는 파리에서 이미 그 분위기를 감지했다. 밤에 "잘 때는 프랑스 사람이었는데 깨어나 보니 프로이센 사람이 되어 있을지도 모른다"[20]는 두려움을 표현했을 때였다.

비스마르크를 이끈 야망은 통일 독일을 만들어내는 것이었다. 하지만 독일어를 쓰는 공국들의 지도자들은 독립국의 지배자로서 누리는 자신들의 특권에 집착했다. 그러니 그들이 생존에 대한 두려움을 느낄 정도로 충격을 받아 "이기심을 털어내지" 않는 한, 그들이 프로이센에 대한 종속을 순순히 받아들일 리 만무했다.[21] 비스마르크는 프랑스와의 전쟁이 정확하게 그 일을 해줄 것이라고 계산했고 그 계산은 정확히 적중했다. 비스마르크와 그의 장군들은 자국이 프랑스의 무력에 맞설 수 있을 만큼 충분히 준비된 상태라는 사실을 알고 있었다.[22]

공통의 대의 안에서 별로 내켜 하지 않는 남부 일대의 지역 군주들을 한데 모으기 위해서 비스마르크는 프랑스가 침략국으로 보이는 게 중요하다는 사실을 인식했다. 프랑스 황제 나폴레옹 3세는 이미 프로이센의 부상에 놀라고 있던 터라, 비스마르크가 프랑스의 두려움을 자극하기는 어렵지 않았다. 대범한 일격으로 그는 호엔촐레른 왕가 출신의 독일 왕자를 에스파냐 왕위에 앉히자고 제안했다. 그렇게 되면 두 독일 세력 사이에 끼인 프랑스를 양쪽에서 효과적으로 칠 수 있을 터였다. 비스마르크의 예상대로, 파리는 꼼짝없이 포위될 수도 있는 상황에 놀라 공황 상태에 빠졌다. 대표적인 비스마르크의 전기에 나와 있듯이, 프랑스의 외무장관은 "호엔촐레른 왕가 출신을 에스파냐의 왕위를 이을 후보로 정한 것은 프랑스 제국의 힘을 약화시키는 방향으로 유럽 전체의 힘의 균형을 변화시키려는 고의적인 시도이며, 이 때문에 프랑스의 명예와 이해관계가 심각하게 손상되었다"[23]고 믿었다. 프로이센의 위협이 커져가는 것을 보고만 있어온 것에 국내적으로 압박감을 느끼고 있던 터에다가, 자신의 군대가 프로이센과 전투를 벌이면 베를린을 완전히 무너뜨릴 수 있으리라고 믿고 있던 나폴레옹은 프로이센 왕에게 그의 집안 출신이 에스파냐 왕위를 계승하는 일은 앞으로도 영원히 없을 것이라는 선언을 하라고 요구했다.[24] 프로이센은 그 요구를 거절했다. 양측의 긴장이 갈수록 격화됨에 따라 엠스 전보Ems Telegram(비스마르크가 프랑스의 두려움을 부채질하기 위해, 프로이센 왕과 프랑스 대사 간에 직접적인 대립이 있었음을 암시하는 기사를 허위로 만들어내 발송한 유사 언론 조작 사건)로 전쟁에 대한 두려움은 더욱 커져, 급기야 나폴레옹이 프로이센에 전쟁을 선포하기에 이르렀다. 비스마르크가 예상한 대로, 프로이센 군대는 주요 공국들의 도움을 받아 신속하게 프랑스를 이겼고 이 승리로 마침내 통일 독일제국이 탄생했다.

비스마르크는 지배 세력 증후군을 쓴 교과서적인 사례, 다시 말해 부주의한 반응을 자극하기 위해서 과장된 두려움과 불안, 현 상태의 변화에 대한 두려움을 이용한 사례를 보여준다. 현대의 행태주의 학자들은 이런 행동을 기본적인 심리의 수준에서 설명하면서, 상실(혹은 '내리막 현상'에 대한 암시)에 대한 사람들의 두려움이 이득에 대한 우리의 희망을 뛰어넘는다는, 그래서 우리로 하여금 종종 우리가 가진 것을 지키기 위해서 비합리적인 위험까지 무릅쓰게 만든다는 사실에 주목해왔다. 특히 "제국의 과잉 확장"의 경우, 즉 강국의 "세계적 차원의 이해관계와 임무가…… 스스로 그 모든 것을 동시에 방어할 수 있는 그 나라의 힘보다 훨씬 더 큰 경우에",[25] 어리석게도 현 상태를 지키기 위해서 문제를 훨씬 더 감당하기 힘든 상황으로 몰고 갈 가능성이 있다고 학자들은 지적한다.

영국 대 네덜란드공화국
17세기 중엽~말

네덜란드공화국의 '황금시대'였던 17세기 전반 동안에 네덜란드는 무역, 운송, 금융 분야를 지배하면서 유럽 최고의 해상 세력으로 등장했다. 그러나 해군력의 증강으로 탄력을 받아 힘을 되찾은 영국이 곧 네덜란드공화국의 지배 질서와 자유무역망에 도전해왔다. 두 나라 모두 경쟁을 어쩔 수 없는 현실로 받아들였다. 영국 학자 조지 에드먼슨Geoge Edmundson이 지적했듯이, 이들 나라는 "자국의 운명이 바다에 달려 있다는 사실을 그리고 바다를 장악하는 일이 국가 존립의 필수 조건이라는 사실을 본능적으로 알고 있었다".[26] 그리고 두 나라 모두 이 제로섬 게임에는 오직 두 가지 선택만 있다고 믿었다.

"두 나라 중 한 나라가 상대국에 자발적으로 굴복하든지 아니면 전투라는 시련을 통해서 어느 쪽이 강한지 시험해보든지."[27]

17세기 세계에서 네덜란드공화국의 입지는 바로 자유무역과 항해의 자유라는 두 기둥 위에서 만들어졌다고 볼 수 있었다. '경계 없는' 세계는 작은 네덜란드로 하여금 높은 생산성과 효율성을 거대한 정치적, 경제적 힘으로 바꿔놓는 일을 가능하게 했다. 그런데 런던은 이 위업이 런던의 비용으로 이루어졌다고 생각했다. 정치학자 잭 레비Jack Levy가 말한 대로, "영국에는 네덜란드의 경제적 성공이 영국에 대한 착취를 기반으로 이루어졌다는

믿음이 널리 퍼져 있었다".²⁸

17세기 전반 동안에 영국은 네덜란드가 주도하여 만들어놓은 질서에 도전하기에는 너무 약했다. 하지만 원망은 점점 커져갔고, 1649년과 1651년 사이에 런던의 함대 규모는 큰 배가 서른아홉 척에서 여든 척으로 두 배로 늘어, 경쟁국과 대략 균형을 이루게 되었다.²⁹ 점점 강력해지는 힘 덕분에 한걸 대담해진 런던은 영국섬 주변 바다에 대한 배타적 주권을 주장하여 1651년에 첫 항해 조례를 통과시켰다. 항해 조례는 식민국들 내에서의 상업 활동을 규제하는 배타적인 권위를 지니는 것으로, 영국의 무역은 반드시 영국 선박을 이용하도록 규정했다. 런던은 "영국의 경제적 확장은, 네덜란드와의 관계에서 사실상 '식민지적' 위치에 놓여 있는 영국의 자유를 되찾는 일을 수반해야 한다"는 근거로 이런 공격적인 정책을 정당화했다.³⁰ 반면, 네덜란드 지도자 얀 더빗 Jan de Witt 은 자신의 나라가 만들어놓은 자유무역 시스템이 "자연권이자 동시에 국제법"이라고 주장했다.³¹ 네덜란드는 또, 영국의 중상주의 정책을 자국의 생존에 직접적인 위협으로 보았다. 더빗은 도전적인 태도로 이렇게 선언했다.

"우리는 마지막 한 방울의 피까지 흘릴 각오가 되어 있다. 그때까지, 바다에 대한 〔영국의〕 상상의 주권을 인정하는 일은 절대로 없을 것이다."³²

본격적으로 맞붙기 직전에 양측 모두 한 걸음 물러서기 위해 애를 썼다. 영국은 1651년에 상호방위약정과 정치 연합을 제안했으나, 네덜란드는 이를 더 큰 나라가 자신들을 정치적으로 지배하려는 속이 뻔히 들여다보이는 술책이라고 보아 거부했다. 네덜란드는 나름의 경제협정을 제안하는 것으로 맞받았으나, 런던이 보기에 이 제안은 오직 네덜란드공화국이 이미 가지고 있는 어마어마한 이점을 영속시켜줄 제안에 불과했다. 결국 두 나라는

1652년을 기점으로 사반세기도 채 안 되는 기간 동안에 세 차례나 전쟁을 치렀다. 에드먼드슨이 내린 결론대로, 그런 사태는 "근본적으로 중요하고 실제로 두 나라의 안녕에 핵심적인, 오랜 이해 충돌의 필연적인 결과"[33]였다.

이 전쟁들에서 현재의 질서, 제도, 관계를 힘의 균형이 이동한 상황을 반영하여 조정할 때면, 투키디데스의 함정 프로젝트에서 '과도기적 마찰'이라고 부르는 것에 부닥치게 마련이라는 사실을 떠올리게 된다. 이 역학 안에서는, 신흥 세력은 대부분 제도가 충분히 빠른 속도로 바뀌지 않는다고 생각하고 이런 지연을 지배 세력이 단단히 가로막고 있는 증거로 본다. 반면 지배 세력은 신흥 세력이 도를 넘어, 타당하거나 안전한 수준보다 훨씬 더 조급하게 조정을 요구한다고 생각한다.

합스부르크 대 프랑스
16세기 전반

16세기 초기에 합스부르크 가문의 힘이 커지면서 유럽에서 프랑스가 누리고 있던 우월한 지위를 위협하기 시작했다. 에스파냐의 카를로스 1세 Carlos I(나중에 카를 5세라고 알려진)가 신성로마제국의 황제 자리를 두고 프랑수아 1세François I에게 도진했을 때 긴장은 정점에 달했다. 프랑수아와 그의 측근들은 그가 그의 조부 막시밀리안 1세Maximilian I를 이어 그 자리를 물려받기를 오랫동안 고대해왔던 터였다.

서유럽의 지배적인 세력의 지도자이자 밀라노를 포함해서 이탈리아 영토의 상당 부분을 정복한 군주로서 프랑수아는 교황 레오 10세Leo X가 언명한 대로, "부와 힘에서 모든 기독교 왕을 능가했다."[34] 따라서 교황이 자신이 아닌 카를로스 왕을 지명했을 때 프랑수아가 격노한 것은 당연한 반응이었다. 당시의 주요 역사학자는 이렇게 말한다. 버림받은 프랑스 왕은 즉시 "전쟁을 예견했다. 이 이단자에 맞선 전쟁이 아니라 자신과 카를로스 사이의 전쟁을".[35]

신성로마제국 황제의 왕관을 받은 카를로스는 네덜란드, 지금 이탈리아 영토의 상당 부분 그리고 신대륙 제국에 대한 지배를 빠르게 확장해 나가 유럽을 9세기 이후로 세계 제정世界帝政에 가까운 상태로 만들었다. 광대한 제국에 대한 독보적 지배권을 확립한[36] 그는 자신의 영토를 '해가 지지 않는 제국'이라고 부르면서 주로 군사적 지배권에만 신경을 썼다.

카를(에스파냐 국왕이었을 때는 카를로스 1세로 불리다가, 신성로마제국의 황제가 되고 나서부터 카를 5세로 불리게 된다-옮긴이)이 대놓고 그렇게 말한 적은 없지만 많은 유럽인들, 특히 프랑수아는 그가 비밀리에 세계 지배를 꿈꾸고 있으리라고 의심했다.[37] 한 역사학자가 바라본 당시의 상황은 이러했다.

"카를 5세가 세계 제국을 꿈꾸었든 그렇지 않았든 변함없는 사실은…… 이미 그의 지배력은 지나칠 정도로 넓게 뻗쳐서 너무 많은 이들의 이해를 침범했기에 여기저기에서 원한의 목소리가 터져 나올 수밖에 없는 상황이었다는 점이다."[38]

그 원한의 대열 선봉에 프랑수아가 있었다. 카를은 프랑스 왕의 영광에 그늘을 드리운 것에서 그치지 않았다. 그는 지속적으로 영토를 팽창해나감으로써, 결국에는 합스부르크 왕가와 그 동맹 세력들이 프랑스를 완전히 에워싸리라는 전망을 하게 만들었다.[39]

자신의 입지를 향상시키는 최선의 방법은 적의 약점을 이용하는 것이라는 계산을 한 프랑수아는 자신의 동맹국들로 하여금 오늘날의 에스파냐,

프랑스, 룩셈부르크 내에 있는 합스부르크 왕가 지배하의 영토를 침략하도록 부추겼다.[40] 이에 대해 카를은 프랑스의 공격성을 약화시킬 수 있도록 영국 군대의 도움을 요청하고 자신의 군대는 이탈리아에 있는 프랑스 영토를 침략하는 데 보내는 것으로 대응했다. 이로써 카를은 프랑스와 이렇다 할 결말 없는 전쟁을 끝도 없이 이어가게 되었다. 프랑스와 에스파냐 간의 전쟁은 산발적으로 이어지다가 결국에는 그 전쟁을 시작했던 두 지도자가 모두 죽고 난 뒤까지 질질 끌었다.

프랑스와 합스부르크가 사이의 대결은, 개인들끼리의 관계와 마찬가지로 국가들끼리도 오해가 잘못된 행동을 낳는 모습을 다양한 방식으로 보여준다. 우리는 보통, 우리 자신에 대해서는 실제 모습보다 더 온순하다고 생각하고 잠재적인 적에 대해서는 악의적인 동기가 있다고 재빠르게 단정해버리는 경향이 있다. 국가들 간에는 서로의 의도를 절대 알 수가 없기 때문에 대신 역량에 초점을 맞춘다. 그래서 로버트 저비스Robert Jervis의 '안보의 딜레마'가 우리에게 상기시켜주듯이, 한 세력이 방어적으로 취한 조처가 상대 세력에게는 위협으로 보이는 경우가 많은 것이다.[41] 신흥 세력은 스스로는 선의를 갖고 행동한다고 '확신하기' 때문에 지배국의 두려움과 불안을 지나쳐버릴 수 있다. 다른 한편, 지배 세력은 신흥 세력의 긍정적인 계획조차도 지나친 요구라고 혹은 심지어 위협적이기까지 하다고 오해한다. 예컨대 기원전 464년에 대지진이 났을 때, 아테네가 스파르타의 희생자들을 돕겠다고 하자 스파르타가 그 제안을 단칼에 거절한 일도 이런 경향이 반영된 예다.

프랑스-합스부르크의 예는 또, 동맹에는 이점만 있는 게 아니라 위험도 있음을 상기시켜주기도 한다. 힘의 균형이 이동하는 현상을 맞아 대비책을 세우기 위해서 두 세력은 현 동맹을 더 강화하고 새로운 동맹을 맺는 것으로 대응할 수 있다. 두 세력 모두 예전에는 거부했던 협상을 이전보다 더 적극적으로 시작하려고 한다. 이때 모든 나라가 자국의 이해관계와 새 동맹국들의 이해관계 간의 차이를 과소평가하고, 새로운 파트너를 끌어들여 얻는 이익을 과장해서 보는 경향이 있다. 요컨대, 국가들이 자국의 신뢰성을 지키는 데 더 깊이 관심을 가질수록, 도움보다는 앞으로 해를 더 많이 끼치게 될 나라를 새로운 동맹국으로 삼을 가능성이 있다.

스파르타는 코린토스에 대한 스스로의 적의와, 두 세력 간의 동맹이 지금껏 해결해온 문제보다 더 많은 문제를 만들어내리라고 주장한 사람들의 반대를 애써 한쪽으로 치워놓으려고 했는데, 이 주장은 결국 옳은 것으로 판명 났다. 프랑수아가 동맹국들을 카를을 자극할 앞잡이로 삼아 이들을 조종하고, 합스부르크 왕이 영국 군주와의 연맹에 참여한 행동에서 스파르타의 메아리가 들려온다.

4.

영국 대 독일

> 어떤 수단을 써서라도 가능하면 나머지 다른 나라들은 함대를 갖지 못하게 하라. 그게 여의치 않다면 최강국을 우방으로 삼아라. _투키디데스, 《펠로폰네소스 전쟁사》

> 그들이 해군을 만드는 까닭은 온갖 세계 일에 관여하기 위해서입니다. 그들에게는 스포츠에 불과하지만 우리에게는 생사가 걸린 일입니다. _윈스턴 처칠, 하원 연설, 1914년 3월

> 지금 독일이 특히 해상 전력에서 뒤떨어져 있기 때문에, 초강대국이자 문화 대국인 그들이 잃어버린 위상을 되찾기 위해서 사생결단으로 나서는 것입니다.
> _알프레트 티르피츠 Alfred Tirpitz 장군, 빌헬름 2세 Wilhelm II에게 한 조언, 1899년

1911년 10월 24일, 서른일곱의 한 정치 신동이 영국 해군 전체를 책임지는 해군장관, 즉 영국과 그 제국의 수호자가 되었다. 블레넘궁에서 영국 최고 가문의 자손으로 태어나 해로고등학교와 샌드허스트 사관학교에서 교육받고 세 차례의 제국주의 전쟁에 나가서 능력을 검증받았으며 스물다섯의 나이에 의회 의원으로 선출되고 지금까지도 널리 읽히는 열한 권의 책과 다수의 논문을 쓴 저자인 윈스턴 처칠은 전 세계 인구의 4분의 1을 지배하는 작은 섬나라가 자랑하는 배짱의 화신이었다.

장관을 맡은 지 4일째 되던 날, 처칠은 동료 장관들에게 각자가 맡고 있

는 중요한 책임을 상기시키는 메모를 하나 보냈다. "평화를 원한다면 전쟁을 준비하라"는 로마시대의 경고를 떠올리는 글이었다.

처칠은 "전쟁 준비는 부, 천연자원 그리고 영토의 보존을 보장받을 수 있는 유일한 방법입니다"라고 쓴 뒤, 충분한 준비를 위해서는 반드시 다음 세 가지 '발생 가능한 위험', 위협에 맞설 '최선의 보편적인 방법'을 찾기 위한 역사적 교훈 그리고 당대의 '전쟁 도구'를 가장 효과적으로 응용하는 방법을 제대로 이해해야 한고 말한다.[1]

1911년에 '발생 가능한 위험'은 이미 임박해 있었으므로 절대 놓칠 수가 없었다. 바로 독일의 군사력 증강이었다. 특히 함대 규모는 지난 10년 사이에 두 배 이상으로 늘어나 있었다.[2] 이 위험에 대처할 '최선의 보편적인 방법' 역시 분명했다. 바로 영국 해군 전력의 우월함을 유지하는 것이었다. 1889년에 발표한 2국 표준주의Two-Power Standard 정책에 따라, 영국 함대는 해군 전력이 2위와 3위인 나라가 각각 배치한 전함을 합한 것과 같은 수의 전함을 유지할 것이라고 선언했다. 처칠은 기술 발전에 개방적이고 그 기술을 적용하려는 의지도 강했으므로 '당대의 전쟁 도구'의 '가장 효과적인 응용'도 확실히 이루어졌다. 전함을 더 많이 만들었을 뿐 아니라 첨단 기술을 이용해서 그 전함들의 위력을 더 강화했다. 예컨대 새로 만든 15인치짜리 포로 무장 수준을 높이고, 석탄 대신에 석유를 동력으로 삼아 더 빨리 움직일 수 있게 만들었으며, 새로운 전쟁 도구인 전투기를 배치했다.[3]

그가 메모를 보낸 때와 제1차 세계대전 발발 사이의 1,000일 동안 처칠은 영국 해군의 압도적인 우위를 유지하기 위해서 초인적인 노력을 기울였다. 독일과의 긴장 완화를 위해 대범한 외교적 유화책을 쓰는 동시에, 다른 한편으로는 전쟁이 날 경우를 대비하여 자국에게 유리한 모든 수단을 강구해두려고 애를 썼다. 처칠의 절박감은 독일 해군력의 부상이 국가 안보에 대한 하나의 도전이 아니라 영국의 존립에 실재하는 위협을 알리는 신호라는 확신에서 나온 것이었다. 처칠은 영국에게 전함은 "대영제국의 에너지, 위엄, 지배권, 힘을 상징하는 것"이라는 사실을 알고 있었다. 나중에 그는, 만약 해군이 파괴된다면 제국은 "꿈처럼 사라져버릴 것"이라고 썼다. 즉, 전 유럽이 "철권통치와 튜턴인들(게르만 민족의 하나. 엘베강 북쪽에 살던 민족으로 지금은 독일인, 네덜란드인, 스칸디나비아인 등의 북유럽에 사는 사람을 이른다—옮긴이)의 지배 체제로" 넘어가게 된다는 말이었다. 그런 파국을 피하기 위한 방편으로 영국 해군이 "우리가 가진 전부"라고 그는 주장했다.[4]

  그렇게 영국은 극심한 딜레마에 직면했다. 이 딜레마는 지금의 전략가들조차 훈련 계획을 짤 때 피하려고 몸부림치는 상황이다.[5] 우선, 해군의 우위라는 원칙은 절대 협상 불가였다. 그 원칙이 무너진다면 영국 자체는 말할 것도 없고 인도, 남아프리카 그리고 캐나다에 있는 영국의 전초기지가 취약해질 것이기 때문이었다. 더욱이, 영국이 오랫동안 안전할 수 있었던 것은 어떤 패권국도 서유럽을 장악하지 못한 상황 덕분이었다. 나중에 처칠이 썼듯이, "400년 동안 영국의 외교정책은 대륙에서 가장 강하고 가장 공격적이고 가장 지배적인 세력과 겨루는 것이었다".[6] 대륙에서 여러 적수들을 상대로 이긴 패권국이 자원을 모두 끌어모아서 영국보다 더 큰 해군을 만들 가능성은 얼마든지 있었고, 영국섬들 건너편의 해안은 침략에 이상적인 발판이 되어줄 수 있었다. 그러므로 어떤 영국 정부도 자국의 해군 지배력에 대한 도전이나 대륙 내 힘의 균형을 뒤집으려는 시도를 묵과할 수 없었다. 다른 한편, 처칠을 비롯한 영국 지도자들은 독일이 지배적인 해군을 만들거나 다른 유럽 경쟁국들을 압도하는 것을 막으려는 노력 자체가 지금까지의 역사에서 일어난 어떤 전쟁보다도 끔찍한 전쟁을 불러일으킬 수 있다는 사실을 인식하고 있었다.

영국인들이 자신들의 전략적 딜레마 상황을 종말론적으로 생각한 것은 옳았다. 1918년에 제1차 세계대전이 끝났을 때 그들의 세계는 정말로 폐허가 되어버렸기 때문이다. 유럽이 세계의 정치적 중심이었던 500년이 급정거를 한 것이다.

전쟁은 무지보다는 판단 착오가 가져온 파국이었다. 유럽의 지도자들은 전쟁이 그들의 사회질서와 경제를 완전히 망가뜨려놓을 수 있다는 경고를 충분히 들었다. 하지만 힘의 우위를 놓치지 않기 위한 지나치게 합리적인 노력이 구조적 긴장이라는 조건을 낳았다. 이 긴장은 주로 영국과 독일 간에 피어났지만 독일과 러시아 사이에도 있었다. 이런 조건 아래에서 정치가들은 국가 전체의 파괴나 항복을 전쟁 위험의 대안으로 인식하여, 이런 일을 겪느니 차라리 전쟁의 위험을 무릅쓰는 게 낫다고 생각했다.

대전의 발발은 수 세기 동안 벌어져온 다른 투키디데스적 갈등의 암울한 패턴과, 많은 동일한 역학力學들을 있는 그대로 따랐다. 영국은 많은 지배 세력들이 전형적으로 느꼈던 불안에 시달렸고, 독일은 많은 신흥 세력들이 느꼈던 야심과 분노에 사로잡혀 있었다. 유럽 전체에 만연한 부주의와 근시안이 한몫을 거들면서, 두 나라의 과열된 경쟁은 사라예보에서 일어난 암살이 세계적 차원의 큰불로 번지는 데 땔감 역할을 했다.[7] 영국으로서는 발칸 지역에 그리 중요한 국가 이익이 걸려 있는 것도 아니었다. 그럼에도 영국이 불길 속으로 끌려들어가게 된 것은 부분적으로는 얼기설기 얽혀 있는 정치적 관계들 때문이기도 했지만, 주된 동인은 강력한 독일이 대륙에서 하는 일을 가만히 내버려둔다면 영국의 존재가 위협받게 되리라는 두려움 때문이었다.

나중에 처칠은, 영국 지도자들은 전쟁이 필연적이라고는 여기지 않아서 전쟁을 막으려고 노력했지만 피를 흘리게 될 가능성은 "끈질기게 그들의 머릿속에 남아 있었다"고 썼다. 1914년 이전의 10년 동안 "나라의 안전을 지키는 일이 자신의 임무인 사람들은 서로 다른 두 가지 생각의 세계에 동시에 살았다"고 처칠은 회상한다. 그들은 "평화로운 활동과 범세계주의적인 목표로 움직이는, 실제로 보이는 세계에" 살았지만, 동시에 "가설의 세계, '임계점 아래의 세계'…… 한순간 극도로 환상적이었다가 다음 순간에는 현실로 훌쩍 넘어가버릴 것처럼 보이는 세계, 즉 깊이를 알 수 없는 파국적인 풍경을 통해서 발작적인 결과를 향해 들어가는 가공할 어둠의 세계"에도 살았다.[8]

1914년 8월, 처칠의 악몽은 현실이 되고 말았다. 유럽 전역에 전쟁이 터지기 불과 며칠 전에 처칠은 자신의 아내에게 이런 편지를 썼다.

"모든 게 파국과 붕괴를 향해 가는 것 같소. …… 광기의 물결이 전 세계 기독교인들의 생각을 휩쓸어버렸어요. …… 그러나 **우리는 전부 다 일종의 멍한 가수假睡 상태에 빠져 있고.**"[9]

그의 편지는 이렇게 끝을 맺고 있다.

"이 나라를 위대하고 영광되고 영화롭고 자유로운 지금의 상태 그대로 지켜낼 수만 있다면, 이 몸이 존재하는 동안에는 기꺼이 그리고 자랑스러운 마음으로 남은 생애를 걸 생각이오. 필요하다면 목숨도 바칠 것이오. 하지만 지금은 정말 막막하기 짝이 없구려. 이 애매모호한 상황을 파악하고, 가늠하기조차 힘든 것을 저울질해보려고 애를 써야 하는 형편이니 말이오."[10]

크로 메모

베를린과 런던을 충돌로 이끈 냉정한 논리는 전쟁이 발발하기 7년 전에, 역사학자들이 크로 메모라고 부르는 것에 생생하게 포착된 적이 있다. 1905년 말에 에드워드 7세Edward Ⅶ는 정부를 향해, 어째서 영국은 "독일을 향해서 끈질기게 비우호적인 태도를 보이는 것인지" 물었다. 독일의 황제 빌헬름 2세는 우연하게도 에드워드 7세의 조카이기도 한 터였다. 에드워드 7세는 정부에 물었다. 왜 영국은 한때는 잠재적 동맹국으로 여겼던 나라에 그토록 의혹의 눈초리를 보내는지 그리고 한때는 가장 큰 적이라고 생각했던 나라인 "프랑스 꽁무니를 쫓아다니지 못해 그토록 안달인지"를.[11]

왕의 질문에 대답할 임무를 담당했던 사람은 외무부의 독일 최고 전문가인 에어 크로Eyre Crowe였다. 크로는 절반은 독일인이었고 독일 여성과 결혼했으며 독일에서 자랐고 독일 문화를 사랑했다. 하지만 그는 프로이센이 형제 독일 국가들에 대해서 군사적 영향력을 행사하는 것에 적개심을 느꼈다. 이 나라들은 최근까지도 언어만 같을 뿐 다른 공통점은 별로 없는 다양한 독립 왕국들이었기 때문이다. 그러나 1871년까지 프로이센의 정치 지도자 오토 폰 비스마르크가 프로이센의 왕인(그리고 지금은 독일 황제가 된), 빌헬름 2세의 조부 빌헬름 1세의 이름하에 이질적인 국가들을 한데 묶어 단일 국가로 만들어버렸다. 에드워드 7세의 질문을 두고 1년 동안 연구를 한 크로는 1907년 새해 첫날에 보배와도 같은 외교 강의를 했다.[12]

그는 "강력한 독일의 건전한 활동은" 세계에 유익하다는 사실을 인정하고, 독일의 해외 팽창을 두려워하는 대신 독일이 "지적, 도덕적 리더십"을 갖기 위해 경쟁하고 "경주에 참여하는 일"에 박수를 쳐야 한다고 말했다.

하지만 만약 독일의 궁극적인 목적이 "대영 제국을 무너뜨리고 자기네가 그 자리를 차지하는" 것이라면 어떻게 할 것인가? 크로는 독일 지도자들에게 "그렇게까지 전복적인 계획"은 없다며 강하게 부정했고, 독일이 그런 계획을 "의식적으로 염두에 두지"는 않았을 수도 있다는 사실은 알고 있었다. 그러나 영국으로서는 독일의 장담을 신뢰할 만한 여유가 별로 없었다. 독일이 "전반적인 정치적 패권과 제해권의 우위를 추구하여 이웃 나라들의 독립성을 그리고 궁극적으로는 영국의 존재를 위협할"지도 몰랐기 때문이다.

결국 크로는 독일의 **의도** 같은 것은 아무 상관이 없으며, 중요한 것은 그 나라의 **역량**이라고 결론지었다. 모호한 성장 정책은 언제든지 정치 및 해상 지배를 위한 대계大計로 바뀔 수 있었기 때문이다. 설령 독일이 점진적으로 힘을 축적해나가는 과정에서 지배 계획을 미리 세우지 않는다 해도 결과적으로 독일은 가공하리만큼 위협적인 위치를 갖게 될 것이었다. 더욱이, 독일에게 그런 계획이 있건 없건 간에 "독일에게 가능한 해군력과 맞먹을 정도로 강력한 해군을 만드는 게 현명한 일임은 분명한" 상황이었다. 독일이 갈수록 부강해지면서 해군의 팽창 역시 가속화되었으며, 독일 해군의 우월함은 "대영제국의 존재와 양립할 수 없었다". 따라서 독일이 의식적으로 대영제국의 자리를 넘보는지 여부와는 상관없이, 영국으로서는 독일의 팽창을 잠식 활동으로 인식하고 이에 맞서서 독일보다 더 빠른 속도로 해군력을 증강시키는 일보다 더 신중한 대안이 있을 수 없었다.[13]

영국의 세기는 끝났는가?

영국인들이 세기말적인 분위기에 휩싸여서 모든 게 내리막길로만 접어들게 될지도 모른다고 두려워하는 것은 충분히 이해할 만한 현상이었다. 이전 두 세기가 넘는 세월 동안, 유럽 본토에서 30여 킬로미터 떨어진 한 섬나라는 모든 대륙을 아우르는 제국을 건설했다. 1900년까지 영국은 현대의 인도, 파키스탄, 버마, 말레이시아, 싱가포르, 오스트레일리아, 뉴질랜드, 캐나다 그리고 아프리카 대륙의 많은 부분을 지배했다.[14] 라틴아메리카, 페르시아만, 이집트에까지도 강한 영향력을 행사했으며, 때로는 사실상의 지배와 맞먹는 영향력을 발휘했다. 대적할 만한 상대가 없는 해군력을 가지고 '해안을 지배'함으로써 영국은 '절대 해가 지지 않는 제국'을 건설하여 통치했다.

산업혁명의 발상지인 영국은 '세계의 작업장'이 되었고, 1880년까지 전 세계 상품 제조와 무역의 4분의 1가량을 담당했다.[15] 영국의 투자는 세계 성장의 동력이 되었고 영국의 함대는 세계무역을 보호했다. 내 동료 니얼 퍼거슨Niall Ferguson이 설명했듯이, 영국은 "세계의 경찰이자 은행이었다. …… 최초의 진정한 초강대국이었다".[16] 따라서 영국은 스스로를 세계의 일인자라고 생각했고, 다른 나라들도 그렇게 봐주기를 기대했다.

그런데 영국이 19세기의 주인이었다는 사실에는 아무런 논란의 여지가 없었을지언정, 20세기에도 그럴 것인지에 대해서는 의구심을 갖는 영국인들이 있었다. 저변에 흐르고 있던 불안한 기류가 1897년에 치른 대영제국의 대축제, 빅토리와 여왕 즉위 60주년 기념제에서 표면으로 떠올랐다. 영국의 강직함과 최고의 지위를 상징했던 빅토리아 여왕은 1830년대 이후로 줄곧 왕좌에 있었던 터라 여왕의 후손들이 독일을 포함한 유럽 왕가에 포진하고 있었다. 그런 상황을 기념하기 위해서, 당대에 가장 명성이 드높았던 작가 러디어드 키플링Rudyard Kipling은 처음에, 문명 세계의 건설이라는 제국의 사명을 찬양하는 시를 지어 발표하려고 했다. 그러나 당시의 시대적 분위기 탓에, 보다 관조적인 〈퇴장의 노래Recessional〉로 대체하게 되었다. 미래에 대한 불안한 전망이 묻어나는 시였다.

"멀리서 외치는 소리 들리네, 우리 해군이 사라지고 있다고. / 사구와 곶에서 불꽃이 잦아들고 있다고. / 오, 어제 우리가 누렸던 그 모든 영화여 / 니네베 그리고 튀루스와 함께했던! / 나라들의 운명을 쥔 판관이시여, 아직은 우리를 보호해주소서. / 우리가 잊지 않도록─우리가 잊지 않도록!"[17]

기념제가 있은 지 꼭 한 달 뒤에, 스물두 살의 윈스턴 처칠은 첫 번째 공식 정치 연설을 하는 자리에서 이 쇠락의 유령과 정면으로 맞섰다. 한 무리의 동포들이 모여 있는 곳에서 작은 연단 위에 올라선 처칠은 영국이 "지혜로운 손이 우리에게 명한 길을 중단 없이 걸어가면서 평화, 문명, 선한 정부를 지구 끝까지 실어 나르는 사명을 완수할 것"이라고 주장했다. "기념제가 열린 올해에 우리 제국은 영광과 힘이 정점에 달했으며, 이제 바빌론이나 카르타고나 로마가 쇠락했듯이 우리에게도 내려갈 일만 남았다"는 주장을 거부하면서, 처칠은 청중들을 향해 "부디 음울한 호들갑이 거짓임을 보여줘 달라"고 당부했다. 이어서, 영국 시민들은 떨치고 일어나 "우리 민족의 열의와 활기가 손상되지 않았음을 그리고 우리가 우리 영국인 아버지들로부터 물려받은 제국을 반드시 지켜내겠다는 투지를 행동으로" 보여주어야 한다고 촉구했다.[18]

그럼에도 '호들갑을 떠는 사람들'에게는 그럴 만한 이유가 있었다. 실제로 영국이 다른 세력들에 비해서 쇠락하고 있음을 알리는 경고 신호가 켜진 것이다.[19] 1899년에 보어인들(지금의 남아프리카 지역에 정착한 네덜란드인들의 후손)과 전쟁이 터졌다. 영국은 반세기 동안, 현대식 무기로 무장한 잘 훈련된 적과 싸운 적이 없는 상황이었다. 수에서는 열세였지만 결의에 찬 보어인들은 자기네들보다 더 강력한 적에게 굴욕적인 패배를 연달아 안겨주었다. 처칠은 그 전에 인도와 수단에서 그랬듯이, 전투에 합류하기 위해서 서둘러 달려갔으나 보어인들에게 포로로 붙잡히고 말았다. 전 세계의 신문들이 그의 탈출과 도주 이야기를 전하느라 한바탕 떠들썩했다.[20] 결국 영국이 전쟁에서 승리하긴 했지만 대신 엄청난 대가를 치러야 했다. 그 때문에 제국의 명성마저 뒤흔들리게 되었다. 폴 케네디에 따르면, 독일의 작전 참모들은 보어전쟁을 자세히 연구한 결과, "영국은 러시아의 공격에 맞서 인도를 지킬 수 없을 것"이며, "군 체제를 완전히 재조직하지 않는다면 20년 안에 제국 자체가 사라져버릴 것"이라고 결론지었다고 한다.[21]

그동안에 여러 경쟁국들은 과학과 산업 영역의 상당 부분을 선점해가고 있었다. 과학과 산업은, 1815년에 나폴레옹이 이끄는 프랑스를 상대로 힘겨운 승리를 거둔 영국이 그 뒤에 일등국의 지위를 공고히 할 수 있도록 기반이 되어준 영역이었다. 미국의 남북전쟁이 끝나고 1871년, 비스마르크가 독일 통일에 성공한 뒤에 영국은 다른 나라들이 자국의 기술을 받아들여 빠른 속도로 경제를 성장시키고 마침내 대등한 경쟁자의 반열에 오르는 모습을 지켜보았다.[22] 런던이 특히 근심 어린 시선으로 바라본 경쟁국은 러시아, 프랑스, 미국, 독일, 이 네 나라였다.

러시아는 유럽에서 가장 큰 육군, 세 번째로 큰 함대, 빠르게 성장하는 산업 기반 그리고 가장 광활한 땅으로 짙은 그림자를 드리우고 있었다. 새로 건설한 철도 덕에 모스크바는 이전 어느 때보다도 더 멀리 그리고 더 빠른 속도로 힘을 뻗칠 수 있게 되었다. 다른 한편, 지속적인 팽창으로 아시아의 중부, 서부, 남부에서 영국의 영향권에 들어가 있던 나라들과 점점 국경이 가까워지게 되었다.[23] 더욱이, 러시아가 프랑스와 동맹을 맺은 일은 영국이 유럽뿐 아니라 인도에서도 두 경쟁국과 한꺼번에 싸워야 하는 일이 생길지도 모른다는 전망을 불러일으켰다.

프랑스는 산업 기반은 약하지만 제국의 경쟁 상대였다. 사실 당시 프랑스는 세계에서 두 번째로 큰 제국이었다. 식민지를 둘러싼 분쟁은 런던과의 잦은 마찰을 가져왔고 때로는 전쟁으로 비화될 위기 상황까지 가기도 했다. 1898년에 프랑스는 파쇼다(지금의 남수단에 있는)를 차지하기 위한 대결에서 뒤로 물러설 수밖에 없었는데, 해군끼리 충돌할 경우에 이길 가능성이 별로 없다는 사실을 깨달은 탓이었다. 하지만 팽창 일로에 놓여 있던 프랑스와 러시아의 해군을 합한 전력과 동일한 전력을 갖는다는 2국 표준주의 정책을 유지하느라 영국 정부는 갈수록 늘어나는 예산의 압박을 감당해야 했다.[24]

그 사이에 미국은 서반구(본초자오선에서 서쪽으로 180도에 이르는 지역으로 남북아메리카, 태평양, 대서양 따위가 포함됨-옮긴이)에서 영국의 영향력을 위협하는 대륙 세력으로 등장했다(5장과 9장에서 더 상세하게 다룰 것이다). 인구가 영국의 두 배에 달하고, 천연자원은 무궁무진해 보였으며, 성장에 굶주린 미국이 산업 발달 수준에서 영국을 앞지르지 않았다면 오히려 그것에 전 세계가 놀랐을 것이다.[25] 미국 경제는 1870년 무렵에 영국을(제국 전체는 아니지만) 따라잡았고, 그 뒤로 역전되는 일은 없었다. 1913년에 영국은 세계 제품 생산의 13퍼센트를 차지하여 1880년의 23퍼센트에서 하락을 겪은 반면, 미국은 32퍼센트로까지 증가했다.[26]

해군의 현대화를 이룬 워싱턴은 이를 기반으로 서반구에서 보다 공격적으로 자기주장을 하기 시작했다. 1895년에 런던과 워싱턴이 베네수엘라를 두고 전쟁 직전까지 가게 된 일을 겪고 나서(5장을 보라) 영국 총리는 재정 장관에게, 미국과의 전쟁이 "가까운 장래에 일어날 가능성이 높아지고 있고, 그런 점에서 해군성 예산을 검토해보아야" 한다고 충고했다. 그는 미국과의 전쟁이 "미래의 러시아-프랑스 연합군과의 전쟁보다 현실화될 가능성이 더 많다"고 경고했다.[27]

경이적인 산업화를 이룬 또 다른 세력이 해상에서까지 야심을 키우면서 영국을 바짝 뒤쫓아오고 있었다. 프랑스와의 전쟁에서 승리하고 비스마르크에 의해 통일국가를 이룬 독일은 유럽 내륙에서 가장 강력한 나라가 되었고 경제적 역동성 면에서도 영국과 우열을 겨룰 만한 정도가 되었다. 이제 독일의 수출품이 영국 상품과 치열하게 경쟁하게 됨에 따라 베를린은 만만찮은 상업 경쟁국이 되었다. 그러나 1900년 전에는 대영제국이 이런 현상을 전략적 위협보다는 경제적 위협으로 보았다. 실제로 영국의 원로 정치가들 가운데 다수는 독일과의 동맹을 선호했고 이것을 직접 추진하려는 이들까지 있었다.[28]

그러나 1914년에 이르러서는 런던의 생각이 완전히 바뀌게 되었다. 이제 영국은 독일이 유럽에서 전략적 우위를 점하는 것을 막기 위해서 이전에 경쟁 상대였던 러시아 및 프랑스와 (그리고 나중에는 미국과) 힘을 합해 싸우게 된 것이다. 어떻게 해서 이런 일이 일어나게 되었을까? 어떻게 여러 경쟁국들 가운데 하필 독일이 영국의 주적이 되었는가?[29] 하는 사정은 바로, 신흥 세력이 자국의 안위를 위협하는 것처럼 보일 때 지배 세력이 느끼는 공포를 입증해주는 이야기다. 영국의 경우에는 그 공포가 독일 함대의 증

강에 집중되었다. 그 함대가 오직 영국 해군을 과녁으로 삼아 만들어진 것
일 수도 있었기 때문이다.

독일의 '유리한 위치'

독일의 부상과 이 나라가 영국이 그토록 깜짝 놀랄 정도의 해군을 만들
기로 결정한 사실은 여러 면에서 단순한 이야기다. 이것은 초단시간에 거의
어지러울 정도로 빠른 성장을 경험했으나, 세계적인 강대국으로 가는 길이
그들이 보기에 부당하고 욕심 사나운 기존 강대국에 의해서 가로막혀 있다
고 생각했던 나라의 이야기다.

비스마르크가 오스트리아(1866) 및 프랑스와의 전쟁에서 승리한 뒤에
(1870~71) 수십 개의 독립국을 묶어 하나의 독일제국으로 만든 이후에, 독
일은 유럽을 지배하는 하나의 경제적, 군사적, 문화적인 경이로 등장했다.
독일인들은 더 이상 다른 민족 역사의 객체가 아니라, 위대한 나라를 건설
한 자신들만의 이야기를 가진 역사적 주체가 되었다.

미국의 대표적인 냉전 전략가인 조지 케넌George Kennan이 나중에 설명했
듯이, 유럽의 상충하는 이해관계와 정치적 지지를 조정하는 문제에서, 독일
은 비스마르크의 훌륭한 외교 수완 덕분에 늘 다수의 편에 서 있게 되었
다. 비스마르크는 복수심에 불타는 프랑스를 고립시키기 위해서 해야만 하
는 일을 했고, 러시아와 좋은 관계를 유지했다.[30] 유럽에서 가장 큰 육군을
보유하고 있는 나라는 러시아였지만, 전체적으로 가장 강하고 잘 훈련된 전
투력을 갖고 있는 나라는 독일이었다.[31]

더욱이, 독일과 영국이 앉은 시소의 양 끝은 끊임없이 오르락내리락하고 있었다. 이를테면, 1914년까지 6500만에 다다른 독일 인구는 영국 인구보다 절반이 더 많았다.[32] 독일 경제는 1910년에 이르러 영국을 능가하여, 마침내 독일이 유럽에서 가장 큰 경제 대국이 되었다.[33] 1913년까지는 세계 제조품의 14.8퍼센트를 담당하게 되어, 영국의 13.6퍼센트를 앞질렀다.[34] 강철 생산의 경우, 통일 이전에는 영국의 절반에 불과했지만 1914년에 이르러서는 영국의 두 배가 되었다. 폴 케네디는 중국이 부상하기 전인 1980년에 쓴 글에서, "세계 역사상, 두 이웃 나라의 상대적 생산력, 나아가 상대적 국력이 한 세대 만에 영국과 독일 사이에서 일어난 것만큼 현저히 뒤바뀐 사례가 있는지"를 물었다.[35]

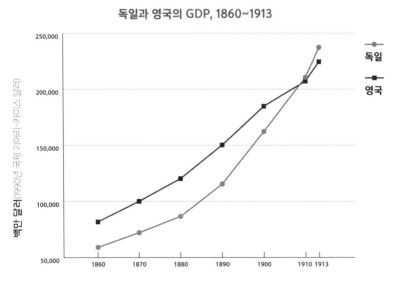

독일과 영국의 GDP, 1860~1913

출처: 매디슨 프로젝트(기어리-카미스 달러: 시장 환율이 아닌 구매력평가 환율로 조정된 가상의 화폐 단위로서 국가 간 실질 생활수준 차이를 역사적으로 비교하는 데 주로 사용된다. 로이 C. 기어리Roy C. Geary와 살렘 한나 카미스Salem Hanna Khamis가 개발한 것으로 국제 달러 또는 국제 기어리-카미스 달러라고 부른다-옮긴이)

영국은 자국과 외국에서 독일의 수출품이 영국 상품을 대체하는 형태로 독일의 산업 성장을 가장 빠르게 경험했다. 1890년과 1913년 사이에 독일에 대한 영국의 수출은 두 배로 늘었지만, 그 금액은 세 배로 늘어난 독일 수입품 금액의 절반밖에 되지 않았다.[36] 1896년에 베스트셀러였던 《독일산 Made in Germany》이라는 책은 영국인들에게 "거대한 상업 국가가 부상하여 우리의 번영을 위협하고 세계무역에서 우리와 겨루게 되었다"고 경고했다.[37]

독일은 제1차 산업혁명의 중공업이나 공산품 영역만이 아니라, 제2차 산업혁명의 전기 및 석유화학 분야의 발전에서도 영국을 따라잡고 있었다. 새로운 세기로 넘어갈 무렵, 독일의 유기-화학 산업은 전 세계 시장의 90퍼센트를 지배했다.[38] 1913년에 영국, 프랑스, 이탈리아가 생산하고 소비한 전기를 모두 합쳐도 독일이 생산, 소비한 전력의 80퍼센트 정도밖에 되지 않았다.[39] 1914년까지 독일인들이 보유한 전화기의 수는 영국의 두 배였고, 철도의 수도 거의 두 배였다.[40] 독일의 과학기술은 영국을 능가하여 세계 최고 수준이 되었다. 정부의 적극적인 부양 정책과 권위 있는 대학들의 지원 덕분이었다.[41] 첫 노벨상 수상자가 나온 1901년과 1914년 사이에 독일이 받은 총 노벨상 수는 열여덟 개에 달해서, 영국의 두 배가 넘고 미국의 네 배에 이르렀다. 물리학과 화학 분야에서 받은 상만도 열 개로, 영국과 미국이 받은 것을 합한 수보다 거의 두 배에 달했다.[42]

급속한 경제성장과 엄청난 국가적 성취들이 있었는데도, 독일인들 중에는 부당한 대우를 받는다고 느끼는 사람들이 많았다. 그들은, 미래는 유럽의 '강대국Great Powers'이 아니라 '세계열강World Powers'이라고 부르는 나라들의 것이라고 믿었다. 세계열강이란 크기, 인구 그리고 자원에서 21세기를 지배할 만한 능력을 갖춘 초강대국들을 말했다. 미국과 러시아는 크기가 거의 대륙 수준인 세력들이었다. 또 영국은 강력한 함대로 보호받는 거대한 해양 제국을 소유했다. 이런 규모와 경쟁하기 위해서는 독일에게도 자국의 식민지가 필요하고, 더불어 그 식민지를 획득하고 보호할 수단도 필요할 터였다.[43]

이 시기에 일본과 이탈리아와 미국, 심지어 벨기에를 포함한 많은 나라들이 제국주의의 길을 걷기 시작했다. 그러나 특히 독일에게 주목할 만한 부분은, 당시의 식민지 상황을 바꾸고자 하는 강렬한 열망과 이런 시도를 할 수 있게 해준 엄청난 국력 그리고 세계가 급속하게 분할, 점령되고 있는 테이블에 늦게 도착한 탓에 정당한 몫을 빼앗기고 말았다는 심리가 결합되어 있었다는 것이다.[44]

억울함과 자만심처럼 불타오르기에 딱 좋은 이런 조합을, 1888년에 즉위한 독일의 새 황제 빌헬름 2세만큼 더 잘 구현한 사람도 없었다. 비스마르크는 사석에서 이 젊은 군주를 풍선에 비유한 적이 있다.

"그는 빨리 줄을 붙들지 않으면 어디로 훨훨 날아가버릴지 모르는 사람이야."[45]

그 후 2년 뒤에 빌헬름 2세는 스스로 줄을 풀어버리고, 독일을 통일했던 이를 정계에서 물러나게 하고 베를린을 이 유럽 강대국의 수도로 삼았다.[46] 새 정부는, 러시아가 프랑스의 독일 공격에 가담하는 것을 막기 위해서 비스마르크가 러시아와 타협하여 맺은 비밀 조약이 소멸되도록 방치했다. 덕분에 파리는 곧장 모스크바와 동맹을 맺음으로써 고립을 탈피할 기회를 붙잡을 수 있었다.[47]

황제는 독일이 세계적인 강국이 되는 것을 보고 싶은 욕망에 사로잡혀, 유럽 너머를 응시하면서 '세계정책Weltpolitik' 혹은 세계 외교정책을 세우라는 명을 내렸다. 빅토리아 여왕 즉위 60주년 기념식이 열리던 해 여름, 황제는 베른하르트 폰 뷜로Bernhard von Bülow를 외무장관으로 임명하고 "이제 뷜로가 내 비스마르크가 될 것이다"라고 선언했다.[48] 뷜로는 자신의 야심을 애써 숨기려 하지 않았다.

"독일인들이 한 이웃에게는 땅을, 다른 이웃에게는 바다를 내주고, 스스로를 위해서는 순수한 원칙이 지배하는 하늘을 예약해놓았던 시절이 있었습니다. 그러나 이제 그런 시절은 끝났습니다."

뷜로는 선언했다.

"우리는 누구에게도 그늘을 드리우고 싶지 않습니다. 허나 우리도 이제 **아늑한 양지에 한자리를 잡으려 합니다.**"[49]

세계정책은 독일 국경을 넘어선 세계와 관련된 일 못지않게 국내 정치와 관련된 일이었다. 다음 20년 동안 식민지를 차지하겠다는 말은 그다지 특별하게 들리지 않지만,[50] 세계의 확장이라는 비전은 독일인들의 상상력을 자극했다. 1897년에 독일의 유명 역사학자이자 인기 있는 잡지의 편집자인 한스 델브뤼크Hans Delbrück는 동포들을 향해 이렇게 주장했다.

"다음 수십 년 동안에 세계 방방곡곡의 어마어마한 땅이 분할될 것입니다. 빈손으로 남게 된 나라의 다음 세대는 인간 정신의 등고선을 규정하는 위대한 인간의 반열에서 배제될 것입니다."[51]

뷜로는 한 술 더 떠서 이렇게 말했다.

"문제는 우리가 식민화를 원하느냐 그렇지 않느냐가 아니라, 좋든 싫든 우리도 식민화를 하지 **않으면 안 된다**는 사실입니다."[52]

"위대한 민족의 나라" 독일의 "전 미래"가 결국 세계열강의 반열에 오르게 되는지 여부에 달려 있다고 델브뤼크는 말했다.

"우리는 영국과 더불어 [식민지] 정책을 추진할 수도 있고 영국 없이 할 수도 있습니다."

델브뤼크는 이렇게 주장했다.

"영국과 더불어 추진한다는 것은 평화롭게 한다는 뜻이고, 영국에 반해서 추진한다는 것은 전쟁을 통해서 한다는 뜻입니다."

어느 경우든지 "뒤로 되돌아가는 일은 있을 수 없"[53] 것이었다. 더 이상 독일은 이전 세력들이 정해놓은 규칙을 꾸역꾸역 따르지 않을 것이며, 앞으로 올 세계에 대한 권리를 주장하겠다는 이야기였다. 뷜로는 1899년에 의회에서, 독일은 더 이상 "어떤 외세도, 나라 밖의 어떤 주피터도(고대 로마에서 신들의 왕이었음-옮긴이) 우리에게 '이제 와서 무엇을 하려는가? 세계는 이미 분할이 끝났는데'라고 말하게 내버려둘 수 없습니다'라고 말했다. 그는 이렇게 공표했다.

"다음 세기에는 독일이 **망치**가 되든지, 아니면 **모루**(대장간에서 불린 쇠를 올려놓고 두드릴 때 쓰는 쇠 받침-옮긴이)가 되든지 결판이 날 것입니다."

같은 해에 있은 전함 진수식에서 황제가 했던 연설 역시 노골적이었다.

"이제 옛 제국이 사라지고 새로운 제국이 만들어지고 있는 중입니다."[54]

마이클 하워드가 썼듯이, 세계열강의 지위를 추구하는 독일이 궁극적으로 관심을 가졌던 것은 "그들이 보기에 영국이 지배하는 세계 체제 안에서 확장하는 게 아니었다. 그들이 참을 수 없었던 게 바로 그 체제 자체였기 때문에, 그들은 평등이라는 기반 위에서 도전을 하기로 단단히 결심한 것이었다."[55]

독일이 영국을 최정상의 자리에서 밀쳐낼지도 모른다는 혹은 최소한 동등한 위치에 서게 될지도 모른다는 생각은 황제에게 무한한 심리적 안정감을 주었다. 빌헬름은 빅토리아 여왕의 장녀인 자기 어머니가 태어난 곳인 영국과, 그가 그곳의 '빌어먹을 집안'이라고 언급한 이들에 대해서 복합적인 감정을 느끼고 있었다. 한편으로, 그는 영어에 능통했고 외조모인 빅토리아 여왕을 공경했다. 여왕이 그를 영국 해군의 명예 장교로 임명했을 때 그는 매우 기뻐했고 기회가 있을 때마다 자랑스러운 마음으로 제복을 입었다. 1910년까지만 해도 그는 유럽 순방길에 베를린을 방문한 시어도어 루스벨트 전 대통령에게 독일과 영국 사이의 전쟁은 '상상조차 할 수 없는' 일이라고 말했다.

"나는 영국에서 자란 사람이오. …… 내 일부는 영국인이라고 느끼오."

빌헬름은 열정적으로 말했다. 그런 뒤에 루스벨트를 향해 '강하게 힘주어' 말했다.

"나는 영국을 흠모하오!"[56]

그와 동시에, 빌헬름은 자신의 억울함이나 경쟁적 야심을 숨길 수 없었다. 마거릿 맥밀런Margaret MacMillan은 2013년에 쓴 통찰력 있는 책 《평화를 끝장 낸 전쟁The War That Ended Peace》에서 황제의 극심한 불안 심리를 해부하면서, 그를 "내심 자신에게 요구되는 역할을 해낼 능력이 안 되는 사람이라고 스스로를 의심스러워한 배우"로 묘사했다. 그는 출생 당시에 왼팔에 손상을 입어 평생 오그라든 팔로 살아야 했다. 그는 영국인 어머니가 자신의 고향이 원래부터 독일보다 우월하다고 주장한 것에 억울함을 느끼고 있었다. 따라서 영국 왕실 친척들의 존중을 얻기 위한 그의 노력은 종종 역효과를 내는 경우가 많았다. 빌헬름은 영국 남부의 카우스Cowes에서 열리는 왕실 요트 클럽의 연례 보트 경기에서 늘 가장 환영 받는 인사였지만, 그의 숙부(나중에 에드워드 7세가 될 사람)는 그의 군림하려 드는 듯한 태도에 격노하면서 그를 '역사상 가장 성공적인 실패작'이라고 불렀다. 빌헬름은 경쟁심에, 독일 북부 도시 킬Kiel에 훨씬 더 공을 들인 보트 경기 주간을 마련하여 자신의 사촌인 러시아의 니콜라이 황제를 포함한 유럽 왕가를 즐겁게 해주었다.[57] 하지만 시어도어 루스벨트가 지적했듯이, "당대에 가장 큰 군사 제국의 우두머리가 마치 런던 사교계에 끼어 들어가기 위해서 애쓰는 졸부처럼 스스로 질투심에 사로잡혀서 영국인들의 의견을 사사건건 민감하게 받아들였다".[58]

스스로 영국인들의 거들먹거리는 습성이라고 생각한 것에 자극받은 황제는 독일의 정당한 자리라고 생각한 위치를 확보하겠다는 결심을 갈수록 더 단단하게 다져갔다. 그러나 독일이 보트 경기에서뿐만 아니라 해군력에서도 영국과 어깨를 나란히 하는 나라라는 것을 보여줄 수 있을 때까지는, 당시의 세계 제국이 자신이나 자기 나라 국민들이 마땅히 받아야 할 존중이나 영향력을 그리 호락호락하게 허용해주지는 않으리라고 결론지었다.[59]

"우리의 미래는 바다에 달려 있다"

1890년에 미국의 해군 전략가 앨프리드 세이어 머핸Alfred Thayer Mahan은 《제해권이 역사에 미친 영향The Influence of Sea Power upon History》을 썼다. 머핸은 주로 영국을 예로 들면서 군사적 승리, 식민지 그리고 부를 얻기 위한 열쇠 같은, 열강이 성공하기 위한 결정적인 요인이 해군력이라는 사실을 밝혀냈다. 이 책은 워싱턴과 도쿄에서부터 베를린과 상트페테르부르크에 이르기까지 각 나라의 수도에 마치 번개처럼 당도했다. 그런데 1894년에 황제 자신이 "이 책을 외우려고 애쓰고 있는 중이다"라고 한 것으로 보아, 이 책을 빌헬름 황제보다 더 열광적으로 읽은 사람도 없었다. 그는 함선마다 이 책을 비치해놓도록 했다.[60] 머핸의 생각이 황제로 하여금 독일의 미래가 '바다에' 달렸다는 확신을 갖게 했던 것이다. 역사학자 조너선 스타인버그 Jonathan Steinberg의 말에 따르면, "황제에게는 바다와 해군이, 황제 자신이 경탄하는 동시에 부러워한 영국 제국의 위대함의 상징이었다".[61] 영국과 맞먹는 해군력은 독일로 하여금 세계열강으로서의 운명을 개척할 수 있게 해줄 뿐 아니라 우월한 영국 함대의 강제력에 속수무책일 수밖에 없었던 참을 수 없는 상황을 끝장낼 것이었다.

황제는 1896년에 남아프리카의 보어인 수장에게 도발적인 내용을 담은 전보를 보낸 뒤에 영국의 대처가 얼마나 혹독한지를 맛본 적이 있었다. 영국 외무부의 한 고위 관리가 독일 대사에게 말했듯이, 어떤 식의 개입도 전쟁을 그리고 '함부르크와 브레멘 봉쇄'를 의미할 수 있었다. 그는 독일의 상처를 들쑤시면서 이렇게 환기시켰다.

"공해상에서 독일 상선을 전멸시키는 것쯤이야 영국 함대한테는 어린아이 장난에 불과한 일일 것이오."[62]

이것은 절대 무시하기 힘든 잔인한 현실이었다. 독일의 전함 수는 영국의 절반도 되지 않는 수준이었다. 영국 함대가 얌전히 물러나 있으라고 마음대로 명령할 수 있는 상황에서, 과연 독일이 무슨 국제적 역할을 제대로 하기를 바랄 수 있겠는가? 1895년에서 1896년 사이에 워싱턴과 런던 간에 있었던 베네수엘라 국경 위기는 그 교훈을 더욱더 깊이 되새기게 했다. 황제의 표현에 따르면, "우리가 영국 면전에 무력을 들이밀 수 있을 때라야 사자 같은 영국이 얼마 전 미국의 위협 앞에서 그랬듯이 물러설 것이다".[63]

빌헬름 2세는 1897년에 알프레트 티르피츠를 해군의 수장으로 임명하여 그로 하여금 무력을 키우게 했다. 독일이 미국, 러시아, 영국과 더불어 네 열강의 반열에 들기 위해서는 그에 상응하는 강력한 해군이 필요한 터였다. 그는 "잃어버린 자리를 되찾는 일은 우리의 사활이 걸린 문제입니다"라고 경고했다.[64] 마거릿 맥밀런은 티르피츠를 "역사를 일련의 생존 투쟁으로 보는 결정론적인 관점을 가진 사회적 다윈주의자"라고 규정한다.

"독일은 확장될 필요가 있었다. 그러나 지배 세력인 영국으로서는 그 확장이 중단되기를 원할 수밖에 없었다."[65]

티르피츠는 이 싸움을 비즈니스 경쟁에 비유했다. 유용한 비유였다.

"더 오래되고 더 강한 기업은 너무 늦기 전에, 새로 부상하는 기업을 옭죄고 나서는 수밖에 없다."

전쟁이 끝나고 나서 그는 "바로 그런 현실이 영국과 독일 간의 충돌에 핵심적인 요인이었다"라고 말했다.[66]

티르피츠가 공개적으로는 독일에 해군력 증강이 필요한 것은 자국의 상업을 보호하기 위함이라고 강조했지만,[67] 사석에서는 새로운 해군을 만드는 일차적인 목적이 영국의 지배에 맞서기 위한 무력을 강화하는 일이라는 데 황제와 의견을 같이했다. 영국 여왕의 기세등등한 60주년 기념제가 있었던 1897년 6월에, 티르피츠는 황제에게 보낸 첫 번째 편지에서 "지금 가장 위험한 적은 영국입니다. 그 적에 맞설 수 있는 정치적인 힘을 얻기 위해서는 무엇보다도 일정 수준의 해군력을 갖추는 일이 가장 긴요합니다"라고 분명히 적었다.[68]

티르피츠의 궁극적인 목표는 독일 해군이 "영국 해군만큼 강해지는 것"이었다.[69] 하지만 그런 함대를 만드는 데는 제법 시간이 걸린다는 사실을 깨달은 그는 아무리 작은 함대라도 중요한 "정치적 영향력을 갖게 해주는 요인"이 될 수 있다고 주장했다. 감당하기 힘들 정도로 발을 뻗어 자국 함대가 전 세계를 누비고 다니고 있는 영국이, 해안 도시에 독일이 급습할지도 모른다는 두려움을 갖게 되면 독일에 좀 더 예의를 갖춰서 대하게 될 터였다.[70] 더욱이, 티르피츠가 스스로 '위험 이론'이라고 부른 그의 이론에 따르면, 그의 함대가 영국 해군에게 심각한 해를 입혀 다른 강대국들의 공격에 취약한 상태로 만들 수 있을 만큼 강해진다면 영국이 독일을 공격하는 일만큼은 저지할 수 있을 것이었다. 이 전략의 핵심은 제2차 해군법에 대한 해설 문건에 구체적으로 명시되었다.

"독일은 세계에서 가장 강력한 해군력을 지닌 적국도 독일과 전쟁을 치를 경우에 그간 국제적으로 다져온 입지가 위태로워지게 만들 정도로 강한 전투 함대를 보유해야 한다."[71]

독일이 해군력을 증강하기 시작한 시점과 독일 함대가 영국에 맞서서 스스로를 방어할 수 있게 될 시점 사이의 기간이 '위험 구간'이 되리라는 사실을 깨달은 뷜로는[72] "우리는 마치 나비로 성장하기 이전의 애벌레처럼 조심스레 움직여야 합니다"[73]라고 조언했다.

독일은 자신의 함대가 충분히 강력해지기 전에 영국과의 싸움에 말려들어가는 일이 없도록 하기 위해서 최선을 다해 노력했다. 새 함대가 영국에게 독일의 새로운 지위를 인정하라고 강요할 수 있을 정도의 능력을 갖추기 전에는 어떤 안보 계획도 소용없는 일이었다. 그동안에 뷜로는 영국이 러시아와의 전쟁에 말려들어가서 독일이 조용히 경제적인 힘과 해군력을 늘릴 시간을 벌 수 있게 된다면 일이 더 수월해지리라는 희망을 품고 있었다. 결국, 독일 해군의 힘이 기정사실로 굳어지게 되면 영국은 새로운 현실과 타

협하지 않을 수 없게 될 것이었기 때문이다.[74]

티르피츠는 대규모 전투 함대가 독일의 애국심과 통합을 증진시켜줄 것이라고 황제에게 약속했다. 그는 해군 계획을 지지하는 여론을 동원하고 제국 의회를 상대로 로비를 펼치는 데 능숙했다. 1898년에 통과된 제1차 해군법은 총 열아홉 척의 전함을 필요로 했다. 황제는 이 법을 적극 반겼고, 다음 해에 티르피츠가 황제에게 증강 계획에 더욱 박차를 가할 것을 권하면서 자신의 주군에게, 영국이 "우리를 공격하고 싶은 의욕을 접고, 결국 폐하의 해군력이…… 대규모 해외 정책을 수행할 수 있을 정도로 막강해졌음을 인정하지 않을 수 없게 될 것"이라는 매혹적인 전망을 제시했을 때 황제는 그 전망에 기꺼이 동의했다. 1900년에 제2차 해군법이 조인되었다. 앞으로 함대 규모를 서른여덟 척까지 두 배로 늘린다는 계획이었다.[75]

1904년 6월에 영국의 에드워드 7세가 킬 보트 대회 참석차 독일을 방문했을 때, 그의 조카 빌헬름 2세는 그를 위해 황제 요트 클럽에서 만찬을 열었다. 독일의 야심을 숨기려는 티르피츠의 노력과는 반대로, 황제 빌헬름은 자신의 삼촌에게 뿌듯한 마음으로 자국의 해군에 대한 자랑을 늘어놓았다. 황제의 선박 건조 계획이 영국에 맞먹는 함대를 건설하겠다는 계획의 일부임이 불을 보듯 뻔했다. 황제는 자신의 숙부에게 건배를 청하면서 이렇게 알렸다.

"어렸을 때 포츠머스와 플리머스에 놀러간 적이 있었습니다. …… 멋진 항구들에 떠 있는 자랑스러운 영국 배들을 바라보면서 참으로 경탄해 마지 않았지요. 그때 언젠가는 나도 이런 배를 만들고 싶다는 소망을 품었는데, 어른이 된 제 안에서 그 소망이 깨어나 지금 이렇게 영국만큼이나 어엿한 해군을 갖게 되었지 뭡니까."[76]

킬에서 빌헬름 2세가 경솔한 자랑을 늘어놓은 지 한 달도 되지 않아 영국은 독일과의 첫 공식 전쟁 계획을 세웠다.[77]

"불량배들은 반격을 당하면 대부분 겁쟁이가 되지"

1900년에 이미 영국 해군성은 영국과 프랑스에 이어 3위의 해군력을 지닌 러시아를 독일이 몇 년 안에 따라잡으리라는 사실을 인식하고 있었다. 따라서 해군성은 런던이 2국 표준주의 정책을 재검토하고, 무엇보다도 북해에서 영국 함대가 균형추 역할을 제대로 유지할 필요가 있음을 깨달았다.[78]

1902년에 있은 한 내각회의에서 영국 해군성 장관은, 독일이 1900년에 발표한 해군법을 인용하면서 이렇게 말했다.

"저는 독일의 강력한 새 해군이 우리나라와의 전쟁을 염두에 두고 용의주도하게 만들어진 것이라고 확신합니다."[79]

같은 해에 해군 정보국장 역시, 영국은 "17세기에 네덜란드와 전쟁을 치렀을 때처럼 북해를 장악하기 위해서 싸워야 할 때"라고 결론을 내렸다. 한동안 영국과 독일 모두에서, 티르피츠가 자국의 상선을 보호하기 위해서 함내가 필요하다고 정당화하는 말을 받아들이는 사람들이 있었지만, 이제 더 이상은 그런 위장이 통하지 않게 된 것이다. 역사학자 폴 케네디의 지적대로, 현실 인식이 충분히 이루어지고 독일 함대의 진짜 과녁이 바로 영국이라는 사실을 런던이 깨달았을 때 "그 깨달음이 영-독 관계에 몰고 온 파장은 절대 돌이킬 수 없을 정도로 파국적인 것"[80]이었다.

영-독 관계의 악화는 유럽 내부와 유럽을 넘어선 세력 역학의 급격한 이동 그리고 영국의 국제적 위상에 대한 재평가와 맞물려서 일어났다.[81] 여러 신흥 세력의 부상에 직면한 영국은 자신들의 해군이 더 이상 모든 곳에서 최강의 지위를 유지할 수 없다는 사실을 점차 인정하기 시작했다. 미국, 일본, 러시아 등 여러 나라의 함대들이 점점 커져가고 있었지만 영국에서 불과 몇백 해리(1해리는 1,825미터−옮긴이) 떨어진 곳에서 세력을 키워나가고 있는 것은 독일 함대뿐이었다.[82] 영국 해군성은 암묵적으로 서반구에서의 패권을 미국에 내주었고, 1902년에는 일본과 방위 동맹을 맺어 일본이 극동 지역에서의 영국 해군의 부담을 덜어주도록 허용함으로써 마침내 "명예로운 고립"에 종언을 고했다.[83]

일본이 주로 러시아를 적으로 규정하긴 했지만, 다른 한편으로는 일본과의 동맹 덕분에 중국을 두고 독일의 이해를 구할 필요도 없어졌으며 프랑스와는 더 큰 협력의 문이 열렸다. 영국과 프랑스 모두 일본과 러시아가 전쟁을 향해 치닫고 있다고 보았으며, 두 나라 중 어느 쪽도 각자의 동맹국 때문에 충돌 상황으로 끌려들어가서 서로 싸우게 되는 일이 발생하기를 원치 않았다.[84] 그들은 또한, 다른 장기 분쟁을 해결할 기회도 찾았다. 1904년에 화친 협상에 서명함으로써 주요 식민지 분쟁 문제를 해결한 것이다. 두 나라가 동맹을 맺은 것은 아니었지만 베를린으로서는 그런 외교 행위를 자국의 외교적 입지에 대한 위협으로 보았다. 현명하지 못하게도, 베를린은 모로코에서 도발을 일으켜 영국과 프랑스를 갈라놓으려고 했다. 그러나 당연하게도 이 사건은 런던과 파리를 더 가깝게 만들어주는 결과만 가져왔다.

한편 극동 지역에서는 1904년에 이르러, 만주와 조선을 두고 벌인 경쟁에서 일본이 러시아를 완패시키는 일이 일어났다. 러시아 함대가 가라앉아버렸다는 사실은 독일 해군력이 영국과 프랑스 다음으로 세계에서 세 번째 순위로 등극했음을 의미했다.[85] 러시아의 몰락은 처음에는 영국에게 희소식으로 들렸다. 모스크바가 런던의 이해관계에 위협이 덜 된다는 뜻이었기 때문이다. 그러나 이런 사실은 곧, 한동안 러시아가 독일과 맞서고 있는 프랑스의 효과적인 동맹국이 되지 못하리라는 뜻이기도 했다. 이제 독일이 유럽에서의 힘의 균형을 전복시킬 수 있으리라는 전망이 현실로 다가온 것이다.[86]

런던은 베를린으로 하여금 유럽의 질서를 다시 쓰게 할 것인가, 아니면 현 상태를 방어해낼 것인가? 런던의 안보 이해는 후자를 명했다. 에어 크로는 어떤 단일 국가도 유럽 대륙을 지배하지 못하도록 막는 일에서 힘의 균형을 유지하는 데에 영국이 맡은 역할을 사실상의 '자연법'이라고 설명했다. 영국의 군사작전을 담당하고 있던 한 고위급 인사는 "가늠할 수 있을 만한 거리에 독일과 유럽이 지배권을 놓고 곧 서로 엄청난 투쟁을 벌이게 될 것"이라고 경고했다.[87] 영국은 그 투쟁의 결과가 자국에 더 유리한 방향으로 이루어지도록 행동을 취하기 시작했다. 화친 협상에 영국이 프랑스의 방위를 도와야 한다는 조항은 없었지만, 1905~06년에 런던과 파리는 비밀 군사 회담을 시작했다. 1904년에 영국은 러시아와 협정을 맺었는데, 식민지 분쟁은 당분간 그대로 보류해두고 영국과 프-러 동맹 사이에 3자 협약을 체결한다는 내용이었다. 이른바 3국협상이라 불리는 협약이었다.

그렇게, 러일전쟁이 발발했을 때 영국은 신흥 세력인 독일이 유럽의 패권국이 될지도 모른다는 전망에 초점을 맞추었다. 만약 독일이 유럽 대륙을 지배하게 된다면 영국의 우월한 해군력을 잠식시킬 만큼 충분한 자원을 동원할 수 있게 되며, 자연히 영국은 침략당하기 쉬운 상태가 될 터였다.[88] 1909년에 에드워드 왕이 말했듯이, 만약 영국이 미래의 투쟁에 무관심한 채로 팔짱만 끼고 앉아 있다면, "독일은 자국의 적들을 차례로 무너뜨릴 힘을 갖게 될 것이며, 결국에는 우리를 공격하러 올 것"이었다.[89]

베를린은 러일전쟁에서 다른 교훈을 얻었다. 수십 년 뒤에 감행하게 될 진주만 공격의 전조가 된, 뤼순항에 정박해 있던 러시아 함대에 대한 일본의 선제공격에서 독일은 킬에 있는 자국의 북해 함대를 영국이 몰래 선제 공격할 가능성을 엿보았다. 그들은 1807년에 있었던 영국의 코펜하겐 기습 공격을 분석하고 또 분석했다. 당시에 영국은 덴마크 함대를 나폴레옹이 끌어들이기 전에 미리 억류해두었다. 역사학자 조너선 스타인버그가 지적한 대로, 황제는 그런 공격 가능성을 "한 치의 의심도 없이 믿었다". 사실, 1904년 말에 영국 주재 대사가 황제에게 직접 찾아가서 아직은 그럴 기미가 없다고 안심을 시켜주어야 할 정도였다. 1907년 초에는 영국의 공격이 임박했다는 소문이 킬에 파다하게 퍼졌고 초조해진 부모들은 자녀를 더 이상 학교에 보내지 않았다. 독일의 공포가 완전히 근거 없는 것만은 아니었다. 헨리 키신저의 말을 달리 표현하자면, 편집광에게도 적은 있는 것이다. 실제로, 1904년 10월에 영국 해군의 최고 장교로 임명된 새 해군제독 존 '재키' 피셔John 'Jacky' Fisher는 영국 해군이 독일 함대를 상대로 '코펜하겐' 작전을 **수행해야** 한다고 수차례 건의했다. 그러나 1904년 초에 그가 에드워드 7세에게 처음으로 이를 건의했을 때 왕의 반응은 이랬다.

"세상에, 피셔 경, 자네 미쳤구만!"

하지만 1년 뒤에 장군이 다시 그런 생각을 설명했을 때 왕은 조금 더 경청했다. 피셔는 호전적인 말로 상대방을 저지하는 게 전쟁을 피하는 최선의 방책이라고 믿었지만, 독일의 지도자들은 영국의 수사적 표현에서 자신들의 해군력 증진을 위한 투자를 더욱 강화해야 할 더없이 확실한 단서를 찾

았다.[90]

역설적이게도, 독일의 해군 지휘관에게도 자신의 행동이 상대 세력에게 미칠 영향을 심각하게 오판한 책임이 있다. 티르피츠는 영국이 북해에서의 군비 확장을 알아차리지 못하리라고, 또 런던에게는 외교적 노력을 통해서 다른 적수들과의 대립관계를 해소하고, 독일과 타협하지 않고 판을 다시 짤 능력이 없으리라고 생각했다. 그러나 두 가정 모두 틀렸음이 입증되었다.[91] 티르피츠는 영국이 자국 함대를 독일을 상대로 집중시킬 수도, 독일의 함선 제조 계획과 맞먹는 계획을 진행시키는 데 필요한 자금을 기꺼이 쓰지도 않으리라고 예상했다. 이 점에 대해서도 또 한 번 그가 틀렸음이 입증되었다.[92]

영국은 독일이 그러지 않으리라 생각했던 모든 행동을 다 했으며, 사실 그보다 한 발 더 나아가기까지 했다. 피셔는 독일의 위협에 초점을 맞추는 방향으로 영국 해군을 재정비하는 일을 주도했다. 1906년에 그는 에드워드 7세에게 이런 편지를 보냈다.

"우리의 적이 될 가능성이 있는 유일한 나라는 독일입니다. 독일은 줄곧 **모든** 함대를 영국에서 몇 시간 거리 안에 집중시켜놓고 있습니다. 그러니 우리는 독일과 몇 시간 거리 안에 두 배 전력의 함대를 집중시켜두어야 합니다."[93]

그리하여 영국은 프랑스, 일본 그리고 (덜 공식적이기는 하지만) 미국과의 외교 관계를 재조정함으로써 해군 재조정 작업을 안전하게 실행했고, 그 결과 영국 전함의 75퍼센트를 독일 함대에 대비하는 전력으로 집중시킬 수 있게 되었다.[94]

1907년에 쓴 메모에서 크로는 "단순히 독일을 향해 해군력 증강을 멈추라고 요구하기만 한다면 베를린의 더 빠른 증강을 부추기는 결과만 낳으리라"고 충고했다. 독일이 알아듣는 말이라고는 오직 하나, '결행하라'일 뿐일 것이다. 영국은 독일보다 강한 전력을 갖출 것이라는 단호한 결심을 보여주어 독일이 추진하고 있는 계획이 헛된 것임을 스스로 깨닫지 않을 수 없도록 만들어야 한다. 이런 접근 방식은 분명, 에드워드 7세에게 제대로 설득력을 얻었을 터다. 그는 한때 자신의 조카에 대해서 "빌리는 불량배 같은 놈이야. 대개 불량배들은 제대로 붙어보면 대부분 겁쟁이가 되지"라고 말한 적이 있는 사람이다.[95]

영국은 함대의 규모를 늘렸을 뿐 아니라 피셔의 주관하에 새로운 차원의 전함이 만들어졌다. 바로 '드레드노트Dreadnought'였다. 1906년에 처음으로 진수한 드레드노트 전함은 이전 전함보다 더 빠르고, 더 크고, 무기도 더 많이 장착했으며, 여기에 탑재된 12인치 포는 이전에 비해 두 배의 화력과 사거리를 자랑했다.[96]

이제 여기에 대적하려면 다른 해군들도 전부 다 드레드노트를 건조해야 했다. 티르피츠는 1905년 초에 영국의 새 무기 계획을 알게 되었다. 그해 가을에 그는 해군 지출을 1900년의 해군법에서보다 35퍼센트를 더 늘리고 해마다 드레드노트 두 척을 건조하기로 명시한 새 보충 법안을 의회에 제출했다. 거기에 더하여, 그는 엄청난 비용을 들여 킬 운하를 확장할 준비를 시작했다. 독일의 드레드노트가 발트해에서 앞으로 전장이 될 가능성이 높은 북해로 재빨리 이동할 수 있게 하기 위한 것이었다.[97]

피셔는 충돌을 향한 중요한 단계마다 매의 눈으로 감지해냈다.[98] 1911년에 킬 운하의 확장이 끝났을 때 그는 독일과의 전쟁이 임박했음을 예견했다. 사실, 그는 독일의 기습 공격이 아마도 3일 연휴인 주말에 있으리라고 예상했다. 그가 예언한 '아마겟돈식 전투'가 벌어질 날은 언제였을까? 1914년 10월 21일이었다. (사실, 대전은 그보다 두 달 전인 1914년 8월 연휴 주말에 일어났다. 운하가 완성되고 난 지 한 달 뒤였다.)[99]

해군 경쟁은 두 나라 모두에서 갈수록 국민들의 열성적 지지와 불안이 늘어나면서 독자적인 탄력을 받게 되었다. 독일은 함대의 규모 또는 생산율을 늘리는 수정 해군법을 제시했다. 이 수정 법안은 드레드노트 같은 영국의 무력 개발이나 국제무대에서 자기네들이 굴욕을 당했다고 인식한 사건, 즉 1906년에 겪은 탕헤르 위기(모로코 분할권을 두고 프랑스 및 스페인과 독일이 갈등을 빚은 사건-옮긴이), 1908년에 독일이 느꼈던 '포위'될지도 모른다는 두려움 그리고 1912년에 있었던 아가디르 위기(모로코 주민들의 반란에 프랑

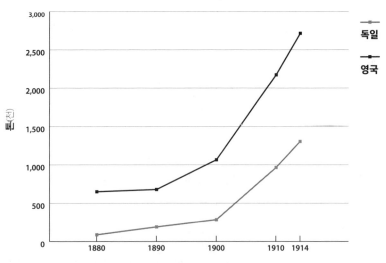

독일과 영국의 전함 규모, 1880~1914

출처: 폴 케네디, 《강대국의 흥망 *The Rise and Fall of the Great Powers*》

스군이 개입하자, 독일이 자국민 보호를 구실로 모로코의 아가디르항港에 전함 '판터호'를 파견하면서 발생한 위기-옮긴이) 같은 사건들이 계기가 된 측면이 있었다.[100]

1908~09년에 영국은 독일이 공개적으로 밝힌 것보다 더 빠른 속도로 몰래 배를 만들고 있다고 비난했다. 독일은 상호 사찰을 거부했고 이는 즉시 독일의 위협을 평가하기 위한 유일한 기반이 선박 건조 능력뿐이라는 두려움을 불러일으켰다. 이제 영국이 기습 공격의 공포와 전력 증강에 더욱 박차를 가하라는 자국민의 요구에 얽매이게 되었다. 당시에 영국 국민은 '침략 문화'를 열광적으로 소비하고 있었다.[101] 제국방위위원회가 1903년에 그리고 1908년에 또다시 영국 해군은 아직 본토를 지킬 능력이 있다고 평가했음에도, 영국 대중들은 드레드노트를 더 많이 만들라고 아우성을 쳤다. 처음에 망설이던 재무장관 데이비드 로이드 조지David Lloyd George는 결국 새 함선 건조를 위해서 증세를 제안했다.

"가장 우월한 우리 해군을 위험에 빠뜨릴 수는 없습니다. 우월한 해군력은 우리나라를 지키기 위해서만이 아니라, 서양 문명의 핵심 이익에도 필수적이라고 판단되기 때문입니다."[102]

크로의 메모는 독일이 식민지 영토에서 '전문 공갈범'처럼 행동했음을 그리고 이 공갈범들은 그저 더 많은 요구를 해올 뿐임을 경고했다. 동아프리카에서 발생한 파쇼다 위기(지금의 남수단 코도크Kodok에 해당하는 파쇼다를 두고 프랑스와 영국이 충돌한 사건. 프랑스의 양보로 양국 간의 타협이 이루어져 1904년 영-프 화친 협정의 계기가 되었음-옮긴이) 이후에 프랑스와의 관계가 화해 분위기로 바뀌게 된 것처럼, 영국이 "단호한 입장"을 취하면 관계가 나아질지도 몰랐다.[103] 그러나 티르피츠의 '위험 함대 전략(그는 해군력 증강을 통해서 런던을 억지시키고 결국에는 영국으로 하여금 독일의 세계적 지위를 인정하도록 설득해낼 수 있으리라고 생각했다)'과 맞물리는 바람에 영국의 단호함과 외교 관계 재조정 전략은 바람직한 결과를 도출하는 데 실패했다.

그동안에 독일인들은 갈수록 공격적인 목소리로, 자기네 나라는 피해자이며 곧 재앙이 닥칠 것이라고 주장했다.[104] 1908년 보스니아 위기가 발생해 오스트리아-헝가리 제국의 보스니아 및 헤르체고비나 합병이 국제적인 반발을 촉발시켜 베를린이 동맹국을 돕기 위해 빈으로 오지 않을 수 없게 되었을 때, 독일 언론은 '평화를 사랑하는' 독일이 영국, 러시아, 프랑스의 군사 연합에 포위되어 자기네는 오직 오스트리아-헝가리 제국에 의존할 수밖에 없다고 주장했다. 이때 독일 언론은 오스트리아-헝가리 제국 역시 독일의 강력한 도움이 필요하다고 덧붙이기도 했다.[105] 오스트리아-헝가리 제국을 구성하고 있는 다양한 민족들은 갈수록 서로 불협화음을 냈고, 발칸의 복잡한 사정은 오스트리아 영토에까지 위협을 가하는 지경이 되었다. 빈의 가장 큰 골칫거리였던 세르비아는 러시아의 지지를 받고 있었다. 영국과 마찬가지로 독일 역시 동맹국이 붕괴되면 자국이 경쟁국의 공격에 취약해질 것을 두려워했다. 1907년에 에드워드 7세가 유럽을 순방했을 때, 이 순방이 독일과 맞서는 데 함께 공모할 나라를 찾아 나선 것이리라 의심한 독일 황제는 300명의 청중 앞에서 자신의 숙부를 '사탄'이라고 부르면서, "그가 얼마나 사탄 그 자체인지 여러분은 상상도 못할 것입니다!"라고 말했다.[106]

영국이 독일의 잠식에 저항하기로 한 결정의 결과에 대해서 에드워드 7세와 빌헬름 2세가 각자 어떻게 생각하고 있었는지를 비교해보는 것도 유익하다. 두 사람 모두 상대 나라가 인종적 차원의 자연스런 지지라고 자신들이 생각하는 것에서 벗어난 동맹 관계를 맺고 있다고 믿었고, 두 사람 모두 그런 믿음이 상대의 질투심 탓에 생겨난 것이라고 여겼다. 1908년에 에드워드는 영국이 계속해서 강력한 무력을 바탕으로 경계를 게을리하지 않는다면, 결국 독일은 "체념하고 우리에게 우호적이 될 것"이라고 생각했다. 그러나 그의 생각은 틀렸음이 판명되었다. 1912년에 이르러 황제는 이전보다 훨씬 더 운명론으로 기울었고, 영국이 "우리가 커지는 게 두려워서", "유럽의 독일계 사람들"을 상대로 "존재를 위한 절박한 투쟁"을 벌이고 있는 베를린의 적들을 지지하려 한다고 분노에 찬 목소리로 주장했다.[107] 동맹은 더 공고해져서 헨리 키신저가 "외교적 최후의 심판일 시스템"이라고 부른 틀이 갖춰지게 되었고, 이 시스템으로 발칸에서 벌어진 암살 사건 하나가 급속도로 세계대전으로 번지게 되었다.

1911년 여름, 독일이 해군 전함 판테르Panther호를 아가디르항으로 보냈을 때 거의 전쟁이 터지기 일보 직전인 상황이 되었다. 대서양에 독일 해군기지를 두어, 모로코에서 프랑스가 가진 지배권에 도전하겠다는 계산이었다. 프랑스는 영국에 도움을 요청했다. 영국 내각은 베를린의 목적이 파리를 당황하게 하여 영국과의 유대를 약화시키려는 것인지도 모른다고 우려했다. 시장 관저 연설에서 로이드 조지는 수치스럽게 굴복하여 영국의 위상이 깎이는 일을 감내하느니 차라리 전쟁을 택할 것임을 분명히 했다. 독일은 결국 뒤로 물러섰고 호전적인 태도는 잠잠해졌다. 그러나 많은 독일인들은 자신들이 충분히 양보를 얻어내지 못했다고 느낀 탓에, 영국에 대한 실망감과 분노는 점점 더 커져갔다.[108] 독일 국민과 지도자 다수가 자국의 생존에 식민지 건설이 필수적이라고 믿고 있던 터에, 이제는 독일의 생존을 위한 팽창이 좌절되고 그에 따라 치명적인 결과를 감당하게 될지도 모른다고 느끼

게 된 것이다.[109]

아가디르 위기 당시에 내무성 장관을 맡고 있었던 처칠은 만약 프랑스가 독일로부터 공격을 받는다면 프랑스를 방어해야 한다고 믿었다. 그는 로이드 조지의 직접적인 발언에 동의했고 "불량배가 물러서는 것"을 보고 기뻐했다. 위기 상황에서 영국이 무력을 바탕으로 적의 도발에 단호하게 대처하는 모습은 독일로 하여금 "어떤 자극적인 행동도 더 하지" 못하게 단념시킨 듯 보였다. 처칠은 아내에게 이렇게 말했다.

"우리는 압도적인 승리를 거둘 것이고 모든 게 잠잠해질 것이오."

하지만 계속해서 전쟁의 위험이 도사리고 있었다. 처칠은 그런 충돌에서 영국인들이 마주한 진짜 위험은 모로코나 벨기에의 독립이 아니라, "프랑스가 프로이센 융커들Junkers(19세기 프로이센의 귀족들—옮긴이)한테 짓밟히고 약탈당하지 않도록" 막는 일이라는 사실을 알고 있었다. 그런 상황은 "세계를 망가뜨리고, 곧바로 우리나라에 치명적인 해를 불러올 재앙"이기 때문이었다.[110]

1911년 위기 때 정부가 얼마나 대비가 부족한 상황이었는지를 보고 충격을 받았던 처칠은 그 후 몇 개월 뒤에 자신이 해군장관으로 임명되자, 영국의 취약한 부분에 관심을 쏟기 시작했다. 그의 "생각은 전쟁의 위험으로 가득 차 있었고" 그의 가슴은 영국을, 고 마틴 길버트Martin Gilbert의 표현을 빌리자면, "해상에서 난공불락의 존재"로 만드는 일에 완전히 골몰했다.

"약점이 있다면 전부 다 보완할 것이고 빈틈이 있다면 전부 다 메울 것이며 모든 가능한 상황에 대비할 것입니다."

그러나 처칠에게는 철저한 대비가 곧 숙명론을 받아들인다는 뜻은 아니었다. 전투에 대비하기 위해서 할 수 있는 모든 일을 다 했지만, 그는 "전쟁이 필연적이라는 이론"은 단호하게 거부하고 "불길한 날"을 미루는 방법으로 충돌을 막을 수 있을지도 모른다고 기대했다. 시간이 지나면, 국제사회의 긍정적인 변화의 영향을 받아서 가령, 독일 정부 내에서 더 평화 지향적인 "민주 세력"이 융커 계급을 대체하게 될 수도 있는 것이다.[111]

그런 이유로 처칠은 해군 경쟁을 늦추거나 멈추기 위해서 힘겨운 노력을 했다. 1908년에 빌헬름 2세는 군비 경쟁을 제한하자는 영국의 제안을 거절했다. 1909년에서 1911년 사이에도 영-독 간의 논의는 계속되었지만 결국 아무 소득 없이 끝이 났다. 하지만 처칠은 단념하지 않았다. 1912년 1월에 그는 중간 전달자 에른스트 카셀Ernest Cassel을 통해서 황제에게, 만약 독일이 해군 확장 계획의 속도를 조절한다면 "즉각적인 관계 개선"에 돌입하겠다고 전했다. 카셀은 황제에게 영국 해군의 우월함을 받아들이고 황제가 세운 계획을 축소하는 대신, 식민지를 얻는 데 영국의 도움을 받으라고 제안했다. 그러면 런던과 베를린은 서로 공격적인 행동을 할 필요가 없게 될 터였다. 카셀은 돌아와서 황제가 "솔깃해하며 거의 어린아이처럼 좋아했다"고 보고했다. 하지만 영국의 국방장관 리처드 홀데인Richard Haldane이 이후에 독일을 방문했을 때 독일의 입장은, 유럽에서 전쟁이 벌어질 경우에 영국이 중립을 지키기로 약속한다면 해군 확장 계획을 축소할 수도 있다는 식이었다. 영국으로서는 독일이 힘의 균형을 전복시키는 일에 동의할 수는 없는 노릇이었다. 영국은 독일에 대한 공격에 가담하지 않겠다는 약속은 기꺼이 해주려고 했지만, 황제는 역정을 내며 영국의 제안을 거부했다.[112]

1912년 3월에 황제는 전함 세 척을 더 만들고 독일 함대가 전투태세를 더 강화한다는 내용을 담은 수정 해군법을 승인했다. 일주일 뒤에 처칠은 의회에서 영국의 2국 표준주의 정책을 폐지하겠다고 알렸다. 대신, 주요 경쟁국에 대해서 드레드노트 전함을 16 대 10의 비율로 유지하겠다고 했다. 처칠은 또, 수정 해군법에 전함 건조 계획이 한 척 더 추가될 때마다 영국은 **두 척**을 더 만들 것이라고 공표했다. '해군 휴일'이라고 부르는 일시 중지 방안도 제안했는데, 독일이 건조 계획의 실행을 잠시나마 중단할 경우에는 영국도 같이 중단한다는 계획이었다. 처칠은 다음과 같은 가정을 공공연히 예로 들어 설명했다. 만약 1913년에 독일이 세 척의 전함 건조 계획을 취소한다면 영국은 그렇지 않았다면 건조를 시작했을 다섯 척의 전함 건조 계획을 취소하겠다는 이야기였다. 독일은 처칠의 제안을 거절했다(다음 해에도 마찬가지였다). 처칠의 제안이 영국의 지배를 공고화하고 독일 해군에 대한 국내 지지를 약화시키려는 시도라고 보았기 때문이다. 그럼에도, 다음 해인 1913년에 해군 예산 지출에 대한 정치적 지지가 충분하지 않자 티르피츠는 어쩔 수 없이 16 대 10 전함 비율을 받아들이겠다고 발표했다.[113]

이제 해군력 경쟁은 끝이 난 듯 보였다. 독일이 전함 용적 총량에서 영국과의 격차를 7.4 대 1에서 1890년에는 3.6 대 1로 그리고 1914년에는 겨우 2.1 대 1로 극적일 정도로 좁혀낸 것은 사실이었지만,[114] 전쟁이 시작되었을 당시에 영국에는 스무 척의 드레드노트가 있었던 반면 독일에는 열세 척뿐이었다.[115] 엄청난 재정적, 외교적 비용이 들었는데도 독일의 해군력 증강 계획은 영국을 따라잡는 데 실패한 것이다. 사실, 처칠이 나중에 주장했듯이 독일 해군력 증강 계획은 "평화협상의 여지를 닫아버렸다. 폰 티르피츠가 전함에 집착하는 모습을 보일 때마다 그는 영국의 여론을 하나로 묶는 역할을 했다. …… 킬과 빌헬름 요새에서 울려 퍼지는 망치 소리는, 독일을 저지하고 결국에는 무너뜨리고 말 국가연합의 틀을 빠르게 진척시키는 역할을 했다."[116]

그렇다면 결국, 영-독 해군 경쟁이 제1차 세계대전을 유발했다는 말일까? 그렇지는 않다. 군비경쟁이 꼭 충돌로 이어지는 것은 아니다. 마이클 하워드가 보여주었듯이, "현대사에서 가장 길고 아마도 가장 치열했던 군비경쟁"은 1815년 이후 90년 동안 이어졌던 프랑스와 영국 간의 해군 경쟁이었을 것이다. 그러나 그 경쟁은 전쟁이 아니라 평화협정 체결로 끝이 났다.[117]

반면, 베를린과 런던 간의 군비경쟁은 여러 가시 방식으로 전쟁의 초석을 다지는 역할을 했다. 독일이 경제적으로 성장하여 영국에 도전을 가하는 상황이 두 나라 간의 군사적 경쟁을 필연적으로 만들지는 않았지만(또는 심지어 영국의 지배 계층이 베를린을 동맹국으로 삼을 가능성까지 고려하게 만들었지만), 독일 해군의 성장과 지리적 근접성은 영국에게 실존적이고 특수한 위협으로 다가왔다. 독일의 해군력 증강 계획은 영국인들에게 불신과 공포를 불러일으켰고, 이후 런던은 베를린을 주적으로 생각하게 되었다. 일단 이런 생각이 자리를 잡게 되자, 독일의 다른 행동들도 영국의 시각에서는 의심스러울 수밖에 없었다. 그동안 영국에게는 다른 경쟁국들도 많았지만, 유럽의 균형을 무너뜨리고 영국의 생존을 위협할 정도로 강한 해군력을 만들 수 있는 나라는 독일뿐이었다.[118] 티르피츠가 1913년까지는 한시적으로 북해에서 경쟁국이 우월하다는 사실을 받아들였지만, 그의 양해는 주로 국내의 재정적 제약에서 기인한 것으로, 조건이 바뀐다면 그의 계획도 바뀌게 되리라는 사실을 영국은 알고 있었다.[119] 영국이 해군력 경쟁에서 '승리'했다고 말하는 사람들도 있었지만, 그런 사실이 독일의 위험성에 대한 영국의 두려움을 덜어주지는 못했다. 1914년에 독일이 프랑스와 그 아래쪽 나라들에 대한 공격을 시작했을 때, 영국이 보기에는 독일이 결국 유럽 대륙을 지배하고 이어서 영국의 생존을 위협하는 상황에 처하게 되니 차라리 당장 전쟁을 치르는 게 나아 보였다.

1914년에 영국과 독일이 왜 전쟁을 시작하게 되었는지를 이해하는 데는 또 하나의 유사한 투키디데스의 역학이 열쇠가 되어준다. 독일의 부상이 영국의 두려움을 자극한 것과 동시에 유럽에서 가장 큰 땅을 가진 러시아가 점차 독일의 지위에 도전을 가해왔으므로, 베를린은 러시아에게서 자국의 이익에 강한 위협이 될 가능성을 보았던 것이다.[120] 1905년에 일본과의 전쟁에서 시고 혁명의 기운이 끓어오르는 불안한 시기를 보낸 러시아는 많은 타격을 입었다. 그러나 그런 나라가 이제 다시 회생하여 바로 독일 국경 밖에서 현대적인 군사력을 갖춰나가고 있는 것처럼 보였다. 1913년에 러시아는 이른바 '원대한 계획'이라고 부르는 계획을 발표했다. 몇 가지 목표를 중심으로 군비를 확장한다는 내용이었다. 계획에 따르면, 1917년까지 러시아의 군대가 독일보다 3 대 1로 앞서게 될 터였다. 한편, 독일의 양면 전쟁 전략은 우선 프랑스를 재빨리 패배시키고 곧장 동쪽으로 움직여서 이동에 시간이 한참 걸리는 거인 러시아를 상대한다는 것이었다. 그러나 1914년까지 러시아는 프랑스에게서 투자받은 상당 금액의 돈을 철도 확장에 쏟아 부었고, 그 결과 병력 이동 시간을 애초에 독일이 계산했던 6주에서 2주로 단축했다.[121]

러시아의 급속한 발전은, 결국 유럽에 전쟁이 발발하고 말리라는 운명론과 더불어 독일의 정치 지도자와 군사 지도자들로 하여금 공격적인 태도를 취하도록 자극했다. 아직 러시아를 이길 기회가 있을 때, 특히 전쟁에 이기면 독일은 '포위' 상태를 벗어날 수 있을지도 모르므로, 미리 전쟁을 치르자는 주장을 옹호하는 지도자들도 있었다. 그리고 마침내 1914년, 러시아가 발칸에서 행사하는 영향력을 잠재울 기회가, 또는 너무 늦기 전에 러시아

군대를 무너뜨릴 기회가 그들에게 주어졌다.[122]

6월 28일, 오스트리아-헝가리 제국 황제 프란츠 요제프의 조카이자 왕위 후계자가 보스니아에서 세르비아계 민족주의자의 손에 암살되는 사건이 일어났다. 이 사건으로 오스트리아-헝가리 제국과 세르비아가 대립하게 되자 러시아는 세르비아 편을 들었다. 7월에 베를린은 빈에 그 유명한 "백지수표"를 건넸다. "유럽에 훨씬 더 복잡한 문세"가 일어나는 결과가 벌어지더라도 세르비아에 대한 보복에 "독일이 전적으로 지원할 것"이라는 황제의 약속이 담긴 서한을 오스트리아-헝가리 제국에 보낸 것이다.[123]

1914년에 독일은 러시아와의 전쟁을 기꺼이 감수할 태세가 되어 있었고 자연히 프랑스에 대해서도 마찬가지였다. 만약 오스트리아-헝가리 제국이 발칸에서 적을 처내지 않는다면 유일한 동맹국인 이 나라가 무너지게 될지도 모르며, 그렇게 되면 나중에 모스크바와 충돌이 생겼을 때 도움을 청할 동맹국이 하나도 없는 상황이 될지도 모른다는 두려움 탓이었다. 베를린의 지지 덕분에 빈은 7월 23일, 베오그라드를 향해 대담하게 단호한 최후통첩을 보냈다. 주요 내용은 오스트리아-헝가리 제국의 조사 요원들이 암살 관련 조직을 찾아내기 위해서 세르비아 영토로 들어가는 것을 세르비아가 허락할 것을 요구하는 것이었다. 독일은 빈이 거부당할 만한 최후통첩을 했다는 사실을 알고 있었다. 베오그라드 주재 오스트리아-헝가리 대사는, 세르비아가 무슨 응답을 하든지 "전쟁의 신호탄이다"라는 지시를 받은 상태였다. 일주일간 종잡을 수 없는 외교적 공방이 오간 끝에 상황은 제멋대로 굴러가기 시작했고, 애초에 내린 결정이 어떤 결과로 이어질지 두려워하고 있던 이들을 마침내 어리둥절하게 만들고야 말았다. 휴가지에서 돌아와, 빈의 요구를 전부 다 받아들이겠다는 세르비아의 반응을 접한 독일 황제는 국방장관을 향해 이제 더 이상 "전쟁을 할 구실이 하나도 없어져버렸다"고 말했다. 국방장관 역시 황제에게는 "더 이상 상황을 이끌어나갈 여지가 없어졌다"고 대꾸했다.[124] 바로 그날, 빈은 베오그라드에 전쟁을 선포했다.

지금은 7월 위기라고 알려진 상황에서 런던과 베를린 간에 그리고 베를린과 모스크바 간에, 똑같은 투키디데스적 역학이 동시에 서로 맞물리게 된 것이었다. 동맹국을 지원하여 부상하는 러시아의 위협을 미연에 차단하겠다는 독일의 확고한 결심은 결국, 러시아와 황제와 그의 동맹국 프랑스에 대한 전쟁 선포로 이어졌다. 일단 프랑스부터 빨리 무너뜨리고 보겠다는 독일 장군들의 전쟁 계획으로, 독일은 룩셈부르크와 벨기에에 먼저 발을 들여놓을 수밖에 없었다. 그러나 프랑스를 무너뜨리기 위해서 독일이 감행한 벨기에 침략은 영국으로서는 결코 묵과할 수 없는 행동이었다.

독일이 프랑스를 물리칠지도 모르는 상황에 런던은 공포를 느꼈다. 수 세기 동안 막으려고 애써온 유럽 패권이 결국 코앞에 다가와 있었다. 1839년에 맺은 런던조약을 통해서 영세 중립국을 보장받은 벨기에의 중립성을 훼손한 사건은 영국의 여론을 들끓게 했고, 그간 갈등에 개입할지 여부를 놓고 양분되어 있던 집권 자유당을 하나로 묶어주었다. 하지만 영국이 참전을 결정한 것은 주로, 독일이 유럽의 패권국이 되는 데 성공할 경우에 자국의 핵심적인 국가이익이 훼손되리라는 계산 때문이었다. 영국과 독일을 전쟁으로 이끈 안보 요인은 분명했다. 8월 3일, 외무장관 에드워드 그레이가 의회에서 말한 대로, 영국은 "서유럽 전체가 단 한 세력의 지배하에 놓이게 되어…… 우리와 대립되는 상황"을 두고만 볼 수는 없었던 것이다.[125]

폴 케네디가 깔끔하게 정리했듯이, 영국과 독일의 지도자들은 1914년의 충돌이 "적어도 15년 내지는 20년 동안 진행되어왔던 것과 연속선상에서 일어난 일"이며, "영국은 현 상태를 유지하기를 바랐던 반면 독일은 공격적인 동기와 방어적인 동기가 결합되어, 그 상태를 바꾸기 위한 한 걸음을 내디뎠기 때문"이라고 생각했다.[126]

"치명적인 기류 바꾸기"

1914년의 역설은 한편으로는 오랫동안 전쟁에 대비할 것을 경고하고 실제로 준비해왔다는 점과, 다른 한편으로는 그토록 빠른 속도로 유럽 대륙이 혼란에 휘말린 데에 대해서 받은 충격 사이의 괴리에 있다.[127] 프란츠 페르디난트 대공이 살해당한 것은 6월 28일이었다. 7월 9일에 영국 외무부 최고 관리는 "오스트리아가 진지한 행동을 취할지 여부"를 두고 이리저리 따져보다가 결국 "폭풍이 몰아칠 것"이라고 예상했다. 7월 25일에 오스트리아가 세르비아에 최후통첩을 보냈다는 소식을 들을 때까지 처칠과 그의 내각은 주로 아일랜드에서의 내분 위협에 관심을 쏟고 있었다.[128] 그 후 2주도채 지나지 않아 전 유럽이 전쟁에 휩싸이게 되었다.

독일은 8월 2일에 룩셈부르크를, 8월 4일에 벨기에를 침략했다. 그날 런던은 독일을 향해, 밤 11시까지 벨기에에서 철수하라고 요구했다. 처칠은 해군성으로 가서 영국의 최후통첩 시한이 끝날 때까지 기다리고 있었다. '빅벤(런던 국회의사당 건물 시계탑에 딸린 큰 종-옮긴이)'이 11시를 알리는 종을 칠 때까지 독일에게서 벨기에의 중립국 선언을 존중하겠다는 다짐이 없는 것을 확인한 처칠은 다음 단계로 나아갔다. 전 세계에 있는 영국 해군 소속 전함으로 '전쟁 전보'가 도착했다.

"독일에 대한 전투 개시."[129]

구조적 긴장 탓에 유럽 전체를 완전히 파괴한 전쟁이 일어나게 되었다는 말도 맞는 말이다. 그러나 전쟁이 필연적인 것은 아니었다. 나중에 정치가들 중에는 어떤 대처도 충돌을 막을 수는 없었으리라고 믿으면 마음이 편해진다는 사실을 발견한 사람들이 많았다. 처칠은 그렇게 생각하지 않았다. 그러나 정책 결정권자일 뿐 아니라 뛰어난 역사학자이기도 한 처칠조차도 자신과 자신의 동료들이 한 일을 이해하느라 어려움을 겪었으며 결국 실패했다. 전쟁 개시를 알리는 전보를 보내고 10년이 흐른 뒤에 그는 《세계의 위기The World Crisis》라는 책을 출간했다. 여러 권으로 된 이 책은 "내가 이 위험한 책무를 감당하느라 분투한 방식"에 관해서 날카로운 분석력을 동원하여 우아한 문장으로 전개하고 있다.[130]

과연 전쟁을 피할 수 있었을까? 처칠은 충돌의 원인을 고찰하는 과정에서 "국제 문제에 책임을 지고 있던 사람들로서는 통제 불능의 상황이었다는 생각이 널리 퍼져 있다"는 사실을 인정했다. 그러나 그는 결정론에 굴복하지 않았다. 그는 양측이 안보에 대해서 지니고 있었던 합리적인 우려를 잠재울 수 있는 기회, 다시 말하면 "외교의 장에서 이탈해버리는 치명적인 행동을 막거나 혹은 적어도 지연시킬" 기회를 놓친 지점들을 구체적으로 지적했나. 그는 상상력을 확장하여 자문했다.

"어쩌면 우리 영국이 좀 더 노력을 해서, 우리의 물질적인 이익을 일부 양보하는, 뭔가 우호적인 동시에 강제적인 방식을 결합한 즉흥적인 제스처로 신속하게 프랑스와 영국의 의견을 조율하여, 거대한 화합을 이루어낼 수도 있지 않았을까? 그리고 그런 화합이야말로 유럽의 평화와 영광을 안전하게 지켜내기 위한 유일한 길이 아니었을까?"

그가 스스로 한 대답은 "알 수 없는 일이다"였다.[131]

처칠이 이런 딜레마에 대해서 깊이 성찰한 뒤 거의 한 세기가 지난 지금도, 과연 영국이 어떤 식으로 행동했다면 자국의 사활이 걸린 국가이익을 지키는 동시에 유럽 전체를 전쟁으로 몰고 간 흐름을 막아낼 수 있었을지에 관해서 명쾌한 해답은 나와 있지 않다.[132] 당연하게도 이 사례와 미국이 중국으로부터 받고 있는 도전 사이에 얼마나 많은 유사점이 있는지는 명확하지 않지만, 가변적인 상태라고 할 수 있다. 그러나 독일과 마찬가지로 중국 역시, 자국의 힘이 약했을 때 힘이 강했던 나라들에 의해서 여전히 부당한 대우를 받고 있다고 느끼고 있다. 그리고 독일처럼 중국한테도 현 상태를 바꿀 의지와 수단이 있다.

한편, 영국과 마찬가지로 미국 역시 세계무대에서 자국의 우월함을 지키기 위해서 경계심을 풀지 않는 가운데, 세계 정치 질서를 바꾸려는 중국의 시도에 저항하기로 단단히 결심하고 있다. 두 나라 모두 자국의 행동은 정당하고 합리적이고, 상대국의 행동은 의심스럽고 위험하다고 본다. 다음 장에서 살펴겠지만, 다른 신흥 세력들은 발전 과정에서 훨씬 더 탐욕스럽고 공격적인 행태를 보였음을 안다면 미국이 지금의 중국을 더 잘 이해하게 될지도 모른다. 시어도어 루스벨트가 대통령이었을 당시의 미국이 그 좋은 예다.

미국이 공격적인 태도를 보여왔음에도, 런던은 신흥 세력 미국과의 전쟁을 피하는 데 성공했다. 그리하여 묵은 상처를 치유하고 미래의 친밀한 관계를 위한 초석을 놓았다. 그러나 그처럼 운 좋은 결과를 낳은 한 무더기의 특수한 요인들이 저절로 반복되리라고 믿는다면 무모한 일이 될 터다. 워싱턴과 베이징 모두 어리석은 낙관주의와 지금까지의 비즈니스 관계를 안일하게 이어간다면, 영국과 미국이 이룬 '대타협'보다는 영국과 독일이 조우한 방식과 비슷한 역학으로 귀결될 가능성이 더 많다.

유럽에 닥친 파국의 심각성과 21세기의 대규모 경쟁에서 그런 파국이 반복될 가능성을 생각해볼 때, 우리는 처칠의 예를 따를 필요가 있다. 상상력을 확장하여, 두 나라의 지도자들이 지금 꼭 필요하다고 생각하고 있는 변화가 과연 우리 시대의 "치명적인 기류를 바꾸어놓을" 수 있는지 물어야 한다. 우리는 한때 베트만홀베크 총리가 유럽 전쟁의 원인에 대한 질문을 받았을 때 무기력하게 내뱉었던 이 대답만큼은 부디 반복하지 않을 수 있기를 빌어야 한다.

"아, 일이 이렇게 될 줄 진작 알았더라면."[133]

3부

폭풍 전야

5.

중국도 미국과 똑같다고 상상하라

아테네인들은 절대로 평화를 즐기면서 얌전히 있지도, 다른 사람이 그렇게 있도록 내버려두지도 못하는 사람들입니다.
_투키디데스, 코린토스 대사가 스파르타 의회에서 한 연설, 기원전 432년

자연법에 따라, 누구든지 할 수만 있다면 뭐든지 지배하려 들 것입니다. 이 법은 우리가 만든 게 아닙니다. 우리에게 힘이 생겼을 때 저절로 알게 된 사실이고, 우리 뒤를 이어 이 자리를 차지하게 될 이들 역시 그 사실을 알게 될 것입니다.
_투키디데스, 아테네인들이 멜로스인들에게, 기원전 416년

아, 어느 전능한 힘이 우리에게 우리 자신을 다른 사람들이 바라보는 대로 볼 수 있는 재능을 주기만 한다면!
_로버트 번스Robert Burns

미국은 중국을 향해 '좀 더 우리처럼' 되라고 가르치기를 좋아한다. 아마도 미국인들은 자신들이 원하는 바에 대해서 좀 더 신중해야 할 것 같다. 역사적으로 신흥 세력은 어떻게 행동해왔을까? 조금 더 구체적으로 들어가서, 불과 한 세기 전에 자신감에 가득 찬 시어도어 루스벨트가 이제 미국의 세기가 되리라고 선언하면서 미국을 이끌고 나갔던 당시에 워싱턴은 과연 어떻게 행동했던가?

1897년 4월에 서른여섯 살의 정치 신동 하나가 미 국방부의 해군성을 이

끄는 민간인 2인자로 윌리엄 매킨리William McKinley 대통령 내각에 합류했다. 뉴욕의 최상류 집안에서 태어난 그는 하버드대학교에서 교육을 받고 다코타 주의 배들랜즈에서 카우보이로 지내면서 심신을 단련했다. 뉴욕시에서 경찰청장으로 일하면서 경험을 쌓은 루스벨트는 이미 열다섯 권의 비중 있는 책을 출간하여 유명 지식인으로서의 입지를 굳힌 사람이기도 했다. 권투를 즐겼던 그의 헤비급 스파링 상대의 표현에 따르면, 그는 "강하고 절대 만만치 않은 사람, 타격을 주기 힘들고 그만 멈추게 하기는 더 힘든 사람"이었다.[1]

해군성의 차관보 자리를 맡은 지 7일이 지나고 나서 루스벨트는 매킨리 대통령에게 길고 사적인 메모를 하나 올렸다. 메모에는 해군의 현 상태(용인할 수 없는 상태), 빠른 증강의 필요성(서반구에서의 평화를 지키기 위해서) 그리고 에스파냐의 쿠바 지배에 따른 위험을 설명하는 내용이 담겨 있었다. 더욱이 쿠바는 미국 해안과 위태로울 정도로 가까운 거리에 있었다.[2] 그 달이 가기 전에 새 차관보는 자신의 상관에게도 매킨리 대통령에게도 알리지 않고 해군전쟁대학 학장에게, 그 뒤에는 정부의 전쟁 계획 사령실로도 지침을 보냈다. (쿠바를 두고는) 에스파냐와 또는 (전에는 친-도쿄 왕국이었으나 1893년에 미국의 도움을 등에 업은 반란 세력에게 전복당한 하와이를 두고는) 일본과 전쟁을 하게 될 경우의 삭전 계획에 관한 내용이었다.[3]

미국은 이제 막 국제무대에 모습을 드러내기 시작한 상황이었으나 루스벨트는 앞으로 100년은 미국의 시대가 될 것임을 뼛속 깊이 느꼈고, 이를 만들기 위해서 할 수 있는 모든 일을 다 했다. 운명의 시녀가 되겠다는 굳은 결심을 한 루스벨트는 그 세기를 자신의 말로 정의내리기 위해서 기회란 기회는 다 붙잡았고 때로는 그 기회를 스스로 만들어내기까지 했다. 그가 위싱턴에 도착한 이후 10년 동안 미국은 에스파냐와의 전쟁을 선포하여 서반구에서 에스파냐를 축출하고 푸에르토리코, 괌, 필리핀을 손에 넣었으며, 독일과 영국을 향해, 미국의 시각에서 논쟁을 잠재우는 데 동의하지 않는다면 전쟁을 하게 될 수도 있다고 위협했다. 콜롬비아의 반란 세력을 지원하여 새 나라 파나마를 건설하도록 도운 뒤에 운하 건설권을 얻어냈고, 서반구의 경찰 노릇을 자처하며 스스로 필요하다고 판단되면 언제, 어디서든지 개입할 권리를 주장했다. 그 권리는 루스벨트가 대통령으로 재임한 7년 동안 총 아홉 차례 행사되었다.[4]

세계무대에서 자기 나라가 맡은 역할을 그처럼 확고하게 그려낸 대통령은 지금껏 전무후무했다. 루스벨트는 미국이라는 나라를 새로운 모습으로 그려냈다. 요컨대, 한 나라가 위대해지기 위해서는 다음 두 가지 요건을 필수적으로 갖추어야 한다는 것이었다. 나라 안과 밖에서 문명을 발전시키고자 하는 사명감 그리고 그 임무를 달성하기 위한 물리력 특히 힘, 용기, 싸울 의지를 가진 사람들로 구성된 우월한 군대.

루스벨트는 희생을 견디고 스스로의 탄력성, 자신감, 요령의 힘으로 그리고 언제든지 폭력을 사용할 태세를 갖춘 덕분에 살아남은 강인한 개척 정착민들을 열렬히 추켜세웠다. 그는 이렇게 말했다.

"개척자들의 삶은 온통 인디언들과의 끊임없는 전쟁으로 이루어졌다."[5]

책을 사랑하고 천식을 앓았으며 명문대 진학을 위한 고등학교인 프렙스쿨을 거쳐 하버드대학교를 졸업한 상류 계층 출신의 루스벨트는 대학 졸업 후 다코타주의 배들랜즈에서 청년기를 보내는데, 이 시기의 경험은 그의 생각과 태도에 결정적인 영향을 미쳤다. 그곳에서 그는 직접적인 위험에 맞서서 생존을 위해 치열하게 싸우는 경험을 했다. 그는 인디언 원주민 및 무법자들과 직접 맞붙어서 몸싸움을 벌였다. 총에 맞아 피를 흘리고 거의 죽기 일보직전까지 간 경우도 수차례였지만, 결국 그는 다른 사람들이 피를 흘리며 죽게 만듦으로써 살아남았다. 그의 생각에, 이런 경험이 살아오면서 했던 어떤 다른 경험보다도 그를 더 인간답게 만들어주었다. 또한 그는 스스로를 위해서 싸울 수 없는 혹은 싸우려는 의지가 없는 사람은 결국, 싸울 능력과 의지를 갖춘 타인에 의해서 지배당할 수밖에 없다는 생각을 하게 되었다.

"모든 위대하고 영매한 민족은 싸우는 민족이었습니다."

차관보의 자격으로 하게 된 첫 대중 연설에서 그는 이렇게 선언했다. 그리고 경고했다.

"한 민족이 치열하게 싸우는 능력을 잃어버리는 순간, 설령 다른 것은 전부 다 가지고 있을지라도, 이를테면 상업과 금융에서, 과학이나 예술에서 제 아무리 뛰어나다 한들, 최고의 위치에 올라설 자랑스러운 권리를 잃게되는 것입니다. 민족 역시 개인과 다를 바 없습니다. 비겁함은 용서받을 수 없는 죄악입니다."[6]

그가 쓴 네 권짜리 책 《서방의 승리Winning of the West》는 미국 중심주의라는 그의 복음 내용을 구체적으로 기술하고 있다. 겨우 서른하나에 출간한 첫 번째 권에서 루스벨트는 "거역할 수 없는 운명"에 따라 미국이라는 나라가 아메리카 대륙 전체에서 끊임없이 이룩해온 진보의 내용을 상세하게 기술하고 있다.[7] 그는 "미국이 인접 지역의 땅을 합병해온 것은 신의 섭리로부터 위임받은 도덕적 사명을 완수하기 위한, 사실상 불가피한 활동이었다"라는 신념을 주축으로 삼는다. 그리고 미국의 서부를 향한 팽창의 중요성을 남북전쟁과 노예해방의 결합에 비유하면서, "공간 낭비가 이루어지

고 있는 세계에" 문명을 전파하는 영어 사용 민족의 "영광스럽고 위대해 마지않는 성취"라고 불렀다.[8]

더욱이, 루스벨트에게는 미국의 사명이 태평양 연안에서 끝나지 않았다. 그와 비슷한 생각을 가진 군인이나 의회 의원들과 더불어 그가 확장의 기치를 내건 것은 단순히 쿠바와 서반구에서 에스파냐를 몰아내기 위해서만이 아니라, 미국을 대서양과 태평양의 주요 세력 가운데 하나로 만들기 위해서이기도 했다. 그 점과 관련해서 루스벨트는 하와이 반란 이후에 이렇게 말한 바 있다.

"저는 전함을 더 많이 만들어야 한다고 믿습니다. 결국에는 이 대륙에서 유럽 세력을 모조리 몰아내야 한다고 믿습니다. 간신히 매달아놓은 우리 국기가 끌려 내려지는 꼴은 절대 보고 싶지 않으니까요."[9]

미국인들을 위한 미국을 만들기 위해서는 군사력 특히 우월한 해군력이 필수였다. 루스벨트는 하버드대학교 재학 당시에 1812년 전쟁에 대한 진지한 학문적 연구를 시작했다. 이 연구 결과는 나중에 《1812년의 해군 전쟁 *The Naval War of 1812*》이라는 책으로 출간되어, 국가 간의 충돌에 관해서 설명한 매우 중요한 책으로 인정받았다. 해군전쟁대학의 학장은 그 책을 필독서로 선정하여 모든 미 해군 전함 함장들에게 나누어주어 읽게 했다. 루스벨트의 분석은 한 가지 핵심적인 사실에 주목했다.

"단순하지만 자명한 사실은, 3 대 2의 비율로 우월한 전력을 보유한 쪽이 이기지 않을 수 없다는 것이다."[10]

해군성의 새 차관보가 미국이 세계무대에서 주요 세력의 하나가 되는 데 척추 역할을 해줄 더 크고 더 강한 해군을 만들겠다고 천명했을 때, 《1812년의 해군 전쟁》을 읽은 사람들이라면 아무도 놀라워하지 않았다. 루스벨트는 해군성 차관보 자리를 임명받고 7주가 지난 뒤에 해군전쟁대학에서 연설하게 되었는데, 이 자리에서 그는 "평화를 가장 확실하게 보장해주는 방법은 바로 전쟁 준비"라고 충고하면서, 미국은 "자존을 지키는 나라가 되려면 그냥 가만히 있기만 해서는 안 된다"고 불길한 경고를 했다. 물론 외교는 "훌륭한 방법"이었다. 그러나 그는 "이 나라가 다른 나라와 평화롭게 지내는 것을 보고 싶다면 결국, 온갖 기지를 동원하여 만들어낸 자의적인 조약에 의지하기보다는 최고의 전함들로 구성된 최상의 함대에 의존하는 게 더 현명한 선택"이라고 주장했다.[11]

미국은 루스벨트의 조언을 따랐다. 1890년, 미 해군에는 전함이 한 척도 없었다. 그러던 해군이 1905년까지 스물다섯 척의 전함을 만들어서 세계 주요 해상 세력이 되었다.[12] 영국조차 자국의 뒷마당을 휘젓고 다니는 미국과의 일전을 회피할 정도였다. 물론, 영국으로서는 신흥 세력으로 등장한 독일이 훨씬 더 가까이에 있는 상황이었으니 더 그럴 수밖에 없었다.

미국은 새로이 가지게 된 경제력과 군사력을, 국경을 확장하기보다는 영향력을 키우는 데 사용하고 싶어 한다는 사실이 드러났다. 루스벨트가 캐나다(아직 대영제국의 지배하에 있었다)를 아쉬운 시선으로 바라보았음에도 대부분의 팽창주의자들은 아메리카 대륙에서 더 많은 영토를 얻는다는 것은 불가능하다고 생각했다. 대신 미국은 외부 세력의 개입이 없고 미국을 예우하면서 고분고분한 이웃들로 구성된 반구를 지배하는 것으로 합의를 보게 될 터였다. 보다 현실적으로 표현하자면 이것은 미국의 영향권에 있는 반구에서 미국이 추구하는 이익은 협상의 여지가 없음을 분명하게 전달하고, 루스벨트의 말대로 이런 사실은 "힘과 그 힘을 기꺼이 사용하려는 의지와 능력"으로 지지된다는 뜻이었다.[13]

루스벨트는 자신의 의제에 반대하는 사람들에 대해서 인내심이 별로 없는 사람이었다. 그가 보기에 "모든 문명의 확장은 평화를 위한 것이다. …… 위대한 문명 세력의 확장은 법, 질서, 정의의 승리를 의미한다".[14] 미국이 자국의 이익에 따라 행동한다는 사실을 시인할 때조차도 루스벨트는 미국의 영향력 확장이 아직 스스로를 다스릴 능력이 없는 사람들의 삶을 더 낫게 만들어줄 것이라고 주장했다. 미국의 필리핀 점령을 두고 그가 한 정당화는 역사학자 앨버트 와인버그Albert Weinberg가 비꼬듯이 말한 "국제적 이타주의의 남성적인 개념"의 전형이다. 루스벨트는 자국민들에게, "야만 속에 살고 있는 사람들에 대한 우리의 임무는 그들이 사슬에서 벗어나는 모습"을 보는 것이며, "그들을 자유롭게 하기 위해서 우리가 할 수 있는 일은 오직 야만성 자체를 없애는 방법뿐"이라는 사실을 인식하라고 요청했다. 루스벨트는 러디어드 키플링과 세실 로즈Cecil Rhodes를 미소 짓게 만들었을 만한 말로 이렇게 주장했다.

"선교사, 상인, 군인 모두 이 파괴 작업에 그리고 그 파괴를 통해서 인간을 고양시키는 일에 각자 해야 할 나름의 역할이 있을 것입니다."[15]

21세기가 된 지금도 국제적 규칙에 기초한 자유주의적 질서를 유지하는 데 미국의 리더십을 주장하는 목소리에서 이 같은 메아리가 여전히 들려오지만, 지금은 이런 말이 불편하거나 제국주의적이거나 인종주의적으로 느껴지는 미국인들이 많을 것이다.

루스벨트는 자기 시대에 살았던 대부분의 미국인들과 마찬가지로 문명의 진보는 모든 사회에 "영속적인 혜택을 가져다주므로 아직 고차원적인 문명을 스스로 갖지 못한 사람들에게 최선은 미국이나 유럽의 사상을 자기네 것으로 만들어서 혜택을 보는 길"이라고 했다.[16] 그가 "세계를 운용하는 일에서 우리가 감당해야 할 몫"이라고 부른 임무를 수행하기 위해서 미국은 영국, 프랑스, 독일의 자취를 따라 "문명에 관한 생각과 기독교 사상"을 전파해야 했다.[17] 그는 자신의 첫 연두교서 연설에서, 미국은 "(필리핀 사람들을 위해서) 지금까지 회귀선 근방에 살고 있는 사람들에게 한 번도 행해진 적이 없는 일, 진정으로 자유로운 국가를 건설한 뒤에 자치를 할 수 있게 만드는 일"을 할 것이라고 약속했다.[18]

루스벨트가 생각하기에 미국이 서양 문명의 수호자이자 전도사라는 특별한 역할을 하는 것은 신의 섭리였다. 문명을 '확장'하는 임무를 수행하기 위해서 그는 미 제국을 넓혀가며 경쟁국들의 심장부까지 뒤흔들어놓았다. 나의 동료 조지프 나이Joseph Nye가 썼듯이, "루스벨트는 세계무대에서 용의주도하게 미국의 영향력을 발휘한 첫 번째 대통령"[19]이었다. 카리브해에서 필리핀까지, 베네수엘라에서 파나마 그리고 알래스카까지, 그는 미국의 이전 세대들이 개척지에서 획득한 지배권을 반구 전체로 확장한다는 명목으로 미국이 새롭게 발견한 능력과 장대한 목표를 예고했다.

특히 이 네 가지 사건으로 우리는 미국이 부상하기까지 거쳐온 궤적과, 미국이 세계의 주요 세력, 아니 유일무이한 세력이 되고자 하는 동력이 얼마나 강했는지를 제대로 알 수 있다. 루스벨트는 이렇게 썼다.

"20세기가 여러 나라의 운명과 함께 우리 앞에 광활하게 펼쳐져 있다. 만약 우리가 이 자리에 우두커니 서 있기만 한다면, 우리가 그저 우쭐한 마음에 취해 나태하게 졸렬한 평화나 누리고 앉아 있다면, 목숨을 걸고 그리고 자신이 아끼는 모든 것을 걸고 이겨야만 하는 힘겨운 경쟁에서 몸을 사리고만 있다면, 결국 우리보다 더 대담하고 더 강한 민족들이 우리 앞으로 치고 나가 마침내 세계를 지배하게 될 것이다."[20]

에스파냐와 미국의 전쟁

루스벨트는 매킨리 내각에 합류하기 훨씬 전부터 에스파냐와의 전쟁을 열망했다.

"진정한 애국자라면…… 아메리카 땅을 밟는 유럽 세력이 단 하나도 없는 때가 오기를 바라야 합니다."[21]

에스파냐가 미국에서 불과 145킬로미터밖에 떨어져 있지 않은 땅을 지배하는 것은 모욕적인 일이었다. 미국의 정책 결정권자들 가운데 쿠바의 상황에 불쾌감을 느낀 사람이 루스벨트가 처음은 아니었다. 1823년에 국무장관 존 퀸시 애덤스John Quincy Adams는 쿠바를, 에스파냐와의 "부자연스러운 연결 고리"를 끊고 미국의 손에 떨어지게 될 사과에 비유한 적이 있었다.[22] 그러나 잦은 불안과 연이은 독립운동이 일어났음에도 에스파냐는 쿠바를 70년이나 더 지배했다.[23]

루스벨트는 1895년에 쓴 편지에서 자신의 첫 번째 소망이 "캐나다를 정복하기 위해서 즉시 영국과 전쟁을 치르는 것"이라고 적었지만,[24] 그래도 이 "부자연스러운" 인연을 끊으려고 했다. 그는 미국이 "쿠바에서 에스파냐를 쫓아낼" 필요가 있다고 주장했다. 그러나 새 대통령으로 당선된 매킨리는 그의 반-에스파냐주의 때문에 그를 해군성 차관보로 임명하는 일을 미루어야 했다. 매킨리는 취임 연설에서 특히 "정복 전쟁"과 "영토 침략의 유혹"을 피하겠다고 단단히 다짐하면서 "어떤 경우에도 전쟁보다는 평화가 더 낫다"고 강조한 터였다.[25]

루스벨트에 대한 매킨리의 우려는 근거가 없지 않았다. 내각에 합류한 지 몇 주 만에 루스벨트는 머핸에게 이렇게 말했다.

"저 섬나라에서 에스파냐를 확실하게 쫓아내버릴 때까지(내게 그럴 방도가 있다면 내일 당장이라도 그러고 싶지만), 우리는 계속해서 그곳에서 일어나는 골치 아픈 문제로 위협받게 될 것입니다."[26]

당시의 주요 신문들 가운데 대중적 인기가 많았던, 윌리엄 랜돌프 허스트William Randolph Hearst와 조지프 퓰리처Joseph Pulitzer 소유의 신문 역시 전쟁을 요구하고 있었다.

"자네는 그림을 공수해주게. 나는 전쟁을 공수할 테니."

허스트가 그의 신문사 삽화가 중 한 사람에게 했다는 유명한 말이다.[27]

해군성 공직을 맡은 지 4개월 뒤에 루스벨트는 매킨리에게 6주 안에 승리를 기약하는 자세한 침공 계획을 보고했다.[28] 미국의 쿠바 침공 계획을 세운 루스벨트는 곧 침공에 직접 참여할 기회를 갖게 될 예정이었다. 1898년 2월 15일, 하바나 항구에서 미 해군 전함 메인호가 폭침을 당해 미국 군인 266명이 목숨을 잃는 일이 발생했기 때문이었다. 루스벨트, 미디어, 성난 대중들이 합심하여 압력을 가했는데도 매킨리는 즉각적인 보복 대응을 거부하고, 대신 어떻게 된 일인지를 자세하게 조사하라는 명령을 내렸다. 루스벨트는 화가 끓어올라 뒤로 넘어갈 지경이었다. 사건이 일어나기 몇 주 전에 그는 한 동료에게 이렇게 말했다.

"쿠바에 개입할 구실이 생기기를 얼마나 바랐는지, 또 얼마나 애를 썼는지 모르네."[29]

그랬던 그가 분노해 마지않은 것은 당연한 일이었다.

"메인호에서 살해당한 이들의 피는 배상이 아니라 충분한 죗값을 돌려받기를 원한다. 그리고 그 유일한 방법은 신대륙에서 에스파냐 사람들을 내쫓는 것뿐이다."[30]

루스벨트는 자신의 처남에게, "대통령의 기개는 초콜릿 케이크 수준"이라고 말했다.[31]

공식적인 조사를 마친 결과 배의 폭발 원인은 어뢰의 격침 때문인 것으로 밝혀졌다. 매킨리 대통령은 전쟁을 선언할 수밖에 없었다.[32] 루스벨트는 즉시 차관직을 사임하고 미 육군 중령 자격으로 위원회를 꾸리고 미국의 첫 의용 기병대인 '러프 라이더'를 조직했다. 1898년 7월 1일에 있었던 치열한 총격전으로 산후안 언덕 함락에 큰 공헌을 한 루스벨트의 기병대는 산후안 전투의 전설이 되었다. 격렬한 전장에서 루스벨트는 자신이 글로 썼던 강인함과 용기를 직접 보여주었던 것이다. 전우들은 그가 "포화 속을 겁 없이 이동하는" 모습에 놀라움을 금치 못했다.

"시어도어는 전투의 향기를 맡으면서 서 있거나 돌아다니기를 좋아했다." 나중에 루스벨트는 이 전투를 생애 최고의 날이었다고 회상했다.[33]

8월 말이 되기 전에 미국은 에스파냐와의 전쟁에서 이겼고 12월에 양측은 평화협정에 서명했다. 에스파냐에게 주어진 조건은 가혹했다. 쿠바는 독립을 얻었고, 에스파냐는 푸에르토리코, 괌, 필리핀을 미국에 양도했다.[34] 전쟁의 여파를 수습하는 동안, 역사학자이자 루스벨트의 절친한 친구인 브룩스 애덤스Brooks Adams는 1898년의 사건들은 "우리 역사에서 분기점"이 될 것이라고 선포했다. 미래에 대해서 그는, "우리가 세계를 지배하게 될지도 모른다. 가까운 역사에서 어떤 나라도 그렇게 되지 못했으므로…… 아마도 향후 10년이 미국에게는 절정의 시기가 될 것이다"라고 예견했다.[35]

먼로독트린의 실행

에스파냐-미국 전쟁 이후에 뉴욕 주지사로 일한 지 얼마 지나지 않아, 루스벨트는 1900년의 대통령 선거에서 부통령 후보로 출마하여 매킨리 내각에 다시 합류하라는 부름을 받아들였다. 매킨리-루스벨트 후보는 너끈하게 이겼다. 그러나 1901년 9월에 매킨리는 암살범의 손에 목숨을 잃었고, 루스벨트는 부통령으로 일한 지 겨우 6개월 만에 대통령 집무실로 떠밀려 들어가게 되었다. 이전 지도자들의 소극적인 태도에 오랫동안 불만을 품어왔던 루스벨트에게, 대통령이 된 첫 해에 미국의 힘을 확고하게 내보일 기회가 주어졌다. 1902년, 베네수엘라가 오랜 빚을 갚지 않으려고 한다는 이유로 독일이 영국과 이탈리아의 지지를 받아 해군력으로 베네수엘라를 봉쇄했을 때였다. 이어서 독일은 베네수엘라 선박들을 침몰시키고, 푸에르토 카벨로 항구를 공격하겠다고 위협함으로써 제 몫을 했다.

최고의 루스벨트 전기를 쓴 에드먼드 모리스Edmund Morris가 "멀리서 포식자가 빙글빙글 돌고 있는 상황"으로 묘사한 현실을 감지하고, 독일이 베네수엘라에 항구적인 해군 전초기지를 세우려 한다고 의심한 루스벨트 대통령은 이 사건을 빌미로 유럽에 분명한 메시지를 전달했다.[36] 그는 베를린을 향해, 열흘 안에 독일 함선을 철수하지 않는다면 미국은 "필요하다고 판단될 경우에 무력 개입을 하지 않을 수 없을 것"이라고 경고했다.[37] 그런 뒤에, 유럽이 자신의 중재로 베네수엘라와 화해할 것을 요구했다. 그는 독일 대사 테오도어 폰 홀레벤Theodor von Holleben을 불러 이렇게 말했다.

"황제에게 나한테 허세를 부려봐야 별 재미를 못 볼 것이라고 전하시오. 포커는 미국의 국기國技이니 해볼 테면 한번 해보자고 말이오."

그리고 황제가 핵심을 놓치지 않도록 이렇게 덧붙였다.

"즉각 베네수엘라 해상에서 당신네 전함을 철수하지 않으면 바로 무력을 동원해서 으스러뜨려 놓을 것이오."[38]

루스벨트는 황제에게 "독일이 미국과 맞붙게 된다면 카리브해보다 더 불리한 곳도 없을 것"이라고도 경고했다.[39]

루스벨트는 독일에게 미국의 말을 따르라고 요구하면서 1823년에 제임스 먼로가 주창한 독트린을 들먹였다. 독트린은, 서반구는 유럽의 식민지화나 외세의 개입을 더 이상 받아들이지 않겠다는 외교 방침을 선언한 것이었다.[40] 먼로독트린은 포괄적인 내용을 담고 있기는 하지만 원래 실질적인 정책을 밝힌 것이라기보다는 일종의 열망을 담은 선언이었고, 19세기의 나머지 나라들에도 그렇게 받아들여졌다. 당시의 미국으로서는 그 선언을 강제할 수단이 부족했기 때문에 1833년에 영국이 포클랜드제도를 차지하는 데도 아무런 장벽이 되지 못했고, 영국이 니카라과 해안에 상당한 규모의 해군 함대를 주둔한다거나 1895년에 코린토에 있는 니카라과 항구를 일시적으로 점령하는 것을 막지도 못했다. 독일인들은 이 독트린에 대해 대놓고 경멸을 표시하면서 아이티 같은 작은 나라에서 일어나는 상업 분쟁을 해결하기 위해서 시시때때로 전함을 보내곤 했다.[41]

루스벨트는 대통령이 되기 훨씬 전부터 이 독트린을 강력하게 만들기로 마음먹고 있었다. 그가 보기에, 영국이 코린토를 점령한 뒤로 베네수엘라가 다음 목표물이 될지도 모르는 상황이었다. 그는 자신과 마찬가지로 팽창주의자인 헨리 캐벗 로지Henry Cabot Lodge 상원의원에게 쓴 편지에서 이렇게 말했다.

"만약 우리가 영국이 코린토에서처럼 보상금을 빌미로 베네수엘라를 침

략하도록 내버려둔다면, 아메리카 대륙에서 우리가 패권을 차지할 일은 더이상 없을 것입니다."⁴²

그러나 그로버 클리블랜드Grover Cleveland 대통령은 베네수엘라에서 영국에 강력하게 맞서기를 꺼렸고 이에 실망한 루스벨트는 나중에, "평화파의 외침 덕분에 나는 이 나라에 전쟁이 필요하다고 확신하게 되었다"고 말했다.⁴³ 결국 클리블랜드 정부는 영국을 향해, 먼로독트린을 어기고 식민지인 영국령 기아나를 거점으로, 베네수엘라 역시 자국 소유임을 주장하고 있는 영토를 침범하려는 시도를 하지 말라고 경고하면서, "지금은 미국이 사실상이 대륙의 주권자이고 미국이 중재를 맡고 있는 나라들에서는 미국의 명령이 곧 법"이라고 잘라 말했다. 클리블랜드가 하는 말이 빈말이 아님을 감지한 영국은 분쟁의 대상이 되고 있는 영토에 대한 **실질적인** 지배권을 두고 미국이 지닌 인내심의 한계를 시험하는 것보다는 차라리 미국의 중재를 받아들여 적절한 경계선을 정하는 게 낫겠다고 생각하여, 미국의 말을 마지못해 받아들였다.⁴⁴ 루스벨트는 반색하며, 미국은 "국제 문제에 관한 스스로의 발언을 책임질 수 있을 정도로 충분히 강력한 나라"가 되었다고 주장했고, 미국이 남아메리카의 멀리 떨어진 지역에서 영향력을 행사하기 위해서 영국을 위협하는 게 말이 되는 일인지(또는 합법적인지) 의문을 제기하는 사람들의 말에는 신경조차 쓰지 않았다. 루스벨트는, 먼로독트린은 "법적인 차원의 문제가 전혀 아니다. 그것은 정책의 문제다. …… 그러니 독트린이 국제법적 원칙으로 인정될 수 없다고 주장하는 일은 헛수고일 뿐이다"라고 썼다.⁴⁵

루스벨트는 베를린 및 런던과의 대결에서 똑같은 해결책을 내놓았다. 그의 최후통첩은 두 나라 모두를 베네수엘라 해상에서 철수하고 헤이그에서 벌어진 분쟁이 미국에 유리한 조건으로 해결되도록 설득해냈다. 그 결과, "먼로독트린을 미국 외교정책의 핵심으로 내세워야 한다"는 루스벨트의 일념이 정당성을 부여받게 되었다. 하지만 그는 "행동으로 뒷받침할 의지도 없으면서 그런 주장을 하는 것은 아무 주장도 하지 않고 방관하는 것보다 더 나쁜 결과를 가져올 것이며, 그 뒷받침은 오직 완벽할 정도로 튼튼한 해군으로만 가능하다"고 경고했다.[46] 실제로, 카리브해상에서 미국 해군이 지닌 우월함은 백 마디 말보다도 더 확실한 말을 하고 있었다. 나중에 그는 시카고의 청중들을 향해, "미국이 말은 부드럽게 하면서도 가장 우수하고 완벽하게 효율적인 해군을 만들고 유지한다면, 먼로독트린은 결국 저 머나먼 곳에서까지 받아들여지게 될 것입니다"[47]라고 말했다. 루스벨트가 얼마나 멀리까지 염두에 두고 있었는지는 머지않아 전 세계가 알게 될 터였다.

파나마운하

16세기 이후부터 유럽 열강들은 대서양과 태평양을 잇는 운하를 꿈꿔왔다. 하지만 그런 운하를 건설하겠다는 시도들은 모두 성공하지 못했다. 1880년대에 프랑스는 1860년대의 수에즈운하 건설로 유명해진 페르디낭 드 레셉스Ferdinand de Lesseps의 주도로 진지한 기획에 착수했다. 하지만 그 역시 잇따른 실패로 교착상태에 빠지고 말았다. 파나마와 이웃 나라인 니카라과에서 미국과 영국이 실행한 계획 역시 진척을 보지 못했다. 미국의 힘이 강력해지면서 루스벨트는 다른 나라들이 휘청거린 곳에서 성공해서 반드시 이 길을 자기 나라의 통제 아래에 두고야 말겠다고 다짐했다.

그의 생각에, 중앙아메리카를 관통하는 운하는 국가 안보를 위해서도 꼭 필요했다. 운하 없이는 대서양 연안에 주둔하고 있는 미국 전함이 칠레의 혼곶을 돌아 서해안에 당도하여 태평양에서의 미국의 이익을 보호하려면 (그리고 그 반대도 마찬가지다) 2,200여 킬로미터에 이르는 거리를 두 달이 넘는 기간 동안 항해해야 했다. 예컨대, 에스파냐-미국 전쟁 당시에 북태평양 연안의 퓨젓사운드에 주둔하고 있던 전함 오레곤호는 쿠바로 가기 위해서 북아메리카와 남아메리카 전체를 경유해야 했다.[48]

루스벨트가 보기에 이 운하는 '필수'였으므로 운하 건설에 어떤 장애물도 용납되어서는 안 되었다. 프랑스처럼 먼 곳의 열강들은 물론이고 (제아무리 콜롬비아가 1821년 이후로 파나마를 자국의 한 주로 지배해왔더라도) 콜롬비아 같은 2등국이라면 더 말할 것도 없었다. 콜롬비아 정부가 자국의 영토인 파나마에 그곳을 관통하는 운하를 건설하겠다는 미국의 제안을 거절했을 때 루스벨트는 그 대답을 받아들이려고 하지 않았다. 그가 나중에 말했듯이, "나는 지협을 택해서 운하 건설을 시작했고 그 뒷일은 의회에 맡겼다. 결국 의회에서 논쟁이 벌어진 것은 운하가 아니라 나를 두고서였다."[49] 그를 비판하는 사람들은 그가 독립 혁명을 조장하여 부끄러운 무력 외교로 콜롬비아 영토를 점령하려고 한다며 그를 비난했다. 루스벨트는 변명을 하기는커녕, "지금까지 내가 대통령 자리에 있는 동안 파나마운하와 관련한 국제 문제에서 내가 취한 행동 중에 가장 중요한 행동이었다"고 선언했다.[50] 역사학자 데이비드 매컬로David McCullough는 이 일련의 사건을 루스벨트가 대통령으로서 한 일 가운데 '결정적인 부분'이라고 설명했다. 운하 건설에 관한 최종 설명에서 그는, 루스벨트에게는 "처음부터 끝까지 운하가 가장 중요했다. 미국이 세계 속에서 성취하게 될 운명에 언제나 운하가 가장 핵심적이고 필수불가결한 요소였다"라고 썼다.[51] 루스벨트는 의회에서 이렇게 말했다.

"만약 어느 정부가 문명으로부터, 인류의 이익을 위해서 어떤 대상에다가 기량을 쏟아 부어 성과를 보이라는 위임을 받았다고 한다면, 두 대양을 서로 잇는 운하와 관련해서 미국이 하게 된 역할이 바로 그것입니다."[52]

1903년 8월에 콜롬비아 상원의원은 제시된 보상 조건에 대한 불만과 주권 침해에 대한 우려를 근거로 들면서 미국이 운하를 건설한다는 내용의 조약을 만장일치로 거부했다. 루스벨트는 자신이 '서글픈 무지'를 보았다며 속을 끓였다. 그는 국무장관 존 헤이에게 이렇게 말했다.

"주야장천 방해거리만 찾아다니는 보고타의 많은 훼방꾼들이 미래 문명의 고속도로를 영구적으로 막아버리도록 내버려두어서는 안 된다고 생각합니다."[53]

반대에 직면한 루스벨트의 반응은 "그 사람들은 신경 쓰지 않고 해야 할 일을 해야겠다고 마음먹는" 것이었다.[54]

처음에 루스벨트는 1846년의 미국-콜롬비아 조약의 상상적 독해에 의지해서, 사실 미국은 이미 운하를 건설해도 좋다는 허가를 받았다고 주장했다.

"1846년 조약에 따르면 분명 우리가 도덕적으로 정당하다고 생각합니다." 루스벨트는 한 미국 상원의원에게 털어놓았다.

"그러니까 우리가 최종적으로 개입을 해서, 결국 운하는 건설될 것이고 그들 때문에 중단될 수 없다는 말을 하는 것이 법적으로 옳다는 이야기입니다."[55]

그러나 프랑스의 엔지니어이자 사업가인 필리프 뷔노-바리야Phiilppe Bunau-Varilla가 파나마에 혁명의 기운이 들끓고 있다는 소식을 가져왔을 때 루스벨트는 전략을 바꾸었다.

1903년 10월 9일에 열린 백악관 회의에서 (운하의 완성으로 엄청난 경제적 이익을 기대하고 있던) 뷔노-바리야는 대통령에게 대놓고, 미국이 콜롬비아 지배에 반대하는 파나마 반란 세력을 지지할 것인지 물었다. 루스벨트는 즉각 부정했지만, 미국이 동맹국이라고 여기는 콜롬비아를 독립운동 세력으로부터 보호할 것이라는 말도 하지 않으려고 했다. 대신, 그는 "지금까지 해온 대로 행동하려는 정부라면 그런 정부는 나한테 별 쓸모가 없소"라고 말하고, 만약 뷔노-바리야가 자신의 말뜻을 제대로 알아듣지 못했다면 "그는 정말 아둔한 사람이었을" 것이라고 나중에 썼다.[56]

뷔노-바리야가 쓴 혁명 가능성에 관한 보고서가 정확하다는 사실을 확인한 루스벨트는 해군 함정을 보내 파나마 해안을 감시하게 했고 육군에는 미국의 상륙에 대비한 작전을 짜라고 명령했다.[57] 국무장관 헤이는 뷔노-바리야에게 이 준비 상황을 알려주었다. 11월 2일에는 콜론 해안에서 미 해군 전함 내슈빌호가 보였고, 곧 추가로 포함 아홉 척이 파나마의 대서양과 태평양 해안에 도착할 예정이었다.[58]

11월 3일 반란군이 독립선언을 발표했다. 콜롬비아 군대가 파나마시티에 들어오는 것을 막기 위해서 해군의 파견대가 상륙하여 주요 철로를 봉쇄하는 한편, 미국 함성들은 콜롬비아가 해군 증강 병력을 상륙시키지 못하게 막았다. 루스벨트는 또 콜롬비아 정부를 향해, 만약 파나마의 독립을 막으려고 한다면 콜롬비아 영토 내에서 미국 군대를 보게 될 것이라고 경고했다. 파나마의 반란 세력이 독립을 선언한 지 72시간도 채 안 되어서 미국은 새로이 탄생한 국가를 최초로 승인하고 외교 관계를 맺었다.[59]

뷔노-바리야는 재빠르게 미국과의 협상에 들어가서, 미국에게 앞으로 건설될 운하의 '영구적' 권한을 주는 대신 선금 1000만 달러와 매년 25만 달러를 받기로 조약을 맺었다. 루스벨트의 국무장관은 사석에서, 그 거래는 "매우 만족스럽고 미국에 엄청난 이익이었다. 어떤 면으로 보나 파나마에 그리 유리한 조약이 아니었다고 인정할 수밖에 없다"고 인정했다.[60] 이후에는 합의가 더 불균등한 것으로 입증되었다. 예컨대 파나마는 운하로부터 겨우 연간 25만 달러밖에 받지 못했지만, 미 재무부는 운하로부터 1921년에는 약 100만 달러를, 1925년에는 거의 1400만 달러까지 그리고 1928년에서 1930년 사이에는 매년 1800만 달러를 통행료로 거두어들였다.[61] 게다가 이것은 운반 비용 감소의 영향은 포함되지도 않은 금액이다. 운하 덕분에 미국 소비자들은 상품을 더 저렴한 가격으로 살 수 있게 되었으며, 해외 시장에서도 미국 상품의 경쟁력이 더 좋아졌다. 1970년대까지 통행료는 연간 1억 달러가 넘었으며, 지미 카터Jimmy Carter 대통령이 서명한 조약에 따라 마침내 미국이 파나마에 소유권을 넘겨주었던 20세기 말에는 운하에서 걷히는 통행료가 5억 4000만 달러에 달했다.[62] 최종 조약으로 미국이 파나마에 매년 지불한 금액과 그 전의 여섯 개의 (덜 강제적인) 계약으로 미국이 (또는 프랑스가) 지불했을 금액을 비교해보면, 대체로 인정사정없이 일방적으로 몰아붙인 루스벨트의 거래가 파나마로부터 그 나라의 연간 국내총생산의 1.2배에서 2.7배에 이르는 수익을 빼앗은 셈이 된다.[63]

생을 마칠 때까지 루스벨트는 파나마 혁명을 두고 독립과 운하를 위한 시민들의 열망이 자연스레 분출된 사건이었다고 주장했다.[64] 그 결과에는 모두가 환호했지만, 루스벨트의 지지자들조차도 그런 주장을 터무니없는 소리로 취급했다. 국방장관 엘리후 루트Elihu Root는 루스벨트에게 이렇게 말했다.

"대통령께서는 유혹한 죄밖에 없다는 것을 보여주려고 했지만, 결국에는 강간죄를 저질렀음이 입증되고 만 셈입니다."[65]

알래스카에서 벌어진 국경 분쟁

파나마의 독립운동을 부추기고 있던 무렵에 루스벨트는 캐나다 서부와 나중에 미국의 주로 편입될 알래스카 사이의 국경선을 두고 미국 북쪽 이웃 그리고 그 후원 제국인 영국과도 의견 충돌을 일으키고 있었다.

지도를 보면 알래스카 국경 분쟁의 결과가 뚜렷하게 드러난다. 알래스카 중심부에서부터 '두툼한 꼬리' 부분이 남쪽으로 800킬로미터쯤 뻗어 나와 있어 캐나다를 태평양과 분리시켜놓고 있다. 미국이 1867년에 러시아로부터 알래스카를 구입했을 당시에 브리티시콜롬비아와 알래스카의 길게 뻗어 나온 부분 사이의 경계가 불분명한 채였다. 그리고 여러 해 동안 워싱턴은 국경을 애매모호한 상태로 내버려두는 데 만족하고 있었다. 1871년에 브리티시콜롬비아가 캐나다 연방에 합류한 뒤에 국경을 명확하게 하려는 시도가 간간히 있어오기는 했다. 그러나 아무 진전을 이루지 못하고 있다가, 1897년에 캐나다의 유콘에서 금이 발견되고 나서야 다시 확실한 관심의 대상이 되었다. 갑자기 경계선 문제가 시급하게 해결되어야 할 사안으로 새롭게 부상한 것은 한 가지 단순한 이유에서였다. 금은 캐나다에 있었지만 미국이 바다에서 클론다이크강으로 가는 중요한 통로를 지배하고 있었으므로, 캐나다에는 사실상 이용 가능한 육로가 없었던 것이다. 캐나다는 국경이 해안에서 (미국이 설정한 대로) 30마일(약 49킬로미터)까지가 아니라 **해안**

에서 떨어진 작은 섬의 맨 끝에서부터 30마일로 정해져야 한다고 주장했다.[66] 국경을 그렇게 정할 경우에 캐나다는 곧장 바다로 나갈 수 있었고, 주노, 스캐그웨이, 린운하, 글래이셔만이 캐나다 소유가 되는 것이었다.[67]

루스벨트는 캐나다의 주장에 의구심을 나타내고, 이런 주장은 "지금 낸터킷섬을 자기네 것이라고 주장하는 것만큼이나 말이 안 되는 소리"[68]라고 분명하게 말했다. 미국 땅이라고 주장한 곳을 지키기 위해서 루스벨트는 필요하다면 "과감한" 행동도 취할 것이라고 위협했다. 사적으로도 영국 대사에게 만약 캐나다나 영국이 방해하고 나선다면 "험악한 꼴을 보게 될 것"이라고 경고했다.[69] 루스벨트는 국방장관 루트의 요청을 존중해서 국경 분쟁을 국제재판소로 가져가는 데 동의했다. 루트가 그에게 재판소는 그냥 미국의 입장을 비준해줄 것이라고 확신시켜주고 나섰다. 그의 말대로 루트는 재판관 구성을 양측이 각각 세 사람씩 선택하도록 해서 최악의 경우라야 3 대 3으로 비기도록 했다. 루스벨트는 만약의 경우를 대비해서 자신과 같은 편인 로지, 루트 그리고 전 상원의원 조지 터너George Turner를 지명했다. 규칙상으로는 '중립적인' 재판관을 선임하도록 되어 있는데도 그렇게 했다. 캐나다가 지목한 재판관 두 명도 어느 쪽에 투표할지 자명했다.[70] 캐나다 쪽을 대표하는 세 번째 위원인 영국의 앨버스톤Alverstone 대법관이 결정적인 부동표였다.

루트는 루스벨트에게 영국이 (앨버스톤을 통해서) 미국 편을 드는 게 분명히 자국에 이익이기 때문에 미국의 손을 들어줄 것이라고 장담했다. 1895년과 1902년에 있었던 베네수엘라 분쟁을 해결하는 데 영국이 보여주었던 존중을 생각해볼 때 영국 정부가 이처럼 부차적인 문제를 두고 미국과 맞서지는 않으리라는 이야기였다. 그러나 모든 것을 확실하게 해두고 싶어 했던 루스벨트는 대법관 올리버 웬들 홈스 주니어Oliver Wendell Holmes Jr.의 런던 방문 기회를 이용해서 그로 하여금, 만약 위원회가 교착상태에 빠지게 되면 "내가 향후 어떤 중재도 불가능할 조처를 취할 것"이라고 영국 식민장관에게 경고하게 했다. 그는 또한 헤이로 하여금, 만약 재판소가 "지금 바로" 합의를 내놓지 못하면 미국은 "어쩔 수 없이 영국이 자존심에 상처를 입게 될 방식으로 행동할" 수밖에 없을 것임을 런던 측에 상기시켜주라고 지시했다.[71] 루스벨트는 자신이 선정한 재판관들한테는 그보다 더 분명하게 말했다.

"곤란한 판결은 원치 않습니다."

그리고 이렇게 조언했다.

"하지만 영국 측에서 그럴 듯한 명목으로 고약한 반대 의견을 제시할 경우에는 내가 미국 정규군 여단을 스캐그웨이로 보내서 분쟁 지역을 점령하고, 미국의 무력으로 그곳을 점유할 것입니다."[72]

런던은 압력에 굴복했다. 1903년 10월에 국제재판소는 4 대 2로 미국 측 주장을 전부 다 받아들였다. 앨버스톤의 선택이 결정적인 역할을 한 것이다. 두 캐나다 위원은 최종 판결문에 서명하기를 거부하면서, 자신들이 미국과 영국의 책략을 '막기에는 무력한' 결과라고 항변했다. 캐나다 역사학자 노먼 펜링턴Norman Penlington에 따르면, 이 판결은 캐나다인들 사이에서 캐나다 역사상 "가장 쓰디쓴 분노의 감정을 폭발시켰다". 언론은 캐나다가 "희생양이 되었고", "속임수를 당했고", "강도질을 당했다"고 주장하면서, 앨버스톤이 만족을 모르는 미국 대통령을 만족시키기 위해서 캐나다를 팔았다며 그를 조롱했다.[73]

반면, 〈워싱턴 모닝 포스트Washington Morning Post〉는 루스벨트와 그의 행정부가 이 판정을 "단연코 한 세대 동안 미국이 얻은 외교적 성공 가운데 가장 큰 성공으로 여긴다"고 보도했다.[74] 캐나다에 자잘한 몇 가지를 양보한 대가로 미국은 끊어짐 없는 긴 해안을 지키게 되었다. 알래스카에서 길게 삐져나온 땅을 따라 뻗어 있는 약 6만 4,800제곱킬로미터의 해안과 섬 그리고 미국에서 가장 큰 국립공원이 될 드넓은 통가스 원시림이 미국 땅으로 확정된 것이다. 루스벨트 넉분에 미국에는, 어림잡아 로드아일랜드 징도의 땅이 더 생긴 셈이 되었다.[75]

'시진핑식 적용 원칙' 상상하기

에스파냐, 독일, 영국에 대한 승리로 자신감을 얻어 알래스카에서 베네수엘라까지 지배하게 된 루스벨트는 1904년의 연두교서 연설에서, 미국은 지정학적 이웃들의 평화와 안정에 책임이 있다고 선언했다. 루스벨트에 따르면, 미래에는 "문명사회의 유대를 약화시키는 결과를 가져오는 오랜 잘못이나 무력함은 결국, 다른 곳에서와 마찬가지로 미 대륙에서도 문명국의 개입을 필요로 하게 될 것이다. 미 대륙에서 그런 잘못이나 무력함이 명백한 경우, 먼로독트린을 고수하고 있는 미국이 부득불 국제경찰 노릇을 해야 될"[76] 터였다. 이런 결의는 먼로독트린의 루스벨트식 적용 원칙이라고 알려졌다.

남은 대통령 재임 기간 동안에 루스벨트는 그가 염두에 두고 있던 '잘못과 무력함'이 정확히 무엇을 말하는 것이었는지를 보여주었다. 그는 미국의 상업적 이해를 위협하는 불안정한 상황에 놓인 도미니카공화국, 온두라스

〈몬트리올 스타*Montreal Star*〉
(1903)의 정치 만화.
미국의 국장國章 흰머리수리를
파나마와 알래스카에 이어 새로운
먹잇감을 찾고 있는
비열한 포식자로 묘사하고 있다.

미국의 공격성. 미국 독수리
"어디 보자, 이제 또 뭘 잡아먹을까?"

그리고 쿠바에 미국 군대를 보내 개입했다. 용납하기 힘들다고 판단한 멕시코 정부를 전복시키려는 시도는 실패했지만, 그의 후임자인 윌리엄 하워드 태프트William Howard Taft는 미국에 기반을 둔 멕시코 혁명 세력이 멕시코 대통령 포르피리오 디아스Porfirio Diaz에 저항하는 무장 조직을 만들도록 부추기고, 그늘이 디아스를 축출하는 것을 도왔으며, 이어서 그들 역시 미국에 골칫거리가 되기 시작하자 쿠데타 세력을 지원하여 **그들을** 타도하게 했다. 루스벨트식 적용 원칙이 발표되고 난 뒤부터 30년 동안 미국의 해군이나 전함이 라틴아메리카의 일에 개입한 횟수는 스물한 차례였다. 미국의 이런 행태가 멈춘 것은 1930년대 중반 들어서였다. 프랭클린 루스벨트 대통령이 선린 외교정책을 내세워, 대통령 자신의 사촌(시어도어 루스벨트)과 전임 대통령들이 그토록 열렬하게 받아들였던 개입주의 태도를 거부하기에 이른 것이다.

시어도어 루스벨트는 대통령 자리에서 물러난 뒤에 한 친구에게 이렇게 말했다고 한다.

"피와 철의 정책이냐 우유와 물의 정책이냐, 둘 중 하나를 선택해야 한다면 나는 피와 철의 성책 쪽을 택할 걸세. 그게 우리나라를 위해서도 좋지만 결국에는 세계 전체에도 좋기 때문이네."[77]

그러나 루스벨트의 '문명 전파 사명'과 '경찰력'은 미 대륙의 많은 나라를 고통스럽게 했다.[78] 1913년에 아르헨티나의 정치 지도자 마누엘 우가르테 Manuel Ugarte는 대통령에 새로 당선된 우드로 윌슨Woodrow Wilson에게 솔직하게 말했다.

"라틴아메리카의 많은 나라들은 그간 미국의 저열한 본능이 제멋대로 활개를 치고 다닐 수 있는 허가 받은 사냥터였습니다. 정작 미국 내에서는 공적인 책임과 여론을 배반하는 행위가 되어 용납되지 않았던 것들을 이곳에서는 했지요. …… 그런 행동들 때문에 미국은 점점 우리한테 가장 인기 없는 나라가 되고 말았습니다."

이런 감정을 절묘하게 표현한 디아스의 탄식은 유명하다.

"가련한 멕시코! 신에게서는 너무 멀고 미국에는 너무 가깝구나."[79]

베이징이 이웃에 대한, 특히 남중국해와 동중국해에서 국경을 접한 나라들에 대한 태도가 전에 없이 단호해진 모습을 보면서 우리는 그저 루스벨트가 카리브해에서 했던 행동들의 메아리를 듣고 있을 수밖에 없는 것일까? 만약 지금 중국이 당시 미국의 절반 정도만이라도 요구하려 든다면 지금의 미국 지도자들은 과거에 영국이 그랬듯이 영리하게 적응하는 방법을 찾게 될까? 지금까지의 과정을 보면 시진핑과 루스벨트 사이에는 유사점보다는 차이점이 더 두드러진다. 그러나 미국이, 당시 영국이 받아들였던 운명을 용인할 준비를 하고 있다는 조짐은 별로 보이지 않는다. 투키디데스라면 지금까지의 흐름을 보고 나서 이렇게 말할 것 같다.

'안전벨트를 단단히 매시오. 이제부터가 시작이니까.'

6.

시진핑의 중국이
원하는 것

지금도, 다음 시대에도 사람들이 예찬하는 민족은 바로 우리 민족이 될 것입니다. 우리가 얼마나 강한지를 직접 목격한 사람들이 있기 때문입니다. …… 우리는 모든 바다와 육지를 우리의 대담한 의지를 실현하는 가도街道로 만들었고, 좋건 나쁘건 가는 곳마다 불멸의 기념비를 남겼습니다.
_투키디데스, 페리클레스에 대한 추도 연설, 기원전 431년

하늘은 위에, 땅은 아래에 있고, 하늘과 땅 사이에 있는 곳을 중국이라고 부른다. 다른 나라들은 변방에 위치해 있다. 다른 나라들은 바깥쪽에 속해 있고 중국은 안쪽에 속해 있다.
_스제世界, "중화中華에 관하여", 1040년

중국의 가장 큰 꿈은 중국이 멋지게 부활하는 것이다.
_시진핑, 2012년

시진핑 주석은 무엇을 원하는가? 한마디로 말하자면, '중국을 다시 위대하게 만드는 것'이다.

　세계 최고의 중국 관측통이 보기에 시진핑이 주석으로 선출되었던 날부터 중국의 이 일차적 야심은 분명했다. 리콴유는 시진핑에 대해서 잘 알고 있었고 중국의 무한한 열망이 과거의 위대함을 되찾겠다는 불굴의 투지를 동력으로 삼아 움직이고 있다는 사실을 이해하고 있었다. 대부분의 중

국 학자들에게, 시진핑과 그의 협력자들이 가까운 미래에 중국이 미국을 대체하여 세계 최강국이 될 수 있다고 진지하게 믿는지 한번 물어보라. 아마도 그들은 "일단 그건 복잡한 이야기이고요…… 그런데 다른 한편으로는……" 같은 말로 질문을 회피하려고 할 것이다. 2015년, 리콴유가 죽기 바로 얼마 전에 그를 만난 적이 있는데, 그에게 이 질문을 하니 그의 날카로운 눈매가 믿기 힘들다는 듯 커졌다. 마치 "지금 농담하는 거예요?"라고 묻는 듯했다. 그는 직설적으로 대답했다. "물론입니다. 그러지 않을 이유가 있을까요? 어떻게 그들이 아시아의 일인자가 되고, 종국에는 세계 최강국이 되기를 바라지 않을 수가 있겠습니까?"[1]

리콴유는 오래전부터 21세기가 "아시아에서의 패권 경쟁"의 시대가 될 것으로 내다보았다.[2] 2012년에 시진핑이 주석으로 당선되고 나자, 리콴유는 이 경쟁이 더 가속화될 것이라고 세상에 알렸다. 해외 관측통들 가운데 리콴유는 세상에 별로 알려지지 않았던 이 기술 관료에 관해서 처음으로 "이 사람을 주목하라"라고 말했던 사람이다.

사실, 반세기 동안 각 나라의 지도자들을 평가해온 리콴유가 유일하게 자신과 비교한 사람이 바로 중국의 이 새 주석이었다. 두 사람 모두 자신의 영혼에 깊은 상처를 남긴 시련을 딛고 지금의 자신이 된 사람들이었다. 1942년에 일본이 싱가포르를 침략했던 사건은 리콴유에게는 "전 세계가 무너진" 경험이었다. "나의 일생에 가장 큰 단 하나의 정치적 교육이었다"라고 그는 회상했다. 가장 중요한 것은 "3년 반이라는 시간 동안 나는 힘이 무엇을 의미하는지를 내 눈으로 직접 보았다"[3]는 사실이라고 리콴유는 덧붙였다. 이와 비슷하게, 시진핑 역시 마오가 주도했던 문화혁명의 광기 속에서 살아남기 위해 힘겨운 소년 시절을 보냈다. 당시의 경험을 떠올리며 그는

"권력을 겪어본 적이 별로 없는 사람들, 즉 권력에서 멀리 떨어져 있어온 사람들은 권력을 신비로운 것으로 여기는 경향이 있다"라고 말했다. 이와 반대로 그는 "피상적인 것들, 이를테면 꽃, 영광, 박수 따위에 의미를 두지 않는 법"을 배웠다. 대신, 그는 이렇게 말했다.

"저는 교도소와 인간관계의 변덕스러움에 주목합니다. 정치를 더 깊은 차원에서 이해하게 된 것이지요."[4]

시진핑은 격변하는 시대에 리콴유가 "강인한 영혼"이라고 부른 무기를 가지고 등장했다.[5] 지금까지 시진핑을 다른 나라의 지도자와 비교한 시도들이 많았지만 리콴유의 비교가 가장 특이했는데, 그는 시진핑을 "자신의 불운함이나 고통이 자신의 판단에 영향을 미치도록 허용하지 않는 엄청난 정서적 안정감을 지닌 인물"인 넬슨 만델라Nelson Mandela와 비슷하다고 했다.[6]

중국의 미래에 대한 시진핑의 비전 역시 강인한 의지가 투영되어 있었다. 그의 '차이나 드림'은 번영과 힘을 결합한 것으로, 미국의 세기에 대한 시어도어 루스벨트의 강력한 비전과 프랭클린 루스벨트의 역동적인 뉴딜정책에 맞먹는 비전이라 할 수 있다. 차이나 드림은 부유하고 강하고 존중받는 중국이 되기를 바라는, 10억 중국인의 강렬한 열망을 담아낸 것이다. 시진핑에게는 자신이 살아 있는 동안 중국이 경제 기적을 중단 없이 이루어나가고, 애국심을 불어넣고, 국제 문제에서 어떤 다른 세력에도 고개 숙이지 않는다면 이 세 가지를 전부 다 실현할 수 있다는 엄청난 자신감이 넘쳐흐른다. 이 놀라운 야망은 지금까지 중국을 관찰해온 다른 사람들에게는 회의적으로 보였지만, 리콴유와 나는 시진핑이 실패할 것이라고 생각하지 않았다. 리콴유가 말했듯이, "이 운명에 대한 새로운 자각은 압도적일 정도로 강한 힘을 가지고 있다".[7]

'중국을 다시 위대하게 만든다'는 말에는 이런 뜻이 들어 있다.

- 서양이 침범해오기 전에 중국이 아시아에서 누렸던 지배적인 영향력을 다시 회복한다.
- 본토의 신장과 티베트만이 아니라 홍콩과 타이완을 포함해서 '더 큰 중국' 영토에 대한 지배권을 다시 세운다.
- 국경을 따라 그리고 인접 바다에서 과거의 세력권을 회복하여, 주변국들로부터 강국들이 언제나 다른 나라들에게 요구해온 존대를 받는다.
- 각종 세계기구에서 다른 강국들에게 중국에 존중을 보이라고 명령한다.

이런 국가적 목표의 핵심에는 중국을 세계 문명의 중심으로 보는 신념이 들어 있다. 중국어로 중국中國이라는 단어는 '중화中華'라는 뜻을 담고 있다. 여기서 '중中'은 다른 경쟁 왕국들 사이에 있다는 뜻이 아니라 하늘과 땅 사이에 놓인 모든 것이라는 뜻이다. 리콴유가 그의 조언을 듣고자 했던 수백 명의 중국 관리들(덩샤오핑 이후의 모든 지도자들을 포함해서)이 공유하는 세계관을 요약한 바에 따르면, 그들은 "마치 각 지역의 가신들이 조공을 가지고 베이징을 찾았을 때처럼, 중국이 다른 나라들 위에 군림하고 다른 나라들은 자기네보다 우월한 나라에 탄원을 올리는 입장이라고 여기는 세계를 떠올린다".[8] 이 서사에서 서양이 부상한 최근의 역사는 역사에서 변칙적인 시기에 해당한다. 중국이 기술도 군사력도 약한 상황에서 지배적인 제국 세력들과 맞닥뜨리게 된 탓이었다. 시진핑은 인민들에게 더 이상은 그렇지 않을 것이라고 약속했다.

중국이 바라보는 세계

중국은 지구상에서 가장 오래 지속되어온 문명이라는 사실에 걸맞게 특이할 정도로 오래 묵은 역사 감각을 가지고 있다. 다른 어떤 나라에서도 현대의 지도자가 정책을 설명할 때 "1,000년 전 사건들로부터 전략적 원칙을 끌어오는" 경우는 없다.⁹ 모두의 예상을 깨고 대통령에 당선된 리처드 닉슨은 1969년에 하버드대학교 교수 헨리 키신저를 국가안보보좌관으로 임명했다. 키신저의 새 상관이 된 닉슨은 키신저에게 이제부터 중국에 문을 열 작정이라고 말했다. 지금까지 자신의 연구 주제는 아시아가 아니라 유럽사였기 때문에 집중 강좌가 필요하다는 사실을 깨달은 키신저는 자신의 하버드 동료이자 미국 내 현대 중국학 대학의 초대 학장인 존 킹 페어뱅크John King Fairbank로부터 주말 강의를 듣기 시작했다. 페어뱅크의 요약에 따르면, 중국 외교정책의 기본은 세 가지 핵심 원리로 구성되어 있었다. 즉, 주변 지역에 대한 '지배력'을 갖겠다는 요구, 이웃 국가들이 중국의 내재적 '우월함'을 인식하고 존중해야 한다는 주장 그리고 이웃 국가들과의 '조화로운 공존'을 지휘하기 위해서 이런 지배력과 우월함을 기꺼이 사용하겠다는 의지가 바로 그것이다.¹⁰

키신저는 페어뱅크로부터 "유교적 가르침에 깊숙이 깔려 있는 물리적 강제력에 대한 경멸"에 관해서 배웠다. 중국에서 "군대는 최후의 수단으로 사용되었다". 페어뱅크는 또, 중국의 국제질서 개념은 국내 통치를 그대로 반영한 것이라고 설명했다. 페어뱅크가 요약한 핵심은 이랬다.

"중국은 자국의 국제 관계를 국내에서 천명한 사회적, 정치적 질서와 같은 원칙을 외부에 표현하는 것으로 생각하는 경향이 있었다."

그 결과, "중국의 외교 관계는 자연히 위계와 불평등주의에 입각해서" 이루어졌다.[11] 모든 시민이 이견을 억누르고 중앙정부의 힘에 얌전히 머리를 숙이라고 요구했듯이, 중국은 다른 지역 세력들도 베이징 앞에서 엎드릴 것을 기대했다.

마지막으로, 페어뱅크는 중국 문명 깊숙이 자민족 중심주의와 문화적 우월주의가 깃들어 있어, 중국 문명이 모든 의미 있는 인간 활동 가운데 최정상에 있다고 본다고 가르쳐주었다.

"중국 황제는 전 세계의 정치 서열에서 맨 꼭대기에 있다고 상상하고 인식되어, 다른 나라의 우두머리들은 전부 다 이론상으로는 가신 취급을 받았다."[12]

이런 체계로 보면, 국제적 질서 또는 조화 역시 중국 내부의 유교적 사회 체계와 마찬가지로 위계 서열에서 나왔다. 개인뿐만 아니라 국가의 가장 기본적인 임무 역시 '자기 위치를 파악하라'는 유교적 계율을 지키는 것이었다. 따라서 외국 지배자들도 이마를 땅에 대고 머리를 조아리는 의식을 행하는 식으로 자신의 (낮은) 위치를 인정해야 했다. 사실 이런 관례는 실제 역사를 그대로 말해준다. 다시 말해 중국은 수천 년간 아시아에서 정치적, 경제적, 문화적 패권국의 지위를 독자적으로 고수해왔으며 주변에는 중국의 문화를 흡수하고 위대한 중국에 조공을 바치는 여러 나라들이 올망졸망 흩어져 있었다. 키신저가 배운 것은, 중국 지도자들에게는 이런 체계가 "세상의 자연적인 질서였다"는 점이다.[13]

그 문명의 구심적 성격을 생각해본다면, 중국이 전통적으로 외교정책을 통해서 추구한 것은 국제적 위계질서를 유지하는 일이지 군사적 정복 전쟁으로 국경을 확장하는 일이 아니었다. 키신저가 공직에서 물러난 뒤에 쓴 책에 나와 있듯이, 중국이 "자국의 지리적 영향권 내에서 우뚝 올라서야 한다는 그들의 생각이…… 반드시 이웃 민족들과의 적대적인 관계를 암시하는 것은 아니었다". 그리고 "미국처럼 중국도 자기 나라가 특별한 역할을 하는 나라라고 생각했지만, 자국의 가치를 전 세계에 퍼뜨린다는 미국의 보편주의 이념을 지지한 적은 한 번도 없었다". 대신, 중국은 "자국의 발치에 있는 오랑캐들을 통제하는 것으로 활동을 제한했고, 조선 같은 조공국 tributary state으로부터 중국의 특별한 지위를 인정받고자 했으며, 그 대가로 통상권 등 여러 가지 혜택을 주었다". 요컨대, 중국이 "팽창한 것은 문화적 삼투작용을 통해서였지 포교 활동에 수반되는 것과 같은 열정을 통해서가 아니었다".14

그런데 1,000년을 이어오던 중국의 지배가 19세기 전반에 갑자기 막을 내리게 되었다. 청 왕조가 산업화를 통한 제국주의 서유럽 세력들과 정면으로 마주하게 되었을 때였다. 다음 10년은 군사적 패배, 외국으로부터 영향을 받아 발발한 내전, 경제 식민화 그리고 처음에는 유럽 제국주의자들에 의해서, 나중에는 일본에 의해서 일어난 외세의 점령으로 얼룩졌다.

상당 기간, 중국 정부보다 외세가 더 큰 영향력을 행사했다. 1830년대에 영국 상인들이 중국인들에게 아편을 판매하는 것을 청 왕조가 금지하려고 했을 때, 런던은 1839년에 제1차 아편전쟁을 일으켜 신속하고 결정적인 승리를 거두는 방법으로 문제를 해결했다. 청이 평화를 청하자, 영국은 난징조약으로 홍콩에 대한 지배권을 넘겨받고, 국제무역을 위해 다섯 개의 항구를 개방하게 했으며, 영국 시민의 중국 내 면책특권을 얻어냈다.15 이어서 맺은 후먼조약虎門條約은 청 제국으로 하여금 영국을 중국과 동등한 나라로 인정하도록 강제했다. 그 후 13년이 지난 1856년에는 영국이 프랑스까지 합류한 제2차 아편전쟁을 일으켰다. 결국 1860년에는 베이징에 있던 황제의 여름궁전이 잿더미가 되고 말았다. 전쟁에 패한 중국은 외국 상인들이 자신들을 아편에 중독되게 만드는 것과 외국 선교사들이 자신들을 기독교로 개종시키려는 노력을 모두 합법화해야 했다.[16]

외국 군함은 중국에 있는 강을 마음대로 오르내릴 권리까지 얻어서 중국의 심장부 깊숙이까지 들어왔다. 포함砲艦이 양쯔강을 따라 중국 내륙을 향해 1,570킬로미터나 거슬러 올라간 적도 있었다.[17] 난징에서 태어나서 1991년부터 1995년까지 중국 주재 미국 대사를 지낸 노련한 외교관 스테이플턴 로이Stapleton Roy는 이렇게 회상한다.

"1854년부터 1941년까지 미국의 포함은 미국의 이익을 보호하기 위해서 중국 내륙까지 강을 따라 거슬러 올라갔다. 내전 중이던 1948년까지만 해도 미국의 구축함이 당시 중국의 수도까지 양쯔강을 따라 320여 킬로미터를 거슬러 올라온 탓에, 당시에 열세 살짜리 소년이었던 나는 난징에서 상하이로 피난을 가야 했다."[18]

군사력 증진을 통해서 중국의 주권을 지키려고 했던 청의 노력은 아무 성과를 얻지 못했다. 수백 년간 중국은 일본을 조공국으로 취급해왔다. 그러나 1894년에 근대화에 성공한 일본이 만주, 타이완 그리고 중국의 속국vassal state 조선을 공격하여 점령했다. 5년 뒤에, 의화단운동이라고 알려진 중국의 반란군이 '청을 다시 일으키고 외세를 배격한다'는 구호를 내걸고 외국인 공관을 공격했다. 여덟 개 나라로 구성된 제국주의 동맹 세력은 이를 빌미로 중국의 주요 도시를 침략하고 '약탈 축제'를 벌였다.[19] 미국 외교관 허버트 G. 스콰이어스Herbert G. Squiers는 훔친 미술품과 도자기로 기차 칸 몇 개를 채웠고, 그중 일부는 지금도 뉴욕 메트로폴리탄박물관에 보관되어

있다는 풍문이 돌아다닌다.[20]

쇠약해질 대로 쇠약해진 청나라 정부는 간신히 버텼으나, 1912년에 이르러 실각한 청 왕조는 결국 붕괴하고 나라는 혼란에 휩싸이게 되었다. 군벌은 서로 갈라져서 거의 40여 년간 더 지속될 내전 상태에 돌입했다. 1937년에는 중국의 국력이 약해진 틈을 노린 일본이 침략하여 중국 땅 곳곳을 점령했다. 일본은 무자비한 군사작전으로 2000만 명의 중국인을 죽음으로 내몰았다. 오늘날 중국의 고등학생들은 이 '굴욕의 세기'에 대해서 수치심을 느끼도록 배운다. 교훈은 분명하다.

'절대로 잊지 말자! 그리고 두 번 다시는 그런 일이 없게 하자!'

중국이 피해자로 남아 있는 상황이 마침내 종결된 것은 1949년에 마오쩌둥의 공산당이 내전에서 승리하고 나서였다. 예전의 거대한 제국은 폐허가 되고 말았지만, 영토는 마침내 다시 중국인들의 손에 들어왔다. 그리하여 마오는 자신 있게 선언할 수 있었다.

"드디어 중국인들이 두 발로 서게 되었다!"

대약진운동에 따른 굶주림과 문화혁명의 아수라장 그리고 끊임없는 숙청을 거치는 동안, 마오의 업적은 당이 중국을 제국주의적 외세의 지배로부터 구해냈다는 식으로 공산당 지도자들이 정당성을 주장하는 핵심 근거로 꾸준히 제시되었다. 지난 30여 년간 경제 발전을 위해서 정신없이 달려온 중국은 이제, 마침내 자신들이 세계에서 제 위치를 찾아가고 있다고 믿는다. 그러나 그처럼 최고의 지위를 회복하려면, 시진핑이 문화혁명의 혹독한 시간을 견뎌냈듯이, 단지 부유하기만 한 것이 아니라 더 강해져야 한다.

시진핑은 누구인가?

　시진핑은 혁명 원로의 자제와 친인척으로 구성된 태자당의 일원으로 태어났다. 아버지 시중쉰이 혁명전쟁에서 마오와 함께 싸웠으며, 그로부터 신뢰를 받아 국무원 부총리까지 역임한 사람이었기 때문이다. 운명적으로 베이징의 '지도자들의 요람'에서 자란 그는 1962년, 아홉 살 생일이 막 지난 때에 편집광적인 마오의 손에 아버지가 체포당하는 날벼락 같은 일을 겪게되었다. 이후에 그의 아버지는 온갖 굴욕을 겪다가 결국 문화혁명의 기간동안에는 감옥에 수감되었다. 그가 '디스토피아' 기간이라고 부른 세월 동안, 홍위병들은 지속적으로 그로 하여금 자신의 아버지를 맹렬히 비난하도록 강제했다. 학교가 아예 문을 닫았던 동안에는 거리에서 직접 맞부딪쳐 싸우면서 스스로를 지키고, 문 닫힌 도서관에서 책을 훔쳐서 혼자 공부하는 나날을 보냈다.[21] 마오의 명령으로 '재교육'을 받기 위해 시골로 보내진 시진핑은 산시성에 있는 옌안의 한 시골 마을 동굴에서 분변을 푸고 사사건건 이래라 저래라 지시를 해대는 농부 감독관의 감시 아래 살게 되었다. 궁핍과 학대에 시달리던 이복누나 시허핑은 샤워기에 목을 매달아 자살했다.

　시진핑은 자살 대신 정글과도 같은 현실을 적극적으로 받아들이는 쪽을 택했다. 그는 "다시 태어났다"는 표현을 썼다. 그의 오랜 친구 중 하나는 미국 외교관에게 이렇게 말했다. 그는 "붉은색보다 더 붉게 되어서 살아남기로 했다". 그리고 다시 꼭대기로 돌아가기 위해서 할 수 있는 일이라면 무슨 일이든지 다 했다.[22] 단순하게 말해, 고집을 빼면 남는 게 없는 사람이었다. 14억 인민과 8900만 당원을 가진 공산당의 지도자인 그에게는 사실, 아홉 번이나 당원 가입을 거부당한 전력이 있었다. 그는 열 번째 시도에서야 비로소 당원으로 받아들여졌다.

그는 아버지의 옛 친구의 도움으로 베이징으로 돌아가서 명문인 칭화대학교에 다닐 수 있었다. 대학 졸업 후에는 중앙군사위원회에서 말단 사무직원으로 일했다. 얼마 후에는 진급을 위해서 지방으로 돌아갔다. 시진핑의 전기 작가 케리 브라운Kerry Brown이 "힘들고 따분한 정치 훈련"이라고 부른 것을 위해서 지방 관리직을 맡았기 때문이다.[23] 하지만 그곳에서 그는 꾸준히 승진을 거듭해서 1997년에는 (가까스로) 당 중앙위원회의 위원이 되었다 (투표로 150명을 뽑았는데, 그의 득표수는 151번째였다. 그가 위원으로 포함된 것은 당 주석이었던 장쩌민江澤民이 예외적으로 위원을 151명으로 늘리기로 결정한 덕분이었다).[24] 2002년에 저장성 당위원회 서기로 파견되었던 당시에 그는 엄청난 경제성장 과정을 지휘해, 재임 4년 동안 수출이 연간 33퍼센트 증가했다.[25] 그는 또, 지방의 전도유망한 기업가들을 알아보고 후원하는 데 능력을 발휘했는데, 그중에는 지금 아마존과 경쟁할 정도로 세계적인 기업이 된 알리바바의 창립자인 잭 마Jack Ma(마윈馬雲)도 있었다.

시진핑은 행정가로서의 능력을 보여주는 동안에 사람들의 눈에 띄지 않기 위해서 처신에 각별히 신경을 썼다. 동료들 사이에서는 부를 내놓고 과시하는 경우가 흔했지만 그는 그러지 않았다. 2005년에, 향후 당 지도자가 될 만한 인물들의 이름이 사람들 입에 오르내리기 시작했을 때 시진핑의 이름은 어디에도 없었다. 그러던 중, 2007년에 정도가 매우 심각한 부패 스캔들이 상하이를 휩쓸었다. 중국 서기 후진타오胡錦濤와 중앙정치국 상무위원회 위원들은 신속하고 단호하게 행동해야 할 필요가 있음을 절박하게 느꼈다. 시진핑이 강직하고 규율에 엄격한 인물이라는 평판을 들어 알고 있던 그들은 불을 꺼줄 적임자로 그를 선택했다. 실제로 그는 동료들의 경탄을 자아낼 정도로 단호하게 그리고 능숙하게 그 일을 해냈다. 2007년 여름에는 그의 이름이 당 내에서 차세대 지도자가 될 가능성이 많은, 가장 유능한 인물 명단에서 맨 위에 올랐다.

2007년 10월에 중앙위원회와 그 대체 기구를 구성하는 서열 400위까지의 당 지도자들이 다음 5년 동안 나라를 이끌어갈 아홉 명의 상무위원*을 뽑기 위해서 모였을 때 그는 보상을 받았다. 그는 상무위원만이 아니라 후진타오 주석의 명백한 후계자로 부상했다. 그의 야심을 누구도 짐작하지 못했듯이, 그는 당 내부의 사다리를 오를 때마다 계속해서 열심히 머리를 숙여온 끝에 당시에 가장 총애 받고 있던 리커창李克强을 가까스로 이겨 그를 서열 2위로 밀어냈다. 언론이 처음으로 그가 후진타오의 후계자가 될 것 같다고 알렸을 때, 그가 당 상층부 바깥에서는 얼마나 알려지지 않은 인물이었던지, "시진핑이 누구지?" 하고 물으면 "펑리위안彭麗媛 남편이야" 하고 대답한다는 농담이 널리 회자될 정도였다. 펑리위안은 그와 결혼한 유명한 포크가수다.26

1976년에 마오가 사망하고 나서 당은 독재자가 될 가능성이 있는 인물이 권력을 잡는 일을 막기 위해서 온갖 노력을 다했다. 선택 기준은 실력만이 아니라 기질도 중시하여, 공정하고 안전하고 가급적이면 카리스마적인 기질이 널한 사람을 찾았다. 지도자는 당에서 만장일치로 정치적 결정을 내리는 아홉 명의 당 원로 기술관료 집단의 일원일 뿐이었다. 전통적으로 중앙정치국 상무위원들은 일종의 도플갱어들이다. 공식 사진 속에서 똑같은 양복과 셔츠를 입고 똑같은 타이를 매고 있어서 외국 상대들은 그들을 서로

---

* 시진핑은 나중에 상무위원을 아홉 명에서 일곱 명으로 줄였다.

구분하기가 어려울 때가 많다. 후진타오는 이런 틀에 너무도 잘 들어맞는 사람이어서 사람들 앞에서 이야기를 할 때면 사안을 적어둔 쪽지를 보고 읽는 경우가 많았으며, 심지어 일대일 만남에서도 가끔씩 이렇게 했다. 시진핑 역시 이런 구성원의 일원이자 집단 지도 체제를 대표하는 온화한 대변인쯤으로 여겨졌다.

그들은 무엇을 잘 모르고 있었다. 주석 자리를 맡고 2년이 다 되어갈 무렵, 시진핑은 종종 '모든 분야의 장툱'이라고 불릴 정도로 확실하게 권력을 자기 손에 집중시켰다. 동료들의 협조를 얻으려고 이들을 같이 끌고 나아가는 전략을 취했던 전임 지도자들과 달리, 그는 다른 인물들을 완전히 옆으로 제쳐두고 혼자서 걸어왔으므로 그에게는 2인자나 명백한 계승자가 없다. 명목상으로는 국무원 부총리인 리커창이 경제개혁을 이끄는 것으로 되어 있었지만, 사실 모든 핵심 사안에 대한 의사결정은 새로 만든 '중앙재경영도소조中央財經領導小組'라는 경제정책 결정기구 소관으로 넘어갔다. 이 집단의 수장은 시진핑이 신뢰하는 동료 류허劉鶴로, 그는 모든 사안을 시 주석에게 직접 보고하고 있다. 시진핑은 매우 두드러진 반부패 활동을 능수능란하게 지휘하여, 기존에 절대적인 특권과 권력을 누렸다고 여겨지던 강력한 경쟁자 수십 명을 숙청했다. 그중에는 중국의 국내 공안부 부장이었던 저우융캉周永康도 포함되었는데, 그는 부패 혐의로 기소된 첫 상무위원이었다. 시진핑은 권력을 강화하기 위해서 새 국가안보위원회 의장, 마오조차 맡지 않았던 직책인 군 총사령관 등 열두 개가 넘는 직책을 스스로 맡았다. 그리고 중국의 '핵심 지도자'를 자임했다. 이것은 자신이 국가의 중심이라는 생각을 상징한 용어로, 후진타오에 의해 소멸되었던 말이다. 이 책의 논지와 관련해서 가장 중요한 것은, 시진핑이 전통적으로 지켜져왔던 임

기 한도를 거슬러 2022년 이후까지 권좌에 머무를 준비를 하고 있는 것처럼 보인다는 사실이다.[27]

차이나 드림의 실현

시진핑의 정치 멘토인 싱가포르의 리콴유에 따르면, 한 나라의 지도자는 "국민에게 그들의 미래에 관한 비전을 그려 보여주고, 그 비전을 사람들이 지지할 만하다고 여기도록 설득할 수 있는 정책으로 바꾸어내며, 정책을 실시할 때 사람들이 이를 돕도록 분위기를 조성해야 한다".[28] 대담한 차이나 드림의 비전을 그려 보인 시진핑은 대대적으로 지지자들을 동원하여 다음 네 가지 전선에서 엄청나게 야심 찬 실천 의제를 밀어붙이고 있다.

- 당이 활력을 되찾고 부패를 척결하고 오직 사명에만 충실하며, 중국 인민들에게서 잃어버린 권위를 되찾도록 만든다.
- 중국인임을 자랑스럽게 여기도록 중국의 민족주의와 애국주의를 부활시킨다.
- 3차 경제 혁명을 꾀한다.* 역사적으로 가능했던 적이 없는 성장률을 유지하자면 고통스러운 정치 구조 개혁이 뒤따를 것이라는 사실을 시진

---

* 중국은 덩샤오핑 시대의 첫 번째 경제 혁명을 기점으로, 처음으로 시장을 향한 행진을 시작하여 1978년에 경제특구가 만들어지고 사유화의 첫 단계가 이루어졌다. 2차로 추진된 개혁 가속화와 해외시장 개방은 장쩌민의 주도로 이루어졌다. 그는 수십 년간 이어질 초고속 성장의 기반을 조성했다.

평은 알고 있다.

- 중국의 군대가 시진핑의 말대로 '싸워서 이길' 수 있도록 군대를 다시 조직하여 재건한다.

지도자로서 10년 동안 이 계획들 중에 하나만 실행한다고 하더라도 충분히 벅찬 일일 것이다. 하지만 시진핑과 그의 팀은 이 네 가지가 서로 밀접하게 연관되어 있다고 보고 이를 모두 한꺼번에 다루기로 했다. 친중 자문 인사들을 포함한 서방의 대화 상대자 다수가 이런 계획은 중국에 과도한 부담이 될 수도 있다고 경고했다. 사실, 많은 주요 학자들이 시진핑이 2017년 가을에 첫 임기가 만료될 때까지 해내지 못할 것이라고 관측했다. 그러나 시진핑은 중국 학자 앤드루 네이선Andrew Nathan이 "나폴레옹을 떠올리는 자신감"으로 묘사한 자신감이 흘러넘친다.[29] 전 오스트레일리아 총리 케빈 러드(두 사람 모두 하급 관직에 있을 때였던 1980년대부터 시진핑을 알아온 사람이다)가 말했듯이, 시진핑은 "깊은 정치적 사명감과 나라를 위한 분명한 정치적 비전"을 갖고 있으며, "성격이 매우 급한 사람"이다.[30]

중국 관리들은 자신들이 직면한 장애물에 대해서 날카롭게 파악하고 있다. 예컨대, 시진핑의 핵심 경제보좌관이자 그가 하버드 케네디스쿨에 다니던 시절부터 20여 년간 나와 알고 지냈던 류허는 수많은 문제 가운데 25개 이상의 쟁점을 뽑아둔 목록을 가지고 있다. 인구 구성의 변화 가능성(나라가 부유해지기 전에 노령화가 먼저 진행될까?), 혁신을 육성하는 데 따른 난관들, 비효율적인 국가 소유 기업의 규모를 줄이면서도 사회적 안정성을 유지하는 일 그리고 환경을 완전히 망가뜨리지 않으면서 에너지 수요를 감당하는 일 등이 그 목록에 포함된다. 류허는 어떤 문제든지 내가 글로 접한 어떤 서양 관측통들보다도 더 깊은 통찰력과 더 미묘한 차이를 선별해내는 능력을 가지고 분석해왔다. 시진핑과 당은 위험을 충분히 인식하는 가운데 서도 모든 전선의 목표치를 꾸준히 배로 늘려왔다.

나는 류허와 긴 대화를 나눈 적이 있는데, 그는 이런 자신감의 기원을 2008년에 월가에서 촉발된 세계 금융 위기에서 찾았다.[31] 으스대는 기색 없이 그는 이 도전에 대한 중국의 대처 과정을 쭉 정리해서 이야기했다. 세 계의 경제 대국들 가운데 중국만이 마이너스 성장으로 떨어지지 않고 위기 와 잇따른 대침체 시기를 무사히 넘겼다.[32] 그들이 중국의 금융시장을 개방 하라는 '워싱턴 컨센서스'(냉전 시대 붕괴 이후 미국과 국제금융자본이 개발도상 국들에게 미국식 시장경제체제를 확산시키자고 한 합의를 말함-옮긴이)를 거부했 기 때문에 2008년에 위기가 닥쳤을 때 중국 지도자들에게는 사용할 수 있 는 방법이 더 많았고 그들은 그 방법들을 사용한 것이다. 오바마 행정부와 마찬가지로, 2009년에 중국 정부 역시 전례 없는 금액인 5860억 달러를 경 기부양 예산으로 내놓았다. 그 결과, 중국인들은 지금 주요 도시들을 더 짧 은 시간에 기차로 오갈 수 있게 되었다. 그런데 미국은 9830억 달러를 투입 해서 대체 뭘 얻은 것이냐고 그들은 묻는다.[33]

나머지 중국 지도자들과 시민들에게 차이나 드림이 단지 수사적인 표현 민은 아니라고 설득하기 위해서, 시진핑은 정치적 생존을 위한 기본 규칙 하나를 어겼다. 바로, 절대로 구체적인 목표와 목표 달성 시점을 한 문장으 로 말하지 말라는 규칙이다. 2012년에 중국의 지도자가 되고 나서 한 달 만에 시진핑은 두 가지 대담한 목표와 각 목표의 구체적인 실현 기한을 발 표했다. 차이나 드림을 실현하기 위해서 그는 '두 가지 100주년 목표'를 달 성하겠다고 했다. 우선, 중국공산당이 100주년을 맞이하는 2021년까지 '적당히 번영하는 사회'를 만들 것이고(1인당 GDP를 2010년의 두 배인 1만 달러로 올려서) 두 번째로, 인민공화국 수립 100주년을 맞는 2049년까지 중국을 '현대적이고 부유하고 강력한 진짜 선진국'으로 만들겠다는 이야기다.* 이때 시진핑의 두 가지 100주년 목표는 MER로 측정된다. 그런데 PPP로 측정할 경우, 첫 번째 목표는 이미 달성되었다.

10년으로 예정된 그의 주석 재임 기간 9년차가 되면, 부지불식간에 첫 번째 기한이 닥쳐올 것이다. 만약 중국이 그 목표를 달성한다면, 중국의 경제 규모는 (PPP로 측정했을 때) 미국보다 40퍼센트 더 커질 것이라고 IMF는 예측한다.[34] 만약 중국이 2049년까지 두 번째 목표를 달성한다면, 중국의 경제는 미국 경제의 세 배가 될 것이다. 더욱이 시진핑의 계획에 따르면, 경제적 우월함은 차이나 드림의 하부구조에 불과하다. 미국의 사업가 로버트 로런스 쿤Robert Lawrence Kuhn은 시진핑의 핵심 인사들과 정기적으로 접촉하는 몇 안 되는 서양 사람에 속한다. 쿤에 따르면, 시진핑 팀이 자기네들끼리 이야기할 때, 최고가 된다는 것은 경제뿐만 아니라 국방, 과학, 기술 그리고 문화 면에서도 최고가 된다는 뜻임을 강조한다고 한다.[35] 따라서 중국을 다시 위대하게 만드는 일은 단순히 중국을 부유하게만 만드는 문제가 아닌 것이다. 시진핑의 바람은 중국을 강하고 자랑스러운 나라로 만들고, 당이 모든 사업의 일차 동력이 되어 다시 한 번 인민들을 제대로 선도하는 역할을 하게 만드는 일이다.

---

* 중국 관리들의 말과 그들이 작성하는 공문서에는 경제를 측정하는 잣대가 고의적으로 혼란스럽게 되어 있다는 점을 지적하고 넘어가는 게 좋겠다. 중국 경제 규모를 공적으로 측정할 때 공무원들은 GDP 측정에 거의 언제나 PPP가 아니라 시장 환율MER을 사용한다. 경제 규모를 더 작게 그리고 덜 위협적으로 보이게 하기 위해서다. 뒤에 돌아서서 자기네들끼리 중국과 미국을 비교할 때는 PPP를 사용한다. (1장에서 논의한 내용을 보라.)

시진핑의 악몽

시진핑이 악몽을 꿀 때 등장하는 유령은 미하일 고르바초프Mikhail Gorbachov다. 권력을 잡고 나서 얼마 지나지 않아 그는 가까운 동료들에게 수사적인 질문을 던졌다.

"소련은 왜 무너졌을까요?"

그는 그들에게 끊임없이 상기시킨다. "이 사건은 우리에게 매우 중요한 교훈을 주기" 때문이다. 신중하게 분석을 해본 시진핑은 고르바초프가 치명적인 실수를 저질렀다고 결론지었다. 그는 자기 나라의 경제를 개혁하기 전에 사회에 대한 정치적 통제력을 먼저 완화했다. 그와 그의 전임자들은 공산당이 부패하도록 그래서 궁극적으로는 허울만 남은 상태가 되도록 방치했다. 또, 소련 군대를 "국가에 속한 것으로 만든" 것도 잘못이었다. 군 사령관들이 당과 그 지도자가 아니라 국가에 충성을 맹세하도록 만들었기 때문이다. 그 결과, "당은 무장해제 상태가 되었다". 적들이 체제를 전복하려고 나섰을 때, 시진핑의 표현에 따르면, "일어나서 맞서 싸울 만한 사람"이 아무도 남지 않게 된 것이다.[36]

시진핑은 1989년의 톈안먼 광장 사건 이후에 중국공산당이 고르바초프가 샀던 길과 위험할 정도로 가까운 길을 걸어왔음을 볼 수 있었다. 특히 시대의 주문이 '부자가 되는 것은 영광스러운 일'임이 선언되고 나서는, 부를 거머쥘 수 있을 만한 권력을 가진 사람이라면 거의 모두가 부자가 되었다. 공산당 간부, 정부 관리, 군 장교 다수가 여기에 포함되었다. 이 부가 과시적 사치 행위로 드러나게 되자, 시민들은 당의 도덕적 중심과 충실한 사명감에 정당한 의문을 제기하게 되었다. 시진핑이 당직자들에게 경고했듯이, "이상을 향한 신념이 흔들리는 것은 가장 위험한 징후다. 정당의 몰락은 이상을 향한 신념이 실종되거나 부족할 때 시작되는 경우가 많다".[37] 이런 사태는 또, 국민의 자신감과 신뢰마저 약화시킨다.

시진핑은 최고지도자의 신뢰성은 궁극적으로, 군인으로 하여금 자신의 동료 시민을 쏘게 만들 수 있는 명령 체계를 가지고 있는지 여부에 달려 있음을 알고 있다. 고르바초프의 운명에 대해서 토론하면서 그와 리콴유는 같은 결론에 도달했다. 리는 이렇게 표현했다.

"고르바초프가 모스크바에서 대중을 앞에 두고 KGB(구소련의 비밀경찰 및 첩보 조직)를 두려워하지 말라고 말했던 날 깊은 한숨이 절로 나오더군요. 그는 화약고 위에 설치된 테러 기계 위에 앉아서 사람들에게 두려워하지 말라는 말을 하고 있었던 겁니다."

리는 향후 전개된 결과에 놀라지 않았다. "그는 수영하는 법도 모른 채 깊은 물속으로 뛰어든 셈"이기 때문이다. 그리고 이렇게 덧붙였다. 유용한 척도가 하나 있는데, "사랑을 받느냐, 아니면 두려운 존재가 되느냐 하는 갈림길에서 나는 늘 마키아벨리가 옳다고 믿어왔습니다. 나를 두려워하는 사람이 아무도 없다면 나는 그저 아무 의미 없는 존재인 것입니다".[38]

시진핑의 차이나 드림을 실현하기 위해서 첫 번째로 중요한 것은 강한 당이 중국의 선도자이자 보호자 역할을 하도록 정당화하는 일이다. 시진핑은 주석 자리에 오르자마자 중앙정치국 동료들에게 "대중의 지지를 얻느냐 잃느냐는 공산당이 살아남느냐 소멸하느냐의 문제입니다"라고 말했다. 그리고 그들에게 직설적으로 경고했다.

"부패는 당을 죽일 수 있습니다."

그는 공자孔子의 말을 인용하여 "덕으로 다스리고 벌로써 질서를 유지"하겠다고 맹세했다.[39] 말뿐인 위협이 아니었다. 시진핑은 전례 없는 규모와 강도의 반부패 운동을 시작했다. 칼자루는 그와 가장 가까운 동료인 왕치산王岐山에게 맡겼다. 왕치산의 주도로, 믿을 만한 인물들에게 중앙기율검사위원회에 마련된 열여덟 개 분과의 검사위원직을 맡기고 이들이 모두 시진핑에게 직접 보고하게 했다. 2012년 이후에 90만 명의 당원이 징계를 받고 4만 2,000명이 당원 자격을 박탈당하고 범죄 혐의로 기소 당했다. 그중에는 170명의 고위 간부들도 있었는데, 군 고위층 수십 명, 150명으로 구성된 공산당 중앙위원회의 전, 현직 위원들 그리고 전직 상무위원들까지 포함되었다.[40] 이 운동을 벌이는 과정에서 시진핑과 그의 핵심 측근들은 법의 지배를 강화시키는 쪽으로 반부패를 공식화하는 전략도 개발했다.

'사상의 개방'을 꾀했던 고르바초프의 '글라스노스트'와 달리, 시진핑은 이데올로기에 순응할 것을 요구하면서 정치적 담론에 대한 통제를 강화했다. 그는 미디어가 정당에 도움이 되는 부분을 적극적으로 홍보해야 한다고 주장했다. 실제로 그는 조지 오웰George Orwell의 《1984》를 연상시키는, '사회적 신뢰도'를 측정한 거대한 데이터베이스를 이용해 모든 시민의 재정, 사회, 디지털상의 행위를 추적할 수 있는 견본 시스템(프로토타입)을 만들기도 했다.[41] 동시에, 시진핑은 당 중심주의를 강화하는 쪽으로 통치 방식을 바꾸었다. 덩샤오핑은 당과 정부를 분리하고 당에 대해서 관료의 힘을 강화하려고 한 바 있다. 시진핑은 그 생각을 완전히 거부하고, 사실상 이렇게 주장하고 나섰다.

"바보야, 중요한 건 당이야."

시진핑이 권력을 잡자마자 〈인민일보人民日報〉의 사설란은 그의 입장을 확고히 전했다.

"중국이 제대로 굴러가서 차이나 드림을 실현하게 만드는 핵심 열쇠는 당에 있다."[42]

다시 자랑스러운 중국을 만들기 위하여

시진핑은 당이 깨끗한 것만으로는 충분치 않다는 사실을 알고 있다. 덩샤오핑의 시장 개혁이 1989년 이후의 급속한 경제성장의 문을 열어젖힌 것은 사실이지만, 당은 여전히 그 '존재 이유'를 만들어내는 데 어려움을 겪고 있었다. 중국 인민들이 당이 자신들을 지배하도록 허용해야 하는 이유가 뭐란 말인가? 당의 대답은 시진핑의 차이나 드림에서 두 번째로 중요한 목표다. 바로, 10억 중국인들이 자랑스럽게 받아들일 새로운 국가 정체성을 마련하는 역할을 한다는 것이다. 열렬한 공산주의자였던 마오와 그의 동료들은 중국인의 정체성을 세계적 차원의 (그리고 서양의 것임이 분명한) 이데올로기에 종속시켰다. 그러나 많은 중국인들에게 '새로운 사회주의적 인간'이라는 마르크스주의적 관념은 늘 어색하게 느껴졌다. 그런데 이제 민족주의가 훨씬 더 효과적이고, 오랫동안 영향력을 발휘해온 토착적인 개념임이 입증된 것이다.[43]

시진핑은 당을 제국의 신하들이 21세기식으로 계승한 집단으로, 역사로부터 부여받은 통치 권한을 가지고 자랑스러운 문명을 지키는 수호자로 재창조해내고 있다.

"7,000년 전에 중국은 다른 나라들과는 다른 길을 밟았습니다."

시진핑은 말한다.

"우리가 '중국식 사회주의'를 시작한 것은 우연한 일이 아닙니다. 그것은 우리나라의 역사적 유산으로 결정되었던 것입니다."[44]

중국 학자 마크 엘리엇Mark Eliot은 "제국에서 공화국으로 바로 그어진 분명한 선"에 주목했다. "인민공화국은 청 왕조를 이어받은 나라가 된 것이다. …… 그리고 정당성을 내세우기 위해서 이 등식에 의존하는 경향이 갈수록 점점 더 뚜렷해지고 있다."[45]

시진핑은 중국 고전 사상의 부흥을 주도했다. 그는 전국의 관리들에게 공자를 비롯하여 "민족적 자신감"을 고취시키는 중국 철학자들의 "빼어난 통찰"을 배울 수 있도록 강의를 들으라고 명령하는 한편, "중국공산당은 이런 훌륭한 중국 전통 문화를 계승한 조직"이라고 선언했다.[46] 로마제국의 영광이 이탈리아의 르네상스 시기에 영감의 원천이 되어주었듯이, 청 왕조의 몰락 이전 시대는 '황금시대盛世'였다는 기억을 전제로, 이제 그 시대의 영광이 현대 중국이 가지려고 하는 자신감의 원천이 된 것이다. 매우 회고적인 단어인 '부흥rejuvenation, 復興'은 시진핑의 차이나 드림에 핵심적으로 쓰이는 단어로, '르네상스'로도 번역할 수 있다.

다른 한편, '물망국치勿忘國恥', 즉 '절대로 나라의 치욕을 잊지 말자'라는 문구는 희생자 의식에 기초한 애국주의를 고취시키고 치욕을 되갚아주어야 한다는 생각이 스며들어가 있는 주문이 되었다. 제프 다이어Geoff Dyer가 설명했듯이, "공산당은 마르크스를 버리고 시장을 택한 이후로 천천히 정당성에 위협을 받게 되었다". 따라서 당은 일본과 서양의 손에 굴욕 당했던 과거를 떠올리는 방법으로 "뿔뿔이 흩어져 있던 사람들의 결속감을 만들어내고, 현대 미국과 극도로 다른 중국만의 정체성을 규정했다".[47]

많은 서양 사상가들이 시장민주주의의 명백한 승리로 '역사의 종언'을 축하하고 있었던 1990년대에는 관측통들 다수가 중국 역시 예외 없이 민주국가의 길로 들어서리라고 믿었다. 그러나 지금 중국인들 가운데, 정치적 자유가 중국의 국제적 위상이나 국가의 자존심을 되찾는 일보다 더 중요하다고 말하는 사람은 별로 없다. 리관유는 이 점을 날카롭게 지적했다.

"중국에 민주주의 혁명 같은 사건이 일어나리라고 믿는다면 잘못 생각하고 있는 것이다. 톈안먼 정신을 이어받은 사람이 지금 어디에 있는가?"

그는 도발적인 질문으로 허를 찌른 뒤에 직설적으로 답했다.

"그들은 얼토당토않은 짓을 했다. 중국 인민들은 중국이 되살아나기를 원했다."[48]

시진핑이 옛 중국의 위대함을 되찾겠다는 약속을 제대로 이행할 수 있는 한, 당의 미래는 (그리고 시진핑 자신의 미래 역시) 보장될 것 같다.

지속 불가능한 것을 지속하기

시진핑은 당의 전면적인 지배에 대한 중국 인민들의 지지가 여전히, 다른 어떤 나라도 이루어본 적이 없는 경제성장 수준을 이어갈 수 있는 능력에 주로 달려 있다는 사실을 알고 있다. 그러나 중국이 놀라운 경제적 성취를 계속해서 이어가려면 독특한 줄타기도 계속하지 않으면 안 될 것이다. 시진핑이 구체적으로 약속한, 2021년까지 연 6.5퍼센트 성장이라는 목표를 달성하려면 '지속 불가능한 것을 지속하기'로 표현되곤 하는 것을 해내야 한다.

중국이 앞으로 오랫동안 같은 속도로 성장을 지속하기 위해서 해야 하는 일은 대체로 의견이 모아져 있다. 핵심 요소는 중국이 가장 최근에 발표한 경제개발 5개년 계획에 들어 있다. 여기에는 이를테면, 국내 소비 중심 수요로의 전환 가속화, 비효율적인 국가 소유의 기업에 대해서 구조 조정을 단행하든지 아니면 문을 닫든지 하는 것, 혁신을 위해서 과학과 기술의 기초 강화하기, 중국의 기업 정신 증진 그리고 감당하기 힘든 수준의 채무는 지지 않기 등이 포함된다.

발전 단계에서 현재의 위치를 객관적으로 가늠하자면, 중국이 세계에서 경제가 가장 발전된 나라들의 생활수준을 따라잡으려면 훨씬 더 오랫동안 고도성장을 이어갈 필요가 있다. 중국의 1인당 소득은 여전히 한국이나 에스파냐의 3분의 1, 싱가포르나 미국의 5분의 1 이하다. 물론 기초 상품 제조업에서 고부가가치 상품과 서비스산업으로 점진적으로 옮겨가면서 소득도 늘어날 것이다. 그러나 시진핑은, 많은 개발도상국이 임금 상승으로 인해 제조업에서 누리는 경쟁력을 잃게 되면서 빠지게 된 중진국의 함정을 경계하고 있다. 이것은 그가 '공급 중심의 개혁'이라고 부르는 정책을 추진하게 된 동력이 되었다. 공급 중심의 개혁은 중국의 수출 중심 경제를 국내 소비와 서비스 중심으로 재조정하는 것을 목표로 삼는다. 실제로 중국의 서비스산업은 2015년에 8퍼센트 성장을 기록하여, 처음으로 GDP의 50퍼센트를 넘겼다.[49]

국영기업의 비효율성을 줄이기 위해서 베이징은 "좀비 기업에는 가차 없이 칼을 댈 것"이라고 약속했다. 사실상 파산한 것이나 다름없는데도 문을 닫지 않고 있는 이들 부실기업을 정리하는 과정에서 일자리 400만 개가 사라질 것이었다.[50] 다른 한편, '메이드 인 차이나 2025' 계획을 실현하려면 중국 상품은 품질과 기술적인 정교함을 더 높여나가야 한다.

시진핑은 21세기 중반까지 중국이 과학, 기술, 혁신에서 세계를 이끌어나가는 위치에 서겠다고 단단히 결심했다. 그는 R&D 지출을 늘리고, 기술 분야 스타트업의 초기 과정을 지원하고, '로봇 혁명'을 촉구했다(2016년에 중국은 로봇을 다른 어떤 나라보다도 더 많이 이용했다).[51] 그는 정부 권력이 집중되어 있는 중국의 시스템이 "주요 사업을 추진할 때 자원을 하나로 끌어 모을 수 있"기 때문에, 서양의 경쟁국들에 비해서 본질적으로 유리하다고 믿는다.[52] 최근 몇 년간 미국이 보여준 모습과는 달리, 중국은 오늘날 고속기차, 태양에너지, 슈퍼컴퓨터 등 여러 분야에서 선두에 서게 된 데서 보여주었듯이, 필요하다면 10년이나 그 이상의 기간 동안에도 전념해서 자원 투입을 할 수 있다.

시진핑은 일부 전문가들에 의해서, 날마다 4,000명의 중국인을 죽이는 것으로 계산된 걷잡을 수 없는 환경오염과 씨름하면서 살기 좋은 환경을 회복하는 데에도 똑같이 노력을 쏟고 있다.[53] 베이징의 스모그는 어떤 계절에는 너무 심해서, 올림픽이나 G-20 회의 같은 행사 전에는 정부가 나서서 석탄 발전소나 공장의 문을 닫도록 조처를 취해야만 했다. 일부 강은 산업 폐기물로 얼마나 포화 상태가 되었던지 원저우溫州에 있는 강은 2014년에 말 그대로 불이 붙을 정도였다. 세계은행의 추산에 따르면, 중국이 점점 더 살기 나쁜 환경이 되어가면서 연간 GDP의 몇 퍼센트에 해당하는 비용이 든다고 한다.[54] 이런 흐름을 바꾸기 위해서 중국은 천연자원보호협회NRDC가 '깨끗한 나라 만들기 5개년 계획'이라고 부른 계획을 가동하기 시작했다. 계획의 서른세 가지 목표 중에 열여섯 개가 환경과 관련된 것이고 전부 의무 규정이다.[55] IMF는 현재 중국 기업들이 지고 있는 부채가 GDP의 145퍼센트로, 이 빚이 "중국 경제를 뒤흔들 수도 있는 주요 단층선"이라고 설명한다.[56] 하지만 일부는 부채 비율이 GDP의 17퍼센트에 불과한 정부가 떠안을 수 있다.[57] 중국은 자본 통제에 제약이 별로 없는 변동환율제를 향해서 조심스럽게 움직이고 있다. 동시에, 세계 금융 시스템이 국내 경제정책에 너무 많은 영향을 주게 만드는 서방의 무규제 도박장에서 일부 중국인들이 볼 때 위험하다고 생각하는 부분은 피하려고 한다.

서방의 분석가들 중 다수는 또한, 1980년에 덩샤오핑에 의해 실시되었던 무자비한 한 자녀 정책의 결과에 초점을 맞춘다. 이 정책이 한 세대 만에 5억 인구가 비참한 빈곤 상태를 벗어나게 하는 목적 달성에 기여한 반면, 이 정책으로 중국은 심각한 인구 구성 비율 문제를 떠안게 되었다(시진핑은 2015년에 한 자녀 정책을 폐기했다). 그럼에도, 노동시장에 새로 진입하는 인구의 숫자는 2041년까지 꾸준히 증가할 것이다. 3억 중국인들이 추가로 가난한 농촌 지역에서 신흥도시로 유입되고 노동자들의 생산 연령이 늘어날 것이기 때문에 베이징에는 인구 감소 위험을 완화할 시간이 아직 수십 년 정도 남아 있다.[58]

시진핑이 세운 계획의 범위와 야심에 비해 대부분의 서방 경제학자들과 많은 투자자들은 중국에 흥미를 잃어가고 있는 게 사실이다. 그러나 대부분의 경제학자들과 투자자들은 지난 30년 동안 중국의 성장에 반하는 쪽에 돈을 걸어서 손해를 봐왔다. 로널드 레이건Ronald Reagan 대통령의 경제자문위원회 위원장을 지냈던 마틴 펠드스타인Martin Feldstein은 이렇게 말한다.

"이 정책들이 전부 다 성공할 필요는 없다. …… 웬만큼만 성공한다고 해도 향후 몇 년 동안은 6.5퍼센트 성장이 가능할 것이다."[59]

국내 개혁은 세계경제에 중국이 하는 역할의 극적인 변화와도 궤를 같이한다. 2013년에 시진핑은 '일대일로OBOR'라고 부르는, 수십 년의 건설 기간에 수조 달러가 드는 기반 시설 건설 계획을 발표했다. 목표는 유라시아 대류 전체와 인도양과 접해 있는 거의 모든 나라를 연결하는 운송 및 기술망 건설하기다.

이 계획은 중국에서 과잉 산업 능력 일부를 효과적으로 수출하고, 건설, 철강, 시멘트 산업에 대한 충격 완화 장치를 마련하기 위함이다. 중국이 최우선 기반 시설 프로젝트의 상당 부분을 완공함에 따라 이들 산업이 최근 들어서 어려움을 겪고 있는 상황이기 때문이다. 해외 건설 계획의 규모는 엄청나다. 약 2,900킬로미터의 길이에 460억 달러가 소요되는, 파키스탄을 관통하는 도로, 철로, 파이프라인 같은 길 내기에서부터, 미얀마의 수력 발전 댐과 주석 광산 건설 그리고 아프리카 북동부에 위치한 지부티에 새 해군 시설을 건설하는 일에 이르기까지, 중국은 이들 나라에서는 결코 본 적이 없는 속도로 움직이고 있다.

그러나 일대일로는 단순히 과잉 산업 능력을 재가동하는 일 이상의 효과를 노린다. 옛 실크로드가 단순히 무역의 원동력으로만 그친 게 아니라 지정학적 경쟁을 자극하는 역할도 했듯이(19세기에 중앙아시아의 지배권을 두고 영국이 러시아와 대결한 흔적을 남긴 '그레이트 게임Great Game'을 포함해서), 일대일로는 중국이 여러 대륙으로 영향력을 뻗힐 수 있게 해줄 것이다. 유라시아 대륙 국가들을 연결하겠다는 일대일로의 약속은 전략 지정학적인 힘의 균형이 아시아로 넘어가는 비전을 반영한다. 여기에서 우리는 1세기 전에 지정학의 창시자인 할포드 매킨더Halford Mackinder가 한 주장을 떠올리게 된다. 1919년에 그는 유라시아를 '세계도world island'라고 이름 붙이고, "세계도를 지배하는 자가 전 세계를 지휘한다"는 유명한 선언을 남겼다.[60] 만약 2030년까지 지금의 목표가 달성된다면 매킨더의 유라시아 개념은 처음으로 현실이 된다. 일대일로의 고속철도는 네덜란드 로테르담에서 베이징까지의 화물 운송 기간을 한 달에서 이틀로 줄일 것이다. 매킨더의 비전은 한 세기가 넘도록 전략가들의 생각을 그토록 지배해 마지않았던(우리가 4장과 5장에서 살펴보았듯이), 해군력의 중심적 위치에 관한 머핸의 논지까지 무색케 만들지도 모른다.

미국에 보내는 메시지: 참견 마라

일단 중국의 지배적인 경제 시장과 물리적 기반 시설을 통해서 이웃 나라들이 중국의 위대한 공영 시대로 통합되고 나면, 제2차 세계대전 이후에 미국이 아시아에서 점해온 위상은 더 이상 방어하기가 힘들어질 것이다. 중국이 미국에 보내는 메시지의 핵심이 무엇이냐는 질문을 받았을 때 한 중국 동료는 이렇게 대답했다.

"뒤로 물러서라."

그의 동료는 더 솔직한 두 단어로 표현했다.

"참견 마라."

역사를 현실주의적 관점에서 배운 중국 지도자들은 제2차 세계대전 이후에 미국이 해온 지역의 안정 및 안전의 수호자 역할이 자국인 중국을 포함해서 아시아의 부상에 필수적이었다는 사실을 인정한다. 그러나 그들은, 이제 미국을 아시아로 진출하게 만든 조류가 약화되고 있으므로 미국은 이제 그만 자연스레 떠나야 할 시점이라고 믿는다. 20세기 초에 서반구에서 영국의 역할이 점차 희미해져갔듯이, 역사상 보기 드문 초강대국으로서 아시아 지역에서 해온 미국의 역할 역시 제 위치로 돌아가야 한다는 것이다.

시진핑은 2014년에 있었던 유라시아 지도자 모임에서 이렇게 말했다.

"결국, 아시아의 일을 다루고, 아시아의 문제를 해결하고, 아시아의 안보를 지키는 일을 맡아야 할 사람들은 아시아 사람들입니다."[61]

미국이 새로운 현실을 받아들이도록 설득하려는 시도는 최근 들어 남중국해에서 가장 강해졌다. 대략 카리브해의 크기에 중국, 타이완 그리고 서남아시아 6개국의 국경과 인접한 이 해양 지역에는 수백 개의 섬과 암초 등이 있고, 그중 다수가 만조 시에는 물에 잠긴다. 20세기 중반에 중국의 관심이 내부로 집중되어 있는 동안에는 다른 나라들이 남중국해에 있는 섬들의 영유권을 주장하고 그곳의 건설 계획에 관여했다. 예컨대 1956년에 타이완은 난사군도에서 가장 큰 섬인 이투아바섬을 점령하고 그곳에 수백 명의 병력을 주둔시켰다.[62] 1973년 9월에 남베트남은 난사군도의 열 개 섬을 공식적으로 합병하고 영유권을 지키기 위해서 그곳에 수백 명의 병력을 파견했다.[63]

1974년, 중국은 자국의 이해관계가 이웃 나라들에 의해서 짓밟히고 있을지도 모른다는 생각에 국경에서 가장 가까운 베트남의 섬들인 시사군도를 점령했다.[64] 더 나아가 2012년에는 스카버러 암초를 필리핀으로부터 빼앗았다. 그때부터 중국은 영유권 주장 영역을 점점 넓혀서 남중국해 전체의 배타적 소유권을 주장하고 이 영해의 90퍼센트가 포함되도록 지도에 '남해 구단선'을 다시 그어서 일대를 재정립했다. 만약 다른 나라들이 이것을 받아들인다면, 이웃 나라들이 보기에 '남중국 호수'가 만들어지는 셈이었다.

중국은 또, 남중국해 전역에서 암초 위에 주요 건조물 건설 계획을 추진하기 시작했다. 난사군도에 일곱 개의 암초 위에다가 전초기지를 하나씩 건설한 것이 그 예다. 2015년 6월까지 중국은 2,900에이커 이상의 땅을 개간했다. 베트남이 80에이커, 말레이시아가 70에이커, 필리핀이 14에이커 그리고 타이완이 8에이커를 개간한 것과 비교하면 엄청난 규모다.[65] 그런 노력의 일환으로 중국은 항구, 활주로, 레이더 시설, 등대 그리고 지지용 건조물을 만들어왔는데,[66] 이 모든 것들 덕분에 함선과 군용기의 배치 범위를 확장하고, 베이징은 이 지역을 레이더와 감시 장치들로 엄호할 수 있게 되었다.

펜타곤은 이런 활동을 하는 이유가 무엇인지를 분명히 인식하고 있다. 최근의 국방부 보고서가 언급하고 있듯이, 중국이 "가장 최근에 땅을 개간하고 각종 건설을 시작한 덕분에 전초기지에서 바닥이 깊은 배를 정박할 수 있게 될 것이고, 법적인 효력이 미치는 영역과 해군의 주둔 범위가 남중국해의 훨씬 남쪽으로까지 확장될 것이다. 또, 아마도 나중에는 이 지역에 전투기를 배치시키고 (이곳에 항공모함용 전투기를 위한 우회활주로를 건설할 수도 있을 것이며) 항공모함까지 주둔시켜서 계속해서 군사기지로 이용할 수 있게 될 것"이다.[67]

중국의 장기적 목표 역시 분명하다. 수십 년간 중국은 국경과 인접한 지역에서 미국 감시선에게 고초를 겪는 일이 많았다. 중국은 미국 함선이 중국 해안에서 200해리까지에 해당하는 중국의 배타적 경제수역에서 활동하려면 유엔(국제연합United Nation)의 해양법위원회에 허가를 요청해야 한다고 주장한다. 미국은 이 주장을 단칼에 거절했다. 그럼에도 남중국해의 암초들 위에 활주로와 항구뿐만 아니라 레이더 시설 건설을 마치고 나면, 중국은 미국 배가 감시 활동을 하는 것을 추적하기가 (그리고 방해하기가) 쉬워질 것이다. 이 지역으로 힘을 뻗칠 수 있는 능력은 또 중국으로 하여금 날마다 남중국해를 지나다니는 5조 3000억 달러 규모의 무역 거래에 대하여 더 큰 영향력을 발휘할 수 있게 해줄 것이다.[68] 천천히 이 지역에서 미국을 쫓아내고 있는 중국은 동남아시아 국가들을 자국의 경제 궤도 안으로 흡수해가고 있다. 일본과 오스트레일리아도 마찬가지다. 지금까지는 싸우지 않고도 성공해왔다. 그러나 기어코 싸움이 일어나고야 만다면 시진핑이 이길 가능성이 더 높다.

"싸워서 이긴다"

자신이 세운 의제에 아무리 장애물이 많을지언정 시진핑은 중국의 무력을 재조직하는 동시에 재건하고 있다. 러시아 최고의 중국 군사 전문가인 안드레이 코코신Andrei Kokoshin은 그것을 "전례 없는 규모와 깊이"라고 부른다.[69] 많은 사람들이 제기한 의문은 바로 이것이다. 왜 하필 지금인가? 그런 재조직 활동에서 가장 주된 부분은 사적 권력을 구축해온 수백 명의 영향력 있는 장군들의 권력을 박탈하는 일이었고, 이것은 시진핑에게 엄청난 정치적 위험이 따르는 일이었다. 2016년 10월에는 사정에 어두운 수천 명의 군인들이 실직과 연금 삭감에 항의하며 시위를 벌이는 광경이 벌어졌다. 어떤 중국 지도자도 보고 싶어 하지 않는 광경일 것이다.[70]

그러나 시진핑은 군이 당에, 특히 당 지도자에게 무조건적인 충성을 다짐하는 일이 반드시 필요하다고 판단했다. 그의 다른 장기 계획들이 저항에 부딪히리라 예상한 그는 정치적인 힘의 기반이 되는 무력을 손에 쥐고 있는 이들에게 자신이 의존할 수 있는지 알 필요가 있었다. 중국학 연구자 윌리엄 커비William Kirby가 지적했듯이 "군은 현대 중국 정치사의 주요 전기마다 결정적인 역할을 했다".[71] 시진핑의 목표는 당의 무장력에 효과적인 지배권을 발휘하는 군사 명령 체계를 만드는 일이다. 그는 당의 "절대적 지도력"을, 특히 군 통수권자를 "확고하게 따를" 지휘관들을 원했다.[72] 반부패 개혁과 그에 따른 군 고급 간부들의 재편이라는 회오리바람 속에서 시진핑은 어떤 일이 닥쳐도 자신의 편에 설 충성스런 장교들을 조심스레 골랐다.

시진핑은 "싸워서 이길 수 있는" 군대가 차이나 드림의 모든 다른 요소들을 실현하는 데 필수라고 믿는다. "중국의 위대한 부흥을 이루기 위해서는 반드시 번영과 강한 군대가 조화를 이루어야 한다"고 그는 주장했다.[73] 모든 강대국들이 강력한 군대를 만들지만, '강한 군대라는 꿈'은 중국에게 특히 중요하다. 외세의 손에 굴욕을 겪은 역사를 극복하는 것이 그들에게 중요한 목표이기 때문이다.

1991년에 중국 지도자들은 미국이 이라크에서 벌인 사막폭풍 작전이 얼마나 치명적인지를 보고 어안이 벙벙해졌다. 1999년에 나토의 코소보 작전 기간 동안에(당시에 미국 스텔스 폭격기가 실수로 베오그라드에 있는 중국 대사관을 폭파한 일도 있었다) 그런 인상은 더욱 강해졌다. 중국군은 정보 수집과 공중 폭격에 드론을 사용하는 것을 포함해서 미국의 최신 전쟁 기술을 끊임없이 연구했다. 1991년에 미국은 한 달 만에 사담 후세인Saddam Hussein의 군사력을 궤멸시켰고 그 과정에서 자국 전사자는 150명 미만이었다. 신속하고 일방적인 전쟁에서 미국은 우주 기반 조종 및 감시 시스템 같은 신기술, 장거리 정밀 유도탄 그리고 레이더를 피할 수 있는 스텔스 전투기를 모두 일컬어 군사 전략가들이 '전 영역에서의 기술적 우월'이라고 부르는 상태의 재미를 톡톡히 보았다. 이런 수단을 활용하는 미국의 능력이 더 강화된 것은 육군, 해군, 공군의 세 군사력을 통합하여 시너지 효과를 낼 수 있도록 조직을 변화시킨 덕분이었다. 미국은 또, 외과적 수술 방법으로 이라크군의 지휘–통제 시스템을 파괴시켜서 이라크 사령관들의 눈과 귀를 가려버렸다.[74] 중국 지도자들은 그런 광경을 보면서, 그들이 가끔씩 '미국적 마술'이라고 부르는 것에 대처하고 궁극적으로는 이것을 능가할 기술력을 쌓기로 결심을 굳혔다. 그런 야심은 중국학 연구자 마이클 필스베리Michael Pillsbury가 국방부의 의뢰로 작성한 평가 의견서에서 확인된다.[75]

중국 군대를 위한 다른 교훈은 1996년의 타이완 해협 위기에서 나왔다. 타이완이 독립을 향한 길로 샐 것을 두려워한 베이징은 중국의 '미사일 테스트'로 타이완섬을 옴짝달싹 못하게 만들면서, 타이완 경제가 의존하고 있는 상선 왕래를 위협하여 타이베이를 길들이려고 했다. 빌 클린턴Bill Clinton 대통령이 베트남전쟁 이후에 아시아에서 가장 큰 규모의 군사력을 파견하고 그 일대에 항공모함 두 척을 보내는 것으로 응대하자, 중국 정부로서는 결국 퇴각하는 수밖에 다른 선택의 여지가 없었다. 이 사건은 미국에는 별 파장이 없었지만 중국에는 고통스러운 치욕의 세기를 떠올렸고, 군 지도자들의 사기마저 뒤흔들어놓았다. 그들은 그런 불명예스러운 일이 또다시 벌어지는 것을 막기 위해서 필요한 일이라면 무엇이든 하겠다는 맹세를 한 사람들이었다.

오늘날 시진핑의 군사 개혁은 대체로 1986년의 골드워터-니콜스법의 내용을 본뜬 것이다. 이 법을 통해서 미국은 1990년대의 걸프전쟁 및 다른 군사 충돌이 있기 이전에 군사력을 통합적으로 운용하는 법을 성공적으로 향상시켰다. 중국은 육, 해, 공군 무기 체계 전반의 정보, 감시, 정찰 능력을 통합시키고 있는 중이다. 그리고 이미, 내부에 초점을 맞춘 일곱 개의 전통적인 군사 지역을 외부의 적에 대해 합동으로 기능하는 다섯 개의 새로운 전구戰區사령부로 대체했다.[76]

부패를 군에 대한 실질적인 위협으로 강조한 시진핑은 걷잡을 수 없이 만연한 부정을 엄중 단속하는 강력한 조처를 취했다. 여기에는 노골적인 관직 매매도 포함되었다. 이런 기치 아래 시진핑은 인민해방군의 역사적 (그리고 이전에는 자주적) 권력 중심부가 다시 한 번 완전히 정당에 책임을 지게 만들었다. 그는 군에 있던 네 개의 일반 분과를 없앴다. 후진타오 시절에 위험할 정도로 독립적이고 부패로 악명이 높았기 때문이다. 군 정비를 통해서 그는 일반 분과를 열다섯 개의 조직으로 다시 나누고 각 조직이 중앙군사위원회에 직접 보고하게 했다. 그리고 중앙군사위원회의 의장 역시 시진핑 자신이다.

그런 관료 조직 개편은 일반적으로는 그다지 미래의 중대한 변화를 예고하는 사건이 아니다. 하지만 시진핑의 경우에는, 이 개편 작업이 모든 적 특히 미국과 대결하여 이길 수 있는 현대적인 군대를 만든다는 절체절명의 과제를 완수하려는 베이징의 노력을 강조하는 의미가 있다. 중국의 군사 전략가들은 전쟁을 예상하고 있지는 않지만, 그들이 준비하고 있는 전쟁은 해상에서 미국과 싸울 경우, 중국이 얼마나 힘을 발휘할 수 있을지를 시험하는 것이다. 굴욕의 세기 동안 중국을 지배했던 힘이 전부 해군의 우위에 의존했기 때문이다. 한 중국 분석가는 이렇게 경고한다.

"해양을 무시한 것이 우리가 서지른 역사적 실수다. 지금 우리는…… 이 실수에 대한 대가를 치르고 있고 앞으로도 계속해서 치를 것이다."[77]

시진핑은 같은 실수를 하지 않기로 다짐하고 해군, 공군 그리고 바다를 통제하는 데 결정적인 인민해방군의 미사일 전력을 강화하는 한편, 30만 병력을 감축하고 군대 내에서 육군의 전통적인 지배를 축소시켜나가고 있다.[78] 중국의 군 전략가들은 일본에서 타이완을 지나 필리핀과 남중국해에 이르는 '제1열도선' 안쪽에서 중국 근해를 통재하는 데 기반을 둔 '전방 방어' 전략으로 해상 충돌에 대비하고 있다.[79] 미국 해군전쟁대학의 제임스 홈스James Holmes 교수와 토시 요시하라Toshi Yoshihara 교수는, 이전의 독일 황제와 시어도어 루스벨트처럼 "민족의 위대함은 제해권에서 나온다는 머핸의 자부심이 많은 중국 전략가들의 생각을 좌우하고 있다"는 데 주목한다. 그러므로 우리는 중국이 "인근 해역에서 싸워 이기기 위해서 엄청난 투자를 하리라"고 예상해야 한다는 게 그들의 결론이다.[80]

전 국가안보보좌관 브렌트 스코크로프트Brent Scowcroft는 1996년에 미국 항공모함이 강제로 중국을 물러서게 만들었던 굴욕의 결과를 처음으로 설명한 사람이다. 덕분에 향후 중국이 보유하게 될 무기 목록이 예측 가능해졌다. 아마 미국과 또다시 그런 대치 국면이 발생할 경우, 베이징의 승리를 보장해줄 수 있는 무기 체계가 될 것이다. 이제는 중국 본토와 해안 주둔 함대에 배치해둔 1,000개 이상의 대함미사일 때문에 미국의 어떤 전함도 중국 해안에서 약 1,600킬로미터(1,000마일) 안에서는 안전하게 운항하기 불가능해졌다. 예순두 척의 잠수함이 해상의 배를 공격할 수 있는 어뢰와 미사일로 무장하고 인근 바다를 순찰하고 있기 때문이다. 일련의 대對위성 무기 덕분에 중국은 이 지역에 대한 미국의 정보 수집, 감시, 통신을 위한 위성을 방해하거나 심지어 파괴시킬 능력까지 갖게 되었다. 이 모든 능력이 1942년 일본과 벌인 미드웨이해전 이후 미국이 익숙하게 여겨온 태평양에서의 군사적 우위를 약화시켰다. 중국 해안선에서 약 1,600킬로미터까지의 해양이나 공중에서는 미국이 더 이상 무소불위의 패권을 휘두를 수 없게 되었다. 그동안 중국은 전장에서 지리적으로 가깝다는 점을 활용하여 유리함을 누려왔다. 어느 해상 전략가가 지적했듯이, 중국은 이 근접성 덕분에 광대한 해안 지역의 땅이 100만 척의 항공모함과 맞먹는 역할을 하는 셈이 되었다. 이제 100만 달러짜리 미사일로 수십억 달러짜리 항공모함을 공격하고 얼마든지 가라앉힐 수 있게 되었기 때문이다.

미국 군함은 항행의 자유를 내세워 계속해서 성조기를 내걸고 타이완 해협과 남중국해 안에서 순찰을 하고 있다. 그러나 중국은 '반反접근/지역 거부 전략(A2/AD)'에 기초하여 미국의 항공모함 및 다른 주력함들을 위협하는 군사 능력을 갖춰가면서 점점 미 해군을 인접 바다 밖으로 밀어내고 있는 중이다. 또 미국은 전시에 항공모함이, 중국이 육지에서 쏘는 미사일이 도달하지 못하는 제1열도선 뒤에 남아 있겠다는 신호를 보냈다. 그런데 이 거리에서는 항모전투기 역시 중국 본토의 목표물에 도달할 수가 없는 탓에, 미 해군은 이 항공모함과 항모전투기들이 제대로 쓰일 방법을 찾는 데 어려움을 겪고 있다. 이를 위한 펜타곤의 주된 노력은 공해전투Air-Sea Battle라고 불리는 전략에 윤곽이 드러나 있다.[81] 여기에는 미 항공모함이 전투에 참여할 수 있을 정도로 중국 국경 근방까지 안전하게 다가갈 수 있도록, 미 공군이 중국의 육상기지발 대함미사일 포대들을 파괴할 수 있는 원거리공격 미사일과 함께 장거리 폭격기를 출격시켜야 한다는 내용이 들어 있다. 8장에서 더 자세히 다루겠지만, 공해전투 작전에는 많은 문제점들이 있는데, 그중 교착상태의 극석인 악화는 결코 사소한 문제가 아니다.

1장에서 논의했듯이, 권위 있는 연구소인 랜드연구소가 2015년에 내놓은 '미-중 군사 평가표'에 따르면, 2017년까지 매우 중요한 전통적 군사 영역 아홉 개 중에 타이완과의 결전에서는 여섯 개가 그리고 남중국해 내의 충돌에서는 네 개가 중국이 '우세함' 또는 '균형에 가까움'으로 평가되었다. 다음 5년에서 15년 동안에 "아시아는 미국 패권의 범위가 현저하게 쪼그라드

는 모습을 보게 될 것이다."[82] 이 때문에 미국이 전통적인 충돌에서 실제로
질 수도 있다는 전망도 나올 것이다.

　물론 중국이 "싸워서 이길" 수 있기를 원한다는 말이 곧 싸움을 원한다
는 말은 아니다. 그것만큼은 분명하다. 하지만 심대한 문화적 차이 때문에
중국이 목표를 추구하는 과정에서 미국과의 경쟁관계가 악화되고 있는 상
황이다. 이런 문명의 충돌이 세계 역사에서 지금보다 더 중대한 요인이 된
적은 일찍이 없었다.

7.

문명의 충돌

우리는 우리 이웃 나라들의 것을 그대로 따르지 않은 우리만
의 독창적인 정부 형태를 가지고 있습니다. …… 우리가 전쟁
을 대하는 방식도 다른 나라들과는 다릅니다. …… 무엇이
좋은지에 관한 생각도 대부분의 다른 나라 시민들과 완전히
다릅니다. …… 우리와 가치가 다른 나라들 중에서 우리만큼
공 들여 만들어낸 가치를 가진 나라는 없습니다.

_투키디데스, 페리클레스의 장례식에서 한 연설, 기원전 431년

두 국가의 특성이 엄청나게 대조적이라는 사실을 한번 잘 생
각해보시기 바랍니다. 여러분이 만나게 될 아테네인들이 여러
분과 얼마나 대조적인지 여러분은 잘 모를 것입니다. 그들이
어떤 상대인지, 그들이 여러분과 얼마나 많은 면에서 완전히
다른지에 관해서 지금까지 여러분은 한 번도 생각해본 적이
없을 테니 말입니다.

_투키디데스, 코린토스 대사가 스파르타 의회에서 한 연설, 기원전 432년

이 새로운 세계에서는 갈등의 근원적이고 주된 원천이 이데
올로기도 경제도 아니라는 것이 나의 가설이다. 인류가 나뉘
는 가장 큰 요인은 문화가 될 것이다. …… 문명의 충돌이 세
계 정치를 지배하게 될 것이다.

_새뮤얼 헌팅턴Samuel Huntington, "문명의 충돌?", 1993년

1793년, 영국의 조지 매카트니George Macartney 경이 베이징에 도착했을 때
그는 화성에서 온 사람이나 다름없었다. 조지 3세의 특사로 파견된 그는
대영제국과 청 왕조 사이에 외교 관계를 수립하는 임무를 띠고 있었다. 그

러나 그가 만난 중국 관리들은 그가 누군지 어디에서 왔는지 혹은 그가 무슨 말을 하고 있는 것인지 전혀 알 수가 없었다. 그들에게는 그가 제안한 '외교 관계'라는 개념이 아예 없었다. 그때까지 어떤 나라와도 그런 관계를 수립해본 적이 없었기 때문이다. 사실, 어떤 나라도 그들의 땅에 대사관을 열도록 허용한 적이 없었으며, 외국에 자기 나라의 대사관을 둔 적도 없었다. 심지어 중국 정부에는 외무장관이라는 직책도 없었다.[1] 이런 상황에서, 감히 그들의 땅 한가운데로 들어온 이 '붉은 머리의 오랑캐'는 그들 나라 말조차 할 줄 몰랐다. 모욕적이기 짝이 없는 일이었다. 매카트니의 '통역관'은 나폴리에서 온 중국 사제로, 그 역시 영어를 할 줄 몰랐다. 그래서 그는 중국 고관들의 말을 라틴어로 통역했고, 수십 년 전에 트리니티대학에서 라틴어를 공부한 매카트니는 명목상의 뜻만 대충 이해할 수 있었다.[2]

런던은 매카트니에게, 베이징에서 외교사절이 상주하는 관계를 맺고, 영국 상품을 팔 수 있도록 새로운 항구와 시장을 개방하게 하며, 해안 지방 광둥에서 더 자유롭게 무역을 할 수 있는 시스템을 만들도록 협상하라는 지시를 내렸다. 매카트니는 또, 영국 상인들이 연중 내내 장사를 하면서 머무를 수 있는 거주지를 빌리고, 중국의 "현재 앞서가는 부분, 정책, 정부"에 대한 정보도 수집해야 했다.[3] 중국 고관들에게 깊은 인상을 주고 영국 수출품에 대한 흥미를 끌기 위해서 매카트니는 황제에게 대표적인 영국 상품들을 선물로 가져갔다. 몇 개의 포砲, 전차, 망원경, 도자기, 천, 다이아몬드가 박힌 손목시계 등이었다.[4]

영국을 떠난 지 9개월 뒤에 매카트니 일행은 러허熱河에 있는 청더 산장에 도착했다. 그곳에서 그들은 건륭제를 알현하기 위해서 기다려야 했다.[5] 하지만 처음 중국인들을 만났을 때부터 마지막까지 매카트니는 소통이 힘들다는 것을 깨달았다. 1,000년 동안 이어져온 중국의 관습에 따르면, 신성한 황제를 볼 때 평범한 인간들은 아홉 차례 무릎을 꿇으면서 절을 한 뒤에 바닥에 납작 엎드려 있어야 했다. 매카트니는 영국의 예법을 따라서 자기네 왕 앞에서처럼 한쪽 무릎을 꿇고 절을 하면 어떻겠느냐고 제안했다. 또, 자신과 같은 급의 관리가 자신이 선물로 가져온 조지 3세의 초상화 앞에서 똑같이 인사를 하면 좋겠다는 제안도 했다. 중국 예법 담당자는 비웃었다.

"그렇게 맞먹는다는 것은 말도 안 되는 생각이었다."

프랑스의 학자이자 정치가인 알랭 페레피트Alain Peyrefitte는 이 사건을 이렇게 요약했다.

"황제는 오직 하나였고, 그는 하늘을 대신하여 천하를 다스리는 천자天子였다. 다른 군주들은 그저 변방의 '소군주'에 불과했다."[6]

매카트니 생각에는 지구상에서 가장 강한 나라에서 이토록 가난한 미개국까지 온 자신이 이 나라를 영국과 대등하게 대해주는 시혜를 베풀고 있는 중이었다. 하지만 그를 맞는 중국인들의 눈에는 이 영국 대표가 그저 천자에게 조공을 바치러 온 신하일 뿐이었다.

중국 관리들은 매카트니에게 엿새 동안 청더에서 기다리게 했다. 1793년 9월 14일 오전 3시, 그들은 영국 사절단을 깨워 어둠 속에서 황제가 있는 궁궐을 향해 5킬로미터에 이르는 거리를 걷게 했다. 그리고 황제가 나타날 때까지 네 시간을 더 기다리게 했다.[7] (헨리 키신저가 처음으로 마오를 만났을 때도 같은 식이었던 것은 결코 우연한 일이 아니다.) 마침내 그가 황제를 알현하게 되었을 때 매카트니는 한쪽 무릎을 굽히는 영국식 인사법으로 인사했다. 그러나 중국의 공식 전언은 다른 이야기를 전했다.

"대사가 전하가 있는 곳으로 들어왔을 때 그는 경외심과 긴장에 가득 찬 나머지 다리에 힘이 빠져서 비천하게 바닥에 엎어지는 바람에, 사실상 의도치 않게 무릎을 꿇고 머리를 조아리게 되었다."[8]

매카트니는 각종 제안을 추려 담은 조지 왕의 친서를 전달한 뒤에, 다음한 주가량 중국 상대들과 협상을 하면서 시간을 보내게 되리라 생각했다. 그러나 중국 관리들의 입장에서는 이 만남으로 영국은 조공을 바치는 의례를 성공적으로 완료한 것이므로, 그들은 매카트니에게 날이 추워지기 전에 고향으로 돌아가는 게 좋겠다고 말했다.[9] 며칠 뒤에 그리고 초조한 마음에 중국 관리들을 마구 졸라댄 끝에, 매카트니는 황제로부터 답신을 받았다. 편지에서는 일단 조지 왕이 지닌, "중국 문명의 수혜를 받고자 하는 미천한 열망"에 주목하면서 그의 특사가 "바다를 건너와 내 궁전에서 존경의 예를 바친" 사실을 치하했다. 그러나 황제는 매카트니가 한 제안들을 모두 일거에 거절했다. 특히 베이징에 외국 대사관을 들여달라는 요청은 "수용할 수 없다"고 했다. "중국 왕조에서 생산된 차, 실크, 자기는 유럽 국가들과 여러분 자신들에게 꼭 필요하다"는 점은 인정하니만큼, 중국은 외국 상인들이 광둥 항구에서 물건을 교환하도록 허용한 현 규정을 계속해서 유지할 것이라고도 했다. 그러나 추가 무역 지대나 영국이 연중 내내 머물 수 있는 거주지는 일고의 가치도 없었다.

황제의 편지는 특사를 접견하고 난 소감을 요약하는 것으로 마무리되었다.

"우리 중국 왕조를 숭배하는 마음 때문에 당신네들과는 너무도 다른 우리의 문명, 우리의 격식 그리고 우리의 법률을 습득하고자 하는 마음이 아무리 끓어 넘친다고 주장해도, 당신네 사절단이 우리 문명의 기초적인 부분은 습득할 수 있을지언정 당신네 땅에 우리 예법과 관습을 성공적으로

이식할 수는 없을 것이다."¹⁰

　매카트니는 답신을 가지고 배를 타고 런던으로 돌아갔다.

　치명적인 실패를 만회할 기회가 없었던 만남을 회고하는 일은 공정하지
않다. 매카트니의 외교적 임무는 중국과 서양 사이에 다리를 놓기보다는 오
히려 양자 간의 벌어진 틈을 여실히 보여주었다. 오늘날 베이징과 세계의
수도들은 무역과 외교 관계로 서로 얽혀 있지만, 오랜 두 시스템 사이에는
아직 근본적인 차이가 남아 있다. 세계화 덕분에 각종 거래는 매끄럽게 이
루어지게 되었지만 태고에 생겨난 단층선은 아직 사라지지 않고 있다.

문명의 충돌

　매카트니가 사절단으로 중국을 방문한 지 정확히 200년 뒤에 미국의 정
치학자 새뮤얼 헌팅턴은 《포린 어페어스 *Foreign Affairs*》를 통해서 "문명의 충
돌?"이라는 제목의 기념비적인 글을 발표했다. 냉전 이후 갈등의 근원은 이
데올로기나 경제나 정치가 아닌 문화가 될 것이라고 주장하는 내용이었다.
헌팅턴은 "문명의 충돌이 세계 정치를 지배하게 될 것이다"라고 예견했다.¹¹
헌팅턴의 논지는 폭풍과도 같은 비판을 불러왔다. 그의 글은 갈수록 정치
적으로 올바르게 변해가는 문화 속에서, 학계에서는 대부분의 연구와 분
석에서 문명이나 문화 간의 구별을 최소한으로 줄여나가고 있던 중에 쓰인
것이었다. 헌팅턴의 글을 두고 논쟁에 뛰어든 사람들은 그의 문명 개념에
반론을 제기하고, 그가 문명들 간의 경계로 설명한 것에 의문을 제기했다.

　그럼에도 그 글이 발표된 이후로 정책 공동체는 문명이라는, 여전히 정의

하기 힘든 개념을 전쟁 연구에 포함시켰다. 특히 서구 민주국가들과, 알카에다나 ISIS 같은 이슬람 테러 집단 간에 현재 진행 중인 전쟁에 관한 연구에 이 개념을 접목시켰다. 이보다는 약하지만 그래도 상당한 정도로, 이 개념은 정책 입안자, 군사 작전 담당자, 미-중 관계 및 이 두 초강대국 문명 간의 폭력을 동반한 충돌 위험성을 연구하는 학자의 사고 틀을 형성하기도 했다.

헌팅턴은 문명을 가장 광범위한 수준의 문화 조직들을 구성하는 집합체로 정의했다. "문명은 사람들을 가장 높은 수준에서 각 문화 집단으로 나눈 것이고, 인간을 다른 종과 구별하는 것을 제외하고는 사람들이 지닌 가장 광범위한 수준의 문화적 정체성이다"라고 그는 썼다. 또 다음과 같이 덧붙였다.

"문명은 언어, 역사, 종교, 관습, 제도 같은 객관적인 공통 요소들과, 사람들의 주관적인 자기 정체성에 의해서 결정된다."

문명은 몇 개의 국가가 공유하거나 한 국가만의 것일 수도 있으며, 다른 문명과 겹치는 부분이 있거나 하위 문명을 포함할 수도 있다. 헌팅턴에 따르면, 중국을 비롯한 몇몇 국가들은 '유교' 문명권에 속하는 반면, 미국은 '서양' 문명을 구성하는 나라들의 집단에 속한다. 헌팅턴은 "〔문명들〕 사이에 그어진 선은 별로 뚜렷하지 않다"는 사실을 인정하면서도, 그 선은 "실재"한다고 주장했다.[12]

헌팅턴은 공통 문명 내 집단들 간에 폭력적인 갈등이 일어날 가능성을 결코 배제하지 않았다. 헌팅턴의 제자였던 이들 중 하나인 정치학자 프랜시스 후쿠야마Francis Fukuyama가 1989년에 쓴 글 "역사의 종언?"에서 예견했듯이,[13] 헌팅턴의 요지는 냉전 이후의 세계가 자유로운 세계 질서를 향해서 수렴해간다고 해서 문명들 사이에 놓인 단층선이 사라지지는 않으리라는 말이었는데, 그 논지가 이제 더 분명하게 표명된 것이다.

"차이가 반드시 갈등을 의미하지는 않으며, 차이가 반드시 폭력을 의미하지도 않는다"고 헌팅턴은 인정했다.

"그러나 수백 년 동안 문명들 간의 차이는 가장 길고 가장 폭력적인 충돌을 야기해왔다."[14]

헌팅턴은 보편적 가치라는 서양의 신화를 믿는 독자들이 인식을 달리 하기를 바랐다. 이런 인식은 순진한 생각일 뿐 아니라 다른 문명 특히 중국을 중심으로 한 유교 문명권에 반하는 생각인 탓이다.

"'보편 문명'이 있을 수 있다는 관념 자체가 서양식 사고로, 대부분의 아시아 사회가 공유하는 특수주의 및 사람들 간의 구별을 강조하는 사고방식과 곧장 대립된다."[15]

다시 말해, 서양은 가치와 신념의 기본 조합, 즉 개인주의, 자유주의, 평등, 자유, 법의 지배, 민주주의, 자유 시장 그리고 정교분리를 포함한 조합을 모든 인류가 받아들여야 한다고 믿는다. 이와는 반대로, 아시아 문화는 자신들을 다른 문명권 사람들과 구별 짓는 자기네들의 고유한 가치와 신념 체계를 소중하게 여긴다.

헌팅턴은 자신의 주장을 더 정교하게 다듬어서 《문명의 충돌과 세계 질서의 개혁 The Clash of Civilizations and the Remaking of World Order》(한국어판 제목은 《문명의 충돌》, 이희재 옮김, 김영사, 2016)을 썼는데, 이 책에서 그는 서양과 유교 사회가 서로 구별되는 다섯 가지 특징을 설명했다. 우선 그의 지적대로, 유교 문화는 "권위, 위계, 개인의 권리와 이해의 종속, 합의의 중요성, 대결의 회피, '체면 지키기' 그리고 대체로 사회에 대한 국가의 우위와 개인에 대한 사회의 우위라는 가치"를 강조하는 정신을 반영한다. 그는 이런 태도와, "미국인들의 자유, 평등, 민주주의, 개인주의에 대한 믿음"이 서로 대립한다는 사실을 지적한다. 나아가 그는 미국인들의 "정부를 불신하고, 권위에 반대하고, 견제와 균형을 고취하고, 경쟁을 장려하고, 인권을 신성하게 여기는 경향"을 강조한다.[16]

헌팅턴은 또, 주요 유교 문화의 주체인 중국은 "중국인들은 같은 '민족, 혈통, 문화'를 가진 사람들이다"라는 식으로 정체성을 민족이라는 관점에서 규정한다는 사실을 관찰했다. 이처럼 도발적인 요지를 제시하는 그는 이렇게 지적한다.

"중국인들과 다른 사회에 살고 있는 중국 혈통을 물려받은 사람들에게는 '거울 테스트'가 바로 자신의 정체성을 알려주는 테스트가 된다. 그냥 '가서 거울을 보라'는 것이다."

중국 문화의 이런 개념은 믿을 수 없을 정도로 편협한 동시에 엄청나게 포괄적이기도 하다. 이 개념 탓에 중국 정부가 "중국 혈통을 가진 사람들은 다른 나라의 시민이라도 중국 공동체의 일원이며 따라서 어느 정도 중국 정부의 권위에 종속된다"고 믿기 때문이다.[17]

이런 관념과 함께 헌팅턴은, 외부에서 일어나는 일에 대한 중국의 관점도 기본적으로 내부 질서 개념의 연장선상에 있다고 주장한다. 이런 주장들은 모두 위계를 통한 조화를 강조하는 유교주의 문화를 반영하며, 이 위계에서 중국 지도자는 맨 꼭대기 자리를 차지한다. 공자의 말대로, "하늘에 해가 두 개가 아니듯이 지상에 황제가 둘일 수 없"기 때문이다.[18] 그러나 중국은 자기네들은 자국의 내부 질서를 외부로 투사하는 반면, 자신들의 국내 일에 대한 외부의 간섭은 거의 본능적으로 불신한다. 중국이 굴욕의 세기를 겪기 훨씬 전이었던 18세기에 매카트니 일행이 중국에서 목적 달성에 실패한 사실이 보여주듯이, 중국은 자신의 땅에 들어오는 외국인들을 경계했다. 그들은 외국인들이 중국어를 배우거나 일반 국민들 사이에서 섞여 사는 일을 금지했다. 이런 의심의 눈초리는 지금도 일부 남아 있다. 미국 역사학자 크레인 브린턴Crane Brinton은 《혁명의 해부학Anatomy of Revolution》에서, 한 일화를 통해서 분노가 얼마나 깊은지를 포착해낸다.

"우리 미국인들은 상하이의 한 공원에 붙어 있던 '중국인과 개는 출입 금지'라는 표지판에 대해서[1868년에 영국 영사관 앞에 생긴 공원(지금의 황푸 공원) 입구에 '중국인과 개는 출입금지華人與狗不准入內'라는 푯말이 붙어 있었다고 한다—옮긴이] 향후에도 오랫동안 연대책임을 지게 될 것이다."[19]

비슷한 예로 내 동료 하나는 상하이의 부시장에게, 상하이의 모든 중상층 가족에 미국 하인이 하나씩 있는 상황이 되면 중국이 다시 부유해졌다는 사실을 알게 되리라는 말을 들었다. 헌팅턴이 볼 때, 이런 과거의 기억이 "중국 지도자들과 학자들 사이에 존재하는, 미국이 '중국 영토를 분리하고 정치적으로 뒤엎고 전략적으로 억누르고 경제적으로 주저앉히려고' 애쓰고 있다는" 광범위한 공통 인식의 자양분이 되었다.[20]

궁극적으로 헌팅턴은, 수천 년간 존재해온 사회의 일원인 중국은 서양과는 근원적으로 다른 척도의 시간 속에서 생각한다고 주장했다. 그의 말대로, 중국인들은 "그들 사회의 발전을 수백, 수천 년이라는 시간의 관점에서 생각하고 장기적 이득을 극대화하는 데 방점을 두는 경향이 있다". 헌팅턴은 중국인들의 이런 경향을 "과거를 잊고 미래를 무시하고 지금 당장의 이득을 극대화하는 데 초점을 맞추는 미국인들의 주된 믿음"과 대비시킨다.[21]

헌팅턴이 제시한 다섯 가지 유교 문명의 특징은 근본적으로 포괄적이지만, 수백 년 동안 견고하게 유지되어온 중국 문화의 여러 가지 일반적인 부분들을 설명하고 있다. 더욱이, 이 특징들은 중국의 특수한 측면과 어떤 면에서는 미국과 같은 서양 국가들의 문화와 양립하기 힘든 접근 방식들을 가려내는 역할도 한다. (벼락부자가 된 미국이 힘에서는 영국을 추월했지만 문화, 종교, 정치적 신념은 대체로 그대로 유지하는 모습을 영국이 마지못해 지켜보고 있었듯이) 공통의 가치를 공유하는 경쟁국에게 추월당하는 것과, 가치가 현저히 다른 적수에게 추월당하는 것은 완전히 차원이 다른 문제다. 힐러리 클린턴은 대부분의 미국인들을 위해서 이렇게 말했다.

"저는 제 손자손녀가 중국인들이 지배하는 세상에서 살기를 원치 않습니다."[22]

문화적 성향의 광범위한 차이가 어떻게 대결로 옮겨갈 수 있는지를 이해하기 위해서, 우리는 미국과 중국이 정부의 본질과 목적을 바라보는 관점이 서로 어떻게 다른지 좀 더 자세히 살펴볼 필요가 있다.

미국과 중국

우리는 누구인가? 세계에서 우리의 적절한 위치는 어디인가? 우리 사회 내에서 그리고 다른 나라들과의 관계에서 질서를 만드는 것은 무엇인가? 그런 심오한 질문에 대해서 간단한 답을 내놓는 일은 몇몇 특징만을 과장할 우려가 있지만, 미국과 중국 간의 근본적인 차이점들에 주목하는 효과가 있다. 구조적 요인에 방점을 두는 투키디데스의 함정과는 별개로, 이런 대조적인 특성은 (그리고 어떤 경우에는 완전히 정반대인 부분은) 미중 관계를 훨씬 더 어렵게 만드는 경향이 있다.

많은 차이점들이 있음에도 미국과 중국은 적어도 한 가지 점에서는 서로 비슷하다. 두 나라 모두 극도의 우월 의식에 사로잡혀 있다는 점이다. 두 나라 모두 자기 나라가 특별히 탁월한 나라라고, 말 그대로 엇비슷하게 견줄 상대가 없다고 본다. 무하마드 알리Muhammad Ali의 "내가 최고다"라는 말이야말로 미국인들의 우쭐거림을 제대로 표현한 말이지만, 인간 세계와 하늘을 잇는 유일무이한 연결자를 자처하는 중국의 자기 인식 개념은 훨씬 더 교만하다. 이 두 일인자의 충돌에는 고통스런 조정 과정이 필요할 것이다. 중국이 '해'가 두 개인 우주를 합리화하는 게 더 어려울까, 아니면 미국이 또 하나의 혹은 어쩌면 더 우월한 초강국과 공존해야 함을 받아들이는 게 더 어려울까? 리콴유는 새로운 현실에 적응하는 미국의 능력에 대해서 의문을 품었다.

"미국이 세계가 아니라 서태평양에서만이라도, 타락하고 허약하고 부패하고 어설프다는 경멸과 함께 오랫동안 멸시받고 잊혔던 한 아시아 민족에게 밀려나는 상황은, 미국인들로서는 정서적으로 받아들이기가 매우 힘들다. 그들의 문화적 우월감 탓에 아마 적응이 훨씬 더 힘들 것이다."[23]

어떤 면에서, 중국의 우월 의식은 미국보다 더 포괄적이다. 학자 해리 겔버Harry Gelber는 이렇게 설명한다.

"황제는 스스로를 문명화된 세계의 중심으로 보았다. 중국의 학자-관료들은 '중국'이나 '중국 문명'을 현대적 의미와는 완전히 다르게 생각했다. 그들에게는 한족이 있었고, 그 외에는 전부 오랑캐들이었다. 오랑캐는 문명화되지 않은 모든 사람들을 가리키는 말이었다."[24]

케빈 러드가 지적했듯이, 중국인들은 자신들의 강인한 회복력과 문명적

미국과 중국, 문명의 충돌

	미국	중국
자기 인식	'일등국'	'우주의 중심'
핵심 가치	자유	질서
정부를 바라보는 시각	필요악	필요선
정부 형태	민주공화정	반응적 권위주의
본보기가 되는 방식	선교적	모방 불가
외국인들에 대한 태도	포용적	배타적
시간 지평	현재	영원
변화의 방식	발명	복고 및 진화
외교정책의 방향	국제 질서	조화로운 위계

성취에 엄청난 자부심을 지니고 있고, 이 우월주의가 그들의 사상에 흠뻑 스며들어가서 "자기 숭배적인 철학 사상 체계가 만들어졌다".[25]

미국인들 역시 자신들의 문명적 성취를, 특히 정치 영역의 성취를 거의 종교적 열정을 가지고 떠받든다. 이 나라의 혁명사는 세계 어느 나라에서도 찾아볼 수 없는 자유를 위한 열정을 퍼뜨렸다. 그것은 미국인들의 정치적 신념의 핵심이라고 할 수 있는 독립선언문 속에 소중히 간직되어 있는데, 여기서 "모든 인간은 동등하게 창조되었"고 그들은 "창조주로부터 빼앗을 수 없는 확실한 권리를 부여받았다"고 선포한다. 이 권리에는 "생명, 자유, 행복의 추구"가 포함되며, 이것은 의견의 문제가 아니라 "자명한" 진실이라고도 명시되어 있다. 윌리엄 피트William Pitt the Elder는 상원에서 미국 식민지 주민들로 하여금 저항하게 만든 동인을 동료 의원들에게 이렇게 정리해 설명했다.

"미국에서 만연한 이 독립 정신은…… 그들에게 새로운 것이 아닙니다. 이 정신은 그들이 그동안 확립시켜온 원칙입니다. 그들은 황금 사슬에 매여 부정한 부를 누리느니 차라리 자유로운 가난을 택하는 사람들입니다. 그들은 인간으로서, 자유로운 인간으로서 부여받은 권리를 지키기 위해서 목숨을 아끼지 않을 것입니다."[26]

20세기의 위대한 사회역사학자 리처드 호프스태터Richard Hofstadter가 말했듯이, "이념을 가지는 게 아니라 이념 자체가 되는 것이 한 국가로서 우리가 짊어진 운명"이었다.[27]

이와는 반대로, 중국은 공자의 첫 번째 계율, "네 자리를 알라"를 지킨다.[28] 중국인들에게는 질서가 정치의 핵심 가치이고 질서 외에는 혼돈의 길밖에 없다. 조화로운 질서는 위계서열에 따라 만들어지는데, 사회 구성원 모두는 이 서열 안에 자기 자리가 있다는 사실뿐 아니라 각자 제 자리가 어디인지도 안다. 중국은 전통적으로 황제가 서열의 맨 꼭대기에 있으면서 질서를 유지했다. 헨리 키신저가 설명했듯이, "중국 황제는 정치적 지배자인 동시에 형이상학적인 개념이었다. …… 황제는 크건 작건 모든 사물의 '거대한 조화'에서 핵심이 되는 존재로 인식되었다".[29] 미국인들이 이해하는 정치적 자유는 그 서열을 뒤흔들어놓고 혼란을 불러올 것이었다.

중국과 미국 사이의 이런 철학적 차이는 각 나라의 정부 개념에 반영되어 있다. 미국의 이념은 미국 혁명 기간 동안에 가장 널리 읽혔던 소논문인 토머스 페인Thomas Paine의 《상식Common Sense》(남경태 옮김, 효형출판, 2012-옮긴이) 속에 집약되었다. 논문에서 페인은 이렇게 설명했다.

"어떤 국가라도 사회는 축복이지만 정부는 최선의 상태라도 필요악에 불과하며, 최악의 상태라면 절대 용인할 수 없는 것이다."[30]

권위에 대한 깊은 불신으로 행동해온 미국의 건국의 아버지들이지만, 그럼에도 그들은 사회에는 정부가 필요하다는 사실을 인정했다. 정부가 없다면 누가 외부의 위협이나 나라 안의 범죄자들에 의해 권리가 침해당하는 일로부터 시민들을 지켜줄 것인가? 그러나 그들은 딜레마와 씨름했다. 필수적인 기능을 수행할 만한 힘을 가진 정부는 독재로 변질되는 경향이 있다. 이 문제를 해결하기 위해서 그들은 리처드 뉴스타트가 우리에게 가르쳐준 대로 "권력을 나누어가지는 독립 기관들"로 구성된 정부를 고안해냈다.[31] 이것은 고의적으로 행정부, 입법부, 사법부 간의 끊임없는 갈등을 만들어냈고, 이는 지연, 교착상태 그리고 심지어 기능 장애를 의미했다. 그러나 그것은 권력 남용을 막는 견제와 균형도 제공했다. 루이스 브랜다이스 Louis Brandeis가 솜씨 좋게 설명했듯이, 삼권분립의 목적은 "효율성을 높이는 것이 아니라 자의적인 권위 행사를 배제하는 데" 있었다.[32]

정부와 정부가 사회에 갖는 역할에 대한 중국의 개념은 이보다 더 상반될 수가 없다. 역사는 중국인들에게 질서의 1차적 중요성과 그 질서를 획득하는 데 정부가 반드시 필요함을 가르쳐주었다. 리콴유가 관찰했듯이, "이 나라의 역사적, 문화적 기록을 보면 강한 구심점(베이징이나 난징)이 있을 때 나라가 평화롭고 번영을 누렸음을 알게 된다. 구심점이 약해지면 군벌 세력들이 지역을 나누어 차지했다."[33] 따라서 미국인들이 필요악으로 보는 강한 중앙정부 같은 것은 중국인들이 볼 때는 국내외의 질서와 공공선을 증진하는 데 가장 중요한 행위자인 것이다.

미국인들에게는 국민의, 국민에 의한, 국민을 위한 정부인 민주주의가 유일하게 정당성을 지닌 정부 형태다. 정부는 시민의 권리를 보호하고 시민이 번영할 수 있도록 해야 한다. 토머스 제퍼슨Thomas Jefferson이 썼듯이, "공화정은 인간의 권리를 지키기 위한 전쟁에서 영구히 열려 있지도 영구히 닫혀 있지도 않은 유일한 정부 형태"다.[34] 어떤 정부든지 정치적 정당성은 피통치자의 동의로부터만 나온다.

대부분의 중국인들은 수긍하지 않을 것이다. 그들은 정치적 정당성이 수행 결과에서 나온다. 상하이의 벤처 자본가 에릭 리Eric Lee는 "두 정치체제에 관한 이야기"라는 제목의 도발적인 테드 강연에서 민주주의의 우월성을 당연시하는 생각에 도전한다. 그는 이야기한다.

"이런 질문을 받은 적이 있습니다. '지금의 공산당이 선거로 만들어진 게 아니지 않습니까? 그런데 대체 어디에서 정당성이 나오는 겁니까?' 저는 이렇게 대답했습니다. '능력이라고 하면 어떨까요?'"

이어서 그는 청중들에게 상기시켰다.

"우리는 모두 여러 가지 사실을 알고 있습니다. 1949년에 당이 권력을 잡았을 때 중국은 내전의 수렁에 빠져 있었습니다. 외세의 침입에 나라가 갈래갈래 나뉘었고, 당시의 평균 기대 수명은 41세였지요. 지금 중국은 세계에서 두 번째로 큰 경제 대국이고 산업 강국이며 국민들은 갈수록 부유해지고 있습니다."[35]

요컨대 실천 결과가 일당 지배를 정당화시켜준다는 말이다.

미국이 볼 때 미국 정부는 민주공화국인 반면, 중국은 (청 황제나 공산당 지도자가 지배하는 나라이므로) 기껏해야 반응적 권위주의(responsive authoritarianism) 국가로 특징지을 수 있을 것이다. 정치적 정당성의 경쟁적 개념은 미·중 관계에서 민감한 사안이 되었다. 키신저가 적절하게 요약했듯이, "미국의 원칙들이 보편이라는 확신이 국제 체제에서는 장애물이 되었다. 이런 보편을 채택하지 않은 정부들은 정당성이 결여되어 있다는 암시를 은근히 주기 때문이다".[36] 이어서 그는, 우리가 당연하게 생각하는 이 교리가, 어떤 나라 국민들한테는 자신들이 미국의 가치들로 구원받기를 기다리는 미개한 정치체제 속에 살고 있다고 느끼게 만듦으로써 이들로부터 분노의 감정을 자아내고 있음을 설명한다. 중국 역시 이런 종류의 의로움이 잘 받아들여지지 않는 나라라는 것은 말할 필요도 없다.

　기본적인 정치적 가치를 내적으로 고취하는 문제를 놓고 미국과 중국의 접근 방식은 뚜렷하게 다르다. 미국인들은 인권과 민주주의가 보편적인 열망이며, 오직 미국의 예가 (때로는 제국주의적인 요소도 슬쩍 끼워 넣어서) 전 세계에서 실현되기만 하면 된다고 믿는다. 이런 이유로, 헌팅턴은 미국을 '선교 국가'라고 불렀다. "서양에 속하지 않은 민족들이 민주주의, 자유 시장, 정부의 권한 제한, 인권, 개인주의, 법의 지배 같은 서양의 가치를 실천하고, 이런 가치들을 자신들의 제도 속에 구현해야 한다"[37]는 믿음에 사로잡혀 있는 나라라고 헌팅턴은 묘사했다. 20세기로 넘어올 무렵에 시어도어 루스벨트가 지녔던, 미국 세력의 확산은 문명 그 자체의 확산과 같은 것이라는 믿음과 마찬가지로, 21세기의 미국인들 대부분은 민주적 권리가 전 세계 어디서든, 누구에게든 이롭다고 믿는다. 20세기 내내 워싱턴의 지도자들은 이런 믿음을 외교정책에 그대로 적용시켜서 민주주의라는 대의를 밀고 나가려고 했다. 때로는 이를 받아들이는 데 실패한 나라에 강요하면서까지도 그렇게 했다.

　이와는 대조적으로, 중국인들은 다른 민족들이 자신들을 우러러보고 자신들의 가치를 흠모하며 자신들의 행동 양식을 흉내 내려고까지 한다고 믿는다. 그러나 그들은 이들에게 자신들의 가치를 심어주려고 노력하지 않는다. 키신저가 지적하듯이, "중국은 자신들의 사상을 애써 퍼뜨리지 않고 다른 민족들이 자발적으로 추구하게 했다. 이웃 나라의 민족들은 그들이 중국 정부의 종주권을 인정하는 한 중국 및 중국 문명과의 접촉으로 수혜를 받는다고 믿었다. 그렇게 하지 않는 민족은 오랑캐였다".[38]

중국 지도자들은 또, 자신들의 사상을 바꿔놓으려는 미국인들의 노력을 매우 의심스런 눈초리로 바라본다. 중국 경제자유화의 조부 격인 덩샤오핑은 중국공산당 당원들에게 "그들이 주장하는 인권이니 자유니 민주주의니 하는 말은 오직 강하고 부유한 나라들의 이해만을 위해서 고안된 것이다. 이들 나라는 자기네들의 힘을 이용해서 약한 나라를 괴롭히고 패권을 추구하며 힘에 의한 정치를 한다"[39]고 말했다.

외국의 정치체제에 대한 중국인의 태도는 외국인에 대한 그들의 관점에도 일반적으로 그대로 적용된다. 미국은 '이민자의 나라'로서 대부분의 미국인들은 누구나 미국인이 될 수 있다는 사실을 자랑스럽게 여긴다. 1783년에 조지 워싱턴George Washington은, "미국의 품은 부유한 사람들이나 존경할 만한 이방인만이 아니라 모든 나라와 종교로부터 억압받고 박해 받는 이들에게도 열려 있다. 우리는 그들이 모든 우리의 권리와 특권을 함께 누리도록 환영할 것이나, 품위 있고 예의 바른 행동으로 그런 권리들을 누릴 자격이 있음을 보여주기만 한다면"[40]이라고 썼다. 이와는 대조적으로, 중국 사람이 되려면 중국에서 태어나야만 한다. 미국의 노동시장은 개방적이고 다양하고 유연하다. 그 때문에 미국은 세계적 차원의 능력 경쟁에서 현저하게 유리하다. 2016년에 10억 달러 이상의 가치가 있는 미국 스타트업 기업 여든일곱 개 가운데 절반이 이민자들의 손으로 세워졌다.[41]

미국과 중국의 시간 지평 다시 말해 과거, 현재, 미래에 대한 그들의 생각은 밤과 낮만큼이나 서로 다르다. 미국인들은 2026년에 건국 250주년을 맞는 때를 고대하고 있지만, 중국의 역사는 **5,000년**의 시간을 자랑한다. 미국은 1776년 7월 4일을 국가 탄생일로 정해두고 있지만, 중국은 국가의 탄생이 언제인지 기록되어 있는 문서가 없다. 따라서 국가 발전 과정에서의 흥망성쇠를 추적하여 그 자취를 살피는 다른 나라들과는 달리, 중국은 자기 나라를 그저 세계의 상수로 본다. 항상 존재해왔고 앞으로도 쭉 그럴 것이라고 믿는다. 미국 지도자들은 '미국인들의 실험'을 언급하고, 때로는 무계획적인 정책이 뒤따르기도 한다. 이와는 대조적으로 중국 지도자들은 스스로를 신성한 상속자로 보고, 상속자다운 행동을 한다.

확장적인 시간 개념을 가진 중국은 긴박한 문제와 오랜 시간이 걸리는 문제, 시급한 문제와 중요한 문제를 조심스레 구분한다. 미국 정치 지도자가 주요 외교정책 현안을 한 세대 동안, 이른바 선반 위에 올려두자고 제안하는 것을 상상이나 할 수 있겠는가? 덩샤오핑은 센카쿠/댜오위다오열도 분쟁에 대해서 이 문제를 일본과 즉각적이기보다는 장기적으로 해결할 것을 받아들였다. 뉴스 매체와 여론의 요구에 훨씬 더 민감한 미국 정치가들은 신속한 해결을 약속하는 중요 항목들의 머리글자를 똑같이 맞추어 나열한 정책 계획을 수립한다. 중국인들은 전략적으로 인내심이 강하다. 전체적인 상황이 자신들에게 유리하게 흘러가고 있는 한 그들은 기다리는 데 아무 문제가 없다.

미국인들은 스스로를 문제 해결 전문가라고 생각한다. 그들은 하나를 해결하고 나서 다음 것을 해결하는 식으로 단기적 관점에서 여러 문제를 지금 당장 그리고 제각각 해결해야 사안으로 바라본다. 리콴유의 말을 빌리면, "그들은 넘어지면 툭툭 털고 일어나서 처음부터 다시 시작한다. 미국 문화는 초보적인 단계부터 시작해서 결국 이기는 것이다. 그렇게 하려면 대체 어떤 태도가 필요하단 말인가? 그게 그들의 역사다. 그들은 텅 빈 대륙에 무작정 들어와서 할 수 있는 모든 걸 다 했다."[42] '기억상실증에 걸린 미국'이라는 말에서처럼, 미국에서는 날마다 새롭고 모든 위기가 다 '전례 없는' 상황이다. 중국인들의 제도적 기억과는 극도로 대조된다. 중국인들은 태양 아래 새로운 것은 아무것도 없다고 생각한다.

사실, 중국인들은 많은 문제가 그저 적절히 관리될 수 있을 뿐이며, 해결은 불가피하게 더 많은 문제를 낳는다고 믿는다. 따라서 어려움들은 장기적으로 존재하고 되풀이된다. 오늘날 그들이 직면하고 있는 문제들은 지난해, 지난 10년 혹은 심지어 지난 세기 동안에 서서히 진화되어온 과정의 결과다. 지금 취하는 새로운 정책 행위는 그 지속적인 진화에 영향을 줄 뿐이다. 예컨대 1949년 이후로 타이완은 베이징이 불량 민족주의자 집단이라고 생각하는 이들의 힘 아래 지배되어왔다. 중국 지도자들이 타이완은 여전히 중국의 일부라고 주장하지만, 그들은 기꺼이 이 섬을 중국으로 천천히 통합해낼 복잡한 경제적, 사회적 관계를 두텁게 만들어나가는 장기 전략을 추구해왔다.

투키디데스의 함정과 가장 연관성이 있는 미-중 간의 거리는 세계 질서에 대한 개념의 차이에서 나온다. 중국은 국내에서건 국제 관계에서건 위계 서열을 통한 조화를 믿는다. 베이징이 자국 시민들을 대하는 방식은 중국이 세계의 지배 세력이 되었을 때 다른 나라들과 어떻게 관계 맺을지를 암시해주는 유익한 본보기다. 미국의 민주적 이상은 외교정책으로까지만 이어진다. 일단, 미국인들은 근본적으로 자신들의 국내법에 기초하여 만들어진 국제법의 지배를 염원한다. 반면, 그들은 현실 세계에서는 약육강식의 논리가 지배하는 정글과 마찬가지로 힘의 논리가 지배함을 인정하고, 그런 세계에서 양이 되느니 차라리 사자가 되는 게 낫다고 여긴다. 워싱턴은 이런 이중적인 태도에서 오는 긴장을 해결하기 위해서 종종 '자비로운 패권국'인 미국이 입법자, 경찰, 재판관, 배심원 노릇을 하는 세계를 그린다.

미국은 다른 세력들이 '규칙에 기초한 국제질서'를 받아들이도록 설득한다. 그러나 중국의 눈에는 이것이 미국이 만든 규칙에 따른 질서이고 다른 나라들은 그 질서에 복종하는 것처럼 보인다. 합동참모본부의 전 의장 마틴 뎀프시Martin Dempsey는 중국이 보일 것으로 예상되는 분노에 익숙해졌다.

"중국인들을 대하면서 무척 흥미롭다고 생각했던 점들 중 하나는 그들과 국제 기준이나 국제적 행동 규칙에 대해서 대화를 나눌 때마다 그들은 반드시, 그런 규칙은 자신들이 세계무대에 없었을 때 만들어진 것이라고 지적한 일입니다."

뎀프시는 이어서 이렇게 논평했다.

"더 이상 그들이 세계무대에서 빠져 있는 상황이 아닌 만큼 이런 규칙들은 그들과 다시 협상할 필요가 있습니다."[43]

만약 문명의 차이가 갈수록 더 중요한 갈등의 원천이 된다는 헌팅턴의 생각이 옳다면(나는 그렇다고 믿는다), 오늘날 중국과 미국의 정치가들은 자신들이 합의할 수 있는 부분에 대해서 좀 더 겸허해져야 한다. 오해는 쉽지만 공감과 합의는 어렵다. 세계화된 세상에서 그리고 즉각적인 소통이 이루어지고 빠른 이동이 가능한, 매카트니의 사절단이 확실히 석기시대의 인물들처럼 보이게 만드는 시대에 '문명의 충돌'로 미래의 외교가 새로운 모습으로 전개되기도 할 테지만, 전쟁을 향한 길이 만들어질 수도 있다.

전략적 문화 충돌

헨리 키신저와 브렌트 스코크로프트에서부터 오바마 대통령의 국가안보 보좌관 톰 도닐런Tom Donilon에 이르기까지 미국의 정책 담당자들은 중국에 대한 미국의 정책 틀을 만들면서 중국 상대들이 군사력 사용에 대해서 어떻게 생각하는지 그 특징에 주목했다. 적을 공격할지 말지, 언제, 어떻게 할지를 결정하는 데 중국 지도자들은 대부분 합리적이고 실용적으로 행동해왔다. 따라서 '상황 논리'는 중국이 언제 미국에 대한 군사행동을 단념하는지 또는 위협이나 공격에 어떻게 반응할지를 파악하는 데 최선의 단초를 제공해준다. 그러나 그런 것을 넘어, 정책 담당자들과 분석가들은 대결 국면에서 중국이 어떤 전략적 행동을 취할 것인지를 예측하는 데 더 많은 단서를 제공해주는 다섯 가지 성향을 밝혔다.

우선, 전쟁 때건 평화로울 때건 중국의 전략은 대놓고 현실주의 논리를 따르는 데 아무 거리낌이 없다. 국제법적 차원에서든 종교적 명분이든 행동을 합리화해야 한다는 진지한 요구에 부담을 느끼지 않는다는 말이다. 따라서 중국 정부는 가차 없이 유연하게 행동할 수 있다. 근거에 따라야 한다는 제약을 별로 느끼지 못하고 일관성의 문제를 제기하는 비판에서 대체로 자유롭기 때문이다. 따라서 에컨대, 헨리 키신저가 중국에 도착했을 때 그는 교섭 담당자들이 이념으로 시야가 가려져 생각이 편협하지도 않고 자국의 국가이익을 두고 거칠 것 없이 솔직하다는 사실을 발견했다. 1973년에 닉슨과 키신저는 '명예로운 평화'를 내세우며 베트남전쟁을 끝내기로 타협하고 미국의 국내 정치 반응을 잠재우기 위해서 '적절한 휴지기'를 확약할 수밖에 없겠다고 느꼈던 반면, 마오는 공산국들 내에서 소련에 대한 중국의 입지를 강화하기 위해서 자본주의 국가인 미국과 관계를 수립하면서 마치 자신이 사회주의 인터내셔널 운동을 더 큰 차원으로 강화시키는 행위를 하고 있는 척 위선을 부릴 필요를 느끼지 못했다.

확실히, 국제정치에 실용적인 접근법으로 다가가는 중국이 미국에 비해 유리하다. 그런데 중국의 강박적일 정도로 전체론적인 전략 중심의 세계관 역시 마찬가지다. 중국의 전략가들은 모든 것들이 서로 연결되어 있다고 본다. 손자의 전통에서는 전략적 상황이 발생하는 맥락의 흐름이 중요하다. 그게 그 상황의 '세勢'를 결정하기 때문이다. 서양에서 '세'와 꼭 맞는 단어는 없지만, 어떤 상황에든지 내재하는, 주어진 특정 순간의 '잠재된 에너지'나 '추세'가 가장 근접한 설명이다. 이 말에는 지리, 지형, 날씨, 힘의 균형, 의외성, 사기士氣 등 많은 요소가 포함되어 있다. 키신저는 이렇게 설명한다.

"각 요소가 서로서로 영향을 미쳐서 상대적으로 유리한 방향으로 추세가 미묘하게 움직이게 되는 상황을 말한다."[44]

따라서 능수능란한 전략가는 대부분의 시간을 끈기 있게 "관찰하고 전략적 지형의 변화를 구축하는 데" 보내며 모든 면에서 최적인 상황에서만 움직인다. 그는 "활시위를 끝까지 팽팽하게 잡아당기고"(손자의 말로 표현하자면) 정확한 시점에 재빠르게 과녁을 맞히고, 도저히 멈출 수 없을 것 같은 추세로 "아래로" 밀고 내려오면서 마치 "계란을 으깨버리는 맷돌"처럼 적을 무너뜨린다.[45] 제3자에게는 그 결과가 불가피해 보인다. 중국학자 프랑수아 줄리앙François Jullien은, 만약 일류 전략가의 행동이 "가장 적절한 순간에 이루어진다면, 그 행동을 식별할 수조차 없다. 승리로 이끄는 과정은 행동이 이루어지기 훨씬 전에 이미 결정되어 있다"고 말한다.[46] 또는 손자의 말대로, "가파른 벼랑 위에서 돌을 굴려 떨어뜨릴 때처럼, 사용하는 힘은

미미하지만 그 결과는 엄청나다".⁴⁷

　중국 전략가들에게 전쟁은 일차적으로 심리적이고 정치적인 문제이며, 군사작전은 이차적인 문제다. 중국인들의 사고방식에서는 애초에 적이 사실을 어떻게 인식하는지가 사실 자체만큼이나 중요할 수 있다. 예컨대 자국의 문명이 너무도 우월하기 때문에 자기 나라가 '세계의 중심'이라는 이미지를 만들고 이를 유지해나간다면, 적들이 함부로 중국의 지배에 도전하지 못하리라는 식이다. 다른 나라들과는 비교조차 할 수 없을 정도인 중국 경제의 상대적인 규모 자체도, 무역을 허용하거나 금지하는 식의 방법을 통해서 다른 나라들을 누르는 데 일정한 역할을 한다. 만약 심리적 억지와 경제적 유인이 실패하면, 중국 국경 바깥의 오랑캐들을 서로 싸우도록 조종해서 중국을 제외한 모두가 가진 것을 잃게 만들 수도 있다. 적의 물리적 능력과 사기를 약화시키고 막다른 골목으로 몰아넣는 게 전투로 적을 무너뜨리는 것보다 훨씬 더 낫다.

　중국인들은 결정적인 전쟁을 통해서가 아니라 서서히 자신들의 입지를 향상시키도록 고안된 점진적인 방법을 통해서 승리를 얻으려고 한다. 키신저는 이렇게 말했다.

　"중국 정치가들은 단 한 차례의 도 아니면 모 식의 충돌 결과에 모든 것을 걸지 않았다. 오랜 세월 동인 공 을 들여서 작전을 전개하는 게 그들의 방식에 더 가까웠다. 서양 전통이 영웅주의적인 위업을 강조하면서 결정적인 힘의 충돌을 높게 평가하는 반면, 중국인들이 이상적으로 생각하는 것은 섬세하게 에둘러서 상대적인 이익을 끈기 있게 쌓아나가는 방식이다."⁴⁸

　이를 좀 더 이해하기 쉽도록 데이비드 라이David Lai는 체스 게임과 중국식 체스인 '웨이치weiqi'를 비교하여 설명한다. 종종 '고go'라고도 부르는('웨이치'와 '고'는 각각 바둑의 중국식 명칭과 일본식 명칭임—옮긴이) 이 게임은 체스가 중심부를 지배하고 상대를 무너뜨리는 게 목표인 것에 비해 상대를 둘러싸는 게 목표다. 체스의 마스터가 대여섯 수 앞을 본다면, 웨이치의 고수는 스무 수나 서른 수 앞을 본다. 중국의 전략가들은 상대와의 더 넓은 관계 속에서 모든 차원에 주의를 기울이면서 섣불리 승리를 향해 돌진하지 않고, 대신 점진적으로 유리한 부분들을 쌓아나가려고 한다. "서양 전통에서는 주로 힘의 사용에 방점이 찍혀 있고, 전쟁의 기술은 대체로 전장에 한정되어 있으며, 싸우는 방식도 서로 힘을 겨루는 방식으로 이루어진다"고 라이는 설명한다. 반대로, "'고' 뒤에 놓인 철학은 상대의 힘을 완전히 꺾어놓기보다는 상대적인 이익을 위해서 경쟁하는 것"이다. 라이는 지혜로운 충고를 해준다.

"체스를 하는 태도로 '고' 게임을 하는 것은 위험하다. 지나치게 공격적이 되어서 마구 뻗어나가다가 결국 힘이 달리고 전장에서 약점을 노출하게 되고 말기 때문이다."[49]

'회색 지대' 갈등(러시아에서는 '혼합 전쟁'이라고도 부르는)이라고 불리는 것에 관한 현재 미국인들의 논쟁은, 중국이 수 세기에 걸쳐서 전쟁의 50가지 이상의 그림자를 계발해오면서 실제로 전투력을 사용하는 방법을 최후의 대안으로 마련해둔 점을 명백히 무시한 채 진행되고 있다. 손자는 《병법*The Art of War*》에서 "최고의 승리는 싸우지 않고 적을 이기는 것"이라고 설명한다.[50] 중국의 역사는 서로 경쟁 관계에 있는 왕국들 사이의 정치적 격변과 투쟁으로 점철되어 있는 탓에, 전략가들이 싸움 외의 다른 방법을 선호하게 되었다.

물론 이런 전략적 성향을 인식하는 것은 첫 걸음에 불과하다. 중국과의 전쟁을 피하기 위해서 또는 갈등이 시작되고 나서 그 갈등을 해결해나갈 길을 찾기 위해서 미국 지도자들은, 서로 다른 전략적 관점을 지닌 워싱턴과 베이징이 제각기 어떻게 움직이게 될지 그리고 그 차이가 어떤 식의 충돌로 이어질지를 생각해볼 필요도 있을 것이다. 워싱턴과 베이징 모두 지금 가장 긴장이 고조된 곳이 남중국해라는 데 동의한다. 그곳에서 일어난 전략적 '착오'가 비극적 결과로 이어질 수도 있음을 제대로 이해하기 위해서는, 이 지역을 바라보는 중국의 관점을 충분히 알아야 한다.

중국은 중국해를 본다

중국은 지금 동아시아에서 자신들의 힘과 영향력을 회복하기 위해서 한창 노력 중이다. 그런 그들이 보기에, 이제 서태평양에서는 미국의 입지가 서서히 약화되고 있다. 중국은 이 퇴각을 가속화하기 위해서 갖은 노력을 다 하고 있지만, 이런 노력이 가장 가시적으로 진행되고 있는 곳은 남중국해다.

수십 년간 미국인들이 동아시아에서 큰 그림을 그리지 못한 것은 특히, 로버트 번스의 말을 빌리자면, "우리 자신을 다른 사람들이 우리를 보는 대로 보는" 일이 어려운 탓이다. 닉슨 이후로 모든 대통령이, 중국이 국제경제와 국제정치 질서 속으로 들어오는 것을 미국이 환영한다고 믿어왔다. 그러나 키신저가 솔직하게 밝히고 있는바, 자신이 만난 중국 지도자들은 하나같이 미국의 전략이 중국을 '누르는' 것이라고 믿는다고 한다. 중국은 미국의 의도를 매우 실용적인 관점으로 읽는 탓에, 오바마 행정부가 '중심축'을 유럽과 중동에서 아시아로 옮겼다고 매우 공개적으로 밝힌 것을 계기로, 중국의 이런 믿음은 오히려 더 강화되기만 했다. 국무장관 힐러리 클린턴은 2011년에 이런 변화를 다음과 같이 설명했다.

"제2차 세계대전 이후에 우리는 여러 제도와 관계를 통해서 포괄적이고 지속적인 범대서양 네트워크를 건설하고자 노력해왔습니다. 이 노력은 수없이 성공을 거두어왔고 앞으로도 그럴 것입니다. 그런데 이제는 미국이 태평양 세력의 일원으로서 그와 같은 노력을 기울일 때가 온 것입니다."[51]

중국 지도자들의 정치 현실주의적 사고방식을 생각한다면, 이런 선언이 중국에 미친 영향이 어떨지는 충분히 예상 가능하다. 이후의 외교적 만남에서도 그 영향은 뚜렷하게 드러날 것이다. 2014년에 케빈 러드와 브렌트 스코크로프트는 각자 따로 중국을 방문해서 긴 대화를 나누었는데, 두 정치가 모두 중국 지도부 사이에 이른바 충격적이고 정말 놀라운 '의견 일치'가 있다는 견해를 가지고 돌아왔다. 이들의 말에 따르면, 중국 지도자들은 미국이 중국을 다루는 큰 전략이 다섯가지 방식, 즉 중국을 고립시키고, 중국을 억누르고, 중국을 깎아내리고, 중국 내부를 분열시키고, 중국의 지도력을 방해하는 방식을 수반한다고 믿는다. 러드가 설명한 대로, 이런 확신은 "미국은 중국이 자유민주주의 국가가 아니라는 이유로, 지금까지 중국 정부의 정치적 정당성을 근본적으로 받아들이지 않아왔고 앞으로도 절대 받아들이지 않을 것이라는 중국의 결론에서 나온다". 더욱이, 러드에 따르면 이런 결론은, "미국이 중국을 아시아 지역과 세계에서 가장 강력한 세력으로 절대 인정하지 않으려 할 것이며, 이런 입장을 유지하기 위해서 힘닿는 모든 일을 다 할 것이라는 중국의 매우 확고하고 '현실적인' 결론에 근거를 두고" 있다.[52]

중국인들의 관점에서는 남중국해에서 미국이 중국에 대해 군사작전을 펼치는 것은 이런 관점이 옳음을 입증해주는 증거가 되기에 충분하고도 남는다. 중국인들의 눈에는 2013년에 분쟁 문제를 헤이그의 상설중재재판소로 가져가도록 필리핀에 권장한 일이나, 필리핀에 유리한 재판소의 판결을 중국이 묵살했을 때 일제히 중국을 비난하는 목소리를 내도록 주도한 일 그리고 이 일대에서 대대적인 주목을 끌면서 운항의 자유 작전을 실행한 일이 모두 미국이 중국에 대해 펼친 군사작전에 포함된다. 이렇게 미국은 계속해서 체스 게임을 하는 반면, 중국은 바둑판의 돌을 다시 배열하여 이 인근 극장에 서서히 그러나 압도적인 변화를 가져오기 위해서, 그리하여 이런 갑작스런 등장 행위를 끝장내기 위해서 체계적으로 노력하고 있다.

지금 남중국해에서 펼쳐지고 있는 대결은 두 나라의 기본적인 전략적 전제와 맹점들에 의해 그 방향이 정해질 것이다. 따라서 중국이 택할 경로, 특히 중국이 자신들의 이익을 위해서 치명적인 군사행동을 할지 그렇지 않을지 또는 언제 할지를 가늠할 때, 우리는 중국의 문명, 문화, 전략적 전통에서 과연 어떤 실마리를 찾아낼 수 있을까?

우선 중국은 남중국해에서 부닥친 미국과의 교착상태를 역사 발전의 일부로 이해하고, 미래의 모습이 지리, 경제, 끊임없는 관심 등에 의해서 결정되리라고 기대하면서, 이를 장기적 차원의 문제로 가져갈 것이 분명해 보인다. 따라서 중국인들은 미국과의 '장기적 게임'에 인내심을 가지고 대처할 것이다. 이 경쟁에서 그들은 천천히 조금씩 이익을 취해나가고 있으며, 결국에는 이 지역에서 완전히 미국을 이기게 될 것이라고 자신하고 있다. 미국이 가끔씩 남중국해나 동중국해에서 일어나는 일에 집착하지만, 중국은 미국이 결국에는 중동에서 현재 진행 중인 전쟁이나 유럽에 대한 러시아의 위협, 혹은 국내 문제로 중심축을 되돌리게 되리라는 기대를 품고 있을 것이다.

또, 중국 정부가 중국과 미국 간 군사력의 차이를 평가하는 데 매서울 정도로 현실적이며, 따라서 어떤 잠재적인 군사적 접촉 결과를 예측하는 데에도 마찬가지일 것이라고 가정하는 게 안전하다. 중국의 군사력이 미국의 군사력을 따라잡는 데는 10년 혹은 그 이상의 시간이 더 걸릴 것이므로, 중국과 가장 가까운 영역에서도 베이징은 미국을 대상으로 치명적인 무력을 사용하는 데는 조심스럽고 신중할 것이다. 대신 중국은 바둑을 두듯이, 남중국해에 있는 섬이나 바다와 관련된 사실을 점점 바꾸어나가고, 저항에 부딪히면 그에 맞추어 적절히 조종해나가면서 압도적인 유리함을 쌓아나가는 방식으로 최종적인 승리를 거두게 될 것이다.

더욱이 중국은 '전략적'으로도 자신들의 특징을 살려서, 전투에서의 승리가 아니라 국가적인 목표를 달성하는 외교정책을 편성하는 데에 부차적인 도구로 군사력을 취급할 것이다. 중국은 이웃 국가들과 외교적, 경제적 연결고리를 더 강화하여 이들 나라가 중국에 더 깊숙이 의존하도록 만들 것이다. 그리고 경제적 지렛대를 사용하여 다른 문제들에 대해서 협력을 촉구(또는 강제)할 것이다. 이런 식으로 중국은 주변 지역에 영향력을 늘려나가는 한편, 이들 나라와 미국의 관계를 약화시키고 싶어 한다. 심지어 자국을 상대로 다른 국가들이 연합하는 것을 막기 위해서 '이이제이以夷制夷 전략'을 쓰려고 할지도 모른다. 예컨대 일본과 남한 또는 러시아와 미국을 이간질하는 것이다. 그동안 베이징이 힘의 우위를 확실하게 확보하여, 그 지역의 다른 나라들은 중국의 지배를 벗어나지 못할 뿐 아니라 거부할 수 없는 현실로 그냥 받아들일 수밖에 없게 될 것이다.

중국이 전쟁을 마지막 보루로 여기기는 하지만, 만약 중국이 장기적 추세가 더 이상 자신들의 입맛에 맞게 흘러가지 않고 자신들이 협상력을 잃어가고 있다고 결론짓는다면 적에게 교훈을 주기 위해서 제한적으로 군사적 충돌을 일으킬 수도 있다. 정치학자 테일러 프레이블Taylor Fravel이 1949년 이후에 벌어진 스물세 개의 영토 분쟁 사례에 관한 연구에서 보여주었듯이, 중국이 무력을 사용한 예는 단 세 차례뿐이었다. 이 사례들에서, 중국은 국내 상황이 불안정한 시기에, 상대국이 자국을 상대로 힘의 균형을 변화시키고 있다고 믿는 경우에 무력에 기대는 경향이 있음을 알 수 있다. 또 1962년의 인도에 대한 공격, 1969년의 소련에 대한 공격 그리고 1979년의 베트남에 대한 공격을 분석한 결과, 중국이 힘이 비슷하거나 더 센 상대에 대해서 군사력을 사용하는 경향이 있는 반면 약한 상대와는 협상을 하려는 의지가 더 강하다는 사실도 드러난다.[53]

요컨대, 남중국해의 상황이 전반적으로 중국에게 유리한 쪽으로 전개되는 한 군사력을 사용하지 않을 가능성이 높을 것 같다. 하지만 만약에 특히 국내 정치적 상황이 불안한 시기에 힘 관계가 불리한 쪽으로 변한다면 적이 미국처럼 더 크고 더 강한 나라일지라도 중국은 즉각 군사적 충돌을 감행할 가능성이 있다. 그런 충돌이 어떻게 발생할 수 있는지에 대해서는 다음 장에서 다루도록 하겠다.

8.

전쟁을 향하여

전쟁에 뛰어들기 전에 먼저, 미처 예상치 못했던 일이 얼마나 엄청난 영향을 미칠 수 있는지부터 한번 생각해보십시오. 전쟁을 할 때 흔히 저지르는 실수가 바로, 적절치 않은 시점에 먼저 행동부터 하고 나서 재앙이 일어나기를 기다리는 것입니다.
_투키디데스, 아테네 대사가 스파르타 의회에서 한 연설, 기원전 432년

어떤 전쟁이든지 쉽고 매끄럽게 진행될 거라고는 절대로, 절대로, 절대로 믿지 마라. 이것은 새로운 길을 찾아 항해를 시작하는 사람이 앞으로 만날 조류와 허리케인을 예측할 수 있다고 믿는 격이다. 전쟁을 향한 충동에 굴복하는 정치가는 이 사실을 알아야 한다. 일단 신호가 떨어지고 나면, 그 순간부터 자신은 더 이상 정책의 주인이 아니라 미리 예측하지도 통제하지도 못하는 사건들의 노예가 된다는 사실을. _윈스턴 처칠

전쟁은 우발성이 지배하는 영역이다. 다른 어떤 인간 활동도 우발성이 차지하는 공간이 이처럼 많지는 않을 것이다. 전쟁은 모든 환경의 불확실성을 늘리고 일의 진로를 모조리 흐트러뜨려 놓는다. _카를 폰 클라우제비츠Carl von Clausewitz

오랜 내전을 치른 뒤에 아직 자기 나라조차 제대로 다잡지 못하고 있는 중국의 지도자가 과연, 5년 전에 원자폭탄을 떨어뜨려서 일본을 으스러뜨리고 제2차 세계대전을 종결시킨 초강대국을 함부로 공격할까? 1950년에 미국 군대가 북한군을 중국 국경 근처까지 밀어붙인 상황에서 그런 일이 일어날 수 있으리라고는 더글러스 맥아더Douglas MacArther 장군으로서는 상상

조차 할 수 없었다. 그러나 마오는 공격을 감행했다. 맥아더는 너무 놀라 할 말을 잃고 말았다. 중국 군대는 빠른 속도로 미국 군대를 제압하고, 전쟁이 시작되기 전에 남북을 가르고 있었던 지점까지 밀고 내려왔다. 38선은 지금까지도 남북한을 가르는 국경선으로 남아 있다. 전쟁이 끝날 무렵에는 전사자가 거의 300만 명에 달했고 그중에는 미국 군인 3만 6,000명도 포함되어 있었다.

1969년에 소련 지도자들 역시, 중국이 핵 능력이 압도적으로 우세한 나라에 선제공격을 감행하는 방식으로 사소한 국경분쟁에 대응하리라고는 상상도 하지 못했다. 그러나 그게 바로 마오가 국경 부근에서 중소中蘇 전쟁을 시작했을 때 한 일이었다. 중국이 둔 첫 수는 전 세계에 중국의 '적극적인 방어' 원칙을 보여주었다. 마오는 분명한 메시지, 즉 중국은 자기 나라를 완전히 지도에서 지워버릴 수 있는 적 앞에서도 절대 위축되지 않으리라는 메시지를 보냈다.

그 뒤로 남중국해에서 발생한 미국과 중국 전함의 충돌, 타이완의 독립국가 운동, 아무도 살고 싶어 하지 않는 섬들을 두고 중국과 일본 간에 벌어진 분쟁, 불안한 북한, 심지어 점점 늘어가는 경제적 다툼이 중국과 미국 어느 쪽도 원치 않는 전쟁을 촉발시킬 가능성이 있을까? 대부분의 독자들에게는 상상하기 힘들어 보일지노 노른나. 어느 쪽이 이기든지 간에, 전쟁으로 얻는 이익과 이를 위해 치러야 하는 대가가 심각하게 균형이 안 맞을 것이 너무도 분명하기 때문이다.[1] 대부분 해상과 공중에서 치러지는 비-핵전쟁조차도 양측에 수천 명의 전사자를 낼 것이다. 게다가 경제적 영향도 엄청날 것이다. 랜드연구소가 2016년에 실시한 연구에 따르면, 비-핵전쟁이 1년만 지속되어도 미국의 GDP는 10퍼센트, 중국의 GDP는 35퍼센트나 하락할 수 있으며, 양측 모두 대공황에 빠질 가능성이 높다.[2] 만약 핵전쟁으로 이어진다면 두 나라 모두 완전히 폐허가 되어버릴 수 있다.

그러나 현명하지 못하다거나 바람직하지 못하다는 말이 곧 불가능하다는 말은 아니다. 전쟁은 지도자가 전쟁을 피하겠다고 단단히 마음먹고 있을 때에도 일어날 수 있는 법이다. 다른 나라에서 일어나는 사건이나 행동이 선택의 폭을 좁혀놓은 탓에, 지도자가 받아들일 수 없는 대안을 순순히 받아들이는 대신 전쟁의 위험을 무릅쓰는 선택을 해야 할 때도 있는 것이다. 페리클레스는 스파르타와의 전쟁을 원치 않았다. 러시아 황제도 영국과 전쟁을 하려는 게 아니었다. 1950년에 김일성이 남한을 공격하겠다고 했을 때 마오는 처음에는 역풍을 우려해서 공격에 반대했다. 그러나 우연한 사건들 탓에 지도자가 차악과 최악의 위험 사이에서 선택해야 하는 경우가 많다. 그리고 일단 군사 체계가 가동되기 시작하면 오해, 계산착오, 얽히고설킨 관계 등으로 애초에 누구도 의도하지 않았던 범위의 충돌로까지 이어질 수 있다.

이런 위험을 더 잘 이해하기 위해서 워싱턴과 베이징은 각종 예측 시나리오와 모의실험과 전쟁 게임을 개발해왔다. 이런 위험한 상황은 불시의 사건이나 사고로 시작되는 경우가 많다. 중국이나 미국에서 상황을 조종하는 역할을 맡은 사람들은 바로 그런 조건에서 이런저런 행동을 한다. 그런데 그들은 사소한 불씨가 얼마나 자주 그리고 쉽사리 큰 전쟁으로 이어지는지를 발견하고 한두 번 놀라는 게 아니다. 이 장은 중국이 국지전을 일으킨 네 차례의 역사적 사례를 검토하고, 전쟁 전략가들이 갈등의 원천을 이해하기 위해서 연구한 네 가지 개념을 요약할 것이다. 그리고 지금의 두 강국 간에 있을 법한 전쟁 발발 경로 다섯 가지를 설명할 것이다.

한국, 1950~53. 1950년 6월 25일, 김일성(지금의 북한 지도자 김정은의 조부)이 남한을 기습 공격했다. 북한은 나흘째 되던 날 남한의 수도인 서울을 장악했다. 그리고 한 달 만에 남한은 거의 굴복하기 일보 직전의 상황이 되었다.

때마침 미국 군대가 주축을 이룬 유엔군이 남한을 구하기 위해 도착했다. 일본에서 연합군 최고사령관이었던 더글러스 맥아더 장군이 이끄는 미국의 세 개 군단이 일본의 상당 부분을 파괴한 전적이 있는 B-26과 B-29 폭격기를 이끌고 전쟁에 참가했다. 석 달 만에 그들은 북한을 38선까지 다시 밀어붙였다.

크리스마스까지는 전쟁이 끝나리라 기대하면서 중국이 어떻게 나올지에 대해서는 별다른 생각도 없이 맥아더 군대는 38선을 넘어 북한과 중국의 국경이 있는 압록강까지 빠른 속도로 진격했다. 마침내 한국은 서울에 미국의 지지를 받는 통일 정부가 들어서려는 참이었다. 중국이 선전을 통하여 반복해서 내보내는 경고와 포로로 잡힌 중국 군인들로부터 새어나온 군사작전의 조짐을 무시하면서, 미국 정보 장교들은 중국이 북한을 위해서 개입할 가능성을 배제했다. 중국 내전이 끝난 지 1년이 채 안 된 상황이었기 때문이다. 그 무지막지한 충돌은 나라를 갈가리 찢어놓았고 무려 3500만 명의 목숨을 앗아갔다.[3] 아직 전쟁의 여파가 채 가시지도 않은 체제가 무엇 때문에 자국의 존망을 걸고 제국주의 세력인 일본을 조건 없이 굴복하게 만든 핵보유국을 공격한단 말인가?[4]

그러나 11월 초 어느 날, 맥아더는 30만 중국 전위부대가 미국과 동맹 세력을 완전히 꺾어놓는 모습을 보게 되었다. 허를 찔린 미군은 심각한 손실을 입었다. 미 제1기갑연대는 근접 전투에서 단 몇 시간 만에 600명의 목숨을 잃었다. 이후 수주 만에, 맥아더와 그의 동료 사령관들이 '농민 군대'라고 무시했던 군대가 연합군의 진격을 중단시켰을 뿐 아니라 유엔연합군을 이기고 다시 38선까지 되돌아가게 만들었다.[5]

자신이 이겼다고 생각했던 전쟁에서 지게 된 맥아더는 해리 트루먼Harry Truman 대통령에게 중국에 핵무기를 사용하게 허락해달라고 요청했다.[6] 트루먼은 이 5성급 독불장군의 계획을 받아들이는 대신에 그의 사령관 자리를 박탈했다. 전쟁은 교착상태로 2년을 더 끌고 난 1953년에야 마침내 트루먼의 뒤를 이어 대통령으로 당선된 드와이트 아이젠하워Dwight Eisenhower에 의해서 휴전협정을 맺고 끝났다. 역사학자 시어도어 리드 페렌바크Theodor Reed Fehrenbach는 "100년 이상 중국 군대는 경멸의 대상이었다. 기술도 수단도 싸울 의지도 없었다"[7]고 지적한 바 있지만, 더 이상 그것은 사실이 아니었다.

중-소 국경 분쟁, 1969. 미국과 연합군에게 큰 충격을 안겼던 겨울이 지나고 19년 뒤에, 중국은 다시 세계 제2의 초강대국을 제압했다. 1960년대 후반에 시베리아의 꽁꽁 얼어 있는 우수리강을 따라 형성된 국경 분쟁 지대에서 일련의 사소한 사건들이 이어지다가 양국 간의 긴장이 절정에 달했을 때 결국 두 나라가 충돌하고 말았다. 마오는 소련 군대가 '움직이고' 있다고 주장했다. 〈인민일보〉는 소련이 이 일대에 "중국을 포위하는 고리"를 만들기 위해서 군사력을 "계속해서" 늘려오고 있다고 보도했다.[8]

대응에 대응을 거듭하면서 양측 모두 국경지대에 군사력을 늘려갔다. 중국의 병력은 65만 이상에 달했고 소련군은 29만 명에 1,200대의 전투기가 투입되었다. 마오는 '인간의 힘과 사기를 겨루는 장'이 될 대규모 '인민 전쟁'

이 벌어질 것이라고 위협했다. 러시아를 버리고 서방으로 망명한 전 러시아 최고위급 관리 아르카디 세브첸코Arkady Shevchenko에 따르면, 소련 정치국은 "수백만 중국인들이 밀고 들어오는 악몽 같은 광경을 떠올리며" 공포에 휩싸였으며, 소련 지도자들은 "거의 제정신이 아닌 상태"가 되었다고 한다.[9]

군비로 보나 훈련 상태로 보나 당시에는 소련군이 훨씬 앞선 상태였고, 공군력은 확실히 소련이 우위를 점하고 있었다. 더욱이 그들은 1만 개가 넘는 핵무기를 보유하고 있었으며, 여기에는 모스크바가 국경 지대에 배치해 둔 500킬로톤짜리 SS-12 전술핵미사일도 포함되어 있었다. 중국도 1964년에 핵무기를 시험하는 단계까지 갔지만 소량의 탄두만을 개발했을 뿐, 아직 모스크바까지 이를 날려보낼 능력은 없는 상태였다. 1968년 11월까지도 마오는, 중국이 "어떤 의미에서는 아직도 핵보유국이 아니다. 이렇게 소량의 핵무기로는 핵보유국이라고 할 수가 없다. 우리가 지금 전쟁을 한다면 재래식 무기로 싸워야 한다"고 시인했다.[10] 소련의 군 지도자 다수는 선제 핵공격이 갈수록 커지는 중국의 위협을 끝장내는 유일한 방법이라고 믿었다. 사실 소련은 중국을 공격하는 방법을 진지하게 고려했다. 그럴 경우에 미국이 어떻게 행동할 것인지를 가늠해보려고 닉슨 정부에 조용히 접근해서 분위기를 파악할 정도였다. 나중에 키신저와 미국 안보보좌관이 차례로 떠올렸듯이, 당시에 "소련은 우리가 파악했던 것보다 훨씬 더 선제공격에 가까이 다가가 있었다".[11] 워싱턴이 그런 일이 발생할 경우에는 결코 좌시하지 않겠다고 경고한 뒤에야 모스크바는 이 방법을 일단 보류하는 쪽을 택했다.[12]

그런데도 분노한 소련의 모습을 본 마오는 아무도 미처 예상치 못한 전략을 택했다. 먼저 곰을 쿡 찌른 것이다. 중국군은 "최대한 불시에" 공격을 해서 모스크바에 "쓴맛"을 보여주겠다는 전략을 세웠다.[13] 1969년 3월 2일에 인민해방군은 우수리강에 있는 젠바오섬에서 국경 근방에 주둔 중이던 소련군을 기습 공격하고, 이어서 곧바로 2차 공격을 감행하여 91명의 소련군 전사자를 냈다. 중국군 희생자는 30명에 그쳤다.[14]

중국은 왜 그토록 무모한 첫 수를 뒀을까? 마오에게 이 공격은 마지막 수단을 이용한 방어 행동이었다. 즉 "적극적인 방어"라는 중국의 광범위한 전략 개념, 혹은 마오가 "단호한 개입을 통한 방어"라고 설명한 것을 행동으로 옮긴 것이었다.[15] 중국인들이 기습 공격을 계획한 것은 군사적 승리보다는 심리적 충격을 주기 위해서였다. 마이클 거슨Michael Gerson의 결론대로, 그 목적은 "앞으로 소련이 중국에 대해서 공격적이거나 강압적인 행동을 하는 것을 저지하고", "소련이 위협적인 행동을 할 기미를 보이는 것에 중국이 대담하고 결연하며 강하게 대처하겠다는 점을 강력하게 보여주는" 데 있었다.[16]

타이완 해협 위기, 1996. 마오 이후에도 중국은, 적에게 강한 메시지를 전달하기 위해서 더 큰 전쟁의 위협을 무릅쓰는 방식으로 선택적 군사행동을 계속했다. 1996년에 타이완 총통 리덩후이李登輝가 '하나의 중국' 원칙을 약화시키고 독립을 공고화할 것을 두려워한 베이징은 또다시 군사적 방법을 선택했다. 중국은 타이완의 1996년 선거에서 리덩후이를 패배시키기 위하여 미사일 세례를 퍼부어, 타이완섬을 고립시키고 타이완이 의존하고 있는 상업 선박의 운행을 위협했다. 이런 방법으로 타이완 유권자들의 선택에 영향을 줄 수 있다고 생각했기 때문이다.

이 경우에는 클린턴 행정부의 강력한 대처가 중국을 놀라게 했다. 미국은 타이완을 돕기 위해서 항공모함 '니미츠'와 '인디펜던스'를 보냈다. 중국은 뒤로 물러섰다. 사실, 타이완 유권자들을 뒤흔들어놓으려던 중국의 시도는 오히려 역효과를 가져왔다. 리덩후이가 선거에서 이기고 미국과 타이완의 유대는 더 강해지고 말았다.[17] 하지만 베이징의 오판으로 미국의 군사 전략가들에게는, 공격적인 벼랑 끝 전술을 선호하는 중국인들의 성향이 우발적인 사건이나 오해와 결합될 경우에는 전쟁이 발발할 수도 있다는 인식이 더 강해졌다.[18]

중국해, 지금. 7장에서 지적했듯이, 중국 지도자들은 자신들의 해안에서 중국해를 바라본다. 그들의 시각에서는 자신들의 바다에 계속해서 미 해군함정이 떠다니고 국경 근방에 날마다 정찰기가 날아다니는 게 온당치 않아 보인다. 제2차 세계대전의 유물은 달갑지 않다. 중국은 어느 정도 능력을 갖추고 나서부터 강제력을 동원해서 미국을 물러나게 하려고 했다. 예컨대 2013년 12월에 인민해방군의 첫 항공모함 '랴오닝'이 처음으로 배치되었을 때 미사일 순양함 '카우펜스'가 이를 관찰하고 있던 중, 카우펜스함의 함장이 랴오닝함의 사령관으로부터 그 지역을 떠나라는 강력한 메시지를 받는 일이 있었다. 카우펜스함 함장은 자신이 국제 공해상에서 적절하고 합법적인 임무를 수행하고 있는 중이라는 말로 대응했지만, 인민해방군의 군함은 카우펜스함 앞을 가로막고 함장에게 배를 늘이받는지 아니면 회피 행동을 하든지 하는 두 가지 행동 중 하나만 선택하라고 말했다. 회피 행동을 한다면 당장 충돌은 피하겠지만 중국인들에게는 퇴각으로 보일 터였다. 함장은 후자를 택했다.[19]

카우펜스함 사건은 인민해방군 해군의 전함 및 전투기가 고의적인 도발을 일으킨 최근의 사건들 중 하나다. 그들이 '우발적인' 충돌이 일어날 위험을 무릅쓰고 이런 도발을 일으키는 것은 미국 장성들의 한계가 어디까지인지를 시험하기 위해서다. 미 해군은 자국의 함정들에 대결을 피하고 이런 전략과 맞닥뜨리는 상황에서는 긴장을 단계적으로 줄여나가라고 지시했다. 그러나 늘 의도대로 일이 풀리지는 않았다. 2001년 4월에 하이난섬 근처 상공을 비행하고 있던 미국의 정찰기가 이 정찰기를 방해하려던 중국 전투기와 충돌하는 일이 발생했다. 중국 전투기는 베이징이 미국 정찰기의 정보 수집 활동을 용납하지 않겠다는 의지를 보여주기 위해서 내보낸 것이었다. 중국 전투기 조종사는 전사했고, 미국 조종사는 중국 영토에 강제 불시착을 당했다. 이 사건으로 조지 W. 부시George W. Bush 정부는 첫 번째 국제 위기를 맞게 되었다. 중국에 비상착륙하게 된 미 공군 병사들은 중국에 억류되었다가 열흘 만에 풀려났다. 그러나 중국은 정찰기를 더 오랫동안 돌려주지 않으면서 이 일을 일급비밀에 해당하는 정찰 기술을 빼내는 기회로 삼았다. 이 사건 이후로 인민해방군은 인접 해상의 풍경과 균형을 바꾸어놓았다. 중국은 남중국해 여기저기에 인공 섬을 건설하고 미사일 포대를 배치하고 이착륙장을 건설하여, 이 중요한 바닷길에서 새로운 사실들을 만들어내는 방법으로 미국의 군사력을 더 크게 위협하고 있는 중이다.

이 네 가지 사례로부터 중국이 언제, 어떻게 군사력을 사용할지를 추측할 때, 만약 우리가 그들의 입장이라면 어떻게 할지를 묻는 것만으로는 충분치 않다는 사실을 알 수 있다. 중국 지도자들에게 군사행동은 거시적인 차원에서 진행되는 개입 활동의 한 방법이다. 그들에게 군사력은, 자신들보다 더 강하지만 자신들처럼 행동하지 않았을 적을 놀라게 하기 위해서 선제적으로 사용할 수도 있는 수단이라고 할 수 있다.

불꽃, 배경 조건, 촉매 그리고 단계적 확대

전쟁 시나리오에서 분석가들은 미 산림국에서 흔히 쓰는 기본 개념을 사용한다. 방화범에 의한 화재는 전체 화재의 아주 작은 부분을 차지할 뿐이다. 버려진 담배꽁초, 다 꺼지지 않은 모닥불, 산업 현장에서 일어난 사고, 번개가 훨씬 더 흔한 화재 원인이다. 다행히도 숲에서건 국가들 간의 관계에서건, 대부분의 불꽃은 화염으로까지 번지지 않고 저절로 꺼진다.

어떤 불씨가 화재로 번질지를 결정하는 것은 배경 조건인 경우가 많다. 산불예방캠페인 조직인 스모키 베어가 내세우는 경고문 "당신만이 숲의 화재를 예방할 수 있다"는 캠핑객들과 등산객들을 향한 것이지만, 산림국은 오랜 건조기나 뜨거운 날씨가 이어진 뒤에도 경고문을 붙이며 화재 위험이 높은 지역은 문을 닫기도 한다. 이에 더하여, 인화성 화학물질 저장소, 프로판 가스 저장소, 가스 창고 등을 규제하고 기상 조건이 나빠지면 단속을 극도로 강화한다.

오늘날 중국과 미국 간의 관계에서 의미 있는 배경 조건은 지리, 문화, 역사에서부터 각 정부가 최근의 군사행동 사례에서 얻은 교훈에 이르기까지 다양하다. 독일과 영국의 경우와는 달리, 미국과 중국은 서로 지구의 반대편에 위치해 있다. 중국 전략가들은 그 사실을 시적하면서 가끔씩 미국을 향해, 지금 카리브해에서 미국 배와 중국 배가 충돌 사고를 일으킬 일은 거의 없다고 비꼬는 투로 상기시킨다. 그들은, 만약 미 해군이 그 예를 따라 자국이 위치한 대륙 주변에 머물러 있기만 한다면 그들이 동중국해와 남중국해에서 중국 배와 충돌할 염려는 할 필요가 없으리라고 말한다. 더욱이, 펜타곤 전략가들이 '거리의 독재'라고 부르는 조건 탓에, 이들 바다에서 과연 미국이 중국에 맞서서 군사행동을 지속할 수 있는 능력이 있는지 의문이 제기되고 있는 실정이다.

그러나 가장 많은 영향을 미치는 배경 조건은 오늘날 중국과 미국이 그대로 보여주고 있는, 신흥 세력과 지배 세력 간의 투키디데스 현상들이다. 사실 중국이 겪어온 굴욕의 한 세기를, 특히 일본 침략자와 정복자들에게 낭한 참극에 중국이 느꼈던 분노를 생각해보면, 이런 현상들이 더 첨예하다는 사실을 알 수 있다. 그래서 동중국해의 섬들을 두고 일본과 중국이 벌이는 다툼은 특히 위험하다. 아베 신조安倍晋三 총리의 정부나 그 후임 정부가 평화헌법을 수정하고 군사 능력을 강화하는 데 성공한다면, 그래서 분쟁 대상인 섬들에 군대를 동원한 상륙작전을 감행하기라도 한다면 중국도 더 이상 보고만 있지는 않을 것이다.

"역사는 국가의 기억이다."[20]

키신저가 자신의 첫 책에 쓴 말이다. 이 기억은 차후에 국가가 일련의 결정을 해나가는 데 엄청난 영향을 미친다. 제2차 세계대전 이후에 미국이 참가한 다섯 차례의 주요 전쟁 중에 네 차례를 지거나 최소한 이기는 데 실패했다는 것은 미국과 중국군 모두 공히 인정하는 사실이다.[21] (한국에서는 기껏해야 비겼고, 베트남에서는 졌으며, 이라크와 아프가니스탄에서도 그다지 좋은 결말을 보기 어려워 보인다. 1991년에 조지 W. 부시 대통령이 사담 후세인의 이라크를 쿠웨이트에서 내쫓은 전쟁만이 확실한 승리라고 말할 수 있다.) 전 국방장관 로버트 게이츠Robert Gates는 이 기록을 되새기면서 명백한 사실을 말했다.

"내 생각에, 앞으로 또다시 대통령에게 아시아나 중동이나 아프리카로 대규모 육군 병력을 파병하라고 조언하는 국방장관이 있다면 그 사람은 '뇌를 검사해봐야' 한다. 맥아더 장군 역시 이런 내용을 조심스레 표현한 적이 있다."[22]

최근 수십 년 동안 미국인들은 (그리고 미국 군대를 전쟁에 내보낼지 여부를 결정하는 정책 전문가들은) 전투에서 미국인들이 목숨을 잃는 것에 대해서 전에 없이 불관용적인 태도를 보이기도 했다. 이처럼 사상자를 내지 않으려는 태도의 영향은 매우 크다. 군사 전략가들은 이제 군인들의 목숨을 위태롭게 하는 작전은 완전히 배제하고, 정치가들은 승리에 관한 말은 점점 덜 하는 대신 군대의 보호에 관한 이야기는 점점 더 많이 한다. 중국 지도자들은 이 사실을 알고 있으며, 그들의 전략에도 이 점을 반영했다. 비공식적인 대화 도중에, 수백 명의 잉여 미혼 남성이 나라를 위해서 죽을 준비가 되어 있다는 이야기를 우스갯소리랍시고 한 사람들이 있을 정도다.

마치 성냥불에 가솔린이 더해졌을 때처럼, 우연한 충돌이나 제3자에 의한 도발이 여러 가지 촉매들 탓에 전쟁으로 이어질 수 있다. 클라우제비츠가 포착한, 일명 '전쟁의 안개'라는 촉매 덩어리도 그 한 예다. 클라우제비츠는 《전쟁론 On War》(정토웅 옮김, 지만지, 2014-옮긴이)에서, 전쟁을 '우연적인 사건'으로 본 투키디데스의 전쟁에 관한 통찰을 확장하여, "전쟁은 불확실성이 지배하는 영역이다. 전쟁에서 취하는 행동의 요인들 가운데 4분의 3이 크고 작은 불확실성이라는 안개 속에 싸여 있다"라고 논평했다.[23] 이런 심각한 불확실성 탓에, 전체 사실을 제대로 파악했다면 좀 더 조심스럽게 행동했을 상황에서 전쟁사령부나 정책 결정자들이 공격적으로 행동할 가능성이 있는 것이다. 물론, 그 반대의 경우도 있다.

1964년에 북베트남 어뢰정이 통킹만에서 정보 수집 활동 중이던 미 해군 구축함 '매덕스'를 공격한 지 이틀 뒤에, 미 정보국은 북베트남 어뢰정의 2차 공격을 보고했다. 이 북베트남의 대범함에 자극 받은, 당시의 국방장관 로버트 맥나마라는 의회를 상대로 사실상 북베트남에 대한 전쟁 포고인 통킹만 결의를 통과해달라고 다각도로 설득하는 일을 주도했다. 2차 공격에 대한 보고가 잘못된 정보였음을 맥나마라가 알게 된 것은 수십 년이 지나고 나서였다. 맥나마라에 따르면, "결국 존슨 대통령은 실제 일어나지도 않은 2차 공격에 대응하겠다는 생각으로 폭격을 재가했다"고 한다. 요컨대, 미국이 베트남에서 실패의 길로 접어드는 데 잘못된 정보가 핵심 역할을 한 것이다.[24]

'충격과 공포'를 약속하는 파괴적인 무기의 출현은 혼란과 불확실성을 훨씬 더 악화시킨다. 이를테면 데이터와 통신에 필수적이 된 위성 같은, 지휘-통제 시스템을 공격함으로써 한 국가의 군사 명령 시스템을 마비시킬 수 있다. 1991년에 미국이 후세인과 벌인 '사막 폭풍' 전쟁이 이런 방식을 최초로 사용한 사례였다. 미군은 사담의 정보부를 파괴하고 그와 전장에 있는 사령관들을 연결하는 통신망을 차단했다. 고립된 그의 군대는 잠복 상태에 들어갔으나 미 공격기들은 이라크 군대를, 일부 조종사들의 표현에 따르면 "통 안에 든 물고기를 쏘듯이" 공격했다.

위성 공격용 무기는 군사 전략가들이 미-중 충돌에서 큰 역할을 할 것으로 예상하는 촉매 중 하나다. 오랫동안 과학소설의 주제로 이용되어온 위성 공격용 무기가 지금은 현실이 된 것이다. 2007년에 중국은 기상위성 하나를 파괴하는 데 성공했고, 이후 중국은 그보다는 덜 극적인 방식으로 자신들의 위성 공격용 무기를 정기적으로 시험해오고 있다. 인공위성은, 적의 탄도미사일 발사를 경고하고 지도나 일기예보를 제공하는 일에서부터 작전을 세우는 일에 이르기까지 미국의 모든 군사적 노력에 핵심적인 역할을 한다. 군사적 정확도를 요하는 거의 모든 무기들이 '정확성'을 갖추고, 전함이나 전투기나 육상 군장비가 전장 내에서 자신의 위치를 파악할 수 있는 것도 모두 위치 파악용 위성들 덕분이다. 미국은 다른 어떤 경쟁국들보다도 이런 기술에 더 많이 의존한다. 이 기술 없이는 총사령관이 육상의 소대들이나 해상 위의 전함들을 비롯한 어떤 이들에게도 명령을 전달할 수 없다. 위성 공격용 무기는 목표물을 물리적으로 파괴하고 그 파편들이 우주 궤도를 따라 떠다니게 만드는 '동적인' 방법에서부터, 레이저를 이용해서 위성이 제 기능을 못하도록 송수신 기능을 차단해버리는 더 조용한 방법에 이르기까지 다양하다.

사이버 공간에는 기술을 파괴적으로 변형할 수 있는 기회가 더 많다. 이 방식은 효과가 크기도 하지만, 다른 한편으로는 그 효과가 걷잡을 수 없는 상태까지 퍼져나갈 위험도 있다. 사이버 공격의 종류는 매우 다양하며 끊임없이 진화하고 있는 중이다. 사실 이란의 핵무기 개발 계획에 대한 미국의 사이버 공격 같은 사례에서 대중들이 목격한 것은 빙산의 일각일 뿐이다.[25] 미국 최소의 사이버 공격 조직인 국가안전부와 미 사이버사령부뿐만 아니라 중국의 유사 기관들도 이제 사이버 무기를 사용해서 군사 네트워크와 전력망 같은 중요한 공공시설을 조용히 끊어놓을 수 있다. 더욱이, 어느 나라에서 공격을 했는지를 피해국이 찾아내기 힘들도록, 대리인을 고용하거나 손상된 컴퓨터를 고치는 다른 나라의 웹 사이트를 가장해서 사이버 공격을 하는 당사국의 정체를 숨길 수도 있다.

위성 공격용 무기와 마찬가지로 사이버 무기 역시 명령 및 통제 시스템을 무너뜨리고 현대 군이 의존하는 정보를 표적으로 삼아, 피 한 방울 흘리지 않고 전투에서 결정적으로 유리한 역할을 할 수 있다. 여기에서 위험한 역설이 발생한다. 바로, 공격하는 쪽이 충돌을 막아줄 것이라고 믿고 한 행동이 오히려 피해 당사자들에게는 난폭하고 도발적인 행동으로 보일 수 있다는 사실이다. 물리적 전장은 남중국해에 국한되었지만, 사이버 전투력은 어떤 대결도 공격에 취약한 상대국의 각종 기반 시설에까지 영향을 미칠 수 있게 만든다. 예컨대 전력망, 병원, 금융 시스템 일부의 전산망을 망가뜨리는 방법이 모두 가능하다. 통신을 방해하는 사이버 공격은 전쟁의 혼란스러움을 더욱 가중시켜서 오판의 가능성도 몇 배로 늘게 된다.

지금은 미국과 중국 모두 상대국의 첫 공격을 막아내고 보복을 위해 사용할 수 있는 핵무기를 지니고 있지만, 어느 나라도 아직 자신들이 지닌 사이버 무기로 상대국의 심각한 사이버 공격을 막아낼 수 있는지는 확신하지 못하고 있다. 예컨대, 미 군사 네트워크에 대한 중국의 대규모 사이버 공격은 워싱턴이 자국의 사이버 공격 기술로 대응하거나 자국의 결정적인 명령-통제 및 감시 시스템 일부가 작동하는 능력에 일시적인 타격을 줄 수 있다. 이 때문에 양측 모두 '무조건 먼저 행동하는 사람이 이긴다'라는 위험천만한 태도를 갖게 된다. 자신들의 시스템이 완전히 무력해지기 전에 상대국의 핵심 컴퓨터망들을 공격할 유인에 이끌리는 것이다.

베이징이나 워싱턴의 한 집단이, 사람을 죽게 만들거나 널리 드러나지는 않지만, 군이나 민간 영역의 기반 시설에 대한 대규모 사이버 공격의 위협을 암시하는 작은 범위의 은밀한 사이버 공격을 요구하는 경우도 있을 수 있다. 하지만 만약 상대국이 그 행동을 그런 식으로 받아들이지 않는다면, 곧바로 사이버상의 보복 공격이 뒤따를 것이다. '무조건 먼저 행동하지 않으면 진다'는 식의 생각과 자국이 공격에 취약할까 봐 두려운 마음 탓에, 양측 가운데 한쪽이 상대국의 공격을 잘못 해석하거나, 자국의 사이버 무기는 아직 아무 피해도 입지 않았는데도 턱도 없는 수준의 보복 공격을 감행할지도 모른다.

사이버 공간에서 위험한 촉매 요소들이 상호 작용을 일으키는 바람에 어쩌다가 미국과 중국이 충돌하는 일이 생길지도 모른다. 우선, 부인否認 및 기만 작전은 충분히 조사관들로 하여금 중국이 공격에 관여하지 않았음을 확신하는 대신, 다른 제3자의 책임으로 생각하게 만들 수 있다. 소셜 미디어에서 다른 사람을 사칭하거나 여러 미디어 조직을 끌어들이거나 컴퓨터를 망가뜨리는 소프트웨어 뒤에 엉터리 표시를 남기는 방법으로 미국의 조사관들을 진짜 정보에서 멀어지게 만드는 것이다. 만약 그런 작전이 성공한다면, 전쟁의 혼란스러움은 훨씬 더 가중될 것이다.

또 다른 촉매는 민감한 네트워크의 보안성을 약화시키는 일과 관련된다. 핵을 명령-통제하는 네트워크처럼 명백한 것도 있지만, 양측의 시각에서 볼 때 매우 다르게 인식될 가능성이 있는 네트워크도 있다. 예컨대 중국의 만리장성 프로그램을 한번 생각해보자. 이 프로그램은 베이징이 온라인 내용물의 엄청난 부분을 감시하고 차단할 수 있게 해주는 하드웨어 및 소프트웨어의 집합이다. 워싱턴의 입장에서는 만리장성에 필수적인 시스템 하나를 무력화시키면서 이를 온건하고 비공개적인 방식의 경고쯤으로 여길 수도 있을 것이다. 그러나 시민들이 접하는 정보를 통제하는 능력을 절대적으로 중요하게 생각하는 중국 지도자들에게는, 이 조처가 이를테면 체제의 변화를 겨냥한 창끝으로 잘못 해석될 여지가 있다.

가장 거친 전쟁 도구들 특히 핵폭탄과 비교해볼 때 사이버 무기는 섬세함과 정확성을 약속한다. 그러나 이 약속은 사실, 환상에 가깝다. 시스템이나 기계장치 등의 상호 연결성이 커짐에 따라 일종의 도미노 효과가 만들어졌기 때문이다. 어떤 시스템을 해킹하는 일이 다른 시스템들에 어떻게 영향을 미치는지 확신할 수 없기 때문에 공격자들은 자신들이 행하는 작전의 효과를 구체적으로 조정하여 의도치 않은 수준으로까지 확산되는 것을 막기가 어렵다는 것을 알게 될 것이다. 2016년, 전 세계에는 18만 개의 인터넷 산업 통제 시스템이 작동하고 있었다.[26] 전 세계 100억 개가 넘는 기기들이 서로 연결되는, 이른바 '사물 인터넷Internet of Things(유무선 통신망으로 연결된 기기들이 사람의 개입 없이 센서 등을 통해 수집한 정보를 서로 주고받아 스스로 일을 처리하는 것을 말함–옮긴이)'의 확장과 함께, 매력적인 목표물의 수도 급속도로 증가하고 있다. 사이버 공간에서 발생하는 2차 피해도 전통적 전쟁에서만큼이나 치명적이고 파괴적일 수 있다. 예컨대 군사적 목표물을 해킹하다가 의도치 않게, 의료계나 금융계에서 사용하는 시스템을 불능으로 만들 수도 있는 것이다. 미국의 사이버 사령관들은 미국이 사이버 공격에 가장 강력한 무기를 가지고 있다고 거듭 단언하면서도, 미국이 가장 속이 훤히 들여다보이는 집에 살고 있다는 사실 역시 인정한다.

1960년대에 미래학자 허먼 칸Herman Kahn(피터 셀러스Peter Sellers가 주연한 영화에서 닥터 스트레인지러브Dr. Strangelove로 패러디된 적이 있는 냉전 시대의 전략가들 중 한 사람)은 "유사 위기를 불러일으키는 책동"에서부터 전면적인 핵전쟁에 이르기까지 전쟁에 이르는 마흔네 단계의 과정을 제시한 적이 있다.[27] 칸의 첫 번째 단계는 '표면상의 위기', 즉 불꽃이 탁 튀는 단계였다. 위기 상황에서 두 세력이 일을 더 키우는 방향으로 행동하는 일은 드물다고 그는 설명했다. 그러나 배경 조건과 여러 촉매 요인들 탓에 양측 모두 여러 단계를 건너뛰는 경우가 있다. 두 세력이 단계를 밟아 올라가면서, 각 단계마다 양측이 서로 상대국과 자국을 비교하여 자국의 입지를 평가하고 상위 단계에서는 상대국에 비해 어떨지를 계산해볼 것이다. 그러다가 더 파괴적인 수준의 전쟁으로 상황을 악화시키느니 차라리 교착상태나 패배를 기꺼이 받아들이는 쪽을 택할지도 모른다. 여러 단계에 걸쳐서 우월한 나라가 더 위 단계에 가서는 열등한 경우도 많다. 어느 나라건 자국에게 유리한 단계에서 해결을 보고 싶어 하겠지만, 더 파괴적인 수준의 충돌로 상황이 고조되는 선택을 할 경우에 자국에 더 유리하다는 사실을 상대국이 자각하고 있다면 그런 상대국이 받아들일 만한 조건을 찾는 일이 우선이다.

노벨상 수상 경제학자 토머스 셸링Thomas Schelling은 핵을 보유한 초강대국들 간 전략 경쟁의 핵심을 치킨 게임에 비유했다. 치킨 게임은 원래 1950년대 십 대들이 스릴을 즐기기 위해서 만든 게임으로, 두 폭주족이 각자 자신의 자동차 왼쪽 바퀴를 도로 중앙선에 걸친 채 서로 전속력으로 마주보고 달려오는 게임이다. 먼저 핸들을 돌리는 쪽이 치킨(겁쟁이라는 뜻—옮긴이)이며 돌리지 않은 쪽이 여자를 차지한다. 양쪽 다 핸들을 돌리지 않는다면 서로 충돌하여 둘 다 죽는다.

섬을 점령하기 위해 혹은 섬을 건설하기 위해, 상대편 배를 '밀어내'거나 '요란한 굉음을 내는' 전투기를 띄우는 방법으로 상대편에게 이 무시무시한 게임을 하자고 강요하는 경우도 있다. 계속해서 전진하여 치명적인 충돌의 위험을 무릅쓰든지 아니면 충돌을 피하고 그 대가로 굴복이라는 비용을 지불하든지 하라는 것이다. 충돌의 위험을 무릅쓰기보다는 지속적으로 양보를 하는 쪽은 야금야금 옆으로 밀려나다가 나중에는 도로나 해로海路 밖으로 완전히 밀려나게 될 가능성이 있다. 그러니 셸링이 우리에게 가르쳐주듯이, 치열한 전쟁이 없는 전략적 갈등 상황은 필연적으로 위험 감수 대결일 수밖에 없다. 결국, 자국의 목적 달성을 위해서 더 집요하게 달려든다거나 그 과정에서 더 막무가내식 행동을 한다는 사실을 적국에게 주지시키는 나라가 적국으로 하여금 더 책임감 있게 행동하도록, 즉 양보하도록 강제할 수 있는 것이다.

해상에서 일어나는 우발적인 충돌

우발적으로 충돌이 일어날 가능성은 소름 끼칠 정도로 크다. 현재 미국과 동맹국의 군함 및 전투기는 중국의 전함 및 전투기와 역사상 그 어느 때보다도 가까이에서 움직이고 있다. 미 해군의 미사일 탑재 구축함은 남중국해의 분쟁 해역 내에서 중국이 실효적으로 지배하고 있는 섬들 근처에서 주기적으로 항행의 자유 작전을 수행하고 있다. 미 구축함이 일상적인 작전을 수행하면서 팡가니방 산호초 근처를 지나간다고 가정해보자. 팡가니방 산호초는 중국이 그 위에 비행기 활주로를 건설하고 미사일 방어 시스템을 만들어놓은 인공 섬들 중 하나다(다음 쪽에 나오는 중국 주변 지도를 참고하면 이 시나리오를 비롯해서 이어지는 다른 시나리오를 상상하는 데 도움이 되리라고 생각한다). 배가 분쟁 지역 가까이 다가오면 중국의 해안 경비선들이 구축함을 공격할 것이다. 바로 '카우펜스함' 사건 때 그런 일이 일어났다. 그러나 이런 식의 조우가 아니라, 미 구축함이 방향을 틀기를 거부한다면(또는 때를 놓친다면) 중국 배와 충돌하여 중국 배를 침몰시키고 배에 있던 모든 사람들을 죽게 만드는 결과를 낳게 된다.

이제 중국 정부에는 세 가지 선택지가 있다. 온건한 선택지는 미국 구축함이 그 지역을 떠나도록 허용함으로써 긴장이 고조되는 것을 피하고 외교적 채널을 통해서 미국의 행동을 규탄하는 방법일 것이다. 스펙트럼의 반대

러시아

카자흐스탄

몽골

우즈베키스탄

투르크메니스탄

키르키스스탄

이란

타지키스탄

아프가니스탄

중국

파키스탄

네팔

부탄

인도

방글라데시

미얀마
•네피도

하노이•

벵골만

라오스
비엔티안•

베트

태국
•방콕

캄보디아

스리랑카

프놈펜•

말레이시아

인도양

쿠알라룸푸르•

싱가포르•

N
W — E
S

자•

중국과 주변 해상

0		300		600 마일
0	300		600 킬로미터	

쪽 끝에는 눈에는 눈 식으로 팡가니방 산호초 섬에 주둔 중인 전투기나 미사일로 구축함을 침몰시키는 방법이 있을 것이다. 하지만 베이징이 '치킨'이 되기를 거부하면서도 긴장이 고조되는 상황은 원치 않는다면, 중간 선택지라고 믿는 방법을 선택할 수도 있다. 미국의 구축함이 이 지역을 떠나려고 할 때 인민해방군 해군 순양함이 길을 가로막고, 미 구축함이 중국 영해에 들어왔다고 주장하면서 선원들에게 항복하고 자국 해안 경비군의 죽음에 대가를 치르라고 요구하는 것이다.

중국 입장에서는 2001년에 하이난섬 근처에서 일어난 항공기 충돌 때 협상을 통해서 미국 승무원들을 집으로 돌아가게 해주었던 경험과 유사한 외교적 해결책을 모색함으로써 상황을 축소시키고 있다고 믿을 것이다. 그러나 미국의 관점에서 볼 때는 애초에 중국이 구축함을 무모하게 공격하여 충돌이 일어난 것이다. 중국이 공해상에서 미국 선원들을 체포하려고 한 것은 해양법 규칙을 어긴 행동이다. 그리고 굴복은 훨씬 더 큰 파급효과를 가져올 것이다. 미국 군대가 자국 해군이 수행하는 작전을 보호하기 위해서 중국에 맞서지 않으려고 한다면 일본과 필리핀을 포함한 미국의 동맹국들에게 과연 어떤 메시지를 주는 셈이란 말인가?

굴복으로 신뢰를 약화시키지 않기 위해서 구축함이 그냥 중국 순양함 앞을 가로막고 배를 침몰시켜버릴 수도 있을 것이다. 반대로, 더 이상의 유혈 사태를 피하고 중국 지도자들이 국내에서 받는 민족주의적 압력에 어느 정도 장단을 맞춰주는 모습을 보여주기 위해서 미국은 무력으로 순양함이 평화롭게 물러나게 만드는 방법을 택할 수도 있다. 하와이에 있는 미 태평양사령부가 워싱턴 지도자들과 의논하여 인근에 대기 중이던 전투기를 그곳으로 불러들이고, 일본에 대기 중이던 항공모함을 남중국해로 보내라고 명령하고, B-2 폭격기를 괌으로 출격시키는 방법을 써도 된다. 미국의 고위급 관리들은 이런 조처들로, 더 이상 상황이 악화되는 일 없이 자신들이 이 사태를 얼마나 엄중하게 보는지를 알릴 수 있다고 믿는다.

그러나 미국의 이런 행동들이 베이징의 눈에는 전혀 다르게 보인다. 특히 혼란스러운 전운이 급작스레 밀려드는 것처럼 보인다. 미국은 이미 중국 선박을 침몰시켰다. 그런데 이제 수십 대의 미국 전투기가 상공을 날면서 순양함을 비롯한 중국의 해군 군함들이나 인근 섬들에 설치되어 있는 군사시설에 대해 공격 위협을 가하고 있는 것이다. 자국 시민들의 격한 반응을 염두에 두지 않을 수 없는 중국 지도자들은 특히, 만약 미국이 추가적인 유혈 사태를 일으킨다면 거세게 보복하지 않을 수 없음을 의식하고 있다.

그러나 사태가 베이징의 생각대로 전개되지는 않는다. 미 전투기들이 좌초된 구축함을 호위하기 위해서 재빠르게 현장으로 들어오는 모습을 본 중국의 대공對空 부대는 순간적으로 공포에 질려서 미 전투기들을 향해 발포를 한다. 미 전투기는 필사적으로 회피 작전을 쓰고 구축함은 섬에 있는 중국의 대공 부대 주둔지를 향해 발포하기 시작한다. 자신의 관할 지역이 공격을 당한 중국 지역 사령관은 섬에서 구축함을 향해 대함미사일을 퍼붓기 시작한다. 미사일이 의도한 목표물을 맞히는 바람에 수백 명의 선원들이 죽고 배는 가라앉는다. 운 좋게 탈출한 사람들은 이제 작은 구명보트에 좌초되어 있다.

중국 지도자들은 필사적으로 미국과의 전면전을 피하려고 애를 쓰지만, 자신들의 지휘 계통이 망가졌다는 사실을 인정할 수가 없다. 그들은 자신들의 행동이 상대의 공격에 준하는 수준의 대응이자, 중국의 해안 경비정을 침몰시킨 책임이 있는 미국 구축함이 침략 행위를 저지른 데 대한 방어적 대응이었다고 주장한다. 미국의 고위 관리들은 중국이 30억 달러짜리 구축함을 침몰시키고 미국 선원 수백 명을 죽게 만든 사태에 깜짝 놀라 입을 다물지 못한다. 중국과 전쟁까지 가게 될까 봐 조심하면서도 백악관 상황실에 모여 있는 사람들은 뒤로 물러설 수가 없다. 부서진 배와 좌초된 미국 선원들의 모습을 담은 영상이 케이블 뉴스와 소셜 미디어에 올라온 터이기 때문이다. 의회에서도 다수가 이전에 공해전투라고 불렀던 원칙에 기초한 전쟁 계획을 승인하라고 내각에 요청한다. 공해전투 원칙에는 중국 본토의 미사일과 레이더 시스템에 대량 폭격을 감행한다는 내용이 들어 있다. 중국 본토에 대한 공격이 전쟁을 촉발시키리라는 사실을 인식한 대통령은 그 대신 태평양사령부로 하여금 남중국해에서 분쟁 대상인 섬의 중국군 기지를 파괴해도 좋다는 승인을 한다. 대통령은 이것이 적절한 수준의 대응책이라고 생각한다. 이 섬들이 구축함의 침몰에 직접적인 책임이 있기 때문이다. 더욱이, 이들 군사기지를 제거하면 미국의 배들이 근처에 좌초된 선원들을 구조할 수도 있다. 가장 중요한 것은, 이런 행동이 중국의 인공 섬만을 공격 대상으로 삼을 뿐, 본토에는 아무런 해를 가하지 않는다는 사실이다.

시진핑 주석을 비롯한 중국의 주요 지도자들은 이런 구별에 별로 신경 쓰지 않는다. 수 년간 그들은 이들 섬에 대한 주권이 자신들에게 있다는 사실에는 이론의 여지가 없다고 이야기해왔다. 그들에게는 그 섬들이 엄밀한 의미에서 중국의 일부분이며, 미국은 중국의 한 부분을 공격한 것이다. (지금 중국의 주장을 비웃고 있는 미국인이라면 일본의 진주만 공격이 미국 본토를 공격한 것도 미국의 한 주를 공격한 것도 아니지만, 나라 전체가 전쟁을 위해 결집하게 만들었다는 사실을 상기하기 바란다.) 중국인 다수가 시진핑이 인민해방군으로 하여금 괌과 일본 등 태평양에 주둔하고 있는 미군 기지를 파괴하라고 명령을 내리도록 요구하고 있다. 중국이 미국 본토를 공격하기를 원하는 사람도 있다. 중국이 자제할 것을 요구하는 사람은 아무도 없다. 수백만 중국 시민들의 소셜 미디어에는 정부를 향해, 강대국들의 손아귀에서 굴욕의 세기를 보낸 뒤에 중국공산당이 그동안 약속해온 것, 즉 "두 번 다시는"을 상기시키는 글들이 가득하다.

그럼에도 시 주석은 여전히 전쟁을 피할 수 있다는 희망의 끈을 놓지 않고 있다. 만약 중국이 괌이나 일본에 있는 미군 기지를 공격하기 시작해서 군인과 시민들이 죽고 중국 본토에 대한 미국의 보복 공격을 촉발시킨다면 더 이상 전쟁을 피할 방법은 없다. 중국의 섬 기지들에 대한 미국의 공격에 준하는 대응책으로 시진핑은 인민해방군의 새 전략 지원군의 수장이 제안한 대안 전략을 승인한다. 레이저, 전자, 운동성 무기를 이용해서 위기 발생 지역 위를 돌고 있는 미국의 모든 군사위성을 파괴하거나 무력화시키고, 사이버 공격을 감행하여 아시아-태평양 지역 전체를 아우르는 미국의 지휘-통제 시스템을 손상시키는 전략이다. 목표는 상황의 단계적 축소이다. 시진핑은 미국이 놀라서 뒤로 물러나기를 기대하고 있다.

그러나 미국의 입장에서는 이런 '무차별' 공격을 미 항공모함 및 일본에서 출격한 전투단에 대한 합동 공격의 첫 단계와 구별하기가 어렵다. 사실, 인민해방군은 이 합동 공격을 위한 '항모 공격용' 대함 탄도미사일을 개발하느라 수십 년을 애써왔다. 선원 수가 5,500명인 9만 톤짜리 수상 도시라고 할 수 있는 항공모함은 미국이 미국의 주권적 영토라고 설명할 정도의 크기로, 잃기에는 지나치게 큰 것이다. 대통령으로서는 위험을 무릅쓰고 싶지 않다. 그러나 합동참모본부의 충고에 따라 대통령은 항공모함을 지킬 기회가 있는, 급작스레 준비된 유일한 계획 즉 공해전투에 기초한 전쟁 계획을 마지못해 승인한다. 중국의 공격이 있은 뒤에도 그런 자산들은 아직 이용 가능한 상태이므로 이 자산으로 군은 중국의 '킬체인kill chain(적의 미사일을 실시간으로 탐지하고 공격으로 잇는 일련의 공격형 방위 시스템-옮긴이)'을 파괴하기 시작한다. 킬체인은 베이징이 자국의 대함미사일로 미국 항공모함을 정확하게 조준할 수 있게 해주는 다양한 위성 및 감시 시스템을 말한다. 미국은 또, 중국 본토에 있는 인민해방군의 미사일 기지와 공군기지들을 크루즈 미사일과 스텔스 폭격기로 공격하기 시작한다. 이 기지들은 언제든지 제1열도선 안에 들어온 미국의 선박을 폭격하는 데 사용될 수 있기 때문이다.

그 공격들은 정확히 미국이 피하려고 했던 것을 도발한 셈이다. 이제 본토가 공격을 받고 있고, 중국의 대함 무기들이 작동하는 데 필요한 시스템이 곧 망가지려고 하는 찰나이므로, 중국은 그것들을 지금 당장 이용하지 않으면 영영 잃게 될 것이다. 시진핑은 항모전투단을 포함해서 사정거리 안에 있는 모든 미국 전함을 공격해도 좋다는 사인을 보낸다. 미국의 전투기와 해군 호위대가 중국 폭격기와 전투기가 항공모함 쪽으로 날아오는 것을 가로막지만, 항공모함에서 대량 발사된 DF-21D 대함 탄도미사일(일명 캐리어 킬러)은 도저히 어쩌지 못한다. 충분한 수의 탄도미사일이 목표물을 명중시켜 항공모함은 침몰하게 되고, 5,500명의 선원들 대부분이 사망한다. 진주만 폭격 때보다 훨씬 더 많은 사람이 죽은 것이다. 남중국해에서 사이버 무기와 우주 무기를 가지고 벌인 치킨 게임의 역학이 연료가 되어 작은 불꽃은 이제 맹렬하게 타오르는 불길이 되어버렸다.

타이완이 독립을 요구하다

만약 타이완이 독립국가라면 이 나라는 전 세계에서 매우 성공한 나라들 중 하나일 것이다. 2300만 인구는 열심히 노력해서 필리핀이나 타이나 베트남의 두 배에 달하는 규모의 시장경제를 발전시켰다. 타이완 주민 다수는 독립을 원하지만, 중국은 타이완을 자국 내의 한 지역으로 본다. 베이징은 타이베이가 주권을 주장하는 것을 막기 위해서라면 무슨 일이든지 할 태세가 되어 있다. 그 문제를 두고 중국과 싸울 준비가 되어 있는 나라는 단 한 나라도 없는데도 그렇다.

그러나 가령, 중국 정부가 홍콩을 포함한 자국 내에서 억압의 강도를 현저히 늘리려 한다고 가정해보자. 홍콩의 경우는 1997년에 영국이 지배권을 반환했을 때 중국이 자율성과 자유를 상당한 정도로 유지하겠다고 약속했던 곳이다. 중국 정부가 약속을 철회한 데 대해 분노를 느낀 홍콩 주민들은 거리로 나가서 베이징에 '한 나라, 두 체제' 약속을 지키라고 요구한다. 가시적인 해결책을 얻지 못한 채 시위가 몇 주를 끌며 이어지자, 시진핑은 중국 군대에 1989년의 톈안먼 광장에서처럼 시위를 폭력적으로 진압하라는 명령을 내린다.

이어진 폭력에 타이완 주민들은 충격을 받는다. 특히 젊은 세대들의 충격이 크다. 독립 옹호와 반反베이징 정서를 담은 목소리가 커지기 시작한다. 이런 분위기 속에서 타이완 총통은 자국민이 힘들게 쟁취한 권리와 민주주의를 강조하는 수사적 발언을 대담하게 늘린다. 대통령의 정치적 동지들은 한 걸음 더 나아가 홍콩에서 발생한 일이, 타이완이 독립적인 주권국가가 되지 않는다면 시민들의 자유는 결코 보장될 수 없다는 사실을 입증하는 것이라고 주장한다. 미국 대통령은 홍콩에서 중국이 취한 퇴보적 조처에 대한 반대의 표시로 타이완 총통의 강력한 행보를 지지함을 신랄하게 알리고, 1979년에 만들어진 타이완 관계법(미국이 중화인민공화국과 수교하면서 중화민국과는 외교 관계가 단절되었는데, 이런 상황을 보완하기 위해서 미국이 중화민국의 안보를 보장하는 내용을 담아 만든 국내법—옮긴이)은 타이완이 중국의 침략을 받을 경우에 미국이 타이완을 방어하기 위한 뒷받침이 되기에 충분하다고 선언한다.

이런 선언은 오랫동안 미국이 이 문제에 관해서 보여준 '전략적 모호성' 정책을 파기하는 중대한 계기이므로, 타이완 총통은 이것을 자국의 독립 요구에 대한 무언의 지지라고 해석한다. 〈뉴욕 타임스〉와의 인터뷰에서 타이완 총통은 타이완이 유엔에 정식 회원국 자격을 요청할 것(오랫동안 중국이 반대해왔던 사안이다)임을 알리고, 이른바 1992년 합의를 거부한다. 이 합의는 양측이 하나의 중국에 동의하면서도 그것이 실제로 의미하는 바에 관한 해석에 대해서는 차이를 남겨둔다는 내용을 담고 있다. 타이완의 반항을 벌주고 이들의 기를 꺾어놓기 위해서 중국은 탄도미사일과 크루즈 미사일 '테스트'로 중국해에 세례를 퍼붓는 방식으로 타이완 해협 위기 때보다 한 걸음 더 나아간 대응을 한다. 그 결과 타이완으로서는 바깥 세계로부터의 생명줄이라고 할 수 있는 상업 선박의 운항이 심각하게 방해받게 된다. 타이베이가 계속해서 유엔 회원국 자격 요구를 철회하지 않으려고 한다면 중국은 기뢰 부설 드론 등의 무기를 사용하여 타이완을 오가는 선박의 운항을 더 심하게 방해한다.

타이완은 작은 섬나라이기 때문에 식량의 70퍼센트와 에너지 등 대부분의 천연자원을 수입에 의존한다.[28] 계속된 봉쇄로 경제는 급속히 내리막

길을 걷게 되고 대규모 식량 부족이 발생할 것이다. 미국 정부는 유엔 회원국이 되겠다는 타이완의 요구에 반대하면서도 중국이 타이완을 고사시키는 일만은 막아야겠다고 느낀다. 미 의회의 친타이완 의원들 다수가, 1995~96년의 위기 때 빌 클린턴이 그렇게 했듯이[29] 백악관이 항공모함을 파견해서 타이완을 도울 것을 요구한다. 하지만 정부는 미국의 항공모함이 이 지역으로 들어가는 데 중국의 대함 탄도미사일이 심각한 위협이 된다는 사실을 알고 있으며, 미국 시민들은 또 다른 전쟁을 견뎌낼 자신이 없다.

대신, 미국의 태평양사령부는 영향권 내에 있는 해상을 오가는 상업 선박들을 호위하겠다고 제안한다. 지지는 하되, 싸우려는 의도는 없다는 신호를 보내는 것이다. (독자들은 기억할 것이다. 아테네가 코르키라를 지지하기 위해서 최소한의 억지력을 파견했을 때 이런 상징적인 조치가 어떤 역효과를 불러왔는지를.) 호위 작전을 수행하는 미국 군함들은 중국의 미사일 공격으로 (그들의 공격이 의도적이건 우발적이건 상관없이) 침몰할 위험에 처하게 된다. 이런 사건은 그 즉시 1,000명 이상의 미국인 사망자를 만들어내고, 보복을 요구하는 목소리가 터져 나오도록 자극할 수 있다. 이 시나리오에서, 명목상으로는 현재 진행 중인 미사일 테스트의 일환으로 발사되었을 뿐인 중국의 대함미사일이 민간 선박을 호위하는 임무를 수행 중이던 미 해군의 상륙 수송 선거함 '존 P. 머서'를 침몰시킨다. 800명에 달하는 선원과 해병들이 전부 목숨을 잃는다. 이는 이라크 전쟁이 발발한 첫 해 동안 집계된 미국 측 전사자 수보다도 더 많은 수치이다.

중국은 머서호가 미사일 폭격이 진행 중인 해상에 그냥 들어온 탓에 일어난 일이라면서, 이 침몰이 우발적으로 일어난 사건이라고 주장한다. 하지만 워싱턴에서는 국무장관과 연합사령관이 대통령에게 이런 설명에 속지 말고 대신 태평양사령부에, 공해전투 전략을 실시하여 본토에 있는 인민해방군 대함미사일 기지를 공격해도 좋다는 승인을 하라고 조언한다.

이런 경우에 미국이 최근에 경험한 군사 개입과 그에 따른 전투 사상자의 수는 워싱턴이 보일 반응에 지대한 역할을 할 것이다. 전임자들이 이라크와 아프가니스탄에서 수렁에 빠졌던 경험을 잊지 않고 있는 대통령은 당연히 전쟁을 막는 방향으로 정세를 바꾸려고 시도할 것이다. 고립주의적 포퓰리즘 정서에 민감한 대통령이 타이완에 대한 약속을 저버릴 가능성도 없지는 않다. 그러나 극적인 사건 하나로 800명에 달하는 선원과 해병이 죽음을 맞게 된 사실에 엄청난 충격을 받은 미국인들로부터 응징을 요구하는 목소리가 더 크게 터져 나올 가능성이 많다.

머서호의 침몰에 직면한 대통령은 군사 및 정치적 조언자들의 압력에 굴복하여 중국 본토에 대함미사일을 비롯한 탄도미사일 시스템을 선제공격하는 데 동의한다. 중국의 재래식 미사일과 핵미사일이 같은 곳에 보관되어 있고 이들 무기에 대한 지휘-통제 시스템이 서로 한데 얽혀 있는 탓에, 베이징은 미국이 기습공격으로 자신들의 핵 무기고를 제거하려고 한다고 오해하게 된다.

여전히 러시아 군사전략을 떠받치고 있는 전체주의적 원칙 중 하나인 '긴장의 단계적 고조를 통한 단계적 완화'를 위한 필사적인 노력의 일환으로, 중국은 지상기지에서 아무것도 없는 오키나와 남쪽 해상으로 핵탄두 미사일을 하나 쏜다. 핵무기 사용의 문턱은 이미 넘은 상황이다. 이 공격으로 생명에 지장을 받은 사람은 아무도 없지만, 이것은 오로지 전면적인 핵전쟁을 향한 행보의 하나로 여겨질 것이다.

제3자에 의한 전쟁 도발

중-미 충돌이 반드시 미국이나 중국 군사력의 개입으로 일어나리라는 보장은 없다. 대신, 제3의 동맹국들과 대결하거나 제3국끼리의 대결이 원인이 될 가능성도 있다. 2010년에 그런 시나리오에 근접했던 적이 있다. 북한이 남한의 전함 천안함을 침몰시켜 46명의 남한 선원들이 목숨을 잃은 사건이 발생한 것이다. 북한은 자신들의 소행임을 부인했고, 중국은 북한의 부인을 지지했다. 그러나 서울은 평양에 책임이 있다고 주장했다. 결국, 남북한과 그 동맹국들은 벼랑 끝까지 갔다가 뒤로 물러섰다. 하지만 지금은 배경 조건과 촉매 요인들이 그때와는 완전히 달라졌기 때문에 전쟁을 피하기가 그리 쉬울지 장담하기 힘들다. 만약 제3국의 해결 당사자들이 한반도가 수십 년간 끝도 없이 견뎌온 지지부진한 긴장 상태에 충분히 단련되어 있지 않은 이들이라면 더더욱 그렇다.

남한 외에도, 중국의 인접국에 있는 미국의 또 다른 주요 동맹국은 일본이다. 일본은 제2차 세계대전 이후에 평화주의를 고수해온 나라이지만, 최근에는 정치가 갈수록 군국주의에 근접하게 변해가고 있다. 일본의 보수주의 정치가들은 미국에 의해서 강요된 평화헌법을 수정하는 일에 관해서 예전보다 훨씬 더 단호한 목소리를 내고 있는 상황이다. 그들은 중국이 동중국해와 남중국해 곳곳에서 주권을 주장하는 것에 대해서도 불편해하고 있다. 역사적으로 경쟁국이었던 베이징과 관련된 위기에서 도쿄가 택하는 행보는 이런 기억들과, 군사력에 대한 일본 정부의 변화된 태도에 따라 결정될 것이 틀림없다.

화약고가 될 가능성이 높은 곳 중 하나는 센카쿠열도다(중국에서는 댜오

위다오열도라고 알려져 있다). 이 일대는 동중국해에 위치한 좋은 어장인 동시에 무역 항로이자 석유 매장 가능성이 높은 곳이다. 미국은 제2차 세계대전 이후에 이 열도를 일시적으로 지배했지만, 1970년대 초반에 일본에 돌려주었다. 19세기 이후로 자신들의 소유라고 주장해오던 터였기 때문이다. 하지만 1970년대에 중국 역시 이 열도에 대한 주권을 주장했다. 중국 선박들이 정기적으로 이 바다를 통과하면서 베이징과 도쿄 사이에 긴장을 불러일으키고, 연쇄반응을 불러일으킬 수 있는 충돌의 위험을 무릅쓰는 모습을 보여주었다.

랜드연구소가 최근에 고안해낸 전쟁 게임의 전개 과정 시나리오를 한번 생각해보자.[30] 일본의 한 극우 민족주의자 집단이 작은 민간인 배를 타고 센카쿠로 향한다. 그들은 소셜 미디어에다가 자신들이 열도 중에서 작은 섬에 속하는 구바시마를 향하고 있다고 설명한다. 그들은 일본을 대표해서 섬에 대한 영유권을 주장하고 섬을 점유하겠다는 계획을 가지고 있다고 덧붙인다. 섬에 도착한 그들은 정체불명의 구조물을 짓기 시작한다. 중국이 사용한 방법을 모방한 행동을 하고 있는 자신들의 모습을 전 세계가 볼 수 있도록 생중계한다. 중국은 신속하게 반응한다. 중국이 보낸 해안수비대가 한 시간 안에 도착해서 일본 시위대를 체포하고, 수비대는 그들을 재판에 넘기기 위해 중국 본토로 데리고 간다. 과연 일본은 시위대가 중국 법정에 서게 되는 꼴을 보고만 있을까? 그럴 수도 있다. 그러나 일본은 체면을 구기고 가만히 있는 대신, 그 지역에 자국의 경비정 여러 척을 파견하여 체포한 극우 민족주의자들을 싣고 가는 중국 배를 가로막는다. 그들을 중국으로 데려가지 못하게 하려는 것이다.

이는 곧 연쇄 충돌로 이어진다. 인민해방군의 해군과 일본 해양자위대 모두 이 지역으로 전함과 전투기를 투입한다. 어느 쪽도 물러설 기세가 아니다. 설상가상으로, 몇몇 일본 전함에서 내린 상륙 부대가 구바시마를 점령하여 민족주의자들의 행동에 쐐기를 박는다. 소규모 충돌이 이제 군사 대결로 변한 것이다. 비상 통화에서 일본 총리는 미국 대통령에게 도쿄는 미국이 70년 동안 지켜온 미일 상호방위조약을 지키기를 기대한다고 상기시키면서, 지금까지 고위급 관리들이 미국의 약속은 센카쿠열도에도 적용된다는 사실을 재차 확인해왔다는 점을 지적한다.[31]

3일째 되는 날에 교착상태에 빠진 대통령과 국가안보위원회는 이제 결정을 내려야 한다. 미국은 일본의 요청에 전적으로 응하여, 지금 분쟁 지역인 섬을 점령하고 있는 일본 군대를 보호하기 위해서 그쪽으로 공군을 파견할 것인가? 아니면 혹시, 중국을 적으로 돌려 팽팽한 긴장 상태를 악화시키지 않고도 일본을 만족시킬 보다 절제된 방식이 있을까? 대통령은 후자를 택하여, 일본 기지에 주둔하고 있는 미국의 항모타격단을 인민해방군의 캐리어-킬러 미사일의 사정거리 바깥에 위치한 정찰 기지로 보내는 한편, 전투기와 잠수함들은 사태가 험악하게 전개될 경우에 일본의 배와 영토를 지킬 수 있도록 충분히 가까운 거리에 배치해둔다.

아니나 다를까, 사태는 험악해지고 만다. 다음 날 아침, 센카쿠열도 근방 해상에서 중국 구축함이 일본 어선과 충돌하는 일이 발생하고, 곧바로 양측 전투기들이 상대 전함 위로 도발적인 비행을 하기 시작한다. 그러던 중, 짧은 유혈 해상 전투의 발생으로 교착상태는 끝이 나고 만다. 일본 함장 하나가 함선의 안전을 걱정하는 마음에 저공비행 중이던 중국 전투기 한 대를 격추시켰고, 인민해방군 해군 전함이 그에 대한 보복으로 그 일본 함선을 침몰시켰기 때문이다.

이제 양측 모두 전쟁의 기로에 서 있게 되었다. 미국도 마찬가지다. 미국은 잠복 공격 잠수함으로 중국 전함들을 침몰시키거나 항모전투기를 출격시킬 수 있는 입장이다. 그러나 다음 결정이 내려지기도 전에 때마침 예상치 못했던 일이 일어난다. 센카쿠열도 및 그 일대의 일본 병력과 본부 간의 통신이 완전히 두절된 것이다.

사이버 공격으로 일본군의 지휘-통제 시스템 일부가 심각하게 파괴되어 버린다. 미국과 일본은 즉각 중국을 비난하고 나선다. 인민해방군의 해킹 공격 부대의 소행임을 보여주는 숨길 수 없는 흔적까지 남아 있는 탓이다. 워싱턴이나 미 태평양사령부는 아무런 주저 없이 다음 행동을 취한다. 일본 해군이 외부와의 소통이 단절된 상황에서 완전히 괴멸되는 것을 막기 위해서 미 잠수함은 센카쿠열도 근처에 있던 인민해방군 해군 전함 세 척을 어뢰를 쏘아 침몰시킨다. 이제 중국, 일본, 미국은 삼국 전쟁의 포문을 연 셈이다.

그런데 만약 사이버 공격을 시작한 당사자가 인민해방군이 아니라면 어떻게 할 것인가? 러시아가 우크라이나를 두고 러시아와 씨름을 벌이고 있던 워싱턴의 관심을 딴 데로 돌리게 하려는 심산으로 미국과 중국을 갈등으로 몰아넣으려고 섬세하게 타이밍을 노려서 계획한 연막작전이라면? 전 세계의 정보국들이 진실을 알게 될 무렵에는 이미 일어난 일을 되돌리기에 너무 늦어버린 상황이다. 모스크바는 의도한 바를 제대로 이루고 난 뒤일 것이다.

센카쿠열도에서부터 전쟁 지역은 점점 넓게 퍼져나간다. 중국이 동중국해의 다른 곳에서도 일본 배를 계속해서 공격하기 때문이다. 도쿄는 필사적으로 미국에 항모타격단을 전투에 내보내달라고 설득한다. 만약 워싱턴이 그런 요청을 받아들인다면, 앞의 시나리오에서처럼 더 이상 돌이키기 힘든 상황으로 접어든 셈이 된다. 미 해군의 가장 귀한 자산 중 하나가 파괴되고 그곳에 타고 있는 생명들을 잃는다면 그 비극은 미국 정부가 중국군에 대한 공격을 확장하는 방법으로 보복하는 수밖에 달리 달랠 길이 없게된다. 태평양전쟁이 전면적으로 벌어지게 되는 것이다.

북한의 붕괴

북한이 시한폭탄과도 같은 나라라는 사실은 모두가 인식하고 있다. 김정은 체제가 붕괴되어 그곳이 혼란의 도가니가 되는 일은 언제든지 발생할 수 있다. 그런 일이 일어날 경우, 미국과 중국뿐 아니라 한국과 일본의 핵심적인 국가이익이 위협받는 상황이 된다. 그러나 북한 체제는 아직 권력을 유지하고 있고 해가 갈수록 핵 시설은 커져만 가고 있다. 지금 평양이 가지고 있는 탄두는 스무 개가량이며 2020년까지 100개 정도로 늘어날 것으로 추산된다.[32] 동시에, 북한의 미사일 개발 프로그램도 나날이 발전해서 이 핵탄두를 날려 보낼 수 있는 기술을 급속하게 따라잡고 있는 중이다. 표적은 한국, 일본, 괌과 오키나와에 있는 미군기지 심지어 하와이까지 포함된다. 이런 상황은 미국의 많은 전략가들에게 절대로 북한이 건너도록 허용해서는 안 되는 레드라인이다. 중국의 입장에서는 지금도 남한이 북한을 점령한다든지 미국 군대를 중국 국경 근방까지 끌어들이는 일은 1950년 당시만큼이나 절대로 받아들일 수 없는 일이다. 하지만 만약 평양의 현 정권이 무너질 경우에 남한 대통령이 한반도의 상황을 안정시키기 위해서 군대를 보내지 않겠다고 한다면 그는 더 이상 정치적으로 살아남기 힘들게 된다. 사실 지금 미국이 가지고 있는 전쟁 계획에, 이런 상황이 오면 미국과 한국의 군대가 북한으로 진군해 들어가서 북한을 안정시키고 궁극적으로는 남북통일이 이루어지게 하는 방법이 있다고 한다.

이 문제는 미국과 중국의 전직 관리 사이에 이루어진 적이 있는 '트랙2(공직자가 아닌 일반 시민들 간의 비공식적인 외교 행위를 말함—옮긴이)' 대화에서 어느 정도 논의된 적이 있다. 그러나 두 나라 모두 우발적인 상황에 대한 경쟁적인 대처 방안은 가지고 있지만, 이 때문에 생겨날 위험을 덜 수 있는 방법에 대해서는 어느 나라도 심각하게 고려한 적이 없다. 미국과 중국의 군대가 서로를 나락으로 밀어 넣을 수도 있는데도 그렇다. 전문가들은 북한 체제의 붕괴로 시작되어 전쟁에 이르는 길을 열 가지 정도로 분석해놓았는데, 여기에서는 세 가지만 살펴보아도 충분하다.

우선, 김정은이 뚜렷한 후계자가 없는 상태에서 사망할 경우에 군대 내의 여러 파벌들이 서로 권력 다툼을 벌이다가 급기야 내전이 시작되고, 결국 나라는 혼란에 빠지게 된다는 가정이다. 권력의 진공상태에서 한국과의 휴전선 근처에 놓아둔 수천 문의 포砲에 대한 통제권을 갖고 있는 군 사령관이 김정은의 죽음을 서울의 책임으로 돌리면서, 국경에서 48킬로미터밖에 떨어져 있지 않은 곳에 있는 서울을 파괴하겠다고 위협할 수 있다. 이때 미국은 사령관이 위협을 실행에 옮길지도 모른다는 두려움에, 전투기를 출격시켜 북한의 무기고를 선제공격하려고 할 수도 있을 것이다. 한편 중국은 될 대로 되라는 식이 된 북한 사령관이 서울을 향해 폭격을 퍼부어서 한미 연합군이 북한을 침략하여 한반도를 통일하게 만드는 빌미를 제공할까 봐 걱정하고 있을 것이다. 워싱턴이 모르는 사이에 불안을 느낀 베이징은 북한을 억제하기로 결정하고 북한으로 특수부대를 보낸다. 이때 북한의 군사시설에 대한 미국의 공격으로 그들이 사망하는 사고가 생길 수도 있다. 베이징은 자신들의 군대에 대한 미국의 공격을 고의적인 보복으로 여길 것이다. 자신들이 중국 군인들을 죽였다는 사실도 모르는 미국 사령부는 긴장을 더욱 고조시키는 방향으로 대응할 것이다.

갈수록 정교해지고 있는 북한의 중거리 미사일 기술이 두 번째 시나리오의 동력이 될 수도 있다. 김정은의 죽음으로 북한이 혼란에 빠질 경우, 미국은 한국, 일본 또는 미국 영토인 괌에 핵탄두를 날려 보낼 수 있는 무기 시스템을 파괴하기 위해서 최선을 다한다. 미 합동 특수작전사령부는 오랫동안 '관리가 엉성한 핵무기'를 단속하는 임무를 수행해왔고, 북한에 들어가서 불량한 사령관들이 이런 무기를 국제 무역시장에 내다 팔기 전에 핵무기 시설을 통제하는 훈련을 해왔다. 하지만 이 무기들이 보관되어 있는 곳의 위치가 중국 국경 근처라고 여겨지므로 미국 군인들이 도착했을 때 중국 특수부대가 이미 그곳에 도착해 있는 것을 보게 될 가능성이 매우 높다. 합동 특수작전사령부의 총사령관이었던 레이먼드 토머스Raymond Thomas 장군은 미국의 핵무기를 안전하게 보호하려고 하다가 중국과 한미 연합군 간에 "선두를 다투는 육상경기"가 될 수 있다고 경고한다.[33] 각자 상대편이 와 있는 줄도 모른 채 파견된 특수작전 부대들이 총격전을 벌이는 사태가 생기고, 그 결과 많은 이들이 목숨을 잃게 될 수 있다는 말이다. 이런 상황이 우연히 발생한 사고라는 사실에도, 각국은 상대국이 기습 공격을 감행한 것으로 보고 보복 공격의 필요를 느낄 수 있다.

세 번째 시나리오는 국경 지역이 불안정해질까 봐 두려움을 느낀 중국이 북한을 안정시키고 이 나라를 중국과 한국에 있는 미국 군대 사이에 완충

국으로 만들기 위해서 대규모 병력을 파견하는 경우다. 한국 정부도 지구상에서 가장 악랄한 체제하에서 살아온 이들을 해방시키라는 시민들의 강한 압력 때문에 북으로 군대를 보낼 가능성이 있다. 군사 전략 작전에서 한국에 주둔하고 있는 미국 군대와 공군 전투기들이 한국 군대와 통합되어 있기 때문에, 미국과 중국 군대는 1950년 때와 마찬가지로 서로 직접 마주하게 될 것이다. 그런 상황이 어떤 모습으로 전개되었는지는 따로 설명할 필요조차 없을 것이다.

경제적 갈등에서 무력 전쟁으로

과연 무역 갈등이 치열한 전쟁으로 확장되어 급기야는 적국의 영토에 핵무기까지 떨어뜨리게 될 가능성도 있을까? 가능성은 높지 않아 보이지만 불가능한 일은 아니다. 진주만 사건을 떠올려보라.

미국의 새 정부가 중국 경제가 미국 경제보다 더 커질 수 있었던 흐름을 뒤집기로 작심했다고 한번 상상해보라. 새 대통령의 경제팀이 대통령에게 명백한 원흉이 무엇이었는지를 밝히는 분석을 제시한다. 바로 무역협정, 통화, 지적 재산권, 산업 보조금, 인위적으로 저렴하게 만든 수출품에 대한 중국의 속임수를 내놓는 것이다. 기울어진 운동장을 평평하게 만들기 위해서 대통령은 재무장관에게 중국을 '통화 조작국'으로 분류하라고 지시한다. 이제 워싱턴은 중국과 대화를 시작해야 한다. 협상이 시작되면서 대통령은, 중국이 2001년에 처음으로 WTO에 가입한 이래로 상호무역에서 적자가 250퍼센트 이상 늘었고 지금은 3150억 달러 이상을 기록하고 있다는 사실을 트위터에 올린다.[34] 같은 날 나중에 열린 기자회견에서 대통령은 대통령경제자문위원회가 올린 보고서 하나를 공개한다. 지난 15년 동안 베이징은 WTO에 가입할 때 얻은 여러 가지 혜택 덕분에 미국과의 무역에서 3조 3600억 달러의 흑자를 기록했다.

"이제 상황을 바꿔놓아야 할 뿐만 아니라 우리가 당한 것을 되갚아주어야 할 때다."

대통령은 이렇게 말하면서 중국이 2년 내에 이 흑자를 없애겠다는 약속을 하라고 요구한다. 재무부 관리들 사이의 대화가 결렬되자 국무장관이 중국 측에, 1930년에 만들어진 무역거래법에 따라 미국을 '차별하는' 나라는 대통령이 그 나라의 특정 수입 품목들 중에서 최대 50퍼센트까지 제재할 수 있음을 상기시킨다.

중국은 통화 시장에 대한 개입을 중단하는 데 동의하는 것으로 위협에 대응한다. 하지만 그동안 인민폐를 사들여온 중국 정부가 당장 지원을 철회하게 되면 통화 가치는 급격히 떨어지고, 그로 인해 중국에서의 미국 상품 판매는 더 불리해진다. 동시에, 중국 관세국은 국경에서 미국의 식량 수출품 중 일부를 골라 이 품목들이 위생 검사를 통과하지 못했다고 주장하면서 통관을 지연시키기 시작한다. 미국은 그 상품들을 도로 가져가거나 아니면 그냥 부두에서 썩어가도록 방치하거나 해야 한다. 중국에 있는 미국 공장 일부는 '즉각적인' 생산 감소와 조업 중단 그리고 파업을 겪기 시작한다. 베이징은 또, 자신들이 보유하고 있던 1조 달러어치의 미국 국채 중 일부를 팔기 시작한다. 그 여파로 채권시장이 출렁거리고 이자율이 상승한다.

세계시장은 투자자들이 미국 주식을 팔기 시작하는 것으로 반응한다. 주요 지수들이 급락하고 채권시장이 마구 요동치기 시작한다. 시장이 혼돈의 소용돌이에 빠졌음에도 워싱턴은 무역 문제에 대해서 중국과의 대결을 고집하면서 '적자 없는 공정 무역'을 요구한다.

미국의 요구를 더 강력하게 전달하기 위해서 백악관은 언론이 경제적 폭탄선언이라고 부르는 보고서 두 개를 발표한다. 우선, 국가정보국 국장이 중국의 반도체 산업 지배 전략의 세부적인 내용을 밝힌다. 미국과 세계의 여러 회사들이 두루 구매하게 만들고, 자신들의 기술에 대해서 면허증을 발급하며, 실리콘밸리의 스타트업 기업들에 투자하고, 핵심 바이어들과의 시장 관계를 견고하게 만드는 게 그 내용이다. 미국에는 다른 나라의 경제적 개입으로부터 자국의 안전을 지키기 위해서 여러 기관 소속의 비밀위원으로 구성된 외국인투자위원회라는 것이 있는데, 중국은 각 부문별로 미국의 이 위원회를 에두르는 방법들을 찾아냈다. 두 번째는 중국의 대대적인 사이버 경제 절도 행위다. 보고서는 미 정보국의 자료에 기초하여, 도용된 지적 재산권의 가치가 1조 2300억 달러에 달한다고 추산한다. 대통령은 전부 다 보상하라고 요구한다. 그리고 돈을 모두 지불할 때까지 도용된 지적 재산권을 사용한 중국 회사들을 상대로 관세를 부과하겠다고 공표한다. 이들 회사 중에는 통신기기 제조회사인 화웨이와 가전제품 제조회사 미데아도 포함되어 있다. 중국은 자신들도 이들 회사의 미국 경쟁사에 대해서 관세를 부과하는 것으로 보복한다.

양국이 수위를 높여나가자 미국의 금융시장은 2010년의 '플래시 크래시 flash crash(급작스런 주식 대폭락 사태를 일컫는 신조어―옮긴이)'와 유사한 잇단 사이버 결함을 겪는다. 당시에 주식시장이 초단타 매매자들의 집중적인 거래 행위로 반시간 만에 1조 달러의 손실을 입었다(그러나 금방 회복되기는 했다).[35] 그 사건은 단 한 차례 발생하고 그쳤을 뿐이지만, 이번에는 그런 플래시 크래시 사태가 한 주 내내 반복해서 일어나고, 매번 반등이 일어나긴 하지만 하락폭을 따라잡지는 못한다. 원인 조사에 들어간 미 연방수사국 FBI은 핵심적인 금융 시스템에 악성 소프트웨어가 삽입되어 있음을 발견한다. 전자신호가 진원지로 중국을 가리키는 한편, 수사관들은 또 다른 이상 징후를 잡아낸다. 수사관들은 악성 코드가 활성화되는 순간, 그 피해는 일시적인 서비스 중단에 그치는 것이 아니라 거래 기록과 금융 계좌가 영구적으로 몽땅 날아가버리게 될 것이라고 결론짓는다.

재무장관은 대통령에게, 악성 코드가 심어져 있다는 소문만으로도 미국 금융 시스템 전체에 대한 신뢰에 금이 가고 공황 상태를 불러올 수 있다고 조언한다. 이런 이야기는 대통령에게, 주요 은행 하나의 부도가 전체 시스템을 무너뜨리는 도미노 효과를 불러올까 봐 두려운 마음에 미국 정부가 금융 산업에 긴급 구제 자본을 투여했던 2008년의 기억을 상기시킨다.[36]

백악관이 고심하고 있는 동안에 해외에서 활동하는 해커들이 미국에서 가장 큰 은행 세 곳의 네트워크에 심어놓은 악성 코드를 활성화시킨다. 이 소식에 모두가 충격의 도가니에 빠진다. 수백, 수천 명의 고객 정보가 영구적으로 삭제된다. 계좌 확인을 위해 온라인에 접속한 사람들은 자신들의 구좌가 영영 사라져버렸음을 발견한다. 사실상 파산해버린 것이다. 그들 이야기가 소셜 미디어와 텔레비전 방송을 달군다. 자신이 다음 타자가 될 수도 있다는 생각에 두려움을 느낀 수백만 미국인들은 평생에 걸쳐서 은행에 모아둔 돈과 뮤추얼 펀드에 묻어둔 돈을 되찾으려고 한다. 그 때문에 공격을 받지 않은 금융기관들까지도 마비된다. 대통령과 대통령 보좌진은 종말론적인 관점에서 생각하기 시작한다. 일부는 전 연방준비제도이사회 의장 벤 버냉키가 2008년에 경고했던, 즉각 단호한 조처를 취하지 않으면 "월요

일에는 경제가 사라질지도 모른다"는 말을 떠올린다.³⁷

중국의 사이버 전사들이 더 이상 공격하지 못하도록 대통령은 그들에 대한 사이버 공격 개시를 결정한다. 그러나 미국 사이버사령부가 최선을 다했음에도 그들의 공격은 효과가 그리 크지 않다. 그 와중에 더 많은 금융기관들이 해킹을 당한다. 군사자문단은 대통령에게 중국 사이버전쟁부대라고 알려진 곳을 전부 폭격해버리는 방법을 권한다.

대통령은 베이징과 포탄이 오가는 전쟁만큼은 피하고 싶다는 바람 때문에 펜타곤 깊숙이 숨겨져 있는 비밀 무기고로 손을 뻗친다. 그는 군이 지금까지 공개된 적이 없는 드론을 사용해서 인민해방군 61398 부대의 상하이 본부를 공격하라는 명령을 내린다. 드론은 잠행 능력을 넘어, 그 제작자가 해리 포터의 투명 망토에 비유한 '가변식 위장' 능력까지 갖추고 있다.³⁸ 이 방법으로 미국은 '완벽한 발뺌'을 하려고 한다.

그러나 이런 기대는 적절치 못한 것이다. 중국인들은 미국 군대의 컴퓨터 네트워크에 완벽하게 침투하여, 이 투명 드론에 관해서 알고 있을 뿐 아니라 이 드론이 일본에 있는 카데나 공군기지에도 배치되어 있다는 사실까지 알고 있는 탓이다. 미국이 공격한 것이라는 사실을 확신한 베이징은 카데나에 미사일 공격을 감행함으로써 보복한다. 이 공격으로 많은 미국 병사들(그리고 그들의 가족들)과 수백 명의 인근 주민이 사망하게 된다.

일본 국민들은 정부가 (그리고 미 동맹국의 정부도) 이 뜬금없는 중국의 공격에 적절한 반격을 가해야 한다고 주장한다. 워싱턴과 베이징의 통제 범위를 넘어서서 소용돌이치는 사건들 탓에, 무역 전쟁이 이제 무력 전쟁으로까지 옮겨간 것이다.

미국과 중국 간의 전쟁은 필연적인 것은 아니지만 분명히 일어날 수 있다. 사실, 이들 시나리오에서처럼 중국의 급작스런 부상 및 파괴적인 행동에 따른 긴장 상태는 다른 조건에서는 일어나지 않았을 일련의 우발적인 사건들로 대규모 충돌까지 발생할 수 있는 조건이 된다. 괴롭힘을 일삼는 상대를 들이받을지 오랜 조약 내용들을 지킬지 아니면 자국이 받아 마땅한 존중을 요구하든지 하는 선택을 할 때, 양측 지도자 모두 존재한다는 사실은 알고 있지만 피할 수 있다고 믿는 함정에 빠질 수 있다. 위성 공격용 무기나 사이버 무기에서부터 그 이름이 아직 기밀에 부쳐져 있는 다른 무기들까지 새로운 기술들이 끊임없이 발전해감에 따라, 실전에서 사용해보기 전에는 결코 완전히 이해하지 못할 그 효과들은 더한층 복잡해진다. 지금의 흐름으로 본다면, 향후 수십 년 안에 미국과 중국 간에 끔찍한 전쟁이 벌어지는 일이 단지 가능하기만 한 게 아니라 그 가능성은 우리 대부분이 인정하려는 것보다 훨씬 더 높다.

4부

전쟁은 필연적이지 않다

9.

평화의 문을 열어줄 열두 개의 열쇠

전쟁이 악이라는 것은 누구나 다 잘 알고 있는 명제이니 그 이야기를 더 해봤자 따분하기만 하겠지요. 무지하다고 해서 억지로 전쟁에 휘말리거나, 두렵다고 해서 전쟁과 거리를 둘 수 있는 사람은 아무도 없습니다. 어쩌다가 양측 모두 잘못된 시점에 행동에 나서버렸다면, 화해하라는 충고 따위는 아무 쓸모가 없게 될 것입니다. 일단 일을 저지르고 나서 보면 이 충고야말로 현 단계에서 가장 필요한 것인데 말입니다.

_투키디데스, 헤모크라테스가 시칠리아인들에게 한 연설, 기원전 424년

다행히도, 투키디데스의 함정을 벗어나는 일은 그저 이론상으로만 가능한 게 아니다. 지난 500년간 적어도 네 차례는, 신흥 세력과 지배 세력이 위험한 함정을 통과하면서도 전쟁 없이 국가라는 배를 이끄는 데 성공했다.

이것의 첫 사례는 15세기 말과 16세기 초에 에스파냐가 포르투갈의 경쟁국으로 부상하여, 결국 포르투갈의 자리를 차지하고 세계를 지배하는 해상 세력이 된 일이다. 가장 최근의 사례는 냉전 종식 이후에 독일이 유럽의 지배 세력으로 부상한 일이다. 희소식을 들려주는 이야기들 중에서도 가장 유익한 두 사례는 20세기에 일어났다. 하나는 미국이 영국을 밀어내고 세계 최강국의 자리를 차지했을 때이고, 또 하나는 소련이 부상하면서 단극 세력의 지위를 차지하고 있던 미국의 자리를 위협했을 때다. 두 경우 모두

지도자들이 중국의 부상을, 전쟁을 피하고 넘어간 다섯 번째 사례로 만드는 데 풍부한 열쇠를 제공해준다.

에스파냐 대 포르투갈
15세기 말

거의 15세기 내내 포르투갈의 함대가 해상 무역로를 지배하면서, 훗날 에스파냐가 될 이베리아반도 내의 이웃 나라이자 경쟁국인 카스티야왕국을 무색하게 했다. 포르투갈의 성공은 그 역사적 발전의 결과였다. 1249년에 포르투갈인들은 이슬람교도의 지배를 벗어난 첫 유럽인들이 되어서, 대체로 지금의 포르투갈 국경과 비슷한 지역을 영토로 삼아 국가를 건설했다. 이후 1348년에는 흑사병으로 인구의 3분의 1이 목숨을 잃은 탓에, 돌투성이 땅을 경작할 노동 인구가 매우 부족해졌다.[1] 진취적인 포르투갈인들은 대서양으로 눈을 돌렸고, 이윽고 유럽에서 가장 유능하고 성공적인 어부가 되었다. 포르투갈이 지브롤터해협 근처에서 첫 해외 영토를 차지하게 된 1415년 이후에는 항해술이 더한층 발달했다. 나라와 왕으로서의 권위를 더욱 강화해야겠다고 마음먹은 항해왕 엔히크Henrique는 새로운 항해술의 개발을 적극 지원했다. 그 결과, 빠르고 날렵한 범선, 더 좋은 삭구를 갖춘 배, 자세한 지도 등이 개발되었다.[2] 포르투갈은 항해학을 개척하여 많은 성과를 얻었고, 이것은 본질적으로 "유럽이 팽창 운동을 개시했음"을 의미했다.[3] 1488년에 포르투갈 탐험가들은 인도와 인도의 수익성 좋은 향료 거래를 위한 무역로를 찾아서 처음으로 희망봉을 돈 사람들이었다.

15세기 대부분의 시간 동안 포르투갈이 지배적인 세력으로서의 입지를 다지는 데는 아무 걸림돌이 없었다. 카스티야왕국이 내부 갈등에 골몰하느라 외부로 눈길을 돌릴 틈이 없었던 탓이다.[4] 하지만 1469년에 카스티야의 열여덟 살 먹은 이사벨 1세Isabel II와 아라곤의 열일곱 살 먹은 페르난도 2세 Fernando II의 결혼으로 두 나라가 에스파냐로 합쳐지게 되면서 상황이 변했다. 연합왕국은 무어인 침략자들로부터 영토를 되찾고, 그라나다를 탈환하고, 1492년에는 무어인들을 이베리아반도에서 완전히 내쫓았다. 1492년은 크리스토퍼 콜럼버스Columbus, Christopher라는 한 제노바 선원의 첫 항해를 지원한 해와 같은 해다.

내부의 문제를 해결하고 나자 에스파냐의 경제는 성장하기 시작했다. 1474년에서 1504년 사이에 세수가 서른 배나 늘었다.[5] 부유해진 에스파냐는 이웃 나라 포르투갈이 거의 한 세기 동안에 그렇게 했듯이 금과 향신료 그리고 해외 국가들과의 새로운 무역 관계를 대담하게 찾아 나섰다. 때마침 에스파냐에 행운이 따랐다. 1460년에 항해왕 엔히크가 죽고 나자 포르투갈에서는 혁신에 대한 후원이 줄어들었고, 이와 더불어 조선술과 지도 제작 전문가들의 유출을 엄격하게 막으려는 의지도 느슨해졌다. 1480년대 무렵에는 다른 나라도 이런 기술을 이용하여 포르투갈만큼이나 대서양을 마음대로 오갈 수 있게 되었다. 콜럼버스가 엔히크의 계승자인 주앙 2세 João II를 찾아가서, 인도로 가는 새로운 항로를 찾고 이미 발견한 땅의 수익금을 걷으러 서쪽으로 항해하는 데 필요한 지원을 요청했으나 주앙 2세는 이를 거절했다. 콜럼버스는 이번에는 페르난도와 이사벨에게 찾아가서 배세 척과 해군제독과 자신이 발견하게 될 땅의 총독 작위 그리고 식민지로부터 얻는 총 수익의 10분의 1을 요구했다.[6] 에스파냐의 왕과 왕비는 이 제안을 받아들였다.[7]

콜럼버스가 승리에 차서 돌아왔을 때 주앙 2세는 자신이 큰 실수를 했음을 알아차렸다. 콜럼버스의 발견 덕분에 에스파냐는, 당시 해외 제국 건설과 해상로에서 사실상 독점적 지위를 누리고 있던 포르투갈을 위협하는 만만찮은 경쟁국으로 등장했다. 두 나라 모두 충돌 가능성을, 특히 새로 개척한 땅에서의 충돌을 걱정했다. 양국의 지도자들로서는 두 군사 강국 간에 총력전이 벌어질 경우, 엄청난 피와 재산을 대가로 지불해야만 한다는 사실이 두려웠기 때문이다.[8]

다행히, 페르난도와 이사벨은 더 큰 권위를 지닌 이, 바로 신의 대리자인 교황 알렉산데르 6세Alexander VI에게 상의하기로 했다. (교황은 에스파냐 출신으로, 당시는 에스파냐의 지지로 교황에 선출된 지 얼마 안 된 상황이었다.) 중재자로 나선 알렉산데르 6세는 북극에서 남극까지 선을 쭉 그어서 신대륙을 동서로 나누어, 서쪽 땅은 에스파냐가 그리고 동쪽 땅은 포르투갈이 차지하게 했다. 이 판결이 에스파냐에게 전적으로 유리하다고 판단한 포르투갈은 처음에는 교황의 제안을 거부했다. 그럼에도 이 제안이 협상의 시발점이 되어 결국 1494년에 토르데시야스조약을 맺기에 이르렀다. (당시에 합의에 이른 경계선이 지금의 브라질 영토를 규정하는 경계가 되었으며, 브라질 사람들은 포르투갈어를 쓰는 반면 남아메리카의 나머지 국가들은 에스파냐어를 쓰게 된 원인이 되었다.) 두 나라의 지도자들 모두 이 합의 결과가 자국의 승리라고 주장했다. 그리하여 에스파냐는 자국이 위험을 감수하고 탐험에 나서는 일을 정당화했고, 포르투갈은 자기네가 차지하게 된 땅이 인도로 가는 더 나은 길목에 있다는 믿음과 주장을 더욱 분명히 했다. 역사가 A. R. 디즈니Disney의 말에 따르면, 토르데시야스는 "18세기까지 쭉 각국의 '정복지' 영역을 정하는, 제국의 기본 헌장이 되었다".[9]

이처럼 세력권을 정하는 데 교황이 중요한 역할을 한 사실은 당사국들로 하여금 조약의 규칙을 존중하게 만드는 동인이 되었다. 각국의 지도자들은 교황의 권위에 따라야만 하는 입장이었다. 그렇게 하지 않는다면 심지어 파문을 당할 수도 있었기 때문이다. 두 나라 모두 자신들의 정복을 이교도를 기독교도로 개종시키는 사명을 실천하는 일로 정당화했다. 사실, 이후 수십 년에 걸쳐서 영국, 프랑스, 네덜란드에서 식민지 건설을 열망하는 새로운 세력들이 등장했을 때, 에스파냐와 포르투갈은 바티칸이 승인한 틀이 자신들의 기득권을 지켜주기에 이를 더욱 강력하게 따랐다. 덕분에, 거의 한 세기 동안 두 나라 사이에서는 심각한 적대 행위가 일어나지 않았다.

— 열쇠 1

더 높은 권위를 지닌 제3자가, 전쟁을 치르지 않고 경쟁 관계를 해결하는 데 도움이 될 수 있다. 17세기에 네덜란드의 법학자 휘호 흐로티위스Hugo Grotius가 민족국가들로 구성된 단일한 세계라는 생각을 만들어낸 이후로, 이론가들은 국제법에 의해 지배받는 세계를 꿈꿔왔다. 제2차 세계대전의 여파로 정치가들은 이런 열망과 씨름한 끝에 국제연합을 만들어냈다. 국제연합 헌장은 이론상으로는 회원국들이 따르기로 되어 있는 유엔 안전보장이사회의 감시를 받는 국제법 및 국제 조직의 틀을 확립했다. 그러나 당시에 강대국이었던 미국, 소련, 중국, 영국, 프랑스 다섯 나라 모두 이사회의 결정에 대해서 일방적인 거부권을 갖겠다고 강력하게 주장했다.

국제연합 헌장에는 각 회원국들이 다른 나라에 대한 군사력 사용을 포함해서 행동에 대한 제약을 받아들여야 한다는 의무 조항이 들어 있다. 그러나 이런 제약을 해석하는 일은 회원국들의 재량에 맡겨졌다. 헌장 51조에는 각국의 '자위권'을 보장하는 내용이 들어 있다. 2003년에 미국은 이 권리를 새로운 차원까지 확장시켜서, 이라크에 대한 공격이 '선제적 자위권'을 발휘한 것으로 정당한 행동이라고 주장했다. 더 최근에는 오바마 대통령이, 미국이 일곱 개의 나라에 있는 '테러리스트'라고 명명한 집단들에 대해서 일방적인 공격 명령을 내리면서 그 범위를 더 멀리까지 넓혀놓았다.[10]

국제법 옹호자들은, 지난 70년 동안 세계가 '규칙에 기초한 시스템'을 받아들이는 데 꾸준히 진전을 보아왔다고 이야기한다. 현실주의자들은 이런 서사, 특히 군사력을 사용하는 부분에서는 동의하지 않는다. 강대국들은 자신들의 국가이익의 관점에서 유리하다고 생각할 경우, 계속해서 그 시스템을 무시해왔다고 그들은 지적한다. 예컨대 2016년에 남중국해에 대한 베이징의 주장을 부정하는 상설중재재판소의 판결을 중국은 전체적으로 거부했으며, 이런 중국의 태도에 대해 미국은 규탄 운동을 주도했다. 그런데 미국의 이런 행동을 위선이라고 보는 사람들이 있었다. 미국의 CIA가 1980년대에 니카라과의 산디니스타 정부를 전복시키기 위한 노력의 일환으로 니카라과에 있는 항구들에 기뢰를 부설했던 일에 대해서 상설중재재판소는 유죄판결을 내렸으나, 미국 역시 이를 거부한 적이 있기 때문이다.[11] 분명, 지금 국제적 권력기관에 대한 복종에는 상당한 한계가 있다. 그럼에도 세계 각국이 얼마만큼 초국가적 권력기관이나 법률의 제약과 결정을 따르도록 설득될 수 있는지에 따라서, 이런 요소들은 (에스파냐와 포르투갈의 지배자들이 15세기에 그랬듯이) 그렇지 않았다면 전쟁으로 끝났을지도 모르는 갈등을 조정하는 데 중요한 역할을 할 수 있다.

독일 대 영국과 프랑스
1990년대~현재

헨리 키신저는 운명이 얼마나 역설적인지를 지적한다.

"유럽을 지배하겠다는 독일을 무너뜨린 지 70년 만에 이제는 거꾸로 승

전국들이 독일을 향해, 주로 경제적인 이유에서 유럽을 이끌어달라고 간청하고 있다."[12]

1989년에 베를린장벽이 붕괴된 이후, 영국의 마거릿 대처Margaret Thatcher 총리는 조지 H. W. 부시George H. W. Bush 대통령에게 통일을 향한 급속한 움직임을 막으라고 강력하게 설득하면서, "독일이 히틀러가 전쟁으로 얻을 수 없었던 것을 평화롭게 얻게 될 것"이라고 경고했다.[13] 실제로, 통일을 이루어 더 강력해진 독일의 행동이 가끔씩 다른 유럽 나라들의 공분을 불러일으켰던 것은 사실이다. 그러나 독일의 유럽 패권국 부상은 전쟁을 불러오지 않고, 그것도 아예 이웃 유럽 국가들과의 군사적 충돌 자체를 상상조차할 수 없게 된 구조 속에서 이루어졌다. 이런 발전이 가능했던 이유는 우리에게 시사하는 바가 제법 크다.

제2차 세계대전이 막을 내리면서 소련 군대가 독일의 동부를, 미국이 이끄는 연합군이 서부를 점령했다. 이런 분할은 많은 유럽 전략가에게, 20세기에 일어난 두 차례의 세계대전의 근원이었던 '독일 문제'를 해결하기 위한 방안들 중 하나였다. 철의 장막으로 '대륙이 둘로 갈라졌을 때', 처칠의 말대로 소련과 '자유진영' 간의 경쟁이 유럽을 가르는 주요 단층선이 되었다. 미국은 북대서양조약기구를 조직하는 것으로 대응했다. 나토의 첫 사무총장이 자주 했다던 우스갯소리처럼, 나토의 임무는 "소련을 배제하고 미국을 포함시키며 독일은 주저앉히는" 것이었다.[14]

20세기의 상당 기간을 유럽을 인간 도살장으로 만든 국제정치의 습성을 반복하지 않기로 단단히 마음먹은 장 모네Jean Monnet나 로베르 쉬망Robert Schuman 같은 현명한 유럽 지도자들은 유럽 국가들 간의, 특히 프랑스와 독일 간의 긴밀한 경제적 상호 의존성을 촉진시켰다. 이 무역망은 곧, 관세 없이 자유롭게 물건을 사고파는 '유럽 공동시장'으로 성장했다. 유럽 공동시장은 나중에 국가 주권의 일부를 초국가적인 유럽 기관들에 양도하는 것을 목표로 하는 유럽의 더 크고 야심만만한 기획을 실현하는 데 첫 디딤돌이 되었다. 유럽연합의 핵심적인 선도 조직 가운데 하나인 '유럽석탄철강공동체'를 만들기로 한 협정을 두고, 모네는 "평화를 유지하기 위해서는 유럽의 연합이 필요불가결한데, 이를 위한 구체적인 초석이 될" 기관이라고 설명했다.[15] 이런 노력을 세심하게 실천한, 일부 선견지명을 갖춘 정치가들은 미국과 유사한 유럽 연합체까지 상상했다. 그러나 독일인들을 포함한 모두가 독일은 하위 파트너로 남아 있어야 한다는 데 동의하는 듯했다. 나치 체제가 저지른 홀로코스트를 비롯한 반인륜적인 범죄를 내면에 깊이 새긴 독일인들은 스스로를 불신하여, 유럽의 각종 기관에서 자신이 종속적인 역할을 하는 것에 대해서 순순히 받아들였다.

그러나 냉전의 마지막 장에서 마침내 베를린장벽이 조금씩 허물어지기 시작했을 때, 독일이 통일을 이루게 될지도 모른다는 전망이 떠올랐다. 특히 서독의 유럽 파트너들은 단호한 반대 입장을 보였다. 영국의 대처 총리와 프랑스의 프랑수아 미테랑François Mitterrand 대통령은 계속해서 부시 대통령을 찾아가서 통일을 막으라고 강력하게 설득했다. 독일 주재 프랑스 대사는 공공연하게, 독일이 통일을 이루게 되면 "독일이 지배하는 유럽이 만들어질 것이며, 동유럽이건 서유럽이건 어느 나라도 이런 상황이 벌어지는 것을 원하지 않는다"고 주장했다.[16] 그럼에도 부시 대통령과 그의 국가안보팀은 계획대로 밀고 나갔다. 그러나 그들은 통일독일이 소련 지도자 미하일 고르바초프가 주장했던 비무장 중립주의로 가는 대신, 나토에 잔류할 것을 주장했다. 부시에게는 독일이 유럽의 각종 기관을 이끌면서 "자유로운 하

나의 유럽"이라는 자신의 구상에 구심점 역할을 하게 될 것이었다.[17]

대처와 미테랑이 예견했듯이, 독일은 비약적인 경제성장으로 유럽 대륙에서 점점 지배적인 정치적 목소리를 갖게 되었다. 1989년에 독일의 GDP는 대략 영국 및 프랑스와 맞먹었으나, 지금은 이 나라들보다 40퍼센트나 더 높다.[18] 유럽공동체EC가 유럽연합EU이 되고 대부분의 회원국들이 자국의 화폐를 버리고 유럽 공동 화폐인 유로를 사용하게 되었을 때, 유럽 중앙은행이 독일에 들어서는 게 당연해 보였다. 독일은 갈수록 부강해지면서도 이웃 나라들과의 통합 전략을 단단히 고수하는 모습을 보였다. 저명한 독일 학자 헬가 하프텐도른Helga Haftendorn이 주장했듯이, 유럽연합은 독일 세력이 더 큰 이익과 연결되도록 허용함으로써 "'독일화된 유럽'이 아니라 '유럽화된 독일'"을 만들어냈다.[19]

이 글을 쓰는 지금까지 유럽의 실험은 여전히 불확실한 상태로 남아 있다. 세계적인 금융 위기 탓에 유로 시스템(즉 각 나라의 국가 재정 운영은 독립적으로 유지하면서 통화만 단일하게 합치는 정책)의 모순이 더 극심하게 나타나고 독일을 향해 그리스 등의 나라에 긴급 구제 자본을 투여하라고 강요하는 상황이 되었을 때, 유럽 공동 화폐 시스템의 종식을 예견하는 사람들이 많았다. 그러나 아직 유로 시스템은 건재하다. 유럽이 '아랍의 봄' 이후의 혼란으로 요동치고 있는 나라들로부터 빠져나온 난민들의 물결로 홍수를 이루게 되자, 유로 시스템 회의론자들은 또다시 "끝이 보인다"는 플래카드를 들고 나왔다. 2016년 6월에 '브렉시트' 투표로 영국이 유럽연합을 이탈하게 된 사건을, 탈냉전 질서의 붕괴가 임박했음을 알리는 마지막 조짐으로 보는 사람들이 많았다. 그러나 유럽 기획을 일구어낸 사람들의 생각대로, 유럽연합의 생존을 위협하는 위기는 어쩔 수 없이 생기지만 그렇다고 해서 유럽연합이 무너지지는 않는다. 그들의 시각에서는 위기가 오히려 통합을 더 견고하게 만드는 계기가 된다. 정치적 저항만으로 통합이 그처럼 견고해지기는 힘들 것이기 때문이다.

독일은 경제 강국이고 정치적으로도 갈수록 주도적인 역할을 자처하고 있지만, 군사적으로는 여전히 거세당한 상태다. 1945년에 비非나치화의 일환으로 요구된 비무장 및 비군사화를 독일은 받아들일 수밖에 없었다. 미국의 안보 약속과 특히 통일 이후에도 유지된 미국의 '핵우산'은 독일에게서 군사력을 키울 구실을 제거함으로써 이웃 나라들을 안심시켰다. 시간이 흐름에 따라, 독일 지도자들은 안보를 기본적으로 자연스러운 상태로 바라보는 탈근대적인 국제 질서 개념을 받아들임으로써 이런 상황을 합리화했다. 대부분의 다른 유럽 주요국들과 마찬가지로 오늘날 독일의 군사력은 실질적인 힘을 지니는 대신 보다 상징적이고 의례적인 차원으로 남아 있다. 그런 의미에서, 군사적 능력이 거의 없다시피 한 독일은 국제정치에서 말하는 '정상normal' 국가가 아니라고 할 수 있다.

— 　열쇠 2

국가들은 역사적으로 '정상적인' 행동을 제약하는 더 큰 경제, 정치, 안보 제도에 단단히 묶일 수 있다. 독일은 군사적 난쟁이로 남아 있는 경제적, 정치적 거인의 전형이다. 경제적으로 이웃 나라들과 통합되어 있고 안보에서는 미국의 핵우산으로 보호받고 있다. 만약 경제적 압박, 이민자 문제, 포퓰리즘적 국가주의의 부흥 등이 결합되어 유럽연합을 뒤흔들어놓는다면, 갈수록 부강해지고 있는 독일이 여전히 이웃 국가들에게 위협이 되지 않는 나라로 남아 있을까? 만약 미국이 약화되거나 심지어 나토의 안보 장막까지 철수하려고 한다면, 과연 독일을 포함한 유럽의 군사력들이 다시 국가 중심주의로 바뀌게 될까?

아니면 독일에서의 문화적 변화는 너무도 깊이 각인되어 있는 탓에 독일이 호전적인 전통을 회복하는 모습은 더 이상 상상조차 할 수 없게 된 것일까?[20]

미국 대 영국
20세기 초

시어도어 루스벨트가 미국이 영국을 밀어내고 서반구에서 지배적인 위치를 차지하게 만드는 데 성공할 수 있었던 것은 힘의 상관관계에 미묘한 변화가 생긴 덕분이었다. 19세기의 마지막 30년 사이에 미국은 남북전쟁의 폐허를 극복하고 경제적 거인이 되었다. 1850년에 영국과 미국의 인구는 거의 비슷했다. 그러나 1900년경에는 미국의 인구가 영국의 두 배가 되었다.[21] 1870년에 미국 경제가 영국을 따라잡았고, 1914년까지는 규모 면에서 영국의 두 배가 될 정도로 성장했다.[22] 1880년에는 영국이 전 세계 공산품 생산의 23퍼센트를 차지했지만, 1914년에는 시장점유율이 13퍼센트로까지 떨어졌고, 대신 미국의 시장점유율은 32퍼센트로 올랐다.[23]

험악한 분리 과정을 겪은 영국과 미국은 이후에도 여전히 상호 긴장 관계로 남아 있었다. 1812년의 전쟁에서 영국은 백악관을 불태웠고, 미국은 영국령 캐나다를 공격했다. 남북전쟁 기간 동안에 영국은 남부연합을 지지할지를 심각하게 고려했고, 많은 미국인들은 (루스벨트를 포함해서) 그 사실을 잊지 않고 있었다.[24] 미국의 힘이 커져갈수록, 그 세력권 내에서 존중받고 영향력을 행사하기를 원하는 미국인들의 마음도 덩달아 커져갔다. 1895년에 베네수엘라와 영국령 기아나 사이에 영토 분쟁이 일어났을 때 국무장관 리처드 올니Richard Olney는 영국을 향해 먼로독트린하의 중재안을 받아들이라고 요구하면서, "이 대륙의 실질적인 지배권은 미국에 있다"고 주장했다.[25] 런던은 워싱턴의 요구를 거절했다. 영국 식민장관 조지프 체임벌린Joseph Chamberlain은 "대영제국은 아메리카 대륙에서 미국보다 더 큰 영토를 가진 세력이다"라고 주장했다.[26] 하지만 그로버 클리블랜드 대통령이 은근히 전쟁을 암시하는 이야기로 응대하자, 영국은 중재에 동의했다.[27]

클리블랜드의 메시지가 전달된 지 얼마 지나지 않아, 영국의 총리 솔즈베리Salisbury 경은 금융장관에게 미국과의 전쟁이 "머지않은 장래에 현실화될 가능성이 다분하다"고 충고했다. 이에 따라 그는 해군성에 예산을 검토하라고 지시하면서, 프랑스-러시아 동맹보다 미국이 적이 될 가능성이 더 많다고 경고했다.[28] 미국의 해군은 영국에 비해서 여전히 규모가 작았지만, 특히 에스파냐-미국 전쟁을 치르고 시어도어 루스벨트가 대통령에 당선되고 나서부터 점점 커지기 시작했다. 당시 영국의 해군성 장관이었던 셀본Selborne 백작은 상황을 냉정하게 설명했다.

"만약 미국인들이 마음만 먹으면 별 어려움 없이 가질 수 있는 것에 대가를 지불하기로 결심한다면, 그들은 점차 제대로 된 해군을 키워나가서 결국에는 우리보다 더 큰 해군을 갖게 될 것이다."[29]

새롭게 부상하는 경쟁국들이 많아지고 힘겹게 싸운 남아프리카 전쟁에서 교착상태에 빠진 영국에게는 더 이상 정면충돌의 위험을 감당할 여력이 없었다. 미국이 새롭게 부상하고 있는 강국들 가운데 가장 강력하긴 했지만, 독일과 러시아의 위협은 훨씬 더 가까이에 있었다. 더욱이 여러 경쟁국들 가운데 영국이 균형추 역할을 할 수 있는 유럽과는 달리, 서반구에는 영국의 동맹국이라고 할 만한 미국의 경쟁 상대가 없었다. 영국의 캐나다 자치령에는 자체적으로 스스로를 방어할 수 있는 능력이 없었다.[30]

이처럼 녹록지 않은 현실 때문에, 영국 지도자들은 사실상 어떻게 해서든지 미국과의 군사적 충돌만은 피하기 위해서 수용적인 태도를 취하게 되었다. 당시 영국에서는 해군성이 국가 안보 정책의 조종실이었다. 1940년에 최고위급 해군 장교인 재키 피셔 제1군사위원은 민간인 상급자에게, "어떤 상황에서도 우리가 미국에게 압도적이고 굴욕적인 패배를 당하지 않을 도리가 없기" 때문에, 영국은 "그런 전쟁을 피하기 위해서 가능한 모든 방법을 다 동원해야" 한다고 직설적으로 경고했다. 게다가 그는 굴욕적인 의미를 담은 말을 입 밖에 내는 것도 주저하지 않았다. "캐나다를 두고 다툼이 일어나면 그 원인이나 이득이 뭐가 되었든, 캐나다 스스로 그냥 알아서 하게 내버려두라"고 한 것이다.[31] 셸본은 이렇게 요약했다.

"피할 수만 있다면 미국과는 절대로 싸우지 않을 것이다."[32]

그런 판단을 받아들인 영국은 미국을 대상으로는 2국 표준주의 정책, 즉 영국은 자국 다음으로 강한 두 경쟁국이 가진 전함 수를 합한 것과 같은 수의 전함을 보유하는 상태를 유지한다는 원칙을 적용하지 않기로 했다.[33]

더욱이 보다 더 중요한 지역(자국의 본토를 포함해서)을 보호하는 해군력을 줄이지 않고서는 서반구에서 미국의 지배에 맞서서 싸울 수 없다는 사실을 깨달은 영국 해군성은 미국과의 전쟁 시에 캐나다를 지킬 작전 계획을 수립하기 위해서 군대를 파견해달라는 캐나다 측의 거듭된 요청을 무시했다. 대신, 해군성은 그냥 영미 관계를 우호적인 상태로 유지하는 게 좋겠다고 권했다.[34] 이처럼 불편한 현실을 인정하는 쪽을 택한 영국은 서반구에서 벌어진 각종 분쟁에 대해서 연이어 양보하는 모습을 보였다. 그 결과, 역사학자 앤 오드Anne Orde의 결론에 따르면, "1903년 말까지…… 영국은 베네수엘라에서 알래스카에 이르기까지 서반구 전체에서 미국이 지배적인 영향력을 행사하는 상황을 묵인"했다.[35] 영국이 미국의 요구를 기꺼이 들어주게 된 일은, 어느 정도 두 나라가 인종 면에서나 언어 면에서 같은 뿌리를 공유하고 있을 뿐 아니라 정치 문화와 정부 형태도 같다는 믿음 때문이기도 하다. 그러나 주된 동력은 냉엄한 현실주의였다.[36]

자국을 향해 더욱 불길한 위협이 다가오고 있음을 감지한 영국에게는 선택의 여지가 별로 없었다. 이 시기에 러시아가, 이어서 독일이 더 이상 잠재적 위협으로 보이지 않았다면, 영국이 좀 더 강경하게 행동했을까? 뭐라고 장담할 수는 없다. 하지만 분명한 점은, 이 시점에 힘의 상대적 균형이 너무도 멀리까지 넘어가버린 탓에, 영국 관리들이 전쟁을 미국의 부상을 누를 실현 가능한 수단으로 볼 수 없었다는 사실이다. 1902년에 총리 솔즈베리 경은 애석해하면서 이렇게 말했다.

"아쉽기 짝이 없는 일이긴 하지만, 미국이 빠르게 성장해온 덕분에 미국과 동등했던 관계를 회복할 수 있는 방법은 없다. 만약 우리가 남북전쟁에 개입했더라면 당시에는 미국의 힘을 우리가 다루기 적당한 정도로 꺾어놓았을 수도 있었겠지만. 그러나 어느 나라에게든지 **두 번**의 기회는 주어지지 않는다."[37]

20세기 최고의 세계사학자 어니스트 메이Ernest May는 영국의 반응을 두 신흥 세력, 즉 동쪽의 독일과 서쪽의 미국과 비교하면서, "영국이 미국에 대해서 관용을 베풀기로 한 선택"이 "독일이 독립국임을 그리고 무엇보다도 자국의 군사력과 해군력을 전시하기로 한 선택"과 더불어 "핵심적인 사건"이라고 밝혔다. 루스벨트 대통령은 작은 분쟁을 두고도 거세게 몰아붙일 수 있는 사람이지만, 메이의 표현에 따르면, "독일 황제가 영국의 안전을 실제로 위협하는 실수를 저지르지 않도록 조심"했다. 영국은 미 해군이 서반구나 동아시아에서 영국의 이해를 돕도록 설득할 수 있었다. 이런 판단은 두 나라를 가르는 광활한 대서양 덕분에 미국이 영국의 안보를 직접적으로 위협할 확률이 약했기에 가능했다. 독일은 훨씬 더 가까이에 있었고, 독일 해군은 영국을 저지하거나 영국과 싸우려는 의도가 분명했다. 메이의 지적에 따르면, 힘겨운 전략적 선택의 기로에 선 영국은 "피할 수 없는 선택을 최대한 자국에 도움이 되는 방향으로 이끌어내고, 모든 이견에 대해서 미국에 양보하면서도 최대한 품위를 지키려고 노력했다". 1906년에 새 자유주의 정부가 들어섰을 때, 외무장관 에드워드 그레이는 미국과 좋은 관계를 유지하는 일이 영국의 "기본적인 정책'이 되었다"[38]고 발표했다.

미국의 비합리적인 요구조차도 영국의 핵심적인 국가이익을 희생시키지 않으면서 충족시키는 방법을 찾는 영국 지도자들의 기술은 훌륭한 외교술의 교과서적인 예다. 영국은 역사가들이 '대大화해Great Rapprochement'라고 부른 것의 기반을 다져나가면서 두 나라 간의 오랜 적대감을 가라앉히기 위해 노력을 아끼지 않았고, 급기야는 1914년에 전쟁이 발발했을 때 전쟁 과정에서 필수적인 물적, 경제적 자원을 미국에 의존할 수 있는 정도까지 두 나라의 관계가 발전되었다. 독일의 잠수함이 미국의 배를 공격하기 시작한 이후로 워싱턴은 런던이 치르고 있던 전쟁에 합류했다. 만약 영국이 미국으로부터 자본과 물자를 그리고 나중에는 미국의 군사적 협력을 얻을 수 없었다면, 제1차 세계대전에서 틀림없이 독일이 승리했을 것이다. 베르사유에서 평화협상을 진행하면서 미국과 영국은 서로 어깨를 나란히 했다. 전후에도 미국이 각 나라에게 허용 가능한 주요 전함의 수를 정하는 워싱턴 해군조약을 수립할 때도 영국은 전쟁으로 진 빚으로 볼 때 도저히 미국의 해군력과 견줄 수 없는 상황이었는데도, 미국과 동등한 지위를 부여받았다.[39]

한 세대도 채 지나지 않아 세계가 또다시 전쟁의 소용돌이에 빨려 들어갔을 때, 두 나라는 동맹국으로 똘똘 뭉쳐 싸웠고, 제2차 세계대전 이후에도 양국이 힘을 합쳐 평화를 만들어가면서 워싱턴과 런던이 아직도 '특별한 관계'라고 부르는 관계를 돈독하게 다져나갔다.

— 열쇠 3

능수능란한 정치가는, 피할 수 없는 선택이라면 최대한 자국에 유리한 방향으로 이끌어낸다. 그리고 필요와 희망 사항을 구별한다. 엄연한 사실은 무시하고 넘어가기가 어렵다. 미국이 모든 차원에서 영국을 능가하게 됨에 따라, 독자적인 길을 가야겠다는 미국의 결심은 분명해졌다. 베네수엘라에서의 분쟁에서부터 알래스카의 해안 지역을 두고 캐나다와 벌인 경쟁에 이르기까지, 영국은 전쟁을 선택할 수도 있었다. 그러나 전쟁을 치르게 될 경우에 그 비용은 큰 데 비해 이길 가능성은 적다는 사실을 영국은 알고 있었다. 게다가 더 가까이에는 전략적으로 더 심각한 다른 위협들도 있었다. 그래서 영국은 자국의 운명을 최대한 이용하는 지혜를 발휘하여, 자국의 핵심적인 국가이익을 희생하지 않으면서 미국의 요구를 수용하는 방법을 찾아냈다. 미국의 지배 계급에게 미국과 영국이 공유하는 이해관계를 강렬하게 인식시키는 한편, 서로 다른 이해관계는 최소화하는 방식으로 영국은 미래의 더 큰 협력(그리고 런던의 더 큰 이익)을 위한 길을 닦았다. 세계 제국 건설이 영국의 자기 인식과 매우 확고하게 연결되었던 시기에 영국은 미국에서 승부를 보는 게 필연적이라고 쉽게 그러나 잘못 판단할 수도 있었다. 하지만 영국은 그렇게 하지 않았다. 결국, 영국이 서반구로부터 자국의 함대를 철수한 일은 영국의 세계 내 위상을 깎아내리거나 안보 태세를 위험에 빠뜨린 것이 아니라, 제1차 세계대전이 일어나기 전에 때마침 적절하게 힘의 분배 상태를 재조정하는 일이었음이 입증되었으며, 이는 각종 국제적인 문제에 대한 영국의 영향력을 지속시켜주었다.

타이밍이 중요하다. 기회의 창은 우연히 열렸다가 아무 경고도 없이 그냥 닫혀버리는 경우가 많다. 영국 총리 솔즈베리 경은 솔직한 눈으로 이런 사실을 통렬하게 잡아낸다. 만약 영국의 지도자들이 1861년에, 미 대륙에서 부상하고 있는 한 패권국이 영국의 핵심 이익에 참을 수 없는 위협이 된다는 결론을 내렸더라면, 미국의 남북전쟁에 남부연합 측을 도와서 미국의 힘을 '감당할 수 있는 정도로', '줄여놓는' 게 현명한 선택이었을 것이다. 만약 영국이 그렇게 했다면, 20세기 초에 더 약한 두 경쟁국이 있게 되었을 것이며, 아마도 지금의 미국 땅 안에서 서로 전쟁까지 벌이고 있었을지도 모른다. 그런 조건 아래에서는 제해권과 캐나다에서의 안정된 입지를 가진 영국에 대해서 두 미국이 베네수엘라, 알래스카 등지에서의 영토 분쟁에서 훨씬 소극적으로 나왔을 가능성이 많다. 하지만 개인의 삶에서와 마찬가지로 국가의 역사에서도 한번 잃어버린 기회는 영영 되돌릴 수 없다.

예방적 차원의 개입은 민주국가에서 급속도로 다루기 힘들어지고 있는 전형적인 난제이다. 개입의 비용이 가장 낮고 행동의 효과가 가장 클 때는 행동을 할 필요가 모호하고 불확실하다. 그런데 지지나 묵인이 요구되는 모든 당사국들에게 행동의 필요성이 명백해질 때가 되면 효과적인 개입에 드는 비용이 올라가 있다. 그 비용이 아예 행동을 막아버리는 수준까지 올라가는 경우도 있다. 정부 특히 행동을 취하려면 여러 집단의 동의가 필요한 민주정부에서는 이 난제가 예방 행위보다는, 경쟁국의 부상이든 흔히 발생하는 인도주의적 차원의 재앙이든, 그에 대처하는 방식에서 행동 지연으로 이어지는 경향이 훨씬 더 많다.

문화적 공통성이 갈등을 막는 데 도움이 될 수 있다. 영국과 미국은 언어와 정치 문화를 공유한 덕분에, 영향력이 큰 영국이 대부분의 면에서 더 이상 최강국이 아닐지라도 자국이 중요하게 여기는 가치들은 지배적으로 남아 있으리라는 생각으로 자위할 수 있었다. 영국이 미국과 충돌하든지 아니면 자신들의 생활 방식과 역사적 사명을 포기하든지, 선택의 기로에 서게 되었다고 주장하는 사람들의 말을 그들은 떨쳐낼 수 있었다. 사실 그 반대였다. 영국인들 중에는 '영어를 쓰는 사람들'이 계속해서 세계를 지배하리라는 생각을 받아들이는 사람들이 많았다. 나중에 총리가 될 해럴드 맥밀런Harold Mcmillan은 제2차 세계대전 기간 동안에 이렇게 말했다.

"미국은 사실, 새로운 로마제국입니다. 우리 영국은 옛 그리스처럼 그들에게 제국을 운영하는 법을 가르쳐주어야 합니다."[40]

소련 대 미국
1940년대~1980년대

제2차 세계대전 이후에 소련이 미국이 누리고 있던 세계 지도자로서의 지위에 도전했다는 생각은 지금의 미국인들로서는 대부분 상상조차 하지 못한다. 1991년에 러시아가 붕괴한 이후로 미국인들은 러시아를 쇠락해가는 세력으로 본다. 약하고 혼란스러우며, 최근에 블라디미르 푸틴이 지배하고 나서부터는 분노에 눈이 멀어버렸다고들 말한다. 사람들이 자발적으로 받아들였던 이데올로기로서의 공산주의는 역사의 쓰레기통 속으로 사라지게 되었다. 명령-통제 방식의 경제와 정치는 별로 효과가 없음을 계속해서 보여주기 때문이다. 내가 하버드대학교 학생들에게 20세기 중반에 가장 널리 읽혔던 경제학 교과서인 폴 새뮤얼슨Paul Samuelson의 《경제학: 경제 분석의 기초Economics: An Introductory Analysis》의 한 장章을 읽어주었더니 학생들은 모두 어리둥절해했다. 책에 1980년대 중반이면 GNP 면에서 소련이 미국을

따라잡는다는 예측이 실려 있었기 때문이다.[41]

　20세기는 세계 전쟁의 세기라고들 한다. 1차, 2차 그리고 마지막일 수도 있는 3차 전쟁의 공포까지 숨 돌릴 틈조차 없었던 탓이다. 마지막 경쟁에서 당사국들은 위험이 너무도 큰 나머지 양측이 서로 이기기 위해서 수억 명의 자국민들의 목숨을 희생시킬 위험을 무릅쓸 준비가 되어 있었다. 40여 년간 힘겹게 긴장 상태를 유지해오다가 1989년에 베를린장벽이 무너져 내렸고, 1990년에는 바르샤바조약이 해체되었으며, 1991년 크리스마스에는 악의 제국이 스스로 주저앉아버렸다. 그리하여 냉전은 양측 지도자들이 마땅히 두려워해 마지않았던 최후의 격돌이 아니라 어이없이 종말을 맞았다. 이것은 제2차 세계대전 이후에 미국이 좀처럼 맛보기 힘들었던 승리였다. 1945년 이후에 미국이 치른 열전 중에 잘못된 방향으로 새버린 적이 그처럼 많았는데도, 어떻게 냉전은 그렇게 제대로 방향을 잡게 되었던 것일까? 그 시련에서 오늘날의 정치가들은 어떤 통찰을 얻을 수 있을까?

　'냉전Cold War'이라는 말은 조지 오웰이 그 유명한 《1984》에서 만들어낸 단어다. 역사상 가장 끔찍했던 전쟁을 치른 이후에 미국과 소련 모두 기진맥진한 상태가 되었다. 그런 상태에서 나치가 갈등을 불러일으키기 시작했고, 나치를 무너뜨리려면 서로 협력하는 수밖에 다른 방법이 없었던 터라 두 나라는 연합국의 일원으로 함께 힘을 합쳐서 싸웠다. (처칠이 비꼬아 말한 적이 있듯이, 만약 히틀러가 지옥을 침략했다면 아마 그는 "악마 하원의원들이 본받고 싶어 할 표본이 되었을 것"이다.[42]) 자신들이 나치로부터 해방시킨 동유럽 나라들에 소련 군대가 잔류하는 결정이 확실해지자, 미국의 정책 결정자들은 한때 동맹국이었던 나라가 가장 큰 적으로 변모하고 있는 전후 세계에 어떻게 대처해야 할지 전략을 짜느라 애를 먹었다.

이 전략의 출발점은 소련에 대한 이원론적 확신이었다. 미국의 첫 국무 장관 제임스 포러스틀 James Forrestal의 말을 인용하자면, 정치가들은 소련을 "나치주의나 파시즘만큼이나 민주주의와 양립할 수 없는" 적으로 보았다.[43] V-E 데이(유럽 전승일 Victory of Europe Day을 줄여 부르는 말. 나치 독일의 조건 없는 항복을 받아내어 유럽에서 제2차 세계대전이 종식된 날인 1945년 5월 8일을 말함-옮긴이)가 겨우 9개월 지난 때에 모스크바로부터 긴 전보가 하나 도착했는데, 이 역사적인 전보에서 조지 케넌(당시의 모스크바 주재 미 대사)은 소련 공산당의 팽창주의를 "미국과는 어떤 지속적인 타협도 있을 수 없다는 믿음이 확고부동한 정치 세력"이라고 경고했다. 케넌은, 소련 공산주의자들이 생각하는 바의 핵심에는 "소련이 안전하려면 반드시 우리 사회가 전복되고, 우리의 전통적 생활양식이 파괴되며, 우리나라의 국제적 권위가 무너져야" 한다는 믿음이 숨어 있다고 말했다.[44] 그런 생각을 가진 적敵과 마주하게 된 미국이 무사히 살아남으려면 소련을 파괴하거나 바꾸어놓는 것이 유일한 대응책이었다.

전쟁이 끝난 직후에 소련이 공격적으로 돌진하는 모습을 본 미국의 정책 결정자들은 이런 분석을 수긍할 수밖에 없었다. 1948년에 체코슬로바키아에서 소련을 등에 업고 일으킨 쿠데타나, 1950년에 북한이 소련을 등에 업고 일으킨 남침 사건 등 모든 정세가 공산주의의 망령이 전진하고 있음을 보여주고 있었다. 1949년에 소련은 첫 원자폭탄 실험을 감행하면서 "절대적인 힘을 지닌 무기"에 대해서 미국이 독점적인 통제권을 가지는 것에 반대 의사를 표시했다.[45] 제2차 세계대전을 겪으면서 소련 경제는 파탄을 겪었지만, 러시아 사회는 제1차 세계대전 때보다 훨씬 더 빠른 속도로 회복되었다.[46] 제2차 세계대전 이후 첫 10년간 소련 경제는 두 배 이상으로 성장했고, 다음 10년간 50퍼센트 더 성장했다.[47] 새롭게 얻은 부의 상당 부분이 군사력 증진에 사용되었다. 냉전 기간 동안에 미 정보국의 고위급 관리였으며 나중에 국방장관으로 일했던 로버트 게이츠는 이렇게 말했다.

"지난 25년간 역사상 가장 큰 군사력 증강을 추진하여, 국제적인 힘의 균형에 엄청난 변화를 가져왔다."[48]

그 결과, 1956년에 흐루쇼프가 "역사는 우리 편이니 이제 당신들은 끝장이다"라는 유명한 주장을 입 밖에 냈을 때 아무도 비웃지 못했다.

핵 시대 이전에 그런 위협을 했다면, 미국과 영국을 비롯한 여러 동맹국들이 히틀러의 독일에 맞서 싸웠던 전쟁만큼이나 치열한 전면전을 위한 선전포고나 다름없이 받아들여졌을 것이다. 그런 전쟁에서는 적의 무조건적인 항복을 받아내는 일 외에 다른 목표는 있을 수 없는 일이었다. 하지만 제2차 세계대전 직후에 미국에게는 소련을 공격해서 패배시킬 기회가 있었음에도 그리고 그런 선택에 대해서 심각하게 고려했음에도 그렇게 하지 않았다.[49] 소련이 첫 원자폭탄 시험을 하고 난 뒤에는 미국 전략가들이, 소련과의 경쟁에서는 곧 전쟁이 더 이상 자신들이 알고 있던 수준이 아닌 상황이 되리라는 생각과 씨름하기 시작했다.[50]

미국 외교사에서 가장 큰 전략적 상상이 이루어지면서, 케넌의 장문의 전보문과 국무장관 조지 마셜George Marshall의 하버드대학교 졸업식 연설(여기에서 마셜플랜이 언급되었다)에서부터 폴 니츠Paul Nitze의 NSC-68[이 경쟁을 위한 군사적 기초를 요약한 일급비밀 메모(1950년에 미국의 국가안보위원회가 작성한 보고서를 말함—옮긴이)]이 나오기에 이른 4년 동안, 지금 우리가 '현인들wise men'이라고 부르는 미국의 지도자들은 이전에는 한 번도 볼 수 없었던, 일종의 전투를 위한 포괄적인 전략을 개발했다.[51] 클라우제비츠는 우리에게, 전쟁이 다른 수단을 통한 국제정치의 연장이라고 이해하도록 가르쳐 주었다.[52] 국가이익을 보장받기 위해서 외교정책, 민주주의, 협상을 통해서 할 수 있는 모든 일을 다 한 뒤에는 육, 해, 공군이 영향력을 지닌 다른 수단으로 그 노력을 지속할 수 있다. 그러나 만약 군대의 직접적인 개입이 국가적 자살 행위가 될 위험이 있다면 어떻게 한단 말인가? 그런 조건 아래서는 다른 대안을 마련해야 한다. 바로 그런 이유로 '냉전'이 발명되었다. 냉전은 주요 전투원이 서로를 향해 폭탄과 총알을 직접 사용하는 것을 제외한 모든 수단을 동원한 전쟁 행위를 일컫는 말이다. 미국과 소련은 직접적인 군사 공격이라는 딱 한 가지 방법만 빼고 다각도에서 서로를 향한 온갖 공격 행위를 지속했다. 여기에는 경제 전쟁, 정보 전쟁, 은밀한 활동 심지어 대리전까지 포함되어 있다. 대리전은 한반도(소련 정찰기가 비밀리에 미군을 정찰했다), 베트남(소련 군인들이 공중 방위를 맡아 수십 대의 미국 전투기를 격추시켰다), 앙골라 그리고 아프가니스탄(CIA의 은밀한 도움을 받은 이슬람 전사戰士 무자헤딘이 소련 군대와 싸웠다)에서 벌어졌다.

양국은 이 새로운 형태의 전쟁을 치르면서 '차가운' 싸움이 순식간에 '뜨거운' 싸움으로 바뀔 수 있음을 깨달았다. 그런 위험에 대비하기 위해서 양국은 동유럽 국가들에 대해서 소련이 강제적인 영향력을 행사하고 있는 부분이나 중국, 쿠바, 북한의 공산주의 체제를 포함해서 (한시적으로나마) 처음에는 받아들일 수 없었던 사실을 많이 받아들이게 되었다. 게다가, 이 두 경쟁국은 경쟁을 둘러싼 복잡한 상호 제약망을 짰다. 존 F. 케네디 대통령은 이 제약을 "위태로운 현상 유지 규칙"이라고 불렀다.[53] 예컨대 기습 핵공격 위험을 줄이기 위해서 그들은 협상을 통해서 군축 협정을 체결하여, 투명성을 높이고 서로 상대국이 첫 공격을 하지 않으리라는 확신을 심어주었다.

비행기나 배가 우발적으로 충돌하는 것을 피하기 위해서 항공로와 해로의 정확한 규칙을 협상했다. 시간이 지나면서 양국은 암암리에 다음 세 가지 '금지 사항'에 서로 의견의 일치를 보았다. 핵무기 사용 금지, 서로의 무장 군인에 대한 직접적이고 공공연한 살해 금지, 서로의 영향권으로 인식된 지역에 대한 군사적 개입 금지.[54]

21세기 미국 학생들에게 냉전과 관련해서 아마도 가장 놀라운 점은 미국이 일관되고 초당파적인 안보 전략을 가지고 있었으며, 그 전략이 40년 동안이나 지속되었다는 사실이다. 대부분의 사람들은 '봉쇄 정책'을 기억한다. 사실 미국의 복잡한 냉전 전략은 세 가지 기본 전제를 바탕으로 세워졌다. 우선, 소련을 미국의 핵심 이익에 대한 실질적인 위협, 즉 사실상 미국의 존재 자체에 대한 위협으로 보는 것이다. 마르크스-레닌주의 사상의 깃발 아래, 소련은 마치 7세기에 이슬람 세력이 들불처럼 번져나갔듯이 유럽과 아시아의 핵심 국가들을 완전히 에워싸겠다는 위협을 가했다. 소련은 동유럽 점령국에 대한 제국주의적 지배를 강화할 뿐 아니라 그리스, 프랑스, 이탈리아 등 미국의 동맹국에서 안으로부터의 전복과 밖으로부터 겁박을 주는 방식을 결합하여 양면으로 위협했다. NSC-68은 이렇게 적고 있다.

"소련은 지금까지 패권을 추구해온 다른 나라들과는 달리, 우리와 정반대의 새로운 광적인 믿음을 동력으로 움직이고 있으며, 전 세계를 상대로 절대적인 영향력을 행사하고자 한다."

미국의 전략가들은 끔찍한 전쟁으로 도덕이 무너져 내리고 경제적으로 피폐해진 사회는 곧바로 공산주의 팽창 정책의 희생양이 될 수 있다고 믿었고, 그 생각에 적극적으로 반대하는 사람들은 없었다.

냉전 정책의 두 번째 전제는 미국 외교정책의 목적에 관한 근본적인 질문에 대답하는 내용이었다. NSC-68에서 뚜렷하게 기술하고 있듯이, 그 목적은 "자유국가인 미국의 기본적인 제도와 가치를 그대로 보존하는 것"이었다. 이 주문은 진지하게 생각해볼 만하다. 많은 사람들은 '미국의 리더십'이, 미국이 스스로를 지킬 수 없거나 그럴 의지가 부족한 나라를 보호할 책임을 가지고 세계경찰 역할을 하는 데 필수적인 요건이라고 여겨왔다. 그런 세계에서 냉전 전사들이 약속하는 애매모호한 '미국 우선주의'는 수많은 세계주의자들에게 시대착오적으로 또는 심지어 불쾌하게 받아들여졌을 것이다. 그러나 이들 정치가들은 별로 개의치 않았다. 자유국가인 미국의 생존과 번영은 미국인들이 가장 중요하게 여겨야 하며 실제로도 중요하게 여겨온 것이다. 그뿐만 아니라, 미국이라는 세력이 세계에서 더 큰 목표를 성취하는데 필수적인 선결 사항이기도 했다.

세 번째 전제는 두 번째 전제 위에 만들어졌다. 미국은 역사적으로 동맹 관계로 얽히는 일을 가급적 피해왔는데, 이제는 그런 회피적 태도로부터 과감하게 탈피해야만 했다. 미국은 제1차 세계대전 이후에 그리고 이전 세기에 그랬듯이 그저 미국이라는 요새 안에 머물겠다는 선택을 할 수도 있었지만, 냉전 전사들은 갈수록 서로 연결되는 세계에서 더 이상 이런 길을 가는 것이 불가능하다고 판단했다. 미국의 생존과 안녕을 위해서는 새로운 국제질서를 건설하는 일이 필수였다. 우드로 윌슨 같은, 제1차 세계대전 이후의 지도자들은 자신들이 '모든 전쟁을 끝내기 위한 전쟁'을 끝냈다고 생각했다. 그러나 냉전 전략가들은 그런 낭만주의자들과는 달리, 소련의 위협으로부터 살아남는 일이 매우 장기적인 차원의 기획이 되리라는 사실을 인식하고 있었다.

이런 출발의 토대는 유럽과 일본을 경제적, 전략적 중심지로 삼는 것이었다. 선견지명을 가진 이들 실용주의자들은 의욕에 가득 차서, 마셜플랜 (유럽을 재건하기 위해서)을 계획하고, 국제통화기금, 세계은행, 무역과 관세에 관한 일반협정(기본적인 세계경제 질서를 만들기 위해서)을 만들어내고, 북대서 양조약기구와 미일동맹을 만들어냈으며(유럽과 일본이 소련에 대항하는 군사 작전에 깊숙이 그리고 확실히 연루되어 있게 하기 위해서), 유엔을 창설했다. 이 모든 것들이 수십 년에 걸쳐서 그들이 한 층 한 층 쌓아 올린 세계 질서의 구성 요소들이다. 이 질서의 목표는 적국인 소련을 이기고, 이를 통해서 가 장 먼저 미국의 그 다음에는 동맹국의 그리고 이후에는 나머지 다른 국가 들의 평화와 번영과 자유라는 대의를 진전시키는 일이었다.

이 전략은 소련에 대해서 소련의 팽창을 **봉쇄**하고, 소련이 미국의 핵심적 인 국가이익에 반해서 행동하는 것을 **저지**하며, 공산주의 사상 및 그 실천 을 모두 **약화**시키는 이 세 가지 노력을 동시에 지속하려는 것이다. 봉쇄 정 책은 소련이 더욱 강력해지는 것을 막았다. 더 중요한 목표는 필연적인 역 사적 발전 단계라는 마르크스주의의 서사가 틀렸음을 입증하는 데 있었다. 소련의 팽창을 막을 수 있었던 것은 소련 군대와 맞서 싸우기보다는 소련 군의 행동을 저지하는 방식을 통해서였다. 소련이 공격적인 군사행동을 할 경우에, 감당할 수 없는 비용을 야기할 정도로 강력한 보복을 하겠다고 위 협하는 방식이었다.

적국 소련을 약화시키는 일은, 시민들이 원하는 것을 주는 데 미국이 이 끄는 자유 시장 민주주의가 소련의 명령-통제 방식의 경제와 권위주의적 정치를 앞선다는 사실을 보여주는 것으로 시작되었다. 하지만 폴란드 같 은 소련의 위성국들이나 중국 같은 동맹국들의 국내 문제에 간섭하여 이들 의 민족주의를 부추기는 방식처럼, 소련의 전략이 지닌 모순을 극대화하는 방법도 동원되었다. 민족적 정체성이 '새로운 사회주의적 인간'을 만들겠다는 몽상보다 더 단단하다는 확신이 있었기 때문이다. 거기에 더하여, 미국은 소련 지도자들로 하여금 유엔 인권선언이나 헬싱키협약처럼 공통의 이상에 대한 약속을 문서화하는 데 동참하도록 설득하는 전략을 통해서 자유와 인권 같은 가치들을 진전시켰다. 이런 가치들이 인류의 올바른 전통이라는 확신이 있었기에 가능한 전략이었다. 또 이런 노력을 보완하는 차원에서, 미국은 소련과 그 위성국가들 내부에서 공공연하게 혹은 은밀히 진행되어온, 공산주의 사상과 정부를 약화시키는 활동이 계속해서 명맥을 이어갈 수 있도록 도왔다.[55]

— 열쇠 6

태양 아래 새로운 것은 아무것도 없다. 그러나 핵무기만은 예외다. 21세기는 과거와 너무 달라서 이전 경험에서는 더 이상 배울 만한 게 없다고 주장하는 사람들도 제법 있다. 지금과 같은 수준의 경제 통합과 세계화와 세계적인 차원의 손쉬운 소통이 되었든, 아니면 기후변화에서부터 폭력적인 이슬람 극단주의 운동에 이르는 세계적 차원의 위협이 되었든, 확실히 선례를 찾기가 어려운 게 사실이다. 하지만 나의 동료 카르멘 레인하트Carmen Reinhart와 케네스 로고프Kenneth Rogoff는 지난 800년간 발생했던 350차례의 금융 위기를 분석하면서, 이전 세대들이 《이번에는 다르다This Time is Different》라고 상상한 경우가 많았음을 상기시켜주었다.[56] 레인하트와 로코프는, 인간이 인간으로 남아 있는 한 인간사에서 같은 종류의 현상이 반복해서 나타나리라고 추론한 투키디데스의 편이다. 제1차 세계대전이 일어나기 10년 전, 유럽에서 베스트셀러였던 책 중에 노먼 에인절Norman Angell이 쓴 《거대한 환상The Great Illusion》이 있었다. 그 책을 읽고 수백 만 독자들이 경제적 상호 의존이 전쟁을 일종의 환상으로 만들어버렸다는 그의 주장에 설득 당했다. 독자들 중에는 제2대 에셔 자작 Viscount Esher(그는 1902년에 보어전쟁이 끝나고 나서, 이 전쟁에서 형편없는 모습을 보여주었던 영국군을 재건하는 임무를 맡았다) 같은 고위직 관리들도 많았다. 책에 따르면, 전쟁은 "헛된 짓"인데, 그 이유는 "이제 더 이상 호전적인 나라가 세계를 상속받지 않기" 때문이다.[57]

그럼에도 한 가지 확실한 점에서만큼은 20세기 말과 21세기 초가 어떤 시대와도 다르다. **핵무기의 존재는 전례 없던 일이기 때문이다.** 알베르트 아인슈타인Albert Einstein은 미국이 히로시마와 나가사키에 원자폭탄을 떨어뜨린 이후에, 핵무기는 "우리의 사고방식을 제외하고 모든 것을 바꿔놓았다"고 말했다. 그러나 시간이 지날수록 핵무기에 책임을 지고 있는 당사국들의 생각이 변해왔다. 정치가들은 오늘날의 무기고에 있는 핵폭탄 하나의 폭발력이 역사상 모든 전쟁에서 사용되었던 폭탄을 전부 다 합친 것보다도 더 크다는 사실을 알고 있다. 그들은 실제로 지구의 종말을 불러올 전면적인 핵전쟁이 일어나서 지구상의 모든 생명체가 절멸할 수도 있다는 사실을 알고 있다. 따라서 핵무기는 국제관계학을 공부하는 학생들이 '수정공 효과(조지프 나이 교수의 이론. 나이 교수는 제1차 세계대전을 촉발했던 오스트리아-헝가리 제국이 수정공을 통해 미리 전쟁의 참상을 보았다면 전쟁을 시작하지 않았을 것이라고 주장했다-옮긴이)'라고 부르는 효과가 있다.[58] 보복이 가능한 핵무기를 가지고 있는 나라에 핵 공격을 하는 문제를 생각하는 지도자라면 누구라도, 수천만 아니 수억 명의 자국민을 죽게 만들지도 모른다는 공포와 마주할 수밖에 없게 되었다. 그리고 당연하게도 매번 그들은 어쩔 수 없이 마음을 고쳐먹게 되었다.[59]

—   열쇠 7

상호확증파괴MAD **탓에 전면전은 정말로 미친 짓이 되었다.** 1949년에 첫 폭파 실험을 한 이후로 소련이 핵무기의 양과 정교함을 급속히 늘린 결과, 핵 전략가들은 상호확증파괴MAD, Mutual Assured Destruction에 대한 인식을 공유하게 되었다. 이것은 미국도 소련도 상대국이 치명적인 핵 대응을 하기 전에는 첫 핵 공격으로 적의 무기고를 완전히 파괴시켰는지 아닌지를 확신할 수 없는 상황을 설명한 말이다. 그런 조건에서 한 나라가 다른 나라를 파괴하겠다고 결정하는 일은 곧, 스스로 자멸을 선택하는 것과 마찬가지다.

사실, 기술은 미국과 소련(지금은 러시아)을 서로 분리할 수 없는 샴쌍둥이로 만들었다. 두 나라는 머리와 뇌 그리고 행동 의지는 분리되어 있지만 등뼈가 서로 붙어 있어 한 몸이 된 상태가 되어버린 것이다. 가슴속 심장도 하나다. 그 심장이 박동을 멈추는 날, 두 나라 모두 죽는다는 것은 의심의 여지가 없다. 이런 은유는 어색하고 불편하게 느껴지기는 하지만, 냉전 시대의 미국과 소련의 관계에 관해서 결정적인 사실을 포착해내기도 한다. 또, 21세기의 많은 미국인들이 어찌되었든 냉전이 끝나면서 사라졌다고 상상하는 이 결정적인 사실은 여전히 그대로 남아 있다. 요컨대, 러시아가 아무리 사악하고 포악하고 위험하고 고사枯死되어 마땅하다고 할지라도, 미국은 어떻게 해서든지 러시아와 함께 살아갈 방법을 찾기 위해서 애를 쓸 수밖에 없는 것이다. 그렇게 하지 않는다면 그냥 함께 죽는 길밖에 없다. 로널드 레이건이 한 말 중에 자주 인용되는 말이 하나 있다.

"핵전쟁은 아무도 이길 수 없는 전쟁이며, 따라서 절대로 일어나서는 안 된다."[60]

오늘날에는 중국도 핵무기를 한껏 개발하여 미국과 21세기형 MAD 관계가 만들어졌다. 이런 현실을 인식하고 있는 미국은 탄도미사일 방어 시스템을 배치할 때 러시아와 중국을 위협 그물망에서 제외시킨다(지금의 조건하에서는 이들 나라로부터 제대로 방어하는 게 아예 불가능하기 때문이다).[61] 이렇게 중국과의 관계에서도 처칠이 소련과 관련해서 지적했던 결과가 만들어졌다. 즉 이 "숭고한 역설" 덕분에 "공포의 견고한 산물로 안전이 그리고 절멸의 쌍둥이 형제로 생존이" 가능해진 것이다.[62]

— 열쇠 8

따라서 핵 강국들 사이의 전면전은 더 이상 타당한 선택지가 아니다. 소련과 미국 사이

의 경쟁에서 제약으로 작용한 MAD는 오늘날 중국에 대한 미국의 전략적 사고에도 적용된다. 1950년대에서부터 1980년대에 이르기까지 소련이 초강국의 지위로 올라서면서 '양극 체제'가 만들어졌다. 두 나라 모두 자국의 생존을 위해서는 상대를 완전히 몰락시키거나 상대의 믿음을 완전히 바꿔놓아야 한다고 믿었다. 하지만 만약 로널드 레이건 대통령이 옳다면 이런 목표는 전쟁을 치르지 않고 달성되어야 했다.

따라서 중국에 대한 미국의 전략이 미-소 경쟁으로부터 얻는 주된 함의는 받아들이기 불편하지만 그만큼이나 부인하기도 힘들다. 일단 두 나라가 철벽같은 핵무기를 보유하게 되고 나면 전면전은 더 이상 선택이 가능하지 않게 되기 때문이다. 두 나라는 이런 냉엄한 사실을 각자 자국의 외교정책에 반영해야만 한다. 다시 한 번 말하지만 우리는 분리할 수 없는 샴쌍둥이인 터다. 그 말은 양측 모두 핵무기만 없었다면 도저히 받아들일 수 없었을 방법으로 타협해야 하고, 동맹국들과 더불어 전면전으로까지 나서게 만들 수도 있는 행동은 하지 말아야 한다는 뜻이다.

소련과의 냉전 기간 동안에는 이런 진실이 미국의 국가 안보 공동체의 심리와 운영에 강력하고 재빠르게 반영되었다. 하지만 오늘날 정책 결정에 관여하고 있는 많은 사람들은 이런 현실적인 생각을 '오래전의 역사'로 생각하고 묵살해버린다. 지금 세대의 미국 지도자들 중에서 그 역사에 참여한 경험이 있는 사람은 아무도 없다. 극소수만이 간접적으로 경험했을 뿐이다. 중국은 강력한 핵무기 보유국이 되는 과정을 천천히 밟아왔고, 푸틴의 러시아와는 달리 핵무기를 과시하며 위협적인 행태를 보인 적이 한 번도 없지만, 일부 중국 군 장성들 중에는 아직도 마오의 대담한 주장, 핵전쟁에서 3억 명의 시민이 목숨을 잃는다고 해도 중국은 살아남을 것이라는 이야기를 인용하는 사람들이 있다.[63]

미국과 중국의 정치 지도자들이 더 이상 전쟁이 받아들일 수 있는 선택지가 아니라는 부자연스러운 진실을 확실하게 새기기 위해서는 쌍방 간의 솔직한 대화가 꾸준히 이루어져야 한다. 물론, 양측이 서로 위협하거나 심지어 핵무기를 사용하는 전쟁 게임에 이끌리는 군 고위급 인사들 간에도 솔직한 토론이 이루어져야 한다. 그러나 두 사회의 지도자들이 이처럼 대승적인 태도의 중요성을 깨닫게 하려면 아직도 넘어야 할 산이 많다.

— 열쇠 9

그럼에도 핵 강국의 지도자들은 이길 수 없는 전쟁에 대비해야 한다. '핵의 역설'은 피할 수 없다. MAD로 인해 제약을 받을 수밖에 없는 지금의 경쟁 상황에서는 어느 나라도 핵전쟁의 승자가 될 수 없음은 자명한 사실이다. 그러나 이런 사실이 문제의 끝이 아니다. 역설적으로, 각 나라는 전쟁에서 지는 일이 있더라도 그런 위험을 기꺼이 감수하겠다는 태도를 보여주어야 한다. 그렇지 않으면 경쟁의 장 바깥으로 아예 밀려나게 되기 때문이다. 8장에서 논의한 치킨 게임을 다시 한 번 떠올려보라. 우선, 전쟁이 일어나면 양측 다 패배하게 되는 상황이다. 합리적인 지도자라면 수억 명의 자국 시민들의 죽음을 선택할 만큼 중요한 가치를 찾아낼 리가 없다. 그런 의미에서, 쿠바 미사일 위기 당시에 케네디 대통령과 흐루쇼프 서기장은 상호 재앙을 막기 위한 힘겨운 노력 과정에서 일종의 파트너 관계였다고 할 수 있다. 그러나 이것은 양국 모두에 똑같이 해당하는 조건이고 양국의 지도자들이 그런 상황을 잘 알고 있는 경우에 해당하는 이야기다. 그러나 이와 반대로, 만약 두 나라 중 한 나라가 기꺼이 핵전쟁을 벌일(전쟁에서 질) 각오를 하지 않는 상황이라면, 상대국은 더 책임감 있게 행동하는 세력을 향해 양보를 하든지 아니면 전쟁 위험을 무릅쓰든지 양자택일을 하도록 강요하는 조건을 만들어서 목적을 달성할 수 있다. 따라서 핵심적인 이익과 가치를 지키기 위해서는 지도자들이 기꺼이 전멸의 위험을 감수하는 길을 선택해야만 한다.

다행히도 이보다는 덜 치명적이지만 이와 유사한 역학이 미국과 중국 사이의 경제적 경쟁과 사이버 경쟁에서 나타나고 있다. 2012년 대통령 선거 유세 기간에 공화당 후보 미트 롬니Mitt Romney는 이런 발표를 했다.

"대통령이 되면 바로 첫날에 중국을 통화 조작국으로 지정하고 적절할 대응 행동을 할 것입니다."[64]

정치와 경제 관계 단체들은 그의 위협이 파국적인 무역 전쟁을 불러올 수 있는 무책임한 수사적 발언이라며 반대 의사를 표시했다. 이들 단체들은 2016년 대통령 선거 유세 기간에 도널드 트럼프 대통령이 했던 이와 유사한 위협 발언에 대해서도 반대했다. 하지만 만약 워싱턴이 중국과의 무역 대결의 위험을 기꺼이 무릅쓰는 환경이 아니라면 무엇 때문에 중국의 지도자들이 (롬니가 사용한 복합적인 은유적 표현을 빌려 말하자면) "미국을 제멋대로 가지고 놀고, 만면에 미소를 머금은 채 은행을 향하기"를 멈추겠는가?[65] 혹은 무엇 때문에 자신들의 통화 가치를 낮추고 국내 생산자들에게 보조금을 지급하며 자신들의 시장을 보호하고 지적 재산을 훔치는 방법으로 (트럼프의 표현대로) "우리나라를 유린하기"를 멈추겠는가?[66] 미국이 자국의 경제적 이익을 보호하는 제약을 중국이 받아들이게 하기 위해서는 중국과의 경제 전쟁의 위험을 기꺼이 무릅써야 하는 것과 마찬가지로, 중국과 같은 실질적이고 잠재적인 적의 도발을 적절하게 제지하려면 워싱턴은 핵전쟁을 계속해서 사용 가능한 도구로 남겨두어야만 한다.

여러 사례를 종합해보면 다음 세 가지 교훈을 더 얻을 수 있다.

― 　　열쇠 10

경제적 상호 의존의 심화는 전쟁 비용을 높이기 때문에 전쟁 가능성을 낮추는 효과가 있다. 제1차 세계대전이 일어나기 전 10년 동안 영국과 독일의 경제는 서로 밀접하게 얽혀 있어서 한쪽이 다른 쪽 경제에 고통을 주면 자국 역시 피해를 보게 되는 구조였다. 그래서 이처럼 상호 의존적으로 얽힌 무역 및 투자망이 전쟁을 막으리라고 기대하는 사람들이 많았다. 결국 그들의 생각이 틀렸음이 판명되었다. 그러나 베를린과 런던이 감당해야 했던 경제적 짐은 어마어마했다.

이와 마찬가지로, 지금의 미-중 경제 관계는 서로 너무나도 밀접하게 얽히게 된 나머지 MAD와 유사한 MAED, 즉 상호확증경제파괴Mutual Assured Economic Destruction라는 상황을 만들어냈다.[67] 미국은 중국의 가장 큰 수출시장이고, 중국은 미국의 가장 큰 채권국이다. 만약 전쟁으로 미국이 중국의 상품을 사지 못하게 되거나 중국이 미국 달러를 사지 못하게 되는 일이 생긴다면 서로에게 미치는 경제적, 사회적 충격은 전쟁으로 얻을 수 있는 이익보다 클 게 너무도 확실하다. 제1차 세계대전이 벌어지기 전에도 에인절이 이와 유사한 주장을 했지만, MAED를 주창하는 사람들은 두 가지 고려 사항을 더 제시했다. 우선, 이들 중 일부는 에인절이 옳았다고 주장한다. 제1차 세계대전에서 양측 모두에게 전쟁 비용이 승전국이 차지하게 된 이익보다 훨씬 더 컸다. 만약 다시 선택할 기회가 주어진다면 어느 쪽도 같은 선택을 하지 않을 것이다. 이제는 그 사실이 분명해졌기 때문에 다음 정치가들은 더 현명한 선택을 할 것이다. 또 다른 일부는 이전 사례와 지금의 미-중 경제 관계가 다르다는 점을 강조한다. 무역과 투자의 수준은 제1차 세계대전 때와 비슷하다. 그러나 필수불가결한 생산자와 대체 불가능한 소비자 사이의 공급 사슬은 너무도 단단하게 연결되어 있어서 아이폰에서 보잉 전투기까지 사실상 모든 것에 중국에서 만든 부품이 사용되고 있는 상황이다.

더욱이, 중국 정부는 자신들이 만든 물건을 팔고, 날마다 자국의 공장, 자동차, 비행기에 사용할 석유 수용을 받는 세계시장에 '천문학적 숫자의 판돈'을 걸었다. 이 모든 경제 행위는 정치적 정당성(사실상 천명天命)을 주장하는 공산당이 그 근거로 기대고 있는 엄청난 경제성장률을 유지하는 데 필수다. 그러나 상품 시장과 석유 모두 미국의 방해에 취약하다. 미국은 중국 생산물의 주요 시장일 뿐만 아니라, 중국이 수입하는 석유의 3분의 2가 미 해군이 지키고 최종적인 결정을 하는 해상으로 수송된다. 그리고 미국의 이런 입지는 앞으로도 오랫동안 유지될 것이다. 따라서 미국과 중국 간의 전쟁은 양국 모두에서 우리가 지금 알고 있는 경제가 종언을 맞게 된다는 사실을 의미한다. MAED가 과장이라고 생각하는 사람들조차, 양국이 더욱 밀접한 경제 관계를 만들어간다면 두 사회 모두 자국 내에서 양국 간의 생산적인 관계에 큰 영향을 미쳐온 실력자들이 평화를 위한 로비 활동을 더욱 적극적으로 하게 될 것이라는 데는 의견을 같이한다.

─   열쇠 11

동맹국이 치명적인 자력이 될 수 있다. 아테네에 대한 스파르타의 대응에서부터 독일에 대한 영국의 대응에 이르기까지, 투키디데스의 함정 사례들을 통해서 우리는 어떻게 서로 힘의 우위를 점하기 위해 다투는 지배 세력과 신흥 세력 간의 역학이 양측 모두를 동맹국 만들기에 열을 올리도록 내모는지를 알 수 있다. 지난 10년간 중국 지도자들은 자신들의 강한 주장에 대한 다른 나라들로부터의 적대 반응에 적잖이 놀라움을 느껴왔다. 일본, 한국, 베트남 심지어 인도까지 미국의 도움을 구할 뿐 아니라 이 나라들끼리 서로 더 협력하게 되었다. 역사적으로 그런 제휴를 맺는 일은 지역의 평화와 안전을 유지하기 위한 힘의 균형을 추구하기 위해서였다. 그러나 그런 동맹에는 위험도 따른다. 동맹 관계는 쌍방향으로 작동하기 때문이다. 제1차 세계대전이 일어나기 전 10년 동안 일어난 일보다 더 생생하게 이런 사실을 보여주는 사례도 없다. 4장에서 이미 설명했듯이, 유혈 사태를 막기 위해서 유럽 정치가들은 일종의 '인류 파멸의 흉기(핵무기 시스템을 말함-옮긴이)'를 만들어내 사소한 암살 사건 같은 것이 전면전의 불씨가 되는 일을 막았다.

역사적 기록을 보면 모든 조약이 동등한 관계로 맺어지는 게 아니라는 사실도 알 수 있다. 방어 동맹은 무조건적이다. 만약 코르키라가 스스로 먼저 타국을 도발하지 않았는데도 공격의 희생양이 된다면 아테네가 방어에 나서주겠다고 약속했듯이, 미국도 중국의 공격 위험에 노출되어 있는 타이완에 비슷한 약속을 했다. 스펙트럼의 반대쪽 끝에는 독일 황제가 오스트리아 황제에게 주었던 '백지수표'가 있다. 오스트리아 황제가 이 백지수표를 믿고 무모하게 위험을 감수한 것이 1914년의 전면전 발발로 이어지게 되었던 것이다.

미일 상호방위조약의 제3조에 나와 있는 미국의 의무는 독일 황제가 오스트리아에 보장해준 정도까지는 아니지만, 만에 하나 일본 측이 미국 외교관에게 도움을 줄 수 없는 이유를 설명하라고 요구해온다면 당당하게 거절 이유를 밝히기 힘든 정도는 될 것 같다. 중국의 힘이 점점 강해지면서 아시아 지역에서 미국의 보호를 요청하는 목소리가 함께 늘어나고 있는 현실을 감안할 때, 워싱턴의 정책 입안자들은 미국이 아시아 동맹국들과 맺은 협정에 실제로 어떤 내용이 수반되는지를 조심스럽게 다시 따져보아야 한다.

— **열쇠 12**

국내 상황이 결정적인 요인이 된다. 나라마다 국경 안에서 일어나는 일이 나라 밖에서 일어나는 일만큼이나 혹은 그 이상으로 중요하다. 그중에 가장 중요한 세 가지 요소가 있다. 경제적인 성과가 국력의 토대가 된다는 점, 유능한 통치력은 국가의 목적 달성을 위한 자원 동원을 가능하게 한다는 점 그리고 민족의 기백氣魄 또는 정신이 이 두 가지를 지탱한다는 점이다. 시간이 흐름에 따라, 경제가 튼튼하고 정부가 유능하며 국민들이 힘을 모아 지지하는 나라는 다른 나라들의 선택과 행동에 훨씬 더 큰 영향을 미친다. 지금은 이미 누구나 다 아는 상투적인 말이 되어버렸지만, 작가 데이먼 러니언Damon Runyon이 쓴 이 말을 다시 새겨볼 필요가 있다. 바로, "언제나 가장 빠른 사람이 경주에서 이기는 것도 아니고 언제나 가장 강한 나라가 전투에서 이기는 것도 아니지만, 대부분은 그렇다"는 이야기다.

영국은 미국 경제가 1840년에 영국의 절반에 불과했다가 1870년대에 이르러 영국과 맞먹는 수준으로 올라서고, 그 이후로도 꾸준히 성장세를 이어가 1914년에는 그 규모가 영국의 두 배가 되는 모습을 지켜보았다. 앞서 지적했듯이, 영국 해군성의 현실주의자들은 이런 현실을 수용하는 방향으로 정책을 수정했다. 만약 미국의 경제가 불안정하거나, 나라가 둘로 나뉘었거나, 아니면 정부가 부패하거나 남북전쟁을 유발시킨 것과 같은 심각한 의견차로 정치가 마비되었더라면, 서반구에서의 영국의 역할은 20세기까지도 충분히 유지되었을 것이다.

만약 소련이 미국의 두 배에 달하는 속도의 경제성장을 지속하여 세계적인 경제 대국의 지위를 차지할 수 있었더라면 그리고 공산주의 사상이 민족주의를 극복하고 '새로운 사회주의적 인간'을 만들어내는 데 성공했더라면, 모스크바는 유럽뿐 아니라 아시아에서도 패권적인 지위를 공고화할 수 있었을 것이다. 미국의 정책 입안자들 대부분이 베트남전을 보았던 시각대로, 만약 하위 공산국 파트너인 중국이 '해방전쟁'을 통해서 공산주의 팽창 운동에 선봉장 역할을 했다면, 공산주의라는 거대한 돌기둥이 미국이 이끄는 '자유 진영'을 완전히 압도하게 되었을지도 모른다. 만약 1930년대에 발발한 대공황의 주된 원인으로 간주되었던 자본주의의 위기가 제2차 세계대전 이후에도 수십 년간 지속되었다면, 서유럽 국가들은 한편으로는 거침없이 행군해나가는 사회주의 운동의 자기장에, 다른 한편으로는 KGB에 의한 전복 공작에 굴복당하지 않을 수 없었을 것이다.

사실상 이런 이야기들은 그저, '만약에 이랬다면 어땠을까' 식의 가정에 불과하다. 그러나 이런 가정들과는 달리, 자유 시장과 자유 사회는 케넌이 예견한 대로 경제적, 정치적, 개인적 차원에서 사람들이 원하는 바를 실현시켜줄 수 있었다. 소련은 수십 년간 극적으로 놀랄 만한 성장을 이루어나갔지만 결국에는 실패하고 말았다. 명령-통제 방식의 경제와 전체주의 정치체제라는 두 가지 핵심적인 방식이 애초에 약속했던 성과를 가져오지 못한 탓이다.

드디어 우리는 과거로부터 얻은 이 열두 가지 열쇠로 무장을 마쳤다. 자, 그러면 이제 어디로 갈 것인가?

10.

이제 어디로 갈 것인가?

인간이 앞으로 다가올 위험을 미리 예측할 수 있는 경우는
많았습니다. 그러나 번번이 돌이킬 수 없는 재앙을 불러올 생
각에 말려들고 말았습니다. …… 운이 나빠서가 아니라 어리
석음 때문에요.
_투키디데스, 아테네인들이 멜로스인들에게, 기원전 416년

우리가 프랑켄슈타인을 만든 것인지도 모르겠네. _리처드 닉슨

워싱턴식 원고 작성법에 따르자면 이 장에서는 분위기를 전환해서, 중국과
경쟁 관계에 놓인 미국을 위한 새로운 전략을 제안하고, 베이징과의 평화
롭고 미래 지향적인 관계를 이어가기 위해서 우리가 취해야 할 일련의 행동
방안을 제시하는 것으로 마무리를 해야 할 터다. 하지만 이 도전을 그런
틀에 욱여넣으려는 시도는 그저 한 가지 사실, 바로 이 책이 밝힌 딜레마의
본질을 이해하는 데 실패했다는 것을 보여줄 뿐이다.

지금 미국에 가장 필요한 것은 새로운 '대중국 전략(또는 요즘 워싱턴에서
전략으로 통하는 것)'이 아니라, 일단 멈춰 서서 진지하게 생각해보는 것이다.
만약 중국의 부상으로 야기된 구조적 변화가 정말로 투키디데스적인 딜레
마 상황에 가까울 정도로 깊숙이 진행된 것이라면, 미국이 '더 강력한' 혹
은 '강경한' 방향으로 태도를 전환해야 한다는 요구는 암을 이기려고 강력
아스피린을 복용하는 것과 같은 대처법을 제안하는 일이 될 수도 있다. 만

약 미국이 지금까지 해오던 대로 행동한다면 미래의 역사가들은 미국의 '전략'을, 영국, 독일, 러시아 지도자들이 마치 몽유병에 걸린 사람들처럼 1914년 속으로 걸어 들어갔을 때 그들이 사로잡혀 있었던 환상과 비교하게 될 것이다.

14억 인구에 5,000년의 역사를 지닌 문명이 극적인 부활을 하고 있는 마당에 '해결책'이란 게 있을 수 없다. 그것은 그냥 하나의 조건, 그것도 한 세대 내내 적절하게 대처해야 할 장기적인 조건이다. 이런 도전에 상응하는 전략을 만들어내려면 다층적이고 다각적인 노력을 해야 한다. 케넌의 긴 전보문에서부터 니츠의 NSC-68에 이르기까지, 당시의 지도자들은 4년에 걸쳐 치열한 논쟁을 벌였고, 결국 그 내용이 나중에 미국이 이어가게 될 냉전 전략의 기초가 되었다. 지금의 노력은 당시의 시도들만큼이나, 아니 그 이상으로 야심찬 일이 될 것이다. 이를 위해서는 '현자들'만큼이나 날카로운 통찰력을 지니는 일이 필수다. 요컨대, 중국이 개방된 이래로 우리가 보아온 그 어떤 것도 뛰어넘는 무언가가 요구된다. 부디 바로 지금, 이 책이 제2차 세계대전 이후에 벌어졌던 논쟁만큼이나 치열한 논쟁을 불러일으키기를 바란다. 여기에 목적을 두고, 이 장에서는 투키디데스의 함정과 제3차 세계대전을 피하려는 사람들을 위해서 몇 가지 원칙과 전략적 선택지를 제시하고자 한다.

구조적 현실로부터 시작하라

비스마르크는 국가 운영이 본질적으로 신의 발소리에 귀를 기울이고 있다가 신이 지나가는 순간에 신의 옷자락을 붙드는 일이라고 과장되게 설명한 적이 있다. 그러나 실제로 국가 운영은 역사를 만드는 문제라기보다는 역사의 파도를 타는 문제에 더 가깝다. 지도자가 저변에 깔려 있는 시대의 흐름을 명확하게 파악할수록 가능성을 모색하는 데 성공하기가 더 쉽다.

위싱턴에서는 문제가 생기면 관리들이 하는 첫 질문이 "뭘 해야 하지?"이다. 하지만 "그냥 서 있지만 말고 뭐든 하라고"는 정치적 반사 행위이지 전략적 명령이 아니다. 전략을 세우려면, '처방을 하려면 진단부터 해야 한다'는 원칙을 따라야 한다. 이를테면, 이제 겨우 첫 증상을 말했을 뿐인데 곧장 당신을 수술실로 몰아넣을 태세가 되어 있는 의사라면 당신은 그런 의사의 말을 듣지 않을 것이다. 이와 마찬가지로, 반복해서 위기가 발생하는 급박한 상황에 결단력을 보이라는 정치적 압력이 거세더라도, 어떤 대통령도 당면한 문제에 대해서 깊이 있게 이해하고 있음을 보여주지 않는 정책 조언자의 조언은 심각하게 받아들이지 말아야 한다.

닉슨과 키신저가 중국을 개방시키는 방향으로 일을 도모하기 시작했을 때, 이런 노력이 두 사람이 살아 있는 동안에 미국만큼이나 크고 강력한 경제 대국을 만들어낼 수 있으리라고 상상한 사람은 아무도 없었다. 그들의 주요 관심 대상은 소련이었고 주요 목표는 공산권 내에서 나타나고 있던 중소 간의 분열을 더욱 심화하는 것이었다. 그리고 그 목표는 성공적으로 달성되었다. 하지만 닉슨은 말년에 지나온 역사를 돌이켜보면서 자신의 친구이자 연설문 작성자였던 윌리엄 새파이어William Safire에게 이렇게 털어놓았다.

"우리가 프랑켄슈타인을 만든 것인지도 모르겠네."[1]

과연 괴물을 만들어낸 것이라고 할 만하다. 로널드 레이건이 대통령에 당선된 이후 지금까지 35년 동안의 경제적 수행 척도로 볼 때 미국의 10퍼센트에 불과했던 중국의 경제 규모는 2007년에는 60퍼센트가 그리고 2014년에는 100퍼센트가 되었으며, 지금은 115퍼센트를 기록하고 있다. 이런 흐름이 계속해서 이어진다면 2023년까지 중국의 경제 규모는 미국보다 50퍼센트 더 큰 상태가 될 것이고 2040년까지는 거의 세 배가 될 것이다.[2] 중국이 그 정도의 경제 규모를 갖는다는 것은 국제 관계에서 영향력을 행사하는 데 중국이 사용할 수 있는 자원이 미국의 세 배가 된다는 뜻이다.

이처럼 거대한 경제적, 정치적, 군사적 우월함은 미국의 정책 입안자들이 지금 상상할 수 있는 그 어떤 것도 뛰어넘는 세계를 만들어낼 것이다. 국제 질서에 대해서 미국이 지니고 있는 생각은 미국이 군사적으로 우월한 상황에서 출발한 것이다. 하지만 워싱턴은 무엇 때문에 세계에서 가장 강력한 군사력을 보유하고 있는 것일까? 지난 30년간 미국은 모든 경쟁국들의 몇 배가 넘는 돈을 국방 예산에 쏟아부었다. 2016년에 미국의 국방 예산은 중국, 러시아, 일본, 독일의 국방 예산을 합한 것보다도 더 많았다. 어떻게 해서 미국은 제2차 세계대전 이후의 전후 질서를 만드는 데 주도적인 영향력을 행사할 수 있었을까? 많은 미국인들은 이것이 미국인들이 똑똑하고 도덕적이고 매력적이기 때문이었다고 자화자찬하고 싶어 하겠지만, 냉정한 사실은 미국의 압도적인 힘이 결정적인 요인이었다는 것이다.

그러나 세계경제에 극적인 변화가 일어난 이후로, 미국이 주도하는 이런 세계 질서는 갈수록 유지되기 어려워지고 있는 상황이다. 2008년의 금융 위기와 세계적으로 진행된 경기 침체 이후로, 모든 나라의 지도자들이 자신들이 가장 중요하게 생각하는 과제가 경제성장이라고 주장해왔다. 그러나 세계의 주요 경제국들 모두에서 성장률이 주저앉았다. 미국은 가까스로 평균 2퍼센트의 성장 수준을 유지하면서 정체 현상을 겪어오고 있다. 유럽연합의 경제는 더 나빠서, 2016년까지도 GDP가 경기 침체가 시작되기 이전 수준을 밑도는 상황이 계속되고 있다.

주요 경제국 가운데 오직 한 나라만이 기대를 충족시켰다. 중국의 경우, 비록 2008년 경제 위기 이후로 성장률은 떨어졌지만 연간 평균 7퍼센트의 성장률을 유지했다. 그 결과, 2007년 이후에 이루어진 전 세계 성장의 40퍼센트가 한 나라에서만 이루어진 셈이 되었다. 두 경쟁국의 힘을 비교할 때 가장 중요한 것은 절대적 성장이 아니라 **상대적** 성장이다. 즉 '네가 나보다 얼마나 빨리 성장하는가' 하는 부분이다. 이런 '성장 속도의 차이'로 보면 중국의 성과는 훨씬 더 도드라진다. 금융 위기 이후로 중국과 미국의 이런 차이가 실제로 더 벌어진 것이다. 2007년 이전 10년간은 중국이 미국보다 6퍼센트 빨랐으나, 그 이후로는 7퍼센트 더 빠르다.

국가 운영에 가장 핵심적인 과제는, "국제 환경의 변화가 국가 안보를 약화시킬 우려가 다분한 부분을" 가려내어 "그 위협이 어떤 형태를 띠건 또는 표면상으로 얼마나 정당해 보이건 상관없이 그 위협을 막아내는" 일이다.[3] 그런 면에서 볼 때 중국이 미국보다 더 크고 강력한가? 미국의 핵심적인 국가이익을 지키는 데 '군사적 차원의 우월함'이 필수일까? 미국은 중국이 규칙을 만드는 세계에서 번영할 수 있을까? 새로운 구조적 현실을 인식했다면 이제 급진적이고 명백하게 불편한 질문을 던지고 대답까지 기꺼이 내놓아야 한다.

역사적 교훈을 현실에 적용시켜라

  응용역사학은 역사적 선례 및 유사 사례를 분석하여, 현재의 곤경을 설명하고 적절한 선택을 해나가는 데 도움을 얻는 것을 목적으로 하는 새로운 학문 분야다. 주류 역사학에서는 주로 사건이나 시대에서 출발하여 과거에 무슨 일이 일어났고 그 이유가 무엇인지를 설명하고자 한다. 반면에 응용역사학자들은 현재의 선택이나 곤경에서 출발하여, 관점을 제공하고 상상력을 자극하고 무슨 일이 일어날지에 대해서 단서를 찾아내며 실천 가능한 개입 방안을 제시하고 그에 따른 결과를 예측하기 위해서 역사 기록을 분석한다. 그런 의미에서, 응용역사학은 일종의 파생 학문이라고 할 수 있다. 마치 공학이 물리학에 의존하거나 의학이 생화학에 의존하듯이 주류 역사학에 의존하는 학문인 것이다. 나는 동료 니얼 퍼거슨과 함께 '응용역사학 선언문'을 발표한 바 있는데, 거기에서 우리는 백악관이 경제자문위원회와 비슷한 역사자문위원회를 만들 것을 제안했다.[4] 만약 위원회가 만들어진다면, 첫 과제는 중국의 부상에 관한 세 가지 핵심 질문에 대답하는 일이 될 것이다.

  우선, 미국과 중국의 경쟁은 어떤 유형에 가까운가? 기억상실증에라도 걸린 양, 미국의 수도에서는 뭐든지 '전례 없는' 것으로 선언된다. 그러나 응용역사학자들은 묻는다. 이전에도 이런 경우가 있었던가? 그렇다면, 당시에 무슨 일이 일어났던 것일까? 지금 우리가 당면한 문제를 해결하는 데 이들 사례에서 얻을 수 있는 통찰이나 교훈은 무엇일까? 당연히 이들 역사학자들은 바쁜 정책 입안자들에게 안이한 유추는 위험하다고 경고할 것이다. 쉽게 눈이 가는 사례(예컨대 독일의 부상 같은)를 선례로 삼고, 이어서 중국의 부상 역시 '꼭 그런 식일 것'이라고 결론짓고, 곧바로 처방책을 적용하고 싶은 유혹은 그 자체가 함정이다. 내 동료였던 고 어니스트 메이가 기회만 닿으면 하고 또 했던 말이 있다. 바로 차이는 최소한 유사점만큼은 중요하다는 말이다.[5]

21세기가 21세기식 문제를 낳긴 했지만(이 책에서도 중국의 부상은 규모와 속도 그리고 범위 면에서 전례 없는 현상이고 그 점이 매우 중요한 측면이라고 주장하고는 있지만), 그 모든 현상에는 유용한 유사 사례가 있다. 투키디데스의 함정 사례 파일에 나와 있는 예들은 더욱이 말할 것도 없다. 응용역사학 분야에서 가장 영향력 있는 역사학자인 헨리 키신저는 이렇게 경고했다.

"물론 역사는 미리 검증을 마친 조리법을 제공하는 요리책이 아니다."

키신저는 역사가 "비슷한 상황에서 이루어진 행동의 결과를 밝힐" 수는 있지만, "자기 세대와 비교할 수 있는 사례가 무엇인지는 각 세대마다 스스로 찾아야 한다"[6]고 역설했다.

우리의 백악관 위원회가 대답해야 할 두 번째 질문은 이것이다. 우리가 지금 '중국의 도전'이라고 부르는 현상은 과연 어떻게 해서 만들어진 것인가? 오늘날 우리가 보고 있는 현상은 지극히 단편적인 정보만을 담고 있을 뿐이다. 그렇다면 우리를 이 지점까지 오게 만든 제대로 된 경위는? 현재의 적수를 보다 장기적인 관점으로 바라본다면 문제의 복잡함을 드러내는 데 도움이 된다. 문제가 '해결되었을' 때조차도 저변에 깔려 있는 문제는 한동안 계속 남아 있으리라는 사실을 되새겨주기도 한다. 우리가 이 지점까지 오게 만든 일련의 장면들을 찬찬히 되짚어본다면, 정책 입안자들이 지금 당장 보이는 것에 초점을 맞추는 미국인 특유의 성향을 극복하고, 지나간 일은 지나간 대로 흘려보내며, 오직 미래만을 생각하면서 '어떻게 할 것

인가?'라는 당면한 질문에 대한 즉각적인 해답을 찾는 데 여러 모로 도움
이 될 것이다.

세 번째 질문은, '다른 이해 당사국들은 같은 사건의 흐름을 어떻게 인식
하고 있는가?'이다. 발군의 역사학자 마이클 하워드는 이런 지적을 한 적이
있다.

"현재 무엇을 믿을지는 오로지 우리가 과거의 무엇을 믿는가에 달려 있
다."[7]

정책 입안자들의 의무는 행동을 하기 전에 당면한 문제와 관련된 역사를
이해하는 것만이 다가 아니다. 다른 나라의 상대 행위자들이 그 역사를 어
떻게 이해하고 있는지도 파악하기 위해서 노력해야 한다.

냉전 이후에 만들어진 미국의 대對 중국 전략이
근본적으로 모순적임을 인식하라

아시아로의 방향 전환은 오바마 내각에서 가장 요란하게 공표했던 외교
정책 방향 가운데 하나였지만, 사실 이것은 공화당 집권 시절이건 민주당
집권 시절이건 미국이 냉전 이후에 중국을 향해 일관되게 취해온 전략의
수사적 재포장에 불과하다.[8] 이 전략은 '포용과 견제의 이중 전략engage but
hedge'으로 알려져 있다.[9] 이 전략의 근본적인 약점은 뭐든지 허용만 할 뿐
금지하는 게 아무것도 없다는 점이다.

관료적 차원에서, 이 원칙은 각 정부 부서가 각기 자연스런 성향에 따를
수 있도록 허용해왔다. 예컨대 국무부와 재무부는 '포용'하는 쪽을 택하여,

중국이 이를테면 무역, 금융, 기술 이전移轉에서부터 교육, 기후에 이르기까지 각종 국제 협약 및 조직에 가입하는 것에 대해서 쌍수를 들고 반긴다. 이따금씩 그들은 중국이 불공정한 행위를 했다고 항의성 경고를 하기도 했지만, 여전히 압도적으로 중요하게 생각하는 우선 사항은 관계를 돈독하게 만들어가는 일이다. 따라서 미국 관리들은 일반적으로, 중국 측의 지속적인 부정행위를 눈감아주거나 자국이 '개발도상'국이므로 각종 조건을 완화해달라는 베이징 측의 요구에 응해준다. 반면에, 국방부와 정보 당국은 '견제'에 집중한다. 이들 부서는 군사적 우위를 유지하고, 핵심 동맹국과 우방국들 특히 일본, 한국, 인도와의 방위 관계를 더욱 강화하고, 정보 자산을 늘리고, 적과의 충돌에 대비한 계획을 세우기 위해 분투한다. 마치 어둠의 마왕 볼드모트처럼 함부로 그 적의 이름은 말해서는 안 되지만, 그들은 그 적을 겨냥해서 특수한 무기 시스템을 개발하고 전쟁 작전 계획을 세운다.

본질적으로 이 전략은 중국이 독일과 일본의 길을 따른다는 상상에 따라 만들어진 전략이다. 따라서 이들 나라들처럼 중국 역시 미국이 이끄는 국제법적 질서 내의 자기 자리를 받아들이리라고 여긴다. 이들 전략가들이 논리를 설명하라는 압력을 받을 때는, 더 부유해진 중국은 국제 시스템 내에서 더 큰 지분을 허용 받을 것이고, 따라서 시간이 흐르면서 "책임감 있는 이해 당사국"이 될 것이라는 주장을 내세운다.[10] 게다가 시민들이 더 부유해질수록 그들은 점점 더 정치적 자유를 원하게 될 것이며, 우리가 일본, 한국, 타이완에서 보아온 종류의 민주적 개혁의 길을 닦아나갈 것이라는 주장도 덧붙인다.

1970년대와 1980년대에 미국의 정책 입안자들에게는 절체절명의 과제가 소련을 이기는 일이었다. 당시에 중국의 경제성장을 돕고 심지어 중국의 군사 및 정보 능력 증진에까지 도움을 주어 중국의 힘을 강화시키자는 논리가 있었다. 하지만 1991년에 냉전이 끝나고 소련이 무너졌을 때 미국의 전략가들은 키신저의 핵심적인 도전에 주의를 기울이고 어떻게 국제 환경의 근본적인 변화가 미국의 핵심적인 국가이익을 약화시킬 가능성이 있는지를 물었어야 했다.[11] 대부분 승리의 자축연을 열고 망각의 늪에 빠지기 바빴다. 새로운 '단극 시대'와 '역사의 종언'이 선언되고, 모든 나라가 미국의 각본을 따라 미국이 짜놓은 국제질서 안에서 시장에 기초한 민주주의 국가로 자리매김하고자 했다. 이런 분위기 속에서 공산국 중국의 존재는 당장에는 그리 진지하게 따져볼 필요가 없는 문제였다.

리콴유는 미국의 '포용하되 견제한다'는 이중 전략을 두고, 두 가지 결점을 지적했다. 우선, 중국은 민주주의국가가 될 생각이 없다는 점이다. 그는 직설적으로 말한다.

"만약 그런 방향으로 가려고 한다면 중국은 무너지고 말 것입니다."

두 번째로, 중국을 독일이나 일본과 비교한다는 것은, 이들 두 나라가 먼저 전면전에서 패배하고, 미국 군대로부터 점령을 당하고, 이후에 한동안 미국 최고위급 사령관의 지배를 받았으며, 이 사령관이 자신들의 헌법까지 써준 나라들이라는 사실을 간과하고 하는 말이다. 하지만 중국은 리콴유의 말로 표현하자면, "중국으로 받아들여지기를 주장하지, 서방의 명예회원이 되려고 하지는 않을 것"이다.[12]

모든 전략적 선택지를 검토하라

가장 험악한 전략까지도

'전략(이 경우에는 포용하되 견제한다는 이중 전략)'은 민주당과 공화당이 번 갈아가며 집권하는 와중에도 세 정부를 거쳐 가까스로 유지될 수 있었다. 정치가들과 관료 모두 이 전략을 지지한 덕분이었다. 중국을 끌어들이는 전 략이, 중국의 값싼 노동력을 이용해서 상품을 만드는 미국 기업과 그 물건 을 구매하는 미국 소비자들에게 엄청난 이익을 가져다준다는 사실을 의심 하는 사람은 아무도 없다. 다른 한편, 그처럼 큰 적수를 견제하는 전략 덕 분에 펜타곤은 당당히 매년 6000억 달러의 예산을 확보하여 군역과 결합 된 주요 무기 체제를 강화해나갈 수 있었다.

문제는 이 전략과 완전히 상이한 대체 전략, 이를테면 이 전략보다 더 나 으면서도 실현 가능한 전략이 있는지 여부다. 독자와 안보 담당 관리들 그 리고 미국의 대對중국 정책을 책임지고 있는 전략 공동체 내부자들의 상상 력을 자극할 수 있었으면 좋겠다는 바람에서, 이 장은 네 가지의 가능한 전략적 선택지를 간략하게 설명하는 것으로 마무리하고자 한다. 여기에는 수용(기본적으로 20세기에 영국의 대미對美 정책에서 단서를 얻은 방안)에서부터 체제 변화나 심지어 국내의 분열 전략까지(만약 남북전쟁 당시에 영국이 개입 하여 남부연합을 도왔더라면 미국은 더욱 분열되었을 것이다. 또, 미국이 우크라이 나가 서방의 편에 서도록 부추겨 분열을 조장했다고 믿는 사람들도 있다) 다양한 방안이 포함될 것이다. 아마 이런 전략적 선택지 대부분이 뻔뻔하거나 비정 치적으로 보일지도 모른다. 그러나 이 모든 가능성은 새롭게 부상하고 있는 중국에 대해서 미국이 이용할 수 있는 기회를 더 폭넓게 제시해준다.

수용하라

수용은 나쁜 말이 아니다. 상대는 이 말을 양보와 같은 말로 받아들이려고 한다. 그러나 전략의 영역에서는 이 두 가지가 동의어가 아니다. 수용은 강력한 경쟁 상대와의 관계를 조정하면서 새로운 힘의 균형에 적응하려는 진지한 노력이다. 사실, 군사적 수단에 의존하지 않고 달갑지 않은 흐름에 나름대로 최선을 다해서 대응하는 한 방법이다. 수용은 두 가지 방식으로 이루어질 수 있다. 특수한 사안에 대응하는 방법과 협정을 맺는 방식이 그 두 가지다.

정부가 사실상 어떤 대가를 치르더라도 전쟁은 피해야 한다고 결론을 내린 이후로, 19세기 말과 20세기 초에 영국이 미국에 대해서 실행했던 정책이 특수한 사안에 대한 수용의 예다. 이 사례로부터 우리는, 자국에 우선권이 있음을 분명하게 인식하면서도 새롭게 부상하고 있는 강대국이 해당 사안에서 이해관계가 겹치는 부분이 있음을 인정하도록 돕는 방식을 써서 얼마나 매끄럽게 수용이 이루어질 수 있는지를 배울 수 있다. 우리가 9장에서 살펴보았듯이, 영국이 미국에 대해서 '관용을 선택'한 일이 전쟁을 피하는 데 핵심적인 요인으로 작용했다. 예컨대 베네수엘라에서 벌어진 영토 분쟁에서 영국은 결국, 먼로독트린이 제시한 중재안을 받아들이라는 미국의 요구에 동의했다. 이와 유사하게, 영국은 자국이 자기네 다음으로 강국인 두 경쟁국의 해군력을 합한 것과 맞먹는 해군력을 유지한다는 2국 표준주의 정책에서 미국만큼은 예외로 제외시켜주었다.

루스벨트, 처칠, 이오시프 스탈린Iosif Stalin이 전후 유럽의 국경선을 그었던 얄타협정은 협정을 통한 수용의 가능성(그리고 위험)을 구체적으로 보여주는 예다. 1945년에 진행된 얄타회담에서 미국, 영국, 소련은 기본적으로,

지상에서의 군사적 현실을 받아들였다. 소련에게 지나치게 많은 양보를 했다는 대중의 비판을 우려한 처칠과 루스벨트는 스탈린에게 유럽 해방 선언(강대국들이 동유럽 국가들에서 자유로운 선거를 통해서 민주주의 정부가 세워질 수 있게 하겠다는 약속이 들어 있다)을 받아들이라고 설득하면서, 그 대가로 러시아가 1941년 당시의 국경을 되찾는 것과 폴란드에 모스크바가 조직한 루블린 정부가 들어서는 것을 받아들이겠다고 했다.[13] 하지만 자신의 나라에 절대 선거를 허용한 적이 없었던 독재자가 조약을 어겼을 때 결국 루스벨트가 배반자로 몰리는 수모를 당할 수밖에 없었다.

만약 수용이라는 방법을 고려해본다면, 미국은 예를 들어, 남중국해와 동중국해에서 중국의 양보를 받아내는 대가로 타이완에 대한 약속을 축소할 수 있을까?[14] 미국과 중국이 한반도의 미래에 대한 이해를 같이하기 위해서, 중국이 북한을 비핵화하고 서울의 통치 아래 한반도에 통일 국가가 들어서는 것을 인정하는 대가로 미국은 남한에서 군대를 철수할 수 있을까? 미국은 자국 국경 근방에 위치한 사실상의 중국 영향권을 인정할 수 있을까?

힘을 빼놓아라

나라 안에서 체제 변화가 일어나도록 조장하거나 심지어 나라를 분열시키는 전략은 워싱턴의 상상력이 훨씬 더 확장되어야만 생각해볼 수 있는 선택지다. 만약 미국이 새로운 부상 세력을 약화시키려고 한다면 어떤 수단을 사용하게 될까? 로널드 레이건이 1983년에 소련을 악의 제국이라고 불렀듯이 중국공산당의 정당성에 대놓고 의구심을 제기할 수 있을까? 이 방법은 생각보다 극단적인 방법이 아닐지도 모른다. 케빈 러드가 지적했듯이,

중국 지도자들은 오랫동안, 워싱턴이 절대로 중국공산당의 정당성을 정말로 받아들이지는 않으리라고 믿어왔다.[15] 그러니 공연히 그렇지 않은 척 딴청 부릴 필요가 있을까? 그리고 만약 미국의 지도자들이 중국 정부에 대한 근본적인 차원의 반대를 선언한다면, 거기서 한 걸음 더 나아가서 뭔가 적극적인 행동을 취하지 못하리라는 법도 없지 않을까?

분명, 공산주의는 그 이념을 실천해본 모든 나라들에서 기만이었음이 드러났다. 그런 마당에, 어째서 스스로를 공산주의자라고 부르는 작은 집단 하나가 14억 동료 시민들을 지배해야 한단 말인가? 중국 시민들은 미국의 독립선언문에서 모든 사람이 신으로부터 부여받았다고 선포한 인권을 보장받을 자격이 부족하기라도 하단 말인가? 만약 민주주의가 모든 나라에 최선의 정부 형태라면 어째서 중국에는 그렇지 않단 말인가? 우리는 중국 시민들이 민주 정부를 만들고 운영하는 데 능숙하다는 사실을 이미 알고 있다. 마오로부터 도망친 2300만 명의 사람들이 타이완에 시장경제와 더불어 민주주의를 성공적으로 정착시켰다. 만약 유엔에서 독립국가로 인정받았다면 회원국들 가운데 세 번째로 부유한 나라가 되었을 것이다. 스코틀랜드가 영국으로부터 독립선언을 할지 여부를 두고 자유투표를 실시하겠다고 했을 때 미국은 스코틀랜드의 권리를 지지했다. 또, 코소보가 세르비아로부터 분리되는 과정에서도 코소보 주민들의 투표권을 지지했다. 이런 전력이 있는 터에, 중국을 분열시키고 베이징 체제의 도덕성을 문제 삼는 전략의 하나로 티베트와 타이완의 독립을 지지하지 못할 이유는 또 뭐겠는가? 틀림없이 중국은 이런 계획에 난폭하게 반응할 것이다. 하지만 이 선택지를 처음부터 배제한다면 이는 지금까지 각종 독립운동을 지지해온 미국의 경험을 무시하는 일이 되는 셈이며, 이 경우에 미국이 지니고 있던 영향력은 현저히 줄어든다. 미국은 심지어, 상대국이 반대하는 상황에서도 이 같은 독립운동에 지지를 보낸 바 있다.

중국은 이제 세계에서 인터넷 이용자가 가장 많은 나라가 되었다. 스마트폰 덕분에 중국인들은 (정부의 통제 안에서) 자신들의 국경 너머의 세계를 볼 수 있게 되었고, 여행과 새롭게 형성된 엘리트 계층의 해외 유학도 마찬가지 역할을 하고 있다. 선택권을 부여받은 중국 시민들은 자신들이 선택한 웹 사이트에 들어가고 원하는 물건을 사고 원하는 곳으로 여행을 간다. 워싱턴은 이런 자유의 씨앗이 정치적 자유에 대한 갈망으로 피어나도록 영향을 미칠 수 있을 것이다. 냉전 기간에 미국은 소련 정부의 정당성과 그 이데올로기적 기반을 약화시키기 위해서 공개적 또는 비공개적인 방식으로 운동을 벌였다. 지금의 정책 입안자들은 중국에 체제 변화를 일으키려는 노력을 시작하는 데 그 각본으로부터 많은 부분을 참고할 수 있을 것이다. 예컨대 미국 정부가 사이버 기술을 이용해서 여러 가지 정보를 빼내어 중국 내의 제3의 집단을 통해 흘릴 수 있다. 이렇게 되면 과거나 현재에 권력을 남용했다든지 예컨대 현 지도자가 어떻게 부를 가질 수 있게 되었는지를 밝힌다든지 하는 치명적인 진실이 드러날 수 있다. 냉전 기간에 소련이 점령한 유럽 국가들이나 소련 본토 안에서 했던 대로, 미국이 중국 내의 반체제 집단들을 키우고 부추기는 방법도 있다. 미국에서 유학 중인 중국인들은 자연스럽게 자유니 인권이니 법의 지배 같은 개념에 감염된다. 그렇게 감염된 유학생들이 중국으로 돌아갔을 때 정치적 변화를 강력히 요구하면서 동요를 불러일으키도록 부추길 수도 있다.

극단적인 선택을 할 경우, 미국 군대가 분리주의자들의 반란군을 은밀하게 가르치고 도와줄 수도 있다. 중국에는 이미 균열이 나 있다. 티베트는 기본적으로 무력으로 점령한 땅이고, 전통적으로 이슬람 지역인 서중국의 신장新疆은 이미, 베이징에 대해서 낮은 수준의 반란을 일으키고 있는 적극적인 위구르족 분리주의 운동의 은신처이기 때문이다. 또 베이징이 홍콩에서 가혹하게 행동하는 모습을 보고 있는 타이완 시민들이, 갈수록 권위주의적이 되어가고 있는 이 정부와의 통합에 반대하도록 분위기를 조장해야한다. 이들 분리주의자들 때문에 베이징이 중앙아시아와 중동 지역 전체의 급진적인 이슬람 집단들과 갈등에 빠지게 된다면 미국이 분리주의자들을 돕는 것은 어떨까? 만약 미국이 분리 운동을 돕는다면, 아프가니스탄에 개입을 시도했던 소련이 미국의 도움을 받은 무자헤딘 '자유 전사들'의 활약으로 결국 막대한 대가를 치를 수밖에 없었던 사례처럼, 중국도 그런 진창에 빠지게 될까?

중국 공산주의 이데올로기의 핵심적 모순과 당이 자유에 대한 시민들의 점증하는 요구를 권위주의적인 방식으로 통제하려는 부분을 부각시키기 위해서 세심하고도 집중적인 노력을 기울인다면, 시간이 지날수록 체제가 점점 허약해지고 타이완, 신장, 티베트, 홍콩에서의 독립운동이 탄력을 받게될지도 모른다. 중국 내부를 분열시켜서 베이징을 국내의 안정을 유지하는데 급급한 상태로 만들어놓는다면, 어쩌면 미국은 중국이 미국의 우위에도전하는 일을 막거나 적어도 상당 기간 동안은 지연시킬 수 있을 것이다.

장기 평화를 위한 협상을 하라

만약 협상이 가능하다면, 미국과 중국이 일부 경쟁 영역에 상당한 제약을 부과하여 사반세기 동안은 휴지기를 갖는 데 합의하는 방법이 있다. 그렇게 되면 양측 모두 다른 영역에서 자유롭게 이익을 추구할 수 있게 된다.

기원전 445년에 페리클레스가 스파르타인들과 맺은 30년 평화조약에서부터 1970년의 미-소 데탕트에 이르기까지, 역사상의 경쟁국들은 보다 긴급하게 해결해야 할 문제, 특히 자국 내의 문제들에 집중하기 위해서 절대로 받아들일 수 없는 (그러나 당장 바꿀 수는 없는) 환경을 받아들이는 방법을 찾아냈다.

닉슨과 키신저는 협상을 통해서 합의에 이를 방안을 마련했고, 그 결과 미-소 정부가 '데탕트(긴장 완화)'라는 말로 부르는 환경이 만들어졌다. 이런 협상은, 미국이 베트남전쟁과 민권운동으로 인한 국내의 분열을 수습하는 데 집중하느라 한동안 숨통을 틔울 공간이 필요했기에 가능했다. 협상안 중에는 전략무기제한협정SALT이나 탄도탄요격미사일ABM 협정이 있는데, 전자는 가장 치명적인 핵미사일의 추가 제조를 동결한다는 내용을, 후자는 상대국의 미사일에 대한 방어 시스템 구축을 중단하고 상대국의 공격에 취약한 상태를 그대로 유지해야 한다는 내용을 담고 있다. 또, 헬싱키협약을 통해서 유럽의 영토 보존을 법률로 못 박았다. 키신저가 설명했듯이, 데탕트의 핵심적인 요소는 상호 연계였다. 미국은 소련이 중요하게 생각하는 문제, 이를테면 동독을 인정하는 부분을 양보했고, 소련은 워싱턴이 중요하게 생각하는 문제, 이를테면 서베를린에 대한 접근과 베트남에서의 폭격 작전을 강화하는 부분을 묵인해주는 양보를 했다.

이런 합의에는 상당한 정치적 비용이 따랐다. 아직도 분석가들 사이에서는 그런 합의들의 이점에 대해서 의견이 분분하다. 덕분에 모스크바와 워싱턴이 서로의 체제를 전복시키려는 야심을 포기한 새로운 국제 질서가 만들어졌다고 찬양하는 사람들이 있는 반면, 이런 합의를 어느 사회와 시스템이 더 우월한지를 보여줄 시간을 벌어준 수단으로 보는 사람들도 있다.

1981년에 레이건 내각에 합류한 사람 중에 후자의 견해를 가진 사람들은, 소련 지도자들과 더 많은 합의를 이루기 위해 협상을 진행하는 동시에 이 악의 제국의 체제를 뒤흔드는 방법을 찾으면서, 그 두 행동 사이에 아무런 모순을 느끼지 못했다.[16]

지금의 미-중 경쟁 단계에서 양측 정부 모두 국내적으로 엄청난 요구에 시달리고 있는 상황이다. 진보는 며칠 또는 몇 달이 아니라 수십 년, 아니 수 세기에 걸쳐서 진행된다는 관점을 지닌 중국은 문제를 장기간 동안 밀쳐놓을 수 있는 능력이 있음을 역사적으로 줄곧 보여주었다. 1972년에는 상하이 공동성명을 통해서 타이완 문제를 효과적으로 제쳐놓는 데 합의했고, 1978년에는 덩샤오핑이 동중국해의 섬에 대한 분쟁 문제를 한 세대 동안 밀쳐두자고 일본 측에 제안했다.[17] 미국인들은 인내심이 덜한 경향이 있다. 그러나 앞으로 합의를 이루어나갈 수 있는 부분은 무궁무진하다. 이를테면 남중국해와 동중국해에서의 분쟁 동결, 모든 공해상에서 모든 배가 마음대로 항해할 수 있는 자유 보장, 사이버 공격 대상을 합의된 영역으로만 제한하고 그 외의 영역(예컨대 핵심 기반 시설)은 제외하기 또는 상대국의 국내 정치에 대한 특정 형태의 개입 금지 등의 협정을 맺을 수 있을 것이다.

냉전 시대의 데탕트 때처럼, 미국과 중국은 여러 문제들을 서로 연계시켜서 서로 상대국에게 가장 중요한 것을 주는 방식으로 합의에 도달할 수 있을 것이다. 예컨대 미국은 중국의 인권침해에 대한 비판을 완화하여, 지금까지 매년 국무부에서 해온 중국 인권 보고서 발표를 중단하고 달라이 라마Dalai Lama와의 고위급 회담을 줄이는 대신, 지금까지 중국이 경제적 이익을 목적으로 자행해온 염탐 행위를 자제시키는 방법도 있다. 만약 베이징이 남중국해에 있는 자국의 섬에서 대함미사일과 대공미사일을 제거할 준비가 되어 있다면, 워싱턴은 중국 국경 근방에서의 특히 중국 지도자들이 오랫동안 요구했던 바, 중국의 군사시설이 있는 하이난섬 근방에서의 감시 활동을 제한할 수도 있을 것이다. 중국이 동중국해에 있는 센카쿠열도 근처에 더 이상 정기적으로 순시선을 보내지 않는 대신, 미국은 그동안 남중국해에서 해온 도발적인 항행의 자유 작전 활동을 멈추는 방법도 있다. 중국이 남중국해에서 인공 섬을 건설하는 활동을 중단하고 잠수함 함대와 위성 공격용 무기의 현대화를 제한하라는 미국의 요구를 받아들이며 육해 합동 전투 능력을 줄이는 대신, 미국은 재래식 전 세계 신속 타격 능력의 개발을 늦추거나 중단하고 한국과 일본에 대한 최신 미사일 방어 시스템 배치를 미루거나 아예 제거하며 시사군도에 대한 중국의 주권을 인정해주겠다고 제안할 수도 있다. 만약 중국이 평양으로 하여금 핵무기와 장거리 미사일 테스트를 더 이상 하지 않게 만든다면, 미국은 타이완에 대한 무기 수출을 제한하거나 중단하고 한국으로부터 군대를 일부 철수할 수도 있다.[18]

관계를 다시 정립하라

2012년에 시진핑은 오바마 대통령에게 미국과 중국이 함께, 서로의 핵심 국가이익을 존중하는 '신형대국관계'를 만들어내자고 제안한 적이 있다. 시진핑에게는 '핵심 국가이익'이 서로 상대국의 현 세력권을 존중하는 것을 의미한다. 시진핑의 관점에서 볼 때 현 세력권에는 타이완과 티베트뿐만 아니라 남중국해에 대한 중국의 주장들도 포함된다. 오바마 정부는 이런 관계를 받아들이고 싶어 하지 않았고, 트럼프 대통령 역시 마찬가지로 부정적이다.[19] 그러나 미국은 미국이 고안해낸 신형대국관계 개념을 제안할 수 있다.

냉전이 막바지에 들어서면서 레이건 대통령과 고르바초프 대통령 그리고 통역사들끼리만 산책을 하면서 이야기를 나눈 적이 있었는데, 당시에 레이건이 이런 질문을 했다고 한다.

"만약 지구가 적대적인 화성인으로부터 침략을 받는다면 소련과 미국은 어떻게 반응하겠습니까?"[20]

처음에 레이건의 말을 오해한 러시아 통역사는 눈을 휘둥그레 떴다. 레이건이 지금 고르바초프에게, 방금 화성인들이 지구를 침략했다고 말하고 있는 거야? 오해가 수습되고 나자, 레이건은 그 질문을 이어갔다. 그의 목적은 지독한 적수들끼리 서로 공유하는 핵심적인 국가이익이 있을 수 있음을 강조하는 것이었다.

만약 우리가 레이건의 생각을 따르기로 한다면 오늘날의 미국과 중국은 외계인의 침공과 유사한 위협에, 말하자면 양측 모두가 함께 노력하지 않으면 안 되는 도전에 직면해 있다고 말할 수 있을까? 긍정하는 대답을 내놓기 위해서 그리 멀리까지 갈 필요도 없다. 무엇보다도 네 가지 '초대형 위협'이 곧 닥칠 듯하다. 세계의 종말을 불러올 핵전쟁, 핵 무정부 상태, (특히 이슬람 성전聖戰주의자들에 의한) 세계적인 차원의 테러리즘 그리고 기후변화. 각각의 문제를 마주하고 보면, 두 나라가 공유하고 있는 핵심적인 국가이익이 두 나라를 분리시키는 국가이익보다 훨씬 더 크다는 사실을 알게 된다.

양측 모두 상대 진영의 핵 시설부터 확실하게 파괴해놓고 보지 않으면 안 된다는 피할 길 없는 논리 때문에, 만약 미국과 중국이 어쩌다가 실제로 핵무기를 사용하는 전쟁을 시작하게 된다면 결국 두 나라 모두 지도에서 사라지게 되고 말 것이다. 따라서 이들 두 나라의 가장 핵심적인 국가이익은 그런 전쟁을 피하는 일이다. 게다가 두 나라는 의도치 않게 이런 끔찍한 결과를 낳을 수 있는 치킨 게임의 반복을 피하기 위해서 타협과 제약을 결합한 방법을 찾아야만 한다.

핵 무정부 상태는 그 자체만으로도 명백한 초대형 위협이다. 많은 나라들이 엄청난 핵무기를 보유한 세계에서는 갈등이 핵무기 사용으로 이어지거나 핵무기가 테러리스트들의 손에 들어갈 가능성도 배제할 수 없다. 인도와 파키스탄 사이의 핵전쟁은 수억 명의 사람을 죽게 만들고 전 세계의 환경을 사정없이 망가뜨려놓을 수 있다. 북한이 알카에다나 신장 지구 테러리스트의 다음 변종 세력에게 핵무기를 팔거나, 뉴욕이나 베이징에 핵폭탄을 떨어뜨린다면 우리 세계는 근본적으로 바뀌게 될 것이다.

케네디 대통령은 1963년에 이런 위협을 구체적으로 밝히면서 1970년대까지 핵무기를 지닌 국가가 스물다섯 개에서 서른 개로까지 늘 거라고 예상했다. 이런 사실이 미국의 생존과 안녕에 어떤 의미를 지니는지를 제대로 인식했던 케네디는 핵확산방지조약을 추진하는 데 엄청난 공을 들였다.[21] 이런 노력들 덕분에 역사의 방향이 바뀌게 되었다. 오늘날 핵무기를 지닌 나라는 스물다섯도 서른도 아닌 단 아홉 개 나라다. 러시아뿐 아니라 중국의 협력 덕분에 10년 이상 이란의 핵개발 열망을 잠재우는 협상이 성공을 거두었다. 그럼에도 특히 북한과 파키스탄에서 이루어지고 있는 핵무기 및 핵물질의 개발은 핵 테러리즘의 위험을 엄청나게 늘리고 있다. 특히 이들 두 나라가 합심해서 행동하고 러시아도 함께 끌어들일 수 있다면, 어떤 나라도 중국과 미국만큼 이런 도전에 잘 대응할 수 있는 위치에 있을 수 없을 것이다. 북한과 파키스탄의 핵 확산 위험을 해결하는 문제는 핵 테러리즘만이 아니라 한국이나 일본 같은 나라들에서 국가 차원의 핵 확산이 이루어질 위험까지 감소시킬 것이다. 하지만 만약 실패한다면, 우리가 살아 있는 동안 어느 때쯤에 뭄바이, 자카르타, 로스앤젤레스, 상하이 같은 도시에서 핵폭탄이 폭발하는 모습을 보게 될 가능성이 다분하다.[22]

다른 유형의 초대형 테러리즘은 이보다는 덜하지만, 미국과 중국에 여전히 엄청난 위협이 된다. 20세기 후반에 급속하게 진행된 기술 발전은 공학과 물리학의 결합으로 이루어진 것으로, 컴퓨터 칩이나 인터넷에서부터 핵폭탄에 이르기까지 모든 것을 만들어냈다. 21세기에는 공학이 유전학 및 합성 생물학과 결합되어, 우리에게 특정 암을 치료하는 기적과도 같은 약만이 아니라 단 한 명의 삐딱한 과학자가 마음만 먹으면 수백만 명의 사람들을 죽게 만들 수도 있는 생물학무기까지 만들어냈다.[23] 2003년에 중증급성호흡기증후군SARS이 세계적으로 확산되었을 때 그리고 2014년에 아프리카에서 에볼라가 퍼졌을 때 자연 자체가 이런 위험이 과연 어떤 것인지를 미리 보여주었다. 자, 어느 테러리스트가 생명공학 실험실에서 항생물질에 내성이 생긴 천연두 병원균을 만들어서 이것을 중국의 쿤밍이나 시카고의 한 공항에 방출한다고 상상해보라. 이런 위험은 한 국가 차원의 대응만으로는 해결할 수 없는 문제다. 상호 정보 공유, 인터폴 같은 다자간 조직 그리고 세계적 기준 마련을 통한 광범위한 상호 협력이 필수적으로 요구될 것이다.[24]

전 지구적 파국의 네 번째 기수는, 지구의 기후가 도저히 인간이 버텨낼 수 없는 정도가 될 때까지 계속해서 온실가스를 내보내는 것이다. 과학자들은, 온실가스가 450ppm까지 달하게 되면 지구의 평균기온이 2도가량 올라가게 될 것이며, 이것이 지구에 파국적인 영향을 미칠 것이라고 경고해왔다. 미국이든 중국이든 자국 내에서 천천히 닥쳐오고 있는 재앙에 홀로 대처할 수 있는 방법은 없다. 중국과 미국이 주요 탄소 배출국이기는 하지만,

만약 두 나라가 탄소를 전혀 배출하지 않는다고 해도 다른 나라들이 모두 현상을 유지한다면 지구온난화에 미치는 효과는 그저 몇 년 정도 유예되는 것뿐이다. 시진핑 주석과 오바마 대통령은 이런 사실을 인식하고 미·중 협약을 구축하여 2016년 파리협약의 초석을 놓았다. 이후 파리협정을 통해서 협약 참여국들은 2030년까지 탄소 배출을 제한하고 그 이후에는 점차 온실가스를 줄여나가기로 합의했다. 세계는 이런 합의를 열렬히 반겼고, 당연한 일이기는 하지만, 두 가지 뼈아픈 현실이 모습을 드러냈다. 우선, 지금의 기술로는 목표를 달성하는 게 불가능하다. 두 번째로, 모든 나라가 약속을 지킨다고 해도 지구온난화는 점점 심해질 것이다(아무 일도 안 할 때보다야 더 느리게 진행되겠지만).[25] 세계에서 가장 큰 경제 대국인 미국과 중국에는 세계 공동체를 이 존재론적 위기에서 구출해낼 특별한 책임 그리고 영향력이 있다.

이 네 도전은 모두 다루기에 벅찬 문제들로 보일 것이다. 아마 해결할 수 없는 난제처럼 보이기까지 할지도 모른다. 하지만 다행히도, 모두가 득이 되는 기회들이 있다. 이런 기회들은 협력의 이점을 알려주고, 미국과 중국이 더 큰 위협을 향해 한 걸음 더 나아가도록 자극한다. 의심의 여지없이, 세계무역과 투자는 더 큰 파이를 만들어내 두 나라 모두에게 더 큰 조각을 안겨주었다. 이들 두 나라가 서로 파이를 어떻게 나눌 것인지 또 각자 자국 내에서는 어떻게 나눌 것인지, 이 분배를 둘러싼 논쟁은 갈수록 첨예해지고 있다. 경제적 통합에 대한 지지는 더 이상 무조건적이지 않다. 특히 세계화로부터 자신이 소외되고 손해를 보게 되었다고 믿는 사람들이 갈수록 더 많아짐에 따라, 갑자기 포퓰리즘, 민족주의, 인종 혐오의 물결이 밀어닥치고 있다. 미국과 중국 사이에는 많은 차이점들이 있지만, 이런 힘들을 적절히 다루는 문제와 세계경제의 기본 구조가 망가지지 않도록 지켜내는 일은 양국의 공통 관심사다.

포착하기가 더 힘들기는 하지만 의문의 여지가 없는 현실은, 지구상에 가장 활기차고 '여유로운 10억 명의 사람들'에게서 글로벌 의식이 생겨나고 있다는 사실이다. 지금까지의 역사에서 볼 수 없었던 정도로 그들은 인식, 규범, 행동을 공유하게 되었다. 장벽이 없는 커뮤니케이션망 덕분에 세계는 아주 작아졌고, 덕분에 세계 어느 곳에 있는 엘리트건 거의 모든 것을 거의 곧바로 알 수 있게 되었다. 스마트폰은 지구 구석구석의 모습과 말을 전달한다. 폭발, 허리케인, 각종 발견들이 어디에서 일어나건 세계 모든 곳에 있는 사람들의 의식에 영향을 미친다. 이제 소수 엘리트만이 아니라 평범한 일반 시민들에게도 세계를 돌아다니는 경험이 흔해졌다. 중국에서 가장 똑똑한 80만 명의 학생들이 유학을 위해 세계로 나가고, 그중 30만 명이 미국에서 공부하고 있다. 한번 생각해보기 바란다. 지금의 중국 최고지도자와 그의 아내는 외동딸을 시진핑의 모교인 칭화대학교가 아니라 하버드대학교에 보냈다는 사실을 말이다. 시진핑의 딸은 2014년에 하버드대학교를 졸업했다. 새로운 '세계주의자' 세대의 시각이 보다 민족주의적이거나 포퓰리스트적인 성향을 지닌 동료 시민들과 어떻게 조화를 이루어나갈 수 있을지 수수께끼다. 세계주의자들이 세계를 이해하는 방식이 새로운 형태의 협력으로 바뀔 수 있는 방법을 찾는 일이 가장 흥미진진한 가능성들 가운데 하나로 남아 있다.[26]

결론

> 만약 미래를 예측하고 대비하는 데 도움을 얻고자 과거를 정확하게 알고 싶어 하는 사람들이(인간사에서는 미래가 과거를 그대로 반영하지는 않지만 분명히 닮은 측면이 있을 것이다) 내가 기술한 역사가 유용하다고 판단한다면, 나는 그것으로 족하다.
>
> _투키디데스, 《펠로폰네소스 전쟁사》

50여 년간 하버드대학교에서 가르치면서 나는 수천 명의 똑똑한 학생들과 교수들이 학교로 들어왔다가 나가는 모습을 지켜보았다. 애초에 빛나는 성취가 이미 예정된 것이나 다름없어 보였던 수백 명의 학생들이 결국에는 실망스러운 모습을 보여주곤 했지만, 장점이 별로 두드러지지 않았던 더 많은 학생들이 비상했다. 첫인상은 틀리는 경우가 많고, 인생에는 우리가 모르는 온갖 우여곡절이 기다리고 있다.

헨리 키신저가 적절한 본보기다. 내가 1964년 하버드대학원에서 공부를 시작했을 때, 키신저는 내 지도교수였다. 독일에 있는 작은 마을의 유대인 부모에게서 태어난 그는 나치를 피해 미국으로 와서 미국 군대에 입대했고, 제대군인원호법GI Bill 덕분에 정부 지원으로 하버드대학교에 진학할 수 있었으며, 마침내 대학교수가 되었다. 과연 그가 미국의 국가안보보좌관이 되어서 닉슨과 함께 중국을 향해 문을 여는 정책을 고안해내기로 애초부터 예정되어 있었던 것일까? 1940년이나 1950년에 그런 예견을 한 사람이 있었다고 해도 그는 그 말에 아무 관심도 두지 않았을 것이다. 하버드대학교를 2년 만에 중퇴하고 나중에 마이크로소프트가 된 컴퓨터에 열정을 쏟았던 빌 게이츠Bill Gates도 마찬가지다. 공부는 그저 그런 학생이 기숙사 친구와 온라인으로 연락을 유지하는 방법을 궁리해내느라 대부분의 시간을 쓴 끝에, 사람들의 폭발적인 반응을 불러일으킨 페이스북을 만든 마크 저커버그Mark Zuckerberg는 또 어떤가?

이런 결과들을 우리는 어떻게 이해해야 할까? 소포클레스 같은 그리스의 위대한 극작가는 비극 작품들로 고대 그리스의 문학적 풍경을 지배하면서 운명이 답이라고 생각했다. 그의 극에서 오이디푸스로 하여금 자신의 아버지를 죽이고 어머니와 결혼하게 만든 각본을 쓴 것은 신들이다. 그에게는 이미 자신의 역할이 정해져 있으며 탈출구는 없다. 하지만 투키디데스는 이런 생각에 동의하지 않는다. 그는 인간사에 대해서 명백하게 다른 관점을 가지고 있었다. 사실, 그는 역사에서 주된 행위자는 신이 아니라 인간이라는 새로운 가르침을 분명하게 밝혔다. 운명이 카드를 나눠주지만 그 카드로 직접 게임을 하는 것은 바로 인간이다.

투키디데스가 쓴 역사는 페리클레스와 그의 동료 아테네 시민들이 자신들의 자유의지로 했던 선택들을 사실대로 기록한 글이다. 그들이 다른 선택을 했더라면 다른 결과를 낳았을 것이다. 그가 의회의 논쟁을 재구성한 진짜 목적은 미래의 정치가들에게 운명을 그대로 받아들이지 말고 현명한 선택을 하라고 가르쳐주고 싶어서다. 기원전 430년에 아테네인들은 굳이 스파르타와 전쟁을 할 필요가 없었다. 사실, 의회 의원들 중 거의 절반이 전쟁으로 이끈 동맹에 반대하는 쪽에 투표했다. 협상을 통해 30년 조약을 이끌어냈던 바로 그 페리클레스가, 코린토스와 코르키라 사이의 충돌을 예견하고 자국이 전쟁에 말려들기 전에 이들 두 나라 사이의 긴장을 완화시키기 위한 행동을 취할 수는 없었을까?

제1차 세계대전 이후에 독일 총리 베트만홀베크는 독일과 영국 사이의 전쟁은 예정되어 있었다는 주장으로 자신의 행동에 대한 책임을 피하려고 했다. 하지만 비스마르크처럼 요령 있는 정치가라면 같은 패를 받고도, 충돌을 피하기 위해서 독일이 러시아와 비밀 동맹 관계를 유지하거나 어쩌면 영국의 지지까지 구축해내는 방법을 찾았을지도 모른다.

1936년에 히틀러는 베르사유조약을 어기고 라인 지방을 재무장하여 유럽을 위협했다. 만약 영국과 프랑스가 군대를 보내 조약을 지키라고 압력을 넣었다면 독일 군대는 퇴각하고 독일 장군들(당시에 히틀러의 무분별한 행동을 강력하게 반대했던)이 히틀러를 실각시킬 수 있었을지도 모른다. 이는 당시 처칠이 열렬히 주장했던 방법이기도 하다. 그렇게 되었다면 제2차 세계대전은 아예 일어날 일이 없었을지도 모른다.

쿠바 미사일 위기는 가장 냉정한 반反사실적 추론을 가능하게 해주는 동시에 지금의 미-중 딜레마에 가장 의미 있는 교훈을 주는 경험이다. 미국과 소련이 단계적으로 취했던 행동들을 살펴보면 워싱턴이나 모스크바에서 핵무기가 폭발하는 것으로 손쉽게 끝났을 수도 있는 열두 가지 길을 찾아내는 게 하나도 어려운 일이 아니다.[1] 예컨대 핵폭탄을 장착한 F-100 전폭기를 몰고 가던 터키인 혹은 독일인 나토 조종사가 실수로, 아니면 광기에 휩싸여 스스로 내린 결정에 따라 모스크바로 날아가서 폭탄을 떨어뜨렸을 수도 있다. 카리브해 바다에서 핵탄두를 장착한 소련 잠수함 하나는 하마터면 미국의 대잠수함 작전 활동을 총공격으로 오인할 뻔했다. 그 사령관은 모스크바로부터 어떤 허락이나 비밀번호를 요청할 필요도 없이 미국 도시들을 향해서 자신의 무기를 발사할 수 있었다.

핵 대결에서 피할 수 없는 이런 위험을 관리하려는 목적에서 케네디는 참모들의 권고를 계속해서 무시하고 대신 흐루쇼프에게 더 생각해보고 조정하고 바로잡을 시간을 더 주는 쪽을 택했다. 그래서 위기가 절정에 달했던 토요일에 미국의 U-2 정찰기가 격추당했을 때 케네디는 보복 공격을 미루고 최종적으로 외교적인 책략을 시도했다. 그는 공적인 거래, 사적인 최후통첩 그리고 은밀한 당근으로 구성된 독특한 정치 칵테일을 만들어냈는데, 이것들은 모두 국가안보회의 참모들 대부분이 반대했던 것이었다. 먼저, 만약 흐루쇼프가 쿠바에서 (쿠바를 미국의 침략으로부터 지켜내는 데 필수적이라고 주장했던) 미사일을 철수하는 데 동의한다면, 미국은 쿠바를 침략하지 않겠다는 선언을 하겠다고 했다. 사적인 최후통첩은 흐루쇼프에게 24시간의 말미를 주고 대답을 요구했고, 시간이 다 되자 미국은 미사일을 제거하기 위해서 공중 폭격을 하겠다고 위협했다. 그리고 은밀한 당근책은, 대가 따위는 절대로 있을 수 없지만 만약 소련이 쿠바에서 미사일을 철수한다면 터키에 있는 미국 미사일도 6개월 안에 종적을 감추게 될 것이라고 주장했다.

케네디는 이런 교착상태를 벗어나기 위해서는 능동적으로 대처해야 하며, 이를 위해 상당한 대가를 치르지 않으면 안 된다는 사실을 알고 있었다. 이를테면 정치적으로 민감한 사안들을 두고 타협한다거나, 필수적이지는 않더라도 상당히 중요한 계획을 미룬다거나 하는 것도 여기에 포함된다. 하지만 그는 그런 대가가 지불할 가치가 있다고 결론지었다. 그의 표현에 따르면, 오랫동안 남게 될 쿠바 미사일 위기의 교훈은 "무엇보다도, 우리나라의 핵심적인 국가이익을 지켜내면서도 핵 강국들끼리는 상대에게 굴욕적인 퇴각이냐 핵전쟁이냐를 두고 선택할 수밖에 없도록 만드는 대결만큼은 반드시 피해야 한다는 것"[2]이라고 케네디는 말했다.

이처럼 현명한 선택들을 해나가기 위해서 미국 지도자들은 치열한 고민과 더 치열한 행동을 결합시켜낼 필요가 있다. 아마도 다음 네 가지 중심 아이디어가 그 출발점이 될 수 있을 터다.

핵심 국가이익을 분명히 하라. 미국의 핵심 국가이익을 지키기 위해서는 우선 그 내용부터 구체적으로 밝혀야 한다. 모든 것을 우선시한다는 말은 아무것도 우선시하지 않는다는 말과 같다. 그러나 이것이 워싱턴의 자연스런 반응이다. 중국과 미국 간의 갈등처럼 규모가 큰 갈등을 다룰 때는 미국 지도자들이 나라의 생존과 직결된 핵심 이익과 당면 이익을 구분할 줄 알아야 한다.[3] 예컨대, 서태평양에서 미국의 우위를 유지하는 일이 진짜 핵심적인 국가이익일까? 중국이 남중국해에 있는 섬을 점령하지 못하게 혹은 심지어 타이완에 대한 주권을 주장하지 못하게만 할 수 있다면 미국인들은 '어떤 부담도 기꺼이 짊어지려고' 하는가? 이런 질문은 수사학적인 질문이 아니다. 국가의 우선 사항을 무시한 지정학적 기획 또는 위기에 대한 대처 방식은 결국 실패할 수밖에 없다.

독일 철학자 프리드리히 니체Friedrich Nietzsche는 우리에게 이런 사실을 가르쳐주었다.

"인간의 어리석음 가운데 가장 흔한 형태는 자신이 애초에 의도했던 바가 무엇인지를 잊어버린다는 것이다."

세계에서 미국이 맡은 역할에 관해서 명료하게 생각해본다면, 냉전 시대에 현명한 정치가들이 일종의 명령으로 삼았던 것보다 더 중요한 게 있을 것 같지는 않다. 그 명령이란, 9장에서 밝혔듯 "자유국가인 미국의 기본적인 제도와 가치를 그대로 보존하는 것"이었다. 이런 목표를 놓고 볼 때, 남중국해에서 필리핀이나 베트남이 하는 주장을 우리가 전부 다 옹호할 필요는 없다. 심지어 필리핀을 방어하는 일도 마찬가지다. 그러나 중국과 핵전쟁을 피하는 일은 다른 이야기다.

중국의 목표가 무엇인지를 이해하라. 케네디의 조언에 내재한 논리를 적용시키려는 미국 지도자들은 중국의 핵심 이익을 더 깊이 이해하고 인정할 필요가 있다. 흐루쇼프를 직접 맞닥뜨리게 되었을 때, 그는 강경 일변도의 말밖에 하지 않았지만 결국 쿠바에서 핵무기를 사용하는 문제를 두고 미국과 타협할 수 있다는 결론을 내렸다. 악명 높은 선동가인 마오 역시, 중국의 이익을 위해서라면 융통성 있게 양보할 줄도 안다는 사실이 입증되었다. 시진핑과 트럼프 모두 일단 최대치를 요구하면서 협상을 시작하는 사람들이다. 하지만 두 사람 모두 거래에 능한 협상가이기도 하다. 미국 정부가 중국의 목표를 더 깊이 이해하고 더 치밀하게 준비한다면 다른 결과를 낼 수 있을 것이다. 문제는 심리적 투사다. 노련한 국무부 관리들마저 중국의 핵심 이익이 미국의 핵심 이익과 같으리라고 가정하는 실수를 너무 자주 저지른다. 이런 사람들에게는 손자의 충고가 도움이 될 듯하다.

"적을 알고 나를 알면 백 번 싸워도 위태로움이 없고, 나를 알되 적을 모르면 한 번은 이기고 한 번은 질 것이며, 적을 모르고 나를 모른다면 싸움마다 반드시 위태로울 것이다."[4]

냉전은 국제 관계에서 '멈추기' 전략, 말하자면 어떤 비용을 치르더라도 피해야 할 무언가를 피하는 일로 여겨져왔다. 그러나 소비에트 제국이 해체되고 사반세기라는 세월이 흐른 지금(그리고 워싱턴과 모스크바 사이에 새로운 불안이 생겨난 시점에), 예전의 미-소 관계에서 의존했던 부분들도 살펴볼 가치가 있다. 가식은 모호함을, 솔직한 태도는 명료함을 불러온다. "묻어버리고 말겠어!"라든가 "악의 제국"이라든가 하는 말은 양측의 입장에 일말의 여지도 허락하지 않는다. 하지만 이런 강경한 언사가 의미 있는 접촉, 솔직한 대화 심지어 건설적인 타협마저 막지는 않았다. 오히려 이런 극단적인 주장들 덕분에 지도자들은 도덕적인 차원의 구속에 얽매이지 않고 자유롭게 협상을 계속해나갈 수 있었다. 중국과 미국은 수동 공격성을 띠는 '규범에 충실한 외교'나 지정학적 규범에 관한 고상하게 들리는 수사적 표현이 아니라, 솔직하게 드러내놓고 자국의 국가이익을 추구할 때 가장 공평하게 이익을 나눌 수 있을 것이다. 위험도가 큰 관계에서는 우호성이 아니라 예측 가능성과 안정성이 가장 중요하다. 이제는 미국이 '본심을 숨기고 가식적인' 태도로 행동하는 것을 그만두어야 할 때다.

1장에서 살펴보았듯이, 미국인들 중 다수는 짐짓 중국의 부상이 실제보다 대수롭지 않은 척 애써 무시해왔다. 그들은 중국이 경제성장에 초점을 맞추는 근본적인 이유에 대해서도 진실을 외면해왔다. 맞는 말이다. 공산당의 생존은 높은 경제성장률에 달려 있는 게 사실이다. 그러나 중국이 아시아에서 가장 강력한 세력으로 등장한 그리고 전 세계 내에서도 그렇게 되기를 열망하고 있다는 사실은, 경제성장이라는 절대적인 목표뿐 아니라 중국의 정체성 안에 밀착되어 있는 최고주의라는 세계관을 반영하는 것이기도 하다. 휘태커 체임버스Whittaker Chambers는 "나의 아이들에게"라는 제목의 편지에서, 스스로 공산주의 혁명의 철학적 동력이라고 느낀 바를 밝혔다.

"그것은 인류가 찾아낸 위대한 대안 믿음이다. …… 세상을 창조한 지적 존재인 신을 대체하는 인간 정신의 기획이다. 합리적 지성이라는 인류의 유일한 힘으로 인간의 운명을 바꾸고 인간의 삶과 세계를 다시 구성하는 상상력이다."[5]*

시진핑과 그의 당 관료들은 더 이상 마르크스-레닌주의를 연설하지 않지만, 지금의 체제를 세력 추구에만 관심이 있는 탈-이데올로기적인 움직임으로 생각하는 착각에 빠져서는 안 될 것이다. 7장에서 나는 중국과 서양을 가르는 매우 다른 문명적 가치를 강조한 바 있는데, 이것은 외교의 정중한 겉모습 탓에 너무 자주 가려버리고 마는 불편한 현실이다.

전략을 짜라. 지금 워싱턴에서는 전략적 사고를 해야 한다는 주장이 아예 관심을 받지 못하거나 심지어 조롱받기까지 한다. 예전에 클린턴 대통령은 세계가 이렇게 빠르게 변하니 외교정책은 일종의 재즈 연주, 말하자면 즉흥 연주 기술이 된 게 아니냐고 말한 적이 있다. 미국에서 매우 똑똑한 대통령들 중 한 사람(버락 오바마)의 가장 어리석은 말 중에 이런 주장이 있었다. 오늘날 세상이 변하는 속도를 생각해보면, "나한테 조지 케넌(역사학자이자 냉전 기간에 소련 주재 미국 대사를 지낸 외교관이며, 봉쇄 정책의 고안자로 냉전 시대의 '현자들' 중 한 사람임-옮긴이) 같은 사람은 아예 필요가 없다".[6] 의도적인 전략 짜기가 성공적인 결과를 보장하지는 않지만, 일관되고 지속적인 전략의 부재는 거의 절대적인 실패의 길이다.

오늘날 워싱턴의 정책 입안자들은 전략을 심각하게 받아들이는 척조차 하지 않는 경우가 많다. 대신, 중국, 러시아, 이슬람 근본주의자들의 성전 聖戰 운동으로부터의 도전에 관해서 이야기할 때 그들은 "우리가 해온 일련의 노력들은……" 같은 식으로 말을 꺼낸다. 공식적인 국가 안보 전략 문서는 무시된다. 지난 10년 사이에 내가 만나본 미국 국가안보팀의 고위급 관리 중에서 공식적인 국가 안보 전략조차 안 읽어본 사람이 있을 정도다.

따라서 NSC-68이나 레이건 행정부의 수정판인 NSDD-75 대신에 오늘

---

* 한때 소비에트 스파이였던 체임버스는 치열한 반공산주의자가 되었고 1984년에는 로널드 레이건 대통령에게 자유훈장을 받았다.

날 중국에 대한 워싱턴의 의제를 이끄는 것은 다양한 행동 목록을 길게 덧붙인 거창하고 정치적인 흥미를 끄는 포부들이다. 하나같이, 진지한 전략가라면 아무리 목표 수준을 합리적으로 낮게 잡는다고 해도 달성이 불가능하다고 판단할 만한 것들이다. 결국 현재의 노력들은 실패할 수밖에 없다.

중국의 입장에서 보자면 미국의 정책은 근본적으로, 제2차 세계대전 이후에 만들어진 팍스 아메리카나라는 현상 유지에 집착하려는 경향이 있다. 워싱턴은 반복해서 그리고 정확하게 중국에게 이 체제 덕분에 가장 긴 평화 시기를 누릴 수 있었을 뿐 아니라 아시아 국가들, 특히 중국이 역사상 경제적으로 가장 크게 성장할 수 있었다고 상기시킨다. 하지만 경제적 힘의 균형추가 극적일 정도로 급격하게 중국 쪽으로 기울어진 상황에서 이런 현상 유지 입장은 더 이상 유지되기 힘들다. 따라서 지금 미국의 실제 전략은, 솔직히 말해서 그냥 희망에 매달리는 것이다.

이런 도전에 상응하는 거대한 전략을 고민하고 만들어내기 위해서는 고위급 정부 관료들이 자신들의 정치적 자본만이 아니라 지적 감각까지 아낌없이 쏟아부어야 한다. 오바마의 생각과는 달리, 오늘날 미국의 국가 안보 전략에는 케넌 같은 사람이 반드시 필요하다. 더불어, 현대판 마셜, 딘 구더햄 애치슨Dean Gooderham Acheson, 아서 H. 반덴버그Arthur H. Vandenberg, 니츠, 트루먼도 필요하다.

나라 안의 도전들에 더 집중하라. 만약 시진핑과 트럼프가 리콴유의 말을 들었다면 그들은 우선 가장 중요한 것에, 즉 자국 내의 문제들에 초점을 맞췄을 것이다. 오늘날 미국의 안보에 가장 큰 도전 한 가지는 무엇일까? 세계에서 미국이 차지하는 위상에 가장 큰 위협이 되는 한 가지는? 두 질문 모두에 대한 답은 미국 정치체제의 실패다. 같은 질문을 중국을 향해서 한다고 해도 대답은 마찬가지다. 즉 정부의 실패다. 두 사회 모두에서 정직한 관찰자들이, '타락한' 민주주의 체제도 '반응적인' 권위주의 체제도 21세기의 가장 혹독한 검증을 통과하지 못하고 있다고 인식하는 일이 점점 더 많아지고 있다.

나는 미국에 관한 한 타고난 낙관론자이지만 미국의 민주주의가 치명적인 징후들을 보이고 있는 현실이 걱정스럽다. 워싱턴 D.C.의 D.C.는 '기능 장애 도시Dysfunctional City'의 머리글자가 되어버렸다. 당파주의가 해로운 수준으로까지 심각해지고, 백악관과 의회 간의 관계가 예산이나 해외 조약 같은 기본적인 기능까지 마비시킬 정도로 악화되었으며, 정부에 대한 국민들의 신뢰는 온데간데없이 사라져버린 늪이 되어버린 것이다. 이런 징후들의 뿌리는 공적 윤리의 약화, 법과 제도의 타락, 제대로 된 교육을 받지 못하고 집중력 결핍에 빠진 선거권자들 그리고 '한건주의'에 사로잡힌 언론에 있다. 선정주의에 적극적으로 반응하고 심사숙고하는 태도는 비하하는 디지털 기기와 플랫폼 탓에 이 모든 것들이 악화일로에 놓여 있다. 에이브러햄 링컨Abraham Lincoln이 우리에게 이미 경고한 바 있듯이, 대립이 극심한 의회는 더 이상 유지되기 힘들다. 대통령이 더 강하고 더 단호한 리더십을 보여주고 지배계급의 시민적 책임감이 회복되지 않는다면 앞으로 미국은 유럽을 따라 내리막길을 걷게 될지도 모른다.

동시에, 나는 리콴유가 중국의 '운영 시스템'에 대해서 한 매우 충격적인 비판을 소개하고자 한다. 첨단 기술의 발전으로 지금의 통치 시스템은 낡은 시스템이 되어버렸다. 스마트폰을 들고 다니는 젊은 도시인들은, 모든 시민의 뒤를 쫓아다니면서 어디에서나 영향력을 발휘하는 '사회적 신임' 시스템의 일부로 편입시키려는 베이징 관료들에게 계속해서 지배당하고 있지만은 않을 것이다. 리콴유는 중국이 쉽게 바꾸지 않을 불리한 조건들을 나열했다. 법의 지배 원리를 따르지 않는 시스템, 중앙으로부터의 지나친 통제, 상상력과 창의력을 가로막는 문화적 습성, "경구警句를 통해서 사고하게 만드는 언어와, 모든 가치 있는 말은 이미 옛 작가들이 한 적이 있음을, 아니 오히려 더 잘 표현했음을 알려주는 4,000년 묵은 텍스트" 그리고 "세계의 다른 사회로부터 재능을 끌어들여 동화시키는" 능력의 부재 등이 그것이다.[7] 그의 처방은 미국식 민주주의가 아니라(그런 방향으로 간다면 그는 중국이 붕괴하리라고 보았다), 강한 지도자를 가진 정부 안에서 전통적으로 고관들이 지녀왔던 덕성을 회복하는 일이었다. 그런 방향의 최전선에 시진핑의 가치 중심적 민족주의가 있다. 어쩌면 이런 슬로건이 온통 저급한 물질주의로 뒤덮였던 중국의 운영 시스템을 다시 온전한 모습으로 회복시키는 데 도움이 될지도 모른다.

디지털에서 빌려온 은유를 좀 더 쓰자면, 두 경쟁국은 자신들이 현재 사용하고 있는 앱이 21세기에도 사용 가능한지 다시 생각해보아야 한다. 니얼 퍼거슨은 자신의 책 《문명Civilization》(한국어판 제목은 《니얼 퍼거슨의 시빌라이제이션》, 구세희, 김정희 옮김, 21세기북스, 2011-옮긴이)에서 여섯 가지 '킬러 앱'을 꼽는다. 1,500년 이후에 서방과 나머지 세계가 완전히 갈라져서 서방이 압도적으로 번영할 수 있게 만든 사상과 제도들은 바로 경쟁, 과학혁명, 재산권, 현대 의학, 소비자 사회, 노동 윤리다.[8] 니얼은 1970년 이후에 중국이 서방과 다시 정면으로 조우하고 있다고 말하면서도, 과연 중국이 계속해서 세 번째 킬러 앱, 즉 사적 재산권의 보장 없이 진보를 계속해서 이루어나갈 수 있을지 의구심을 제기한다. 나로서는 미국의 노동 윤리가 범속해지고 소비자 사회가 타락해버린 현실이 걱정스럽다.

만약 각 사회의 지도자들이 자신들에게 가장 시급한 문제들의 심각성을 파악하고 일차적으로 그 문제들에 마땅히 쏟아야 할 관심을 쏟는다면, 관리들은 결국 '아시아에서 21세기를 함께하는' 방식을 고안하는 일이 자신들에게 닥친 가장 심각한 도전이 아니라는 사실을 발견하게 될 것이다.

과연 그들이 이런 현실을 인식하게 될까? 두 나라 중 한 나라, 혹은 두 나라 모두 자국 내의 도전들을 해결할 상상력과 결단력을 이끌어내려고 할까? 만약 그렇게 한다면, 전쟁 쪽으로 발을 잘못 들여놓지 않고 자국의 핵심적인 국가이익을 지킬 수 있는 수완도 발휘할 수 있을까? 그런 방향으로 가려는 정치가들이라면 투키디데스의 《펠로폰네소스 전쟁사》를 재독하는 것보다 더 좋은 출발점은 없을 것이다.

과연 그들은 성공할 수 있을까?

"아, 일이 이렇게 될 줄 진작 알았더라면."

그러나 우리는 셰익스피어가 옳았음을 안다. 우리의 운명은 "우리의 별자리에 있는 게 아니라 우리 자신에게" 있다는 사실을.

감사의 말

이 책이 빛을 보게 된 기나긴 지적 여정에서 진 빚을 일일이 열거하자면 그 자체로 긴 글을 따로 하나 써야 할 정도다. 라반 교수가 나에게 투키디데스를 소개해주었던 데이비드슨칼리지 신입생 시절부터 지금 하버드대학교에서 매달 만나고 있는 중국 문제 연구 모임에 이르기까지, 내가 지금까지 배워온 것들이 모두 이 책의 분석에 도움이 되었다. 내 논문 지도교수였던 크레인 브린턴(《혁명의 해부학》의 저자)은 나에게 역사에서 패턴을 읽어내는 법을 가르쳐주었다. 옥스퍼드대학교에서 분석철학을 공부하면서 A. J. 에이어 A. J. Ayer, 이사야 벌린Isaiah Berlin, 길버트 라일Gilbert Ryle, 피터 스트로슨Peter Strawson으로부터 개념적 틀과 실제 세계 간의 차이를 배웠다. 하버드대학교에서 박사학위 과정을 하면서는 역사를 통해서 현재의 도전을 분명하게 바라보는 일에 전설적인 세 인물, 헨리 키신저, 어니스트 메이 그리고 리처드 뉴스타트로부터 개인지도를 받는 특별한 기회를 얻었다. 내 박사학위 논문의 주제는 1962년의 쿠바 미사일 위기를 들여다보면서 정부 의사 결정 과정의 복잡성을 드러내고, 이를 통해서 (적들 간에 견고한 유대마저 만들어내기에 이른) 초강대국들의 핵무기에 잠재된 위험을 자세히 밝히는 것이었다.

냉전 기간 동안에 나는 이런 실존적 위협을 이해하고 그 연구에 기여하며, (다양한 위원회의 자문위원이나 정책 전략가로 참여하여) 마침내 악의 제국을 무너뜨린 전략을 개발하는 기회를 가졌다. 로널드 레이건 대통령의 국방장관 캐스퍼 와인버거Casper Weinberger의 특별보좌관으로, 빌 클린턴 대통령의 국방장관 레스 아스펜Les Aspen과 빌 페리Bill Perry의 차관보로 그리고 와인버거에서부터 애슈턴 카터에 이르기까지 열두 명의 국방장관의 국방정책 자문위원으로 일했다. 스탠 터너Stan Turner(그의 특별보좌관으로 일했다)에서부터 데이비드 퍼트레이어스에 이르기까지 여러 중앙정보국CIA 국장을 도와 일하는 특권도 누렸다. 그 과정에서 다른 많은 동료들과도 함께 일할 수 있었다. 그러나 내 생각 일반이, 특히 이 책의 아이디어가 구체적인 형태를 갖추게 된 것은 무엇보다도 하버드대학교, 특히 하버드 케네디스쿨 덕분이다. 1970년대 말과 1980년대에 나는 존 케네디스쿨의 '초대 학장'으로 일하는 영광을 누렸다. 앨버트 커니세일Albert Carnesale과 조지프 나이와 나는 어떻게 치명적인 상대가 살아남을 수 있을 정도로 핵 경쟁을 제약할 수 있는지를 알아내기 위해서, 신참 교수들과 포스트닥터 과정에 있는 연구원 수십 명이 참여한 '핵전쟁 회피 프로젝트'를 주도했다. 냉전 시대가 막을 내리고 난 뒤에는 하버드의 벨퍼 국제문제센터Belfer Center for Science and International Affairs를 이끌게 되었는데, 나는 그곳에서 많은 동료 교수들과 연구원들로부터 국제 문제에서 가장 중요한 도전들에 관해 많은 것들을 배웠다. 이 모든 경험을 떠올려볼 때, 나는 A. N. 화이트헤드Whitehead가 "창의적인 배움을 위한 젊은 사람들과 나이든 사람들의 결합"이라고 부른 것의 일원이 되는 축복을 받았다고 말할 수 있겠다.

지금껏 나는 벨퍼 센터의 호스 카트라이트Hoss Cartwright, 마크 엘리엇, 테일러 프레이블, 켈리 심스 갤거Kelly Sims Gallghar, 폴 히어Paul Heer, 알래스테어 이언 존스턴Alastair Iain Johnston, 윌리엄 커비, 로더릭 맥파콰하르Roderick MacFarquahar, 메건 오설리번Meghan O'Sullivan, 드와이트 퍼킨스Dwight Perkins, 스테이플턴 로이, 케빈 러드, 앤서니 사이치Anthony Saich, 에즈라 보걸Ezra Vogel 그리고 오드 아르네 베스타드Odd Arne Westad 등의 중국 분과 연구원들로부터 중국에 관해서 지속적으로 개인 교습을 받는 혜택을 누려오고 있다. 중국의 경제를 가늠하는 데 마틴 필드스타인이 인내심을 가지고 도와주었으며, 더불어 리처드 쿠퍼Richard Cooper, 스탠리 피셔, 래리 서머스Larry Summers 그리고 로버트 졸릭도 함께 애써주었다. 역사를 적용하는 과정에서는 하버드 응용역사학 프로젝트를 나와 함께 만든 니얼 퍼거슨이 가장 큰 도움을 주었으며, 데이비드 아미티지David Armitage, 드루 포스트Drew Faust, 프레데릭 로지발Fredrick Logevall, 찰스 마이어Charles Maier, 스티브 밀러Steve Miller, 리처드 로즈크랜스Richard Rosecrance, 스티븐 밴 에브라Stephen Van Evera 역시 현명한 조언을 해주었다.

책이 나오게 된 과정은 윈스턴 처칠이 다음과 같이 한 말 그대로였다.

"한 권의 책을 쓴다는 것은 모험에 나서는 것과 같다. 처음에는 마치 재미난 장난감처럼 느껴지지만, 조금 지나면 정부情婦가 되었다가 이윽고 주인이 되었다가 나중에는 아예 독재자가 되어버린다. 마지막 단계에서 노예 상태에 막 적응하려는 순간, 마침내 괴물을 죽이고 그 시체를 대중들 앞에 내던져 놓게 된다."

내가 이전에 썼던 책들과는 달리, 이 괴물을 무찌르는 데 많은 사람들의 도움이 있었다. 조시 버렉Josh Burek 편집장은 결승점에 도달하는 과정에서 지속적으로 영감과 통찰과 결단의 원천이 되어주었다. 편집 총책임자인 애덤 시걸Adam Siegel은 지은 백Jieun Baek, 레오르 벤-코린Leore Ben-Chorin, 에디트 딕스타인Edyt Dickstein, 크리스 팔리Chris Farley, 폴 프라이올리Paul Fraioli, 엘리노어 프룬드Eleanor Freund, 에이크 프리만Eyck Freymann, 조시 골드스타인Josh Goldstein, 테스 헬그렌Tess Hellgren, 아르준 카푸르Arjun Kapur, 재커리 켁Zachary Keck, 네이선 레빈Nathan Levine, 웨슬리 모건Wesley Morgan, 윌리엄 오소프William Ossoff, 크리시아나 파파다키스Krysianna Papadakis, 샘 래트너Sam Ratner, 헨리 롬Henry Rome, 팀 샌돌Tim Sandole, 라이트 스미스Wright Smith 등의 연구조교와 학생들을 이끄는 데 지칠 줄 모르는 근성과 노련함을 보여주었다. 부록 1의 투키디데스의 함정 사례 파일 초안을 대담하게 편집해준 존 마스코John Masko에게도 특별한 감사의 말을 전한다. 아울러, 뛰어난 두 신진 학자가 중대한 기여를 해주었다. 벤 로드Ben Rhode는 제1차 세계대전으로 이끈 길을 이해하는 데 도움을 주었고, 세스 재프Seth Jaffe는 최초의 투키디데스의 함정 사례인 고대 그리스 사례를 전문가의 시각으로 평가해주었다.

보브 블랙윌Bob Blackwill, 우리 프리드먼Uri Friedman, 마이클 마티나Michael Martina, 짐 밀러Jim Miller, 조지프 나이, 마이클 설메이어Michael Sulmeyer, 마크 토어Mark Toher, 오드 아르네 베스타드, 알리 와인Ali Wyne 그리고 보브 졸릭Bob Zoellick은 이 책의 각 장을 검토하고 귀중한 논평을 해주었다.

이 훌륭한 구성원들의 집단 피드백 덕분에 수없이 많은 부분이 수정되었고 글의 수준도 향상되었다. 그러나 나머지 부분에서 잘못이 있다면 그것은 오로지 내 책임이다.

벨퍼 센터의 상임이사 개리 사모어Gary Samore와 패티 월시Patty Walsh는 최고의 동료들이다. 내가 이 책의 초안을 쓰는 동안에 센터가 차질 없게 운영될 수 있었던 것은 모두 그들 덕분이다. 동료 벤 크레이그Ben Craig, 아리엘 드워킨Arielle Dworkin, 앤드루 파치니Andrew Facini, 안드레아 헬러Andrea Heller, 헨리 캠프Henry Kaempf, 시몬 오핸론Simone O'Hanlon 그리고 샤론 윌크Sharon Wilke는 뒤에서 훌륭한 조력자 역할을 해주었다.

이 책의 잠재력을 처음부터 알아봐주고 끝까지 흔들림 없이 지지해준 내 에이전트 마이클 칼리슬Michael Carlisle에게 감사의 말을 전한다. 호턴 미플린 하코트Houghton Mifflin Harcourt 팀은 내 원고만이 아니라 내 변덕스런 기분까지 잘 다독이며 이끌고 가준 공헌을 충분히 인정받아 마땅하다. 래리 쿠퍼Larry Cooper, 로리 글레이저Lori Glazer, 칼라 그레이Carla Gray, 벤 히먼Ben Hyman, 알렉산더 리틀필드Alexander Littlefield, 아예샤 미르자Ayesha Mirza, 브루스 니콜스Bruce Nichols 그리고 타린 뢰더Taryn Roeder 모두에게 고맙다는 말을 하고 싶다.

무엇보다도, 내 일생의 사랑이자 가장 가까운 친구이며 모든 장章의 사실 확인을 정성껏 도맡아준 나의 아내 엘리자베스에게 가장 큰 고마움을 전하고 싶다.

	시기	지배 세력	신흥 세력	갈등 영역	결과
1	15세기 말	포르투갈	에스파냐	세계 제국과 무역	전쟁 회피
2	16세기 전반	프랑스	합스부르크	서유럽의 영토권	전쟁
3	16, 17세기	합스부르크	오토만제국	중부 유럽과 동유럽의 영토권과 지중해의 제해권	전쟁
4	17세기 전반	합스부르크	스웨덴	북유럽의 영토권 및 제해권	전쟁
5	17세기 중엽~ 말	네덜란드공화국	영국	세계 제국, 제해권, 무역	전쟁
6	17세기 말~ 18세기 중엽	프랑스	대영제국	세계 제국과 유럽의 영토권	전쟁
7	18세기 말과 19세기 초	영국	프랑스	유럽의 영토권 및 제해권	전쟁
8	19세기 중엽	프랑스와 영국	러시아	세계 제국, 중앙아시아와 동부 지중해에서의 영향력	전쟁
9	19세기 중엽	프랑스	독일	유럽의 영토권	전쟁
10	19세기 중반과 20세기 초	중국과 러시아	일본	동아시아의 영토권 및 제해권	전쟁
11	20세기 초	영국	미국	세계경제 지배와 서반구에서의 해군력 우위	전쟁 회피
12	20세기 초	프랑스와 러시아의 지지를 받는 영국	독일	유럽의 영토권과 세계 제해권	전쟁
13	20세기 중엽	소련, 프랑스, 영국	독일	유럽의 영토권 및 제해권	전쟁
14	20세기 중엽	미국	일본	아시아-태평양 지역의 제해권과 영향력	전쟁
15	1940년대~ 1980년대	미국	소련	세계 패권	전쟁 회피
16	1990년대~현재	영국과 프랑스	독일	유럽에서의 정치적 영향력	전쟁 회피

신흥 세력 대 지배 세력 갈등의 열여섯 개 주요 사례. 하버드 투키디데스의 함정 프로젝트에 관해서 자세히 알고 싶거나 더 많은 자료를 찾는 독자라면 온라인 사이트 http://belfercenter.org/thucydides-trap/으로 들어가보기 바란다.

1. 포르투갈 대 에스파냐

기간: 15세기 말

지배 세력: 포르투갈

신흥 세력: 에스파냐

경쟁 영역: 세계 제국과 무역

결과: 전쟁 회피

거의 15세기 내내 포르투갈이 전통적 경쟁국이자 이웃나라인 에스파냐의 카스티야왕국을 압도하고, 탐험과 국제 무역에서 세계를 이끌었다. 그러나 1490년에 이르러 통일을 이루고 활기를 되찾은 에스파냐가, 무역을 지배하고 신세계에서 식민지 지배권을 독차지하려는 포르투갈에 도전하기 시작하여, 이베리아반도의 두 세력이 전쟁 직전까지 가게 되었다. 이때, 교황의 개입과 1494년의 토르데시야스조약 덕분에 두 나라는 파국적인 충돌을 모면할 수 있었다.

15세기 중반에 포르투갈에서 야심만만한 항해왕 엔히크가 탐험을 지지하는 선봉에 섰다. 그는 새로운 항해술에 투자하고 포르투갈 해군으로 하여금 금을 찾고 새로운 무역 상대를 개척하고 기독교를 전파하도록 원정을 보냈다. 포르투갈의 주요 경쟁국인 카스티야는 왕위 승계 문제와 이베리아반도 내에 남아 있던 이슬람 근거지를 다시 정복하기 위한 전쟁에 몰두하고 있었으므로, 포르투갈이 무역을 장악하는 데는 아무런 걸림돌이 없었다. 따라서 엔히크 왕은 마데이라제도, 아조레스제도, 서아프리카 해안 땅에서 "다양하고 일관된 팽창 정책을 마음껏 펼칠" 수 있었다.[1] 1488년에 포르투갈의 해상 장악력은 정점에 달했다. 당시에 탐험가 바르톨로뮤 디아스 Bartolomeu Dias는 유럽인 가운데 희망봉을 돈 최초의 인물이 되어, 사실상 인도와 수익성 좋은 동인도로 가는 미래의 항로를 연 인물이 되었다.

그러나 리스본의 제국이 확장을 이어가는 와중임에도 경쟁국 카스티야 는 포르투갈의 우월함에 도전할 태세를 취했다. 카스티야왕국의 이사벨과 아라곤 왕국의 페르난도가 1469년에 가톨릭 왕가끼리의 결혼을 통해서 두 왕국을 하나로 합치면서 에스파냐 언어를 사용하는 세계에서 재빠르게 권 력을 강화했다.[2] 1492년에 페르난도와 이사벨은 이베리아반도의 마지막 토 후국인 그라나다를 다시 정복했다.

해외 팽창 활동의 정도로 본다면 포르투갈이 계속해서 최전선에 있었고 에스파냐 제국은 기껏해야 카나리아제도까지가 전부였지만, 에스파냐의 부 상이 지배 세력인 포르투갈의 근심거리가 되기까지 그리 오래 걸리지는 않 았다. 1492년에 그라나다를 다시 점령한 이후에 리스본은 "승리감에 도취 된 카스티야왕국이 이제 북아프리카까지 진격하여 그곳에서 포르투갈의 앞을 가로막으려고 한다"고 우려했다.[3]

포르투갈의 걱정은 1492년에 크리스토퍼 콜럼버스가 신세계에 도달한 이후로 점점 커졌다. 포르투갈에 먼저 지원을 요청했을 때 주앙 2세로부터 퇴짜를 맞은 콜럼버스는 페르난도와 이사벨에게로 갔고, 그들은 콜럼버스 가 찾아낸 땅에서 나오는 소득의 10분의 9를 받는다는 조건으로 그를 지 원해주었다.[4] 콜럼버스의 여행은 에스파냐를 해외 제국 건설에서 만만치 않 은 경쟁 상대로 바꿔놓았다.

두 경쟁국 간의 힘의 균형이 거의 하룻밤 새 바뀌어버렸다. 경제사학 자 알렉산더 주커스Alexander Zukas에 따르면, "이전에는 유럽인들이 점유권을 주장하지 않았던 땅을 두고 에스파냐와 포르투갈이 경쟁적으로 점유권을 주장하면서 머지않아 충돌이 발생할 것이 분명했다".[5] 사실, 주앙 2세가 "콜럼버스가 발견한 섬들이 자신의 것이라고 확신하여…… 이미 섬을 차지하기 위한 함대를 파견할 준비를 하고 있다"는 소문이 에스파냐에 돌았을 때, 두 세력 간의 전쟁은 임박한 듯 보였다.[6]

1470년대에 카스티야에서 일어난 왕위 계승을 둘러싼 전쟁은 카스티야, 아라곤, 포르투갈이 5년 동안 싸운 끝에 결국 교착상태에 빠지고 말았는데, 그 전쟁이 남긴 쓰디쓴 교훈을 떠올린 에스파냐는 에스파냐 왕가 출신의 교황 알렉산데르 6세에게 중재를 요청했다. 교황은 에스파냐에 우호적인 결정을 내렸다. 알렉산데르 6세는 아프리카 서쪽에 있는 카보베르데섬에서 서쪽으로 약 510킬로미터 떨어진 지점으로 경계선을 정해서 이 선의 동쪽에서 발견되는 새로운 섬은 전부 다 포르투갈의 소유이고, 서쪽에서 발견되는 섬은 전부 다 에스파냐의 소유라고 정했다.[7] 그러나 포르투갈은 그 결정에 분노하면서 따르기를 거부했다. 신대륙의 몫이 너무 적고, 인도와 아프리카의 무역로에 접근하는 것을 제한받았기 때문이다.[8]

전쟁을 피하기 위한 최후의 시도로, 두 세력은 1494년에 교황의 제안을 수정하여 토르데시야스조약 체결로 합의에 이르렀다. 조약은 분계선을 서쪽으로 경도 46도를 이동한 지점으로 옮겨서 지금의 동브라질을 지나는 선으로 삼았고, 포르투갈이 인도와 아프리카에서 무역을 할 수 있도록 허용했다. 역사학자 A. R. 디즈니는 토르데시야스조약이 "일종의 제국 헌장이 되어, 18세기까지 계속해서 각 제국이 '정복'하고 영향력을 미치는 영역을 설정"[9]했다고 썼다. 협정은 거대한 미 대륙에 대한 탐험이 계속해서 이루어지는 와중에도 유지되었고, 그 결과 에스파냐가 미국에서 더 많은 몫을 차지

하게 되었다.[10]

어째서 이 두 세력은 싸우지 않았을까? 심지어, 에스파냐가 발견한 땅들이 의미심장할 정도로 힘의 균형을 바꿔놓았음을 포르투갈이 깨닫고 난 뒤에도 이들은 싸우지 않았다. 그 이유 중 하나는, 주앙 2세가 포르투갈이 "에스파냐와 또 전쟁을 벌일 여유가 별로 없다"는 사실을 알고 있었으며,[11] 에스파냐 역시 막 그라나다 재정복을 마친 상황이라서 경제적, 군사적으로 제약이 있는 상태였다는 점이다. 또, 카스티야 왕위 계승을 둘러싼 전쟁의 기억 역시 결정적인 승리를 장담할 수 없게 만들었음에 틀림없다. 그러나 더 중요한 것은, 알렉산데르 교황의 교서 이면에 파문의 위협이 담겨 있었다는 사실이다. 가톨릭 국가의 군주에게 파문 선고라는 것은 위신에 치명적인 손상을 입는 일이었기 때문이다. 요컨대, 에스파냐와 포르투갈의 왕 모두가 자기 자신의 정당성을 지키는 일이 힘의 균형보다 더 중요하다고 본 덕분에 교황이 전쟁을 막을 수 있었다.

토르데시야스조약은 시간의 검증에도 살아남았다.[12] 에스파냐와 포르투갈은 경쟁 관계를 이어갔지만, 다른 세력들이 신세계에 들어오는 것을 막는 데 서로 이해를 같이한다는 사실을 인식하고 있었다. 영국, 프랑스 그리고 네덜란드가 경제적, 군사적 힘에서 이들 두 나라를 능가하게 됨에 따라, 에스파냐와 포르투갈은 현상 유지를 위해서 바티칸이 승인해준 입지에 갈수록 더 매달렸다.[13]

2. 프랑스 대 합스부르크

기간: 16세기 전반

지배 세력: 프랑스

신흥 세력: 합스부르크

경쟁 영역: 서유럽의 지배권

결과: 이탈리아전쟁(1521~26)을 포함한 합스부르크-발루아전쟁(1519~59)

에스파냐의 카를로스 왕은 1519년에 신성로마제국의 황제로 선출되고 나서, 강력해진 합스부르크 왕조를 발판으로 유럽에서 우위를 점하고 있던 프랑스에 도전장을 내밀었다. 서유럽에 대한 영향력을 유지하고자 하는 강력한 의지를 지닌 동시에, 합스부르크 왕조가 포위망을 좁혀오는 것에 두려움을 느낀 프랑스의 프랑수아 1세는 동맹국들을 모두 집결시켜서 합스부르크의 지배하에 있는 땅을 침략했다. 이렇게 시작된 전쟁은 40여 년간 산발적으로 이어지다가 결국 합스부르크의 승리로 끝이 났고, 이후 유럽은 한 세기 동안 합스부르크 세력의 지배 아래 놓이게 되었다.

1477년에는 강력한 부르고뉴 공국의 절반을, 1491년에는 브르타뉴 공국을 해체하고 합병하면서 프랑스는 서유럽의 지배 세력으로 16세기의 포문을 열었다. 프랑스의 부상을 목격한 교황 레오 10세는 1519년에, 프랑스의 프랑수아 1세의 나라가 "다른 모든 기독교 국가들 중에 가장 부강한 나라다"라고 선언하기에 이르렀다.[14] 그해에 프랑수아는 막시밀리안 1세의 뒤를 이어 신성로마제국의 황제가 될 선두 후보였으나, 선출 과정의 공모로 이 직위가 합스부르크 왕가의 계승자인 에스파냐의 카를로스 왕에게로 돌아가는 수모를 당했다. 카를로스가 황제로 선출된 직후(합스부르크 왕조의 부상에 엄청난 도움이 되는 일이었다), 프랑수아는 "전쟁을 예견했다. 바티칸의 이단자들과의 전쟁이 아니라, 자신과 카를로스 간의 전쟁을".[15]

카를로스가 황제로 지명 받은 일은 프랑수아에게 충분히 두려울 만한 사건이었다. 두 지배자들 사이에는 나바르(프랑스의 반발에도 불구하고 합스부르크가 차지했다), 부르고뉴(카를로스의 반발에도 불구하고 프랑스가 차지했다) 그리고 밀라노 공국의 지배권을 두고 다투는 등의 반목이 서로 얽혀 있었는데, 이런 이유들 때문에 카를로스가 새롭게 얻은 유리한 지위는 프랑스 세력에 심각한 위협이 되었다. 그리고 이에 따라 합스부르크 영토가 포위망을 좁혀올 가능성도 커진 터였다.[16]

에스파냐 왕은 신성로마제국 내의 합스부르크 영토, 네덜란드, 프랑슈콩테 지역 내의 영토, 지금의 이탈리아 지역 그리고 신세계 내에서의 에스파냐 제국에 대한 지배력을 공고히 하면서 영향력을 키워나갔다. 아울러 이웃 국가들의 근심도 덩달아 커져갔다. 역사가 존 린치John Lynch는 다음과 같이 논평했다.

"카를 5세가 세계 제국을 꿈꾸었든지 그렇지 않았든지 간에, 밀라노건 부르고뉴건 분쟁 중에 있던 영토가 아니어도 그의 지배력은 이미 충분히 세계 제국의 모습을 띠고 있었고, 너무 많은 이해들을 침범하여 사방에서 원한의 감정이 들끓고 있었다."[17]

역사가 로버트 나이트Robert Knecht에 따르면, 프랑수아는 카를로스가 황제 대관식을 올리기 전부터 이미 이런 걱정을 말해왔고, 그 자신이 황제 직위를 차지하고자 했던 주된 이유는 "그의 왕국들과 지배권의 범위로 볼 때 만약 카를로스가 황제가 된다면 나에게 엄청난 해를 끼칠 수 있을" 것이기 때문이었다.[18]

프랑수아는 카를로스의 부상을 저지하려는 노력으로, 동맹국들을 결집시켜서 이들 나라로 하여금 나바르(지금의 에스파냐 북동부와 프랑스 남서부 지역)와 룩셈부르크 내의 합스부르크 땅을 침략하도록 압박했다. 카를로스는 프랑스의 공격에 대해서 영국과 교황의 지지를 얻어내는 방법으로 대응했고, 이탈리아에 있는 프랑스 영토를 침략하는 데 성공했다. 프랑수아는 1525년의 파비아 전투에서 포로로 잡혀서 마드리드에 수감되었다. 그는 석방을 얻어내는 대가로 이탈리아, 부르고뉴, 플랑드르, 아르투아 땅을 포기한다는 1526년 마드리드조약에 조인해야 했다. 카를로스의 힘이 갈수록 강력해지고 그가 프랑스 군주에게 수모를 안겨주는 모습에 유럽 전역이 동요하여, 프랑수아가 파리로 돌아왔을 때 카를로스에 반대하는 연합 세력을 구축해나가기가 훨씬 용이해졌다. 따라서 그의 동맹자에는 새 교황 클레멘스 7세Clemens Ⅶ나 오토만제국의 술탄 술레이만Suleiman(세 번째 사례를 보라) 같은 예상 밖의 파트너가 포함되었다. 그러나 카를로스가 1527년 초에 이탈리아의 상당 부분을 침략하여 결국에는 로마를 충격적일 정도로 약탈하고 5월에는 클레멘스 교황까지 잡아들이는 것을 막는 데는 역부족이었다.

프랑스와 합스부르크 사이의 갈등은, 오토만제국이 합스부르크 세력을 위협할 정도로 부상하기에 이른 1550년대 말까지도 산발적으로 분출되었다. 1550년대 말에 이르러 재정적 고갈에 부딪힌 양측은 마침내 서로에 대한 적대를 보류하기로 합의하게 되었다. 오랜 평화 덕분에, 새로운 에스파냐 출신의 합스부르크 왕인 펠리페 2세Felipe Ⅱ는 "전 세계 기독교국들에 대해서 이견 없는 우월적 지위"를 누릴 수 있었던 반면,[19] 프랑스는 수십 년간 종교전쟁의 소용돌이를 헤쳐 나가야 했다. 1600년대 초까지 갈등이 지속되다가, 에스파냐의 펠리페 4세는 루이 13세Louis ⅩⅢ의 치하에서 프랑스가 서서히 부상하는 모습을 마주하게 되었다. 이후 태양왕 루이 14세 치하의 프랑스는 다시 한 번 유럽 대륙 내 최고 세력의 자리를 차지하게 된다.

3. 합스부르크 대 오토만제국

기간: 16세기와 17세기

지배 세력: 합스부르크

신흥 세력: 오토만제국

경쟁 영역: 중부 유럽과 동유럽의 지배권, 지중해의 제해권

결과: 술레이만대제 전쟁(1526~66), 장기전長期戰(1593~1606) 그리고 대★
터키 전쟁(1683~99) 등의 오토만-합스부르크 전쟁

1500년대 초, 오토만의 영토와 자원의 급속한 팽창으로 당시 합스부르
크가 지배하고 있던 유럽의 상황이 완전히 뒤집어질 조짐이 보였다. 특히
동유럽과 발칸 지역으로까지 확장하려는 터키인들의 야심이 현실화되기
시작하면서 합스부르크는 큰 위협을 느끼게 되었다. 마침내 두 세력은 전
쟁의 소용돌이에 빠져들게 되었고, 그 결과 오토만은 동유럽의 상당 부
분을 점령하면서 유럽 대륙의 확실한 지배 세력으로 등극하게 되었다.

1519년에 강력한 지도력을 가진 합스부르크의 카를 5세가 신성로마제국
의 황제로 등극하면서, "합스부르크가 다시 한 번 하나로 단결된 전 세계
기독교 국가들을 지배하는 세계 군주국이 되는 일이 현실화될 수 있을 듯
보였다".[20] 5년 뒤에 카를은 이탈리아전쟁에서 프랑스를 이기면서 오스트리
아, 에스파냐, 이탈리아 남부 그리고 지금의 네덜란드 일대를 통치하여, 유
럽에서 지배적인 위치를 차지하게 되었다. 1525년에 전쟁에 패한 프랑수아
1세는 필사적인 마음에, 이전까지 유럽 주요 세력들의 적이었던 세력인, 술
탄 술레이만대제 아래의 오토만제국과 동맹을 추구했다. 역사학자 할릴 이

날직Haiil Inalcik의 표현에 따르면, 프랑수아에게는 오토만이 "카를 5세를 상대로 유럽 국가들의 생존을 보장할 수 있는 유일한 세력"으로 보였던 것이다.[21]

오토만의 야심은 명백해 보였다. 15세기를 거치는 동안에 '정복자'라는 별명으로 불리는 술탄 메흐메트 2세Mehmed II는 비잔틴 수도 콘스탄티노플을 약탈하고 기독교 나라들의 유럽 전역에 "전례 없이 공격적인 정복 정책"의 공포를 심어주었다.[22] 16세기로 넘어갈 무렵, 제2차 오토만−베네치아 전쟁이 오토만제국을 최고의 해상 세력으로 바꿔놓았다. 오토만제국은 1515년까지 400척 이상의 배를 보유하게 되었고 1520년대까지 흑해에 100개가 넘는 부두를 만들었다.[23] 프랑수아의 간청이 있기 8년 전에, 오토만은 맘루크제국을 점령하여 오늘날의 이집트, 시리아, 아라비아 반도를 합병함으로써 술탄의 영토와 조세 지역을 두 배로 확장했다. 앤드루 헤스Andrew Hess에 따르면, 이 정복 활동으로 "오토만이라는 나라가 엄청나게 강력해진 덕분에" 이슬람 세계는 경제적 이득과 종교적 정당성을 얻게 되었다.[24] 오토만은 새롭게 확립한 해군력과 부를 이용해서 지중해와 빈에 이르는 북서 지역까지 영향력을 확장했다.[25] 빈의 성벽 너머에는 카를 황제의 신성로마제국이 있었다.

1526년, 술레이만은 헝가리를 공격한 모하치 전투에서 승리하여 헝가리 영토의 3분의 1을 차지했다. 헝가리의 러요시 2세Lajos II는 퇴각하던 도중에 죽음을 맞았다. 술레이만이 오스트리아 국경까지 진군하자, 리처드 매커니Richard Mackenney의 말에 따르면, 카를은 "천하무적의 정복자"로 보이는 침략자들에게 "정신을 빼앗기게" 되었다. 1527년에 그는 카스티야 의회(에스파냐의 입법부)를 소집하여 "터키인들의 침략으로부터 나라를 지킬 필수적인 방책을 짰다".[26] 궁극적인 목표는 신성로마제국 자체를 지키는 것이라는 사실을 카를은 알고 있었다. 역사학자 브랜든 심스Brendan Simms에 따르면, "그들의 주적인 합스부르크와 합스부르크를 지지하는 독일 왕자들은 결정적인 한 방을 먹을 수 있는 상황"이었다.

"게다가, 이제 술레이만은 독일만 점령하고 나면 오토만이 로마제국을 이어받았다고 주장할 수 있는 형국이었다."[27]

머지않아 두 세력 간의 전쟁을 불러일으킨 불꽃이 일어났다. 러요시 2세가 사망하면서 헝가리에 생긴 권력 공백 상태를 오토만이 이용할지 몰라 두려움을 느낀 합스부르크의 오스트리아 대공 페르디난트 1세는 스스로 헝가리와 보헤미아의 왕임을 선언했다. 1529년, 술레이만은 헝가리 승계를 두고 페르디난트의 주된 경쟁자였던 트란실바니아의 야노슈 자폴리아János Zápolya를 지지하면서 빈에서 포위 작전을 펼쳤다.

페르디난트는 빈을 공격한 오토만을 두 차례나 막아냈지만 헝가리 영토의 상당 부분을 내줄 수밖에 없었고, 지중해에서 벌인 해전에서도 단 한 차례도 그럴싸한 승리를 거두지 못한 탓에, 결국 1547년에 아드리아노플에서 굴욕적인 조약에 조인調印할 수밖에 없었다. 이 조약으로 그는 합스부르크의 지배 아래 있던 헝가리 영토 대부분을 포기하고 아주 작은 일부만을 명목상의 합스부르크령으로 남겨둘 수 있게 되었으며, 그 영토에 대해서 어이없을 정도의 공물까지 바쳐야 했다. 조약에서는 카를 5세를 '황제' 대신에 '에스파냐 왕'으로 불렀으며, 술레이만 자신은 세계의 진정한 '카이사르(황제)'라고 주장했다.[28]

이 승리로, 오토만제국은 유럽 정치 지형에서 주인공으로서의 입지를 확실하게 다졌다. 제국은 그 한계를 시험하기를 그치지 않고 향후 150여 년간 중부 유럽과 지중해로까지 팽창을 이어갔다. 1571년에 있었던 레판토해전에서 잠시 고전하기는 했지만 제국의 힘은 굳건했다. 1699년에 대★터키 전쟁을 치르고 나서야, 합스부르크의 사부아의 대공 외젠Eugene은 헝가리 땅의 대부분을 되찾고 유럽에서 이어져온 오토만의 팽창 흐름을 결정적으로 반전시킬 수 있었다. 이후 오토만의 기나긴 쇠퇴 과정은 20세기까지 이어지게 된다.

4. 합스부르크 대 스웨덴

기간: 17세기 전반

지배 세력: 합스부르크

신흥 세력: 스웨덴

경쟁 영역: 북유럽의 영토와 제해권

결과: 30년 전쟁의 일부(스웨덴의 참전, 1630~48)

페르디난트 2세가 1619년에 신성로마제국의 황제로 선출되었을 때, 그는 중부 유럽에서 가장 강력한 지배자였다. 교황의 권위를 걸머진 그의 제국은 지중해에서부터 북부 독일까지 뻗어나갔다. 그러나 그가 황제로 등극함과 거의 동시에, 제국이 직면해온 가장 큰 위협 가운데 하나인 북부 루터주의자들의 봉기와 마주하게 되었다. 루터주의자들의 잇단 반란을 진압하고 합스부르크의 지배를 분명히 하려는 페르디난트의 시도는 결국, 30년 전쟁으로까지 번지게 되었다. 페르디난트는 또, 당시 그 지역에서 가장 빠르게 부상하고 있던 세력인 스웨덴과도 충돌하게 되었다.

17세기 전반, 독일 북부 지방 곳곳에서 반란이 일어나기 시작했다. 이를 목격한 신성로마제국 바깥의 몇몇 프로테스탄트 세력들은 영국과 네덜란드 공화국을 포함하여 북부 독일의 제국 측 장군 알브레히트 폰 발렌슈타인 Albrecht von Wallenstein에 맞서는, 군사적으로 강력한 프로테스탄트 국가에 자진해서 자금을 지원하고자 했다. 그 기회를 잡은 첫 번째 왕이 덴마크의 크리스티안 4세KristianChristian Ⅳ였다. 크리스티안은 신성로마제국의 황제 페르디난트 2세에 의해 덴마크의 섬으로까지 밀려났었고, 그 결과 페르디난트는 독일을 비롯한 북부 유럽 전역에 지배력을 갖게 될 정도로 더욱 강력해졌다. 발렌슈타인이 합스부르크 북부 함대를 만들어서 발트해를 확실히 장악하려는 계획을 가지고 해안에 도착하자, 이 지역에서 가장 급속하게 부상하고 있던 세력인 스웨덴의 왕은 공포에 질리고 말았다.

스웨덴 왕 구스타브 아돌프Gustav Adolf는 덴마크, 러시아, 폴란드와의 전쟁을 통해서 유럽에서 가장 유능한 사령관으로 자리매김한 인물이다. 경제 성장, 군사적 혁신, 영토 확장을 통해서 구스타브는 가난하고 퇴보적인 나라 스웨덴을 유럽에서 가장 강력한 제국 중 하나로 바꿔놓았다. 1590년에서 1639년 사이에 스웨덴의 작은 지역 군대가 1만 5,000에서 4만 5,000병력으로 늘어났을 정도였다.[29] 무기의 혁신과 (유럽 최초로 실시한) 징병제는 순조로운 군사 조직을 만드는 데 도움이 되었다.[30] 1617년에 러시아를 상대로 그리고 1625년에는 폴란드-리투아니아공화국을 상대로 결정적인 승리를 거둔 구스타브 덕분에 스웨덴은 발트 연안의 지배권을 단단하게 다질 수 있었다. 1629년에 폴란드 일부를 점령한 스웨덴은 "발트 남쪽 해안의 중요한 항구는 거의 대부분" 지배하게 되었다.[31]

스웨덴의 팽창이 합스부르크 장군의 시야에 들어오지 않을 수가 없었다.

영국의 역사가 새뮤얼 가디너Samuel Gardiner의 논평에 따르면, 발렌슈타인은 "자신을 위협하고 있는 스웨덴의 위험함에 대해서 오랫동안 경계를 해왔다. …… 발트해의 남부 해안에 거대한 군사력을 형성한 구스타브가 더 이상 조용히 지켜만 보고 있으리라고 예상하는 사람은 아무도 없었기 때문"이다.[32] 역사가 피터 윌슨Petrer Wilson에 따르면, 발렌슈타인은 "제국의 해군력 증강 계획을 순전히 방어적인 차원으로만 여겼다". "스웨덴의 개입을 진정으로 두려워했던" 탓에, 해군력을 북유럽 내 합스부르크의 지배를 보호하기 위한 수단으로만 여겼던 것이다.[33]

그러나 합스부르크가 방어적인 조처라고 여겼던 것은 애초의 계획보다 훨씬 더 도발적인 행동임이 드러났다. 구스타브는 합스부르크가 스웨덴의 성장을 막고 스웨덴의 안보에 커다란 위협을 가하고 있다는 전제 아래, 독일에 무력 개입을 은밀히 요청했다. 구스타브는 군사적 교착상태를 '필연적인' 상황으로 보기 시작했다.[34] 브랜든 심스에 따르면, 구스타브는 스웨덴 제국을 향해서, "'전쟁의 부담을 적에게로 돌리기' 위해서 미리 선제공격을 하는 것이" 최선이라고 주장했다.[35] 1627년에 그는 귀족들에게 말했다.

"파도가 꼬리에 꼬리를 물고 밀려오듯이, 교황 동맹 세력이 우리를 향해 점점 가까이 다가오고 있다. 그들은 덴마크의 상당 부분을 폭력적으로 점령했다. 이제 우리는, 그들이 적절한 시기에 강력하게 저지당하지 않는다면 우리의 국경 안까지 밀고 들어올지도 모른다는 사실을 인식해야만 한다."[36]

기존 세력에 의해서 봉쇄를 당할 위험에 처한 많은 신흥 세력들과 마찬가지로, 구스타브는 적이 바로 자신이 하려던 일을 했다고, 즉 팽창 정책을 추구하고 군사적 위험을 가했다고 비난했다.

일차적으로는 안보 이익 때문이었지만, 구스타브는 자신이 가톨릭 제국에 대항하는 신교도들의 선봉에 서겠다고 선언함으로써 이들로부터 경제적 지원을 얻어냈다. 이런 접근 덕분에 그는 유럽 전역에서 자금을 모을 수 있었다. 합스부르크 세력을 견제하고 스웨덴이 주도하게 될지도 모르는 전후 질서에 영향력을 유지하고픈 바람에서 파리 역시 상당한 지원금을 보탰다.[37] 따라서, "신교도들의 대의가 곧 스웨덴의 대의가 되었고, 북부 독일 해안 지역은 스웨덴의 관심사가 되었다"고 역사가 마이클 로버츠Michael Roberts는 말한다.[38] 구스타브는 1630년 7월에 폴란드-독일 국경 근처의 우제돔Usedom에서 공격을 개시했다. 스웨덴인들은 단숨에 포메라니아를 점령하여 성공을 맛보았고 곧바로 내륙으로 이동했다. 구스타브의 야심은 그의 권력과 더불어 점점 커져서, "황제를 무력하게 만들고", "황제가 두 번 다시 절대로 위험한 행동을 할 수 있는 위치에 있지 못하게 하겠다"고 다짐하기에 이르렀다.[39]

비록 구스타브는 전장에서 목숨을 잃었지만, 스웨덴은 결정적인 승리를 거두었다. 그중 1636년의 비트슈토크 전투에서 거둔 승리가 가장 유명하다. 전쟁 기간에 스웨덴 군대는 독일의 절반가량을 점령했고, 그 승리는 1648년의 베스트팔렌 평화조약의 유리한 조항들로 반영되었다. 스웨덴은 북유럽에서 가장 강력하고, 유럽 대륙에서 (러시아와 에스파냐 다음으로) 세 번째로 큰 나라가 되었다. 역사가들이 위대한 스웨덴의 시대라고 부르는 시기는 18세기 초까지 지속되었다.

5. 네덜란드공화국 대 영국

기간: 17세기 중엽~말

지배 세력: 네덜란드공화국

신흥 세력: 영국

경쟁 영역: 세계 제국, 제해권, 무역

결과: 영국-네덜란드 전쟁(1652~74)

네덜란드공화국이 1648년에 베스트팔렌 평화조약으로 완전한 독립을 인정받았을 무렵, 이 나라는 이미 유럽에서 강력한 무역 세력으로 두각을 나타내고 있었다. 그러나 해상 지배권을 강화하여 세계 곳곳에 식민지를 가진 제국이 된 네덜란드는 곧, 북아메리카 식민지 건설과 동인도 무역 활동을 확장 중이던 영국과 충돌하게 되었다. 영국과 네덜란드공화국이 몇 차례의 해전을 벌인 끝에 네덜란드공화국이 지배력을 행사하게 되었으며, 이런 상태는 1688년에 두 나라가 연합하여 명예혁명을 일으킬 때까지 지속되었다.

17세기 중엽, 네덜란드공화국은 실크로드, 남아메리카, 서아프리카, 일본 그리고 태평양의 여러 섬에 무역 거점을 마련하고, 인도의 여러 나라와 나중에 뉴욕이 된 곳을 식민지로 두는 등 국제 무역 활동에서 다른 모든 나라들을 제치고 선두를 달리고 있었다. 네덜란드공화국은 이런 힘을 '국경 없는' 세계 질서를 건설하는 데 사용했고, 덕분에 작은 네덜란드공화국이 높은 생산성과 효율성을 거대한 정치적, 경제적 힘으로 전환시킬 수 있었다. 따라서 국영기업인 네덜란드 동인도회사는 이윤을 많이 가져다주는 여러 무역로를 개척하여 세계 향신료 무역에서 선두적인 역할을 할 수 있었다.

당시 대륙에서 가장 항해술이 발달한 나라임에 틀림없는 네덜란드는 거대한 해상무역 제국에 걸맞은 해군을 건설했다. 그러나 오래지 않아 영국이 무역과 해상 장악력을 확장하면서 미 대륙의 동쪽 해안 지역에 경쟁 식민지를 건설했다. 영국은 또, 자국의 동인도회사를 만들어서 향신료 무역 시장에도 공격적으로 끼어들기 시작하는 한편, 영국 무역선을 보호하기 위해서 해군 함대를 (1649년에는 39척이던 주요 전함을 1651년에는 80척으로) 늘렸다. 1650년대까지 영국의 병력은(1470년에서 1600년까지 대략 2만에서 3만 명으로 유지되어왔던) 7만 명으로 두 배 이상이 되었고, 영국에서 막 내전이 발발할 무렵에는 훨씬 더 전문적인 전투 기술을 갖추게 되었다.[40]

네덜란드 경제의 우월함에 대한 영국의 계획은 치밀했다. 영국의 조지 멍크George Monck 장군은 잇따른 전쟁을 거치면서 네덜란드와의 싸움에 대해서 이렇게 말했다.

"이런저런 논리가 뭐가 중요하겠는가? 우리가 원하는 것은 네덜란드가 지금 하고 있는 무역에 우리가 더 많이 참여하는 것이다."[41]

역사가 J. R. 존스Jones가 설명했듯이, "공격적인 외교정책이나 상업정책은" 찰스 2세Charles II의 대신들이 "왕권을 강화하고 넓히는" 한 방식이기도 했다.[42]

네덜란드 관리들은 영국이 상권과 이를 방어하기 위한 군사적 수단을 끊임없이 늘려 나가려 애쓰고 있다는 사실을 정확하게 파악하고, 이를 상당히 염려했다. 역사가 폴 케네디가 말했듯이, 당시에 네덜란드 세력은 "무역, 산업 그리고 금융의 세계에 단단히 닻을 내리고" 있었다.[43] 그런데 그동안 아무런 견제도 받지 않고 마음껏 힘을 키워온 영국이 네덜란드의 해상 통제권을 봉쇄하고, 이 작은 나라가 차지하고 있던 강대국 지위를 위협할 수 있는 상황이 된 것이다.[44]

따라서 표면상의 경제적 충돌은 지정학적 충돌로 이어졌다. 정치학자 잭 레비에 따르면, 이 시기는 "상업적 경쟁이 전략적 경쟁으로 변형되어 전쟁으로까지 이어진 시기"라고 특징짓는다.

"첫 두 영국-네덜란드 해전은 '순전히 상업적' 차원의 충돌로 해석하는 사람들이 있지만, 순전히 경제적 차원으로만 설명하는 것은 잘못이다. 사실, 경제적 충돌이 전쟁으로까지 비화될 가능성은 경제 문제와 국제 전략 문제가 서로 밀접하게 연관되어 있을 때 커진다."[45]

역사가 조지 에드먼슨 역시 이 말에 동의하면서, 두 나라는 각자 "자신들의 운명이 바다에 달려 있고, 제해권을 장악하는 일이 국가의 존립에 필수적이라는 사실을 본능적으로 인식하고 있었다"고 썼다.[46]

1651년에 네덜란드인들은 대륙의 기독교 세력에 맞서기 위해서 두 나라가 연합하는 조약을 맺자는 영국의 제안을 거절했다. 이 조약은 영국이 네덜란드공화국의 무역에 함께할 수 있는 권리를 얻는 데 도움이 될 수도 있는 것이었다. 제안을 거절당한 영국은, 점점 자신감을 얻게 된 영국 의회가 첫 항해법을 통과시키고, 제3국의 배는 영국으로 어떤 유럽 수입품도 들여오지 못하도록 하며, 외국 선박이 아시아나 아프리카 또는 미국에서 영국이나 영국 식민지로 수입품을 들어오는 것을 금지했다. 이런 법률 작업의 표적이 어느 나라인지는 런던에서도, 헤이그에서도 비밀이 아니었다. 네덜란드공화국 해운 활동의 상당 부분이 바로 이런 활동에 초점을 맞춘 것이었기 때문이다.

사회학자 이매뉴얼 월러스틴Immanuel Wallerstein은 영국의 행동을 설명하면서, "사실상 네덜란드공화국이 패권을 쥐고 있었기 때문에, 영국의 상업 발달을 위해서는 오로지 두 가지 선택지밖에 없었다. 바로 국가가 영국 상인을 돕든지 아니면 국가가 외국 상인을 규제하든지 하는 것이다. …… 어떻게 하면 군사적 힘을 시험하는 일을 피할 수 있었을지는 알기 힘들다. 아무튼, 설령 영국 입장에서는 방어적인 조처들이라고 생각했을지언정, 네덜란드공화국의 입장에서 보면 도발 수위가 너무 높았다"[47]고 했다. 다음 해에 북해 지역에서 긴장이 끓어올랐고, 마침내 한 대결 국면에서 영국은 전쟁을 선언하기에 이르렀다. 1652년과 1674년 사이에 있었던 세 차례의 영국-네덜란드 해전 중 첫 번째 전쟁이 일어난 것이다. 잇따른 충돌로 영국은 뉴욕을 얻고 해군도 극적으로 성장했지만(찰스 1세가 처형된 1649년부터 왕정복고가 이루어진 1660년 사이에 전함이 200척 이상 늘었다)[48] 네덜란드 해군은 유럽에서 가장 강력한 전력을 자랑하며 1667년에 미드웨이를 급습하여 영국에 혹독한 패배를 안겨주었다.

결국, 네덜란드는 제해권과 무역 독점권을 확고하게 지켜냈고, 영국-네덜란드의 경쟁 관계는 네덜란드의 윌리엄 오렌지William Orange 대공이 영국을 침략하고 뒤이어 1688년에 명예혁명이 일어나면서 희미해졌다. 두 나라는 윌리엄 대공의 최대 적수인 프랑스의 루이 14세를 견제해야 한다는 공통의 목표를 찾아냈다.

6. 프랑스 대 대영제국

기간: 17세기 말~18세기 중엽

지배 세력: 프랑스

신흥 세력: 대영제국

경쟁 영역: 세계 제국과 유럽 지배권

결과: 9년 전쟁(1689~97), 에스파냐 왕위 계승 전쟁(1701~14), 오스트리아 왕위 계승 전쟁(1740~48), 7년 전쟁(1756~63)

루이 14세 통치하의 프랑스는 유럽에서 "가장 막강한 세력"이 되었다.[49] 그러나 아메리카 식민지의 번영과 명예혁명으로 자신감을 얻은 대영제국은 곧, 연이은 전쟁으로 프랑스의 우위에 도전했다. 처음에는 국내 권력과 프랑스와의 투쟁 모두 주로 네덜란드공화국과의 연합 덕분에 가능했다. 하지만 영국은 무역 및 해상 세력으로 성장을 이어간 끝에 마침내 유럽 대륙과 식민지를 지배하던 프랑스를 위협하게 되었다. 두 나라의 갈등은 전 세계로 확장되었고, 결국에는 대영제국이 명실공히 제국의 패권을 쥐게 되었다.

루이 14세는 17세기 말까지 유럽에서 지배적인 위치를 차지하고 있었음에도, 프랑스의 절대적 안전을 위해서 지속적인 탐색을 시도하면서 유럽의 거대한 대항 연합 세력들과 충돌했다. 겉으로는 이웃 나라들과 평화를 유지했지만, 루이는 1680년대까지 스트라스부르, 룩셈부르크, 카잘의 국경 너머 완충 지대를 장악하는 방식으로 자신의 입지를 체계적으로 강화했다. 이런 식의 영토 확장과 더불어 군사력 증강을 도모하여 그는 앞으로도 정복 활동을 이어가겠다는 야심을 보여주었다. 이미 유럽에서 가장 큰 군대를 갖고 있으면서도(그리고 1689년까지 해군의 규모도 가장 컸다) 루이는 프랑스 요새를 더욱 강화하고, 서른여섯 개의 보병 대대를 유지시켰고, 14만 명의 남자들에게 징병 통지를 했다.[50]

그의 야심은 이웃 나라들을 긴장시켰다. 1686년에 네덜란드의 오렌지 공은 프랑스의 팽창을 저지하고자, 합스부르크 출신의 신성로마제국 황제 레오폴트 1세Leopold I를 설득하여 아우크스부르크 동맹을 맺었다. 1688년 9월에 프랑스 군대는 라인 강을 건너 필립스버그로 진군했다. 윌리엄은 프랑스가 자신의 장인이자 가톨릭 신자인 영국 왕 제임스 2세James Ⅱ에 영향력을 행사할까 봐 두려워했다. 제임스 2세의 신하들 가운데 다수는 가톨릭 왕조가 될까 봐 불안에 떨고 있었다. 오렌지 공은 제임스 왕만 아니라면 영국이 프랑스를 견제하는 데 강력한 동맹국이 될 수 있으리라는 사실도 알고 있었다. 루이가 라인강을 건넌 지 6주도 되지 않았을 때, 오렌지 공은 영국을 침략했다. 당시에 영국인들 중 다수가 오렌지 공을 지지하는 분위기였던 터라 제임스는 도주했고, 1689년에 개신교도인 오렌지 공은 아내인 메리Marry와 함께 영국의 공동 왕이 되었다.

1689년 초, 전해 가을에 루이가 라인강을 건넌 일에 대해서 아우크스부르크 동맹이 움직이기 시작했다. 이제 같은 왕이 다스리는 네덜란드공화국과 운명을 같이하게 된 영국은 프랑스에 맞서 벌어진 9년 전쟁(1689~97)에서 연맹의 중심에 서게 되었다. 알려진 대로 오렌지 공의 명예혁명은, 역사가 데렉 매케이Derek Mckay와 H. M. 스콧Scott의 표현에 따르자면, 영국이 "더 이상 외교와 해군 세력으로만 그치지 않고 하나의 주요 군사 세력으로 대륙 무대에 진출하게 되는 결정적인 계기"가 되었다.[51]

역사가 조지 클라크George Clark에 따르면, 오렌지 공 윌리엄과 그의 동맹국 아우크스부르크의 지도자이자 신성로마제국 황제는 "이 전쟁을 프랑스의 힘을 나머지 유럽 국가들이 견뎌낼 만한 수준으로 떨어뜨려놓는 기회로 여겼다"고 한다.[52] 이 전쟁으로, 그들은 루이의 영토 확장 계획을 어느 정도 무마시키는 데는 성공했으나 루이의 호전성을 누그러뜨리지는 못했다. 1701년에 루이가 자신의 출신 가문인 부르봉 왕가의 인물을 에스파냐의 왕으로 추대하려고 하자, 이를 저지하기 위해서 윌리엄과 합스부르크 왕가는 다시 힘을 모았다. 동맹은 루이의 손자가 에스파냐 왕위를 계승하는 것을 막지는 못했지만, 위트레흐트조약으로 루이가 신대륙의 광범위한 영토를 영국에 넘겨주게 만드는 데는 성공했다.

위트레흐트조약으로 획득한 영토 덕분에, 영국은 18세기 내내 식민지에서 상당한 경제적 수익을 얻었다. 역사학자 로런스 제임스Lawrence James에 따르면, "북아메리카로의 수출 규모는 1720년대 말에 연평균 52만 5,000파운드였다가 20년 뒤에 100만 파운드 이상으로까지 증가했다".[53] 영국은 또, 네덜란드 모델에 기초한 일련의 금융 개혁을 단행하여 많은 효과를 보았다.[54] 영국의 성장으로 프랑스의 경쟁자들은 좌불안석이 되고 말았다. 역사가 로버트 톰스Robert Tombs와 이사벨 톰스Isabelle Tombs가 썼듯이, "프랑스 관리들은 영국의 재정적인 힘에 '망연자실'하여 '괴로움에 시달렸다'".[55] 이런 경제성장은 미래의 군사적 팽창의 서곡으로 입증되기도 했다. 에스파냐 왕위 계승 전쟁 이후에 영국의 해군 함대는 프랑스와 에스파냐의 해군을 합한 것보다 더 강력해졌기 때문이다.[56] 영국은 유럽 각국들 간에 충돌이 거듭 이어지던 시기에, 재정적인 힘을 바탕으로 신속하게 자금을 모을 수 있었다. 프랑스가 지상군에서는 압도적인 전력을 자랑하고 있었지만, 로버트와 이사벨 톰스에 따르면, 영국은 "꼭 필요하다고 판단될 때면 프랑스보다 더 많은 자금을 썼다. GNP 대비 비율을 놓고 볼 때 무려 프랑스의 다섯 배에 해당하는 금액을 지출한 것이다".[57]

북아메리카의 영국 식민지 제국이 급속하게 성장하면서, 무역권과 영토권을 두고 점점 프랑스와 충돌이 잦아지게 되었다. 따라서 1740년에 발발한 오스트리아 왕위 계승 전쟁(프랑스가 오랜 숙적이었던 합스부르크 가문을 약화시키기 위해서 싸운, 중부 유럽에서 벌어진 전쟁으로, 영국은 합스부르크 편에서 싸웠다)이 미 대륙으로까지 번지게 되었다. 이 충돌은 1748년에 엑스라

샤펠 조약이 체결되면서 합스부르크와 영국의 승리로 종결되었지만, 그렇다고 해서 프랑스와 영국 간의 경쟁 관계가 약화된 것은 전혀 아니었다. 이런 갈등 상태는 "1748년 이후로도 지속되었을 뿐 아니라 오히려 점점 더 심화되어갔다"고 영국의 역사가 로런스 제임스는 말한다.

"적국 영국의 오랜 목표가 자신들의 무역을 가로막고 자신들의 식민지를 빼앗는 것이라고 프랑스인들은 계속해서 확신하고 있었기 때문이다."[58]

영국은 오스트리아 왕위 계승 전쟁에서 싸우는 동안에 그리고 그 이후에도 엄청난 군사력 강화를 지속하여 프랑스의 두려움을 실제로 확인시켜주었다. 프랑스의 군사비 지출 증가는 150퍼센트에 그쳤던 반면, 영국의 군사비 지출은 1740년에서 1760년 사이에 500퍼센트나 늘었던 것이다.[59]

1756년에 프랑스와 영국의 경쟁 관계는 7년 전쟁에서 다시 점화되었다. 1763년에 영국이 프랑스에 결정적인 승리를 거두는 것으로 전쟁이 종결되자, 북아메리카와 유럽에서의 힘의 균형은 완전히 뒤바뀌게 되었다. 프랑스의 개입 때문에 잃은 부분도 작지 않았고 해서, 영국은 곧 미 대륙 식민지의 상당 부분을 잃게 되지만 프랑스로부터 유럽 최고의 제국이라는 지위를 빼앗는 데 성공했다. 그러나 프랑스 제국의 강력한 영향력은 나폴레옹 시대까지 이어졌다.

7. 영국 대 프랑스

기간: 18세기 말과 19세기 초

지배 세력: 영국(Great Britain/United Kingdom)

신흥 세력: 프랑스

경쟁 영역: 유럽 대륙과 유럽 내의 제해권

결과: 프랑스 혁명전쟁(1792~1802)과 나폴레옹전쟁(1803~15)

독창적인 능력을 발휘하여 해상권을 장악한 영국은 18세기가 끝날 무렵, 다른 경쟁국들을 제치고 유럽 산업국가의 선두주자로 발돋움했다. 하지만 프랑스혁명의 발발로 새로이 활기를 되찾은 프랑스 군사 조직은 다시 일어서기 시작했다. 나폴레옹의 통치하에서 유럽 대륙의 상당 부분을 점령한 프랑스는 영국의 지위를 넘보기 시작했고, 마침내 영국과 프랑스는 폭력적인 대결을 하기에 이르렀다. 그러나 영국은 유럽의 반反나폴레옹 세력에 자금을 지원하고 해전에서 탁월한 실력을 발휘하여 프랑스의 침략을 피하고 나폴레옹의 실각을 앞당겼다.

1780년대에 영국에서 일어난 혁신의 물결은 영국 내의 산업화와 식민지 무역의 호황을 불러왔다. 1782년과 1788년 사이에 해운 활동이 두 배가 될 정도였다.[60] 1793년까지 영국은 자국의 무역 이익을 보호하기 위한 선박 규모가 113척에 이르러, 유럽 최고의 상업국인 프랑스가 보유한 76척이라는 규모는 왜소해 보일 정도였다.[61] 하지만 머지않아 이 작은 섬나라는 영국 해협 건너편에 있는 강력한 경쟁국의 새로운 도전에 직면하게 되었다.

1789년의 혁명 이후에 프랑스 경제는 계속해서 뒷걸음질치고 있었지만, 보기 드문 정치발전과 군사 능력의 급격한 발달은 유럽의 각 나라들에 위협으로 다가왔다.[62] 혁명이 갈수록 과격해지는 현상과, 루이 16세와 그의 아내 마리 앙투아네트Marie Antoinette의 안전을 우려한 신성로마제국의 황제 레오폴트 2세와 프로이센 왕 빌헬름 2세는 1791년에, 만약 프랑스 왕가가 위험에 처하게 된다면 유럽 각국들이 프랑스를 상대로 전쟁을 선포하라는 요구를 담은 필니츠 선언을 발표했다. 경고성 선언에 불과했지만 이 선언으로 갈등은 더욱 악화되어, 위협을 느낀 프랑스의 급진파들은 다음 해 4월, 전쟁을 선포하고 오스트리아령 네덜란드를 공격했다.

이 군사행동에 유럽 전역의 군주들이 두려움을 느꼈다. 특히 프랑스가 "군주들만이 아니라 군주들의 권력이 의존하고 있던 사회 계급제도 전체를 뒤흔들어놓겠다는 새로운 전쟁 목표를 주장했기" 때문이었다.[63] 프랑스의 군사 조직, 이념, 공격성이 이런 목표에 상응하는 변화를 보이면서, 프랑스의 급진주의가 억제되지 않으리라는 유럽 각국의 우려가 차츰 현실로 드러나기 시작했다. 프랑스는 군사 지휘권을 귀족에서 일반 시민에게로 넘겼는데, 이런 변화로 군인들은 새로운 능력과 더 많은 열정을 보여주어야 했다. 또, 1792년 한 해 동안에만 병사 수가 18만 명이나 더 늘었으며, 이듬해에는 국민개병皆兵제도를 실시하여 병력의 수가 훨씬 더 많아졌다. 아울러 혁명에 대한 열정도 더 커졌다.[64]

군사력 강화와 급진주의 정치의 이런 결합은 특히 영국에 커다란 공포로 다가왔다. 1793년에 조지 3세는 하원에 전하는 메시지에서, "프랑스 내의 일부 세력이 지니고 있는 세력 확장에 대한 야심"을 저지하기 위해 "해상과 육지에서 군대를 더 증강시켜 달라"고 요구했다. "이런 야심은 유럽의 일반 이익에 상시적 위험 요소이기도 하지만 특히 모든 사회의 평화와 질서를 극도로 해치는…… 원칙을 선전하는 활동과 연결될 때 훨씬 더 위험하다"라고 조지 3세는 전했다.[65] 영국 역사가 윌리엄 도일William Doyle에 따르면, 영국은 프랑스가 북해 연안의 저지대 국가들을 침략하는 것을 보고도 긴장했지만, 결정적으로 1793년 1월에 루이 16세를 처형하는 것을 보고 화들짝 놀라 적극적으로 나서서 "대對프랑스 연합을 조직하기"에 이른다.[66] 1793년 초까지 유럽 연합 세력이 전쟁에 나서서 프랑스가 새로 차지한 영토를 원래대로 되돌려놓고자 했다. 그러나 이런 노력은 성공을 거두지 못했다. 프랑스는 1790년대에 네덜란드와 이탈리아 북부를 합병하고 미국의 루이지애나 땅까지 잠깐이나마 차지하여 영토를 더욱 넓혀갔다.

프랑스의 팽창주의에 대한 영국의 두려움이 실존적 위협의 수준으로까지 커져가던 중 1799년에, 나폴레옹 보나파르트가 브뤼메르 18일 쿠데타를 일으켜 권력을 장악하고 유럽 지배를 위한 군사작전에 나섰다.[67] 특히 나폴레옹은 1797년에 프랑스 총재 정부를 향해, 프랑스는 "영국 군주를 끌어내리거나 스스로 몰락하기를 기대해야 한다"는 말을 했다고 알려졌다. 그는 스스로 "영국을 절멸시키겠다. 그렇게 되면 전 유럽이 우리 발아래에 놓이게 될 것이다"라고 장담했다.[68] 영국은 이런 위협을 심각하게 받아들였다. 1803년에 조지 3세는 이렇게 털어놓았다.

"우리는 날마다, 보나파르트가 스스로 다짐했던 침략을 감행하지 않을까 근심하고 있다."[69]

나폴레옹이 가까운 시기에 침략하지는 못했지만, 유럽 대륙에서 그가 보여준 승리들은 영국이 오랫동안 지녀왔던 확신, 즉 유럽에서 패권국이 등장하여 다른 모든 나라를 누르고 나면 결국에는 함대를 조직하러 나설 터이므로, 영국의 안전을 위해서는 유럽 내 패권국의 부상을 막아야 한다는 생각을 더욱 강화시켰다. 군 역사가 마이클 레지에르Michael Leggiere의 주장에 따르면, 윌리엄 피트 총리는 "프랑스로 하여금 북해 연안의 저지대 정복지를 되돌려주게 만들어서 유럽에서의 힘의 균형을 회복시킬" 뿐 아니라, 영국이 "해상에서 지배 세력으로 남아, 계속해서 세계무역을 확고하게 독점할 수 있도록" 하는 전략으로 대응했다.[70]

영국으로서는 다행스럽게도, 나폴레옹은 영국의 해상 지배를 대체할 만한 해군을 건설하지 않았다. 그리고 1805년에 허레이쇼 넬슨Horacio Nelson 제독은 트라팔가에서 프랑스 함대를 무찔러서, 영국을 침략하여 영국이 더이상 나폴레옹의 유럽 적국들에게 자금줄 노릇을 하지 못하도록 하겠다는 나폴레옹의 희망을 꺾어놓았다. 그 이후로 나폴레옹은 유럽 대륙에서 영토 확장을 이어가면서 엄청난 공적 빚을 지게 되었다. 반면, 영국의 경제적, 외교적 유리함은 갈수록 부인할 수 없는 사실이 되어갔고, 마침내 런던은 유럽의 반-나폴레옹 전선에 커다란 희망이 되었다. 폴 케네디가 설명한 대로, "파리 정부는, 영국이 보조금, 군수품 심지어 용병까지 제공하면서 독립국으로 남아 있는 한 다른 대륙 세력들이 프랑스의 지배권을 영구적으로 받아들이려고 할지 결코 확신할 수 없었다."[71] 1812년에 잘못된 조언 탓에 러시아를 침략하여 처음으로 쓰디쓴 패배를 맛본 나폴레옹은 계속해서 대규모 전투를 이어가다가 1815년에 워털루에서 영국이 이끄는 연합군의 손에 종말을 맞게 되었다.

8. 프랑스와 영국 대 러시아

기간: 19세기 중엽

지배 세력: 프랑스 제국(대륙)/영국(해상)

신흥 세력: 러시아

경쟁 영역: 세계 제국, 중앙아시아와 지중해 동부에 대한 영향력

결과: 크림전쟁(1853~56)

19세기 전반 동안 러시아는 꾸준히 영토와 군사력을 늘려갔고 유럽은 이

에 두려움을 느끼고 있었다. 중동 지역과 남아시아에서 영토와 관계망을 확보하여 세계적인 무역국으로 입지를 확고히 한 프랑스와 영국은 특히 상트페테르부르크가 쇠락해가는 오토만제국을 이용하려는 시도를 멈추지 않는 것에 불안을 느꼈다. 이런 긴장은 크림전쟁에서 절정에 달했다. 이 충돌로 영국과 프랑스는 두 나라가 차지해온 패권의 정당성을 입증하고, 러시아는 그 부상 아래에 숨겨져 있던 약점을 드러냈다.

러시아는 러시아-튀르크 전쟁(1806~12, 1828~29)을 통해서 상당한 규모의 땅을 획득하여 동유럽과 카프카스산맥 일대에서 더 많은 피보호국을 갖게 되었고, 흑해 지역으로까지 진출하게 되었다. 이 전쟁들은 페르시아와 동유럽에서의 군사행동과 더불어 러시아에 엄청난 영토 확장을 가져다주었다. 러시아는 18세기 말과 19세기 전반에만 지금의 핀란드 전체, 폴란드, 조지아, 아제르바이잔, 아르메니아를 손에 넣으면서 위험스레 유럽 세력의 중심에 가까이 다가가고 있었다.[72] 러시아의 영토가 점점 커짐에 따라 군사력 규모도 따라서 커졌다. 1820년에 이르러서는 이미 규모 면에서 프랑스나 영국 군대의 두 배가 넘었고, 이후에도 확장을 거듭하여 1853년에는 두 나라의 군대를 합한 것보다 훨씬 더 큰 상태가 되었다.[73]

러시아의 세력이 커져갈수록 러시아가 유럽의 '환자(차르는 오토만제국을 이렇게 불렀다)'를 러시아의 피보호국으로 만들어서 세계 힘의 균형을 위협할 수 있다는 두려움도 함께 커져갔다.[74] 1829년에 콘스탄티노플과 상트페테르부르크 사이에 아드리아노플 조약이 맺어지는 것을 본 러시아 주재 영국 대사 헤이츠버리 경Lord Heytesbury은 러시아가 곧 오토만을 "인도의 군주들이 [영국의 동인도] 회사 관리들에게 복종하듯이 차르의 명령에 복종"하도록 만들리라고 확신했다.[75] 약화된 오토만제국이 러시아의 압력에 취약하게 될지도 모른다는 두려움에, 영국과 프랑스가 1831~33년에 있었던 이집트-오토만 전쟁에서 오토만의 편을 들어 외교적 개입을 한 일 뒤에는 이런 분위기가 깔려 있었다.

역사가 브렌든 심스에 따르면, 러시아가 지속적으로 오토만의 권력을 빼앗고 동유럽에서의 영향력을 확인하려는 것을 본 영국은, 러시아는 "오토만제국만 분할하려는 게 아니라 유럽 전체를 지배하려고" 하며,[76] 다르다넬스해협에 대한 지배권을 확보하여 흑해에 배치해둔 러시아 함대가 지중해로 나갈 수 있는 발판을 마련하려고 한다고 확신하게 되었다. 이 이른바 동구東歐 문제는 영국의 해상 패권에 강력한 위협이 되었다. 영국인들 중에는 러시아가 인도에 대한 영국의 식민지 권력에까지 도전할지도 모른다고 믿는 사람들도 있었다.[77]

영국과 프랑스의 우려에 관해서 헨리 키신저가 제시한 설명은 이렇다.

"러시아가 지닌 모든 특징, 즉 절대주의 정치제도, 규모, 세계 패권에 대한 야심 그리고 불안감이 국제 질서에 대해서 유럽이 전통적으로 지니고 있던 관념에 잠재적인 도전으로 다가왔다."[78]

키신저가 밝힌 우려는 프랑스와 영국의 일반 대중들 사이에서조차 자명해 보였다. 생생한 예를 하나 들자면, 당시에 프랑스의 한 유명한 여행 작가가 러시아를 "다른 나라들에 독재 권력을 행사하려는", "지나치게 거대한" 야심을 가진 나라로 묘사했다.[79] 러시아가 전쟁의 도가니에 빠져서 톡톡히 검증 과정을 거치기 전까지는, 러시아도 그 경쟁국들도 이 나라가 "의외의 약점을 지닌 거인"이라는 사실을 인식하지 못했다.[80]

1853년에 차르 니콜라이 1세는 술탄 압둘메지드Abdulmejid에게 콘스탄티노플과 예루살렘 일대의 그리스정교회 신자들에 대해서 러시아가 보호국 역할을 하는 것을 인정하라고 요구했다. 영국 외교관들은 갈등을 중재하기 위해 애를 썼지만 결국 오토만의 술탄에 우호적인 합의를 얻어내는 데 실패했다. 외교가 실패하자, 술탄은 러시아를 향해 전쟁을 선포했다. 이에 차르는 재빨리 군사를 파견하여 다뉴브 공국(지금의 몰도바와 루마니아)을 점령하고 크림반도의 수도 세바스토폴에 흑해 함대를 건설했다. 러시아가 시노프에서 오토만 함대를 격파하는 데 성공하고 나자, 영국과 프랑스는 더 이상 가만히 두고 볼 수가 없었다. 차르가 부인했음에도, 두 나라는 오토만제국이 붕괴하고 러시아가 그 진공을 채우게 될까 봐 두려움에 휩싸였다. 영국이 볼 때 러시아의 콘스탄티노플 장악은 지중해에서 자신들이 차지하고 있던 위상에 참을 수 없는 위협이 될 것이었다. 러시아의 팽창에 대한 두려움은 영국과 프랑스를 단결하게 만들었고, 두 나라는 흑해에 함대를 파견하고 러시아에게 다뉴브 공국에서 물러나라는 최후통첩을 보내는 등의 합동 행동을 개시했다. 러시아가 거부 의사를 표시하자, 프랑스와 영국은 전쟁을 선포하고 크림에 원정군을 파견했다.

기술과 조직 면에서 낙후한 러시아는 전투에서 패하고 말았다. 결정적으로 세바스토폴에서 패배한 러시아는 자신들이 군사적으로 우월하다는 굳건한 환상에서 깨어나게 되었고, 프랑스와 영국은 위신과 자신감을 되찾았으며, 약화된 오토만제국은 앞으로 65년을 더 버틸 수 있게 되었다. 해군 역사가 애덤 램버트Adam Lambert는 "영국, 프랑스, 러시아는 유럽을 재패하기 위해(일시적으로는 그 과실이 프랑스의 손에 떨어졌다) 나아가 세계를 재패하기 위해 전 세계적 차원에서 싸웠고, 다음 두 세대 동안은 영국이 그 과실을 맛보게 되었다"고 요약했다.[81]

9. 프랑스 대 독일

기간: 19세기 중엽

지배 세력: 프랑스

신흥 세력: 독일

경쟁 영역: 유럽 지배권

결과: 프랑스-프로이센 전쟁(1870~71)

19세기 후반에 프랑스는 나폴레옹 3세의 지배하에서, 역사가 폴 케네디의 표현에 따르면, "강력하고 자신감 있는" 서유럽의 패권국이 되었다.[82] 하지만 곧, 엄청난 경제성장을 이룩해온 보기 드문 리더십의 소유자인 프로이센의 오토 폰 비스마르크가 통일 독일을 만들고 프랑스의 입지를 빼앗으려는 야심을 추구하기 시작했다. 비스마르크는 독일의 통일을 이루는 데 전쟁이 필수라고 본 반면, 프랑스는 이 충돌을 프로이센의 놀랄 만한 부상을 견제하는 수단으로 받아들였다. 1년 동안의 전쟁으로, 비스마르크의 전략적 선견지명이 옳았음이 입증되었고 거대한 통일 세력이 된 독일이 유럽 내에서 자국의 입지를 단단하게 다질 수 있었다.

1850년에 프랑스 식민 제국은 태평양의 섬들과 카리브 제도에서부터 아프리카와 동남아시아에 이르기까지 온 세계로 뻗어나갔다. 프랑스 내부의 제조업 경제는 유럽 대륙에서 가장 생산력이 좋았다.[83] 1869년 무렵의 군사비 지출도 러시아를 제외하고는 어느 경쟁국보다도 높았다. 해군력 증가도 엄청나서 폴 케네디의 지적에 따르면, "때로는 영국해협 너머로까지 두려움을 불러일으키기도 했다".[84] 1860년 무렵에는, 크림과 제2차 이탈리아 독립

전쟁에 군사적 개입을 함으로써 파리는 유럽 대륙의 주요 안보 담당관으로 자리매김되었다. 그러나 이런 패권이 그리 오래가지는 못했다. 10년 뒤에 나폴레옹 3세는 지금까지 유럽에 나타난 적이 있는 군사 강국 가운데 가장 막강한 군사력을 지닌 나라, 오토 폰 비스마르크의 프로이센과 맞닥뜨리게 되었기 때문이다.

1864년에 덴마크를, 1866년에는 오스트리아를 무너뜨린 프로이센을 본 프랑스는, 역사가 마이클 하워드에 따르면, "가장 위험한 기분, 즉 패권국이 스스로 2위국으로 추락하고 있다는 느낌"에 빠져들었다.[85] 1820년에 프로이센의 인구는 프랑스의 3분의 1에 불과했지만, 1860년대에 합병 과정을 거치면서 1870년대에는 거의 5분의 4로까지 급증하게 되었다. 또, 비스마르크가 "국민개병제도를 실시한 덕분에 프로이센의 병력 규모도 프랑스보다 3분의 1가량 컸다".[86] 나중에 어느 프랑스 역사학자는, 비스마르크가 내세운 120만 명에 달하는 병력은 "고대 페르시아의 전설적인 크세르크세스 군대 이후로는" 전혀 본 적이 없는 규모였다고 주장했다.[87] 프로이센의 산업 발달 속도도 놀랄 만큼 빨랐다. 예컨대 1860년에 프랑스의 절반이었던 철강 생산은 10년 만에 프랑스를 따라잡았다.[88] 비스마르크는 또한, 그에 걸맞은 철도 시스템을 건설했다. 역사가 제프리 워로Geoffrey Wawro에 따르면, 이처럼 급속한 발달은 "프랑스 세력의 패권을 위협하는 걱정스러운 징후들"이었다.[89] 그러므로 프로이센이 "1866년 이후에 [프랑스의] 국내외 정치를 온통 지배했던" 데는 충분히 그럴 만한 이유가 있었던 것이다.[90]

비스마르크의 목표는 프로이센이 지배하는 북부 독일 연합과, 남부 독일 국가들인 바덴, 뷔르템베르크, 바이에른 그리고 헤센을 하나로 합치는 것이었다.[91] 뛰어난 전략가인 그는 프랑스와의 전쟁이 독일 남부의 독립국들로 하여금 프로이센이의 품에 안길 수밖에 없게 만들어서, 마침내 독일의 통일을 위한 결정적인 한 걸음이 되어주리라고 결론지었다. 나중에 그가 주장했듯이, 그는 "통일 독일이 건설되려면 프랑스-독일 전쟁이 먼저 일어나야 한다고 확신했다".[92]

프로이센이 할 일은 전쟁을 자극하는 일뿐이었다. 프로이센이 자국의 동쪽 가까이로 다가오는 것에 나폴레옹이 불안을 느끼고 있다는 사실을 알고 있었던 비스마르크는 프랑스의 두려움에 불을 지피기에 가장 좋은 기회를 발견했다. 바로, 호엔촐레른 독일 공국의 왕을 에스파냐 왕위에 앉히겠다고 위협하는 것이었다.[93] 그렇게 된다면 프랑스는 양쪽에서 독일 세력과 마주하게 되는 셈이니 프랑스가 가만히 있을 리 없었다.

호엔촐레른 왕위 계승 후보 문제와 엠스 전보 사건(비스마르크가, 프로이센 왕과 프랑스 대사 간에 직접적인 대립이 있었음을 암시하는 기사를 허위로 만들어 내 발송한 사건)으로, 나폴레옹은 1870년 7월에 프로이센을 상대로 전쟁을 선포하기로 결심했다. 그러나 사실 프랑스는 지배 세력이 가장 하기 쉬운 실수를 저지른 것이었다. 즉, 군사행동으로 신흥 세력이 자신의 세력을 넘보는 것을 막을 수 있다고 믿지만, 사실 그 행동은 자신들이 가장 두려워하는 일, 바로 운명의 역전을 앞당기는 일이었다. 1870년, 프랑스는 여전히 자신들이 프로이센의 위협을 무너뜨릴 수 있다는 자신감에 차 있는 상태이기도 했지만(결국에는 그 생각이 틀렸음이 판명되고 말았지만), 프로이센이 더 성장하기 전에 미리 전쟁을 치를 필요가 있다고도 느꼈다.[94] 남부 독일 국가들은 프랑스가 먼저 공격했다고 생각하여, 비스마르크가 예상했던 대로 북부 독일 연맹에 합류했다. 마이클 하워드는 이렇게 주장했다.

"프랑스가 침략국이라는 데 의심의 여지가 있을 리 없었으며, 프랑스의 침략이 비스마르크가 의도적으로 유도한 계획의 일부라고 생각하는 사람은 아무도 없었다."[95]

전쟁에서 결정적인 승리를 거두고 통일을 이룬 독일은 이제 유럽 대륙에서 가장 강한 군대를 거느린 나라로 부상했다. 브렌든 심스가 썼듯이, 독일은 "어느 기준으로 보더라도 거인"이 되었다.[96] 그렇게, 비스마르크를 위대한 정치가의 반열에 올려놓은 반면 나폴레옹은 포로로 잡혀 추방당하게 만든 전쟁은, 처음에는 프로이센뿐 아니라 프랑스에도 그다지 나쁠 것 없는 결과로만 보였다.

10. 중국과 러시아 대 일본

기간: 19세기 말과 20세기 초

지배 세력: 중국과 러시아

신흥 세력: 일본

경쟁 영역: 동아시아의 내륙 지배권과 제해권

결과: 첫 청일전쟁(1894~95)과 러일전쟁(1904~05)

19세기의 마지막 10년에 접어들 무렵에는 두 세력이 아시아 대륙을 지배하고 있었다. 수 세기 동안 지역 패권을 차지해온 중국의 청 왕조와, 오랫동안 아시아─태평양 지역에 대한 야심을 품어온 유럽의 강대국 러시아제국이 그 두 세력이었다. 그러나 두 나라는 1868년에 단행된 메이지유신 이후에 급격하게 근대화 과정 중이던 섬나라 일본의 새로운 위협에 직면하게 되었다. 1905년까지 중국과 러시아가 각각, 야심 찬 일본과 전쟁을 치르면서 엄청난 피해를 입고 나서야 일본의 위력을 제대로 깨닫게 되었다. 두 나라는 중단을 모르고 무서운 속도로 성장해가는 태평양의 이 새로운 강자와 겨루어야 했다.

19세기 말, 일본은 급격한 경제성장과 군사력 발전으로 강국으로 부상했다. 1885년에서 1899년 사이에 GNP가 거의 세 배가 되었고, 메이지 천황이 가공할 만한 육군과 해군을 건설하면서 군사비 지출도 극적일 정도로 늘었다.[97] 1880년에 군사비 지출이 일본 전체 예산의 19퍼센트에 달했고, 1886년까지는 25퍼센트, 1890년까지는 31퍼센트로까지 늘었다.[98]

세력이 강해지면서 일본 지도자들 사이에서는, 서양 강국들 및 중국에 비해 자기네 나라가 아시아 지역에서 종속적인 위치에 머무는 것에 대해서 억울한 마음이 쌓여갔다. 아울러, 일본의 영향력을 확장하기 위해서 "보다 왕성하게 행동해야 한다는 조급함"도 커져갔다.[99] 강력한 군사력을 지니게 된 일본 지도자들은 태평양의 섬들과 아시아 대륙에서의 영토 확장을 진지하게 고려할 수 있게 되었고, 이것은 중국의 패권과, 잘 알려진 대로 러시아가 이 지역에 대해서 갖고 있던 계획에 직접적인 도전이 될 터였다. 하지만 일본이 군사력을 효과적으로 발휘하기 위해서는 본토 진출을 위한 발판이 필요했는데, 그게 바로 한반도였다.

1870년대 초, 조선에 대한 일본의 개입 정책은 도쿄의 점증하는 자신감과 새롭게 부상하는 세력으로서의 권리 주장을 보여주는 지표였다. 처음에는 이런 정책들이 주로, 중국의 개입에 맞서서 조선 정부와 제도를 강화하기 위한 개혁을 촉진하여, 서서히 조선을 베이징에게서 멀어지게 만드는 동시에 일본의 영향력을 확장하는 일에 초점이 맞춰졌다. 일본 역사가 피터 두스Peter Duus가 썼듯이, 조선의 전략적 중요성은 "단순히 일본에 가깝다는 것에 있는 게 아니라 외부 세력에 맞서서 스스로를 지킬 수 없다는 조선의 무능함에 있었다. …… 만약 조선이 '퇴보'하거나 '미개한' 상태로 남아 있는다면 허약한 나라로 머물러 있게 될 것이고, 허약한 나라로 남아 있는다면 이는 외세의 좋은 먹잇감을 자처하는 꼴이 될 터였다".¹⁰⁰ 하지만 1894년의 청일전쟁 직전에 일본이 품었던 목표는 "더 이상 일본과 중국 사이에 힘의 균형을 유지하는 일이 아니라, 한반도에서 중국의 영향력을 퇴출시키는 일이었다"고 역사가 이리에 아키라는 지적한다.¹⁰¹

일본은 서양, 특히 러시아가 동아시아에 영향력을 행사할지 몰라 오랫동안 걱정해온 끝에, 점차 자신들의 주장을 단호히 내세우게 되었다. 일본 천황은 러시아가 일본의 급격한 부상에 대응하기 위해서, 새로 건설한 시베리아 횡단철도(1891년에 개통되었다)를 이용하여 한반도에 개입하고, 어쩌면 일본까지 침략할지도 모른다는 두려움에 사로잡혀 있었다.¹⁰² 1893년에 일본의 육군 원수이자 총리인 야마가타 아리토모山縣有朋는 이 점을 직설적으로 이야기한다.

"중국도 조선도 우리 적이 아니다. 우리의 적은 영국, 프랑스, 러시아이다."¹⁰³

1894년에 조선에서 동학운동이라는 농민 반란이 일어났다. 조선의 왕 고종은 반란을 진압하기 위해서 청 군대의 도움을 요청할 수밖에 없었다. 그동안 조심스레 넓혀온 자신들의 영향력이 중국의 개입으로 약화되는 것을 원치 않았던 일본도 자국의 군대를 보내, 두 나라 군대가 직접 충돌하게 되었다. 일본의 준비된 군사력에 청나라 군대는 충격을 받았고, 일본 천황의 군대는 재빨리 중국을 평양에서 축출하고, 청나라 해군의 북양함대와 맞서서 예기치 않은 승리를 거두었으며, 만주 남동부 지역에 발을 내디뎌 청나라 영토를 향해 북서쪽으로 진군했다. 1년 뒤에 청일전쟁은 베이징이 굴욕적인 시모노세키조약에 조인하는 것으로 종결되었다. 조약에는 조선의 독립을 인정하고(명목상의 독립일 뿐 실제로는 조선을 중국의 속국에서 일본의 속국으로 넘기는 것이었다), 타이완, 펑후澎湖군도 그리고 랴오둥반도를 일본에게 이양한다는 내용이 들어 있었다.

러시아가 자신들의 세력을 봉쇄하려 들지도 모른다는 일본의 걱정은 앞날을 제대로 예측한 것이었음이 입증되었다. 일본의 쾌거와 그에 따른 조약규정의 과격함에 당황한 러시아, 프랑스, 독일은 조약이 체결된 즉시 삼국간섭을 단행했다. 갑작스런 개입에 당황한 일본은 마지못해 이들 나라의 간섭을 받아들여 중국에게서 이양 받은 만주 남동부 지역을 다시 중국에 돌려주었고, 이에 따라 일본은 더 이상 러시아의 문턱에서 팽창 위협을 가하지 못하게 되었다.

그러나 이 사건은 러시아의 위협을 제거해야겠다는 일본의 결심을 더욱확고하게 만드는 계기가 되었다. 역사가 J. N. 웨스트우드Westwood가 쓴 바에 따르면, "1895년의 굴욕 사건 이후에" 일본 정부는 "러시아와의 결전을 계획적으로 준비했다".[104] 일본의 준비는 그야말로 극적일 정도였다. 청일전쟁이 끝난 직후부터 10년 만에 해군 병력은 거의 세 배 가까이 늘었고, 육군은 아홉 배로 늘었다.[105] 삼국간섭으로 러시아가 프랑스와 독일의 지원을 요청한 일을 겪은 일본은 1902년에 영국과 영일동맹을 맺어, 유럽이 더 이상 봉쇄 정책을 펴지 못하도록 막으려 했다. 일본은 만주 지역에서 러시아를 제거하기로 단단히 마음먹었다.

러시아 군대의 퇴각을 두고 협상이 제대로 통하지 않자, 일본은 1904년 2월, 뤼순(만주 해안 지역)에서 러시아 함대에 대한 기습 공격을 단행했다.

이 공격으로 1년 반에 걸친 러일전쟁이 시작되었다. 일본 군대는 또다시 확실한 승리를 거두었고, 포츠머스조약을 통해서 러시아 군대를 만주에서 완전히 철수하게 만들겠다는 목표를 달성했다. 만주에서 러시아를 격파함으로써 일본이 태평양에서 패권을 차지하는 데 또 하나의 걸림돌이 제거된 셈이었다.

11. 영국 대 미국

기간: 20세기 초
지배 세력: 영국
신흥 세력: 미국
경쟁 영역: 세계경제 패권과 서반구에서의 제해권
결과: 전쟁을 피함

19세기의 마지막 수십 년 동안 미국 경제는 세계에서 가장 앞서가고 있던 영국을 능가할 정도로 막강해졌고, 미국의 함대 역시 영국 해군에 잠재적 경쟁 상대가 될 만큼 전력이 증강되었다. 미국이 서반구의 패권을 주장하기 시작하자, 영국은 미국의 부상을 수용하는 쪽을 택했다. 더 가까이에서 위협적인 도전을 가해오는 세력에 맞서고, 더 먼 곳에 산재해 있는 식민지 제국을 제대로 유지하는 일이 훨씬 더 시급했기 때문이다. 영국의 양보 덕분에 미국은 서반구에서 평화로이 패권을 장악할 수 있었다. 이런 대타협은 두 차례의 세계대전을 맞아 맺은 영-미 동맹과, 두 나라가 지금은 당연하게 여기고 있는 오랜 '특별 관계'의 초석이 되었다.

19세기의 마지막 30년 동안, 미국은 남북전쟁의 폐허를 딛고 경제적 거인으로 발돋움했다. 미국의 GDP는 1870년대 초에 영국을 앞질렀고 1916년에는 대영제국 전체의 경제를 합한 규모까지 따라잡았다.[106] 1890년과 1914년 사이에 급속도의 발전을 이룬 미국은 산업화의 핵심 지표인 에너지 소비 및 철강 생산 수준에서 영국의 세 배를 기록했다.[107] 자국의 경제적 번영으로 자신감을 갖게 된 워싱턴은 점점 서반구에서 벌어지는 일에 적극적이 되어서, 자신들이 유럽과 라틴아메리카 국가들 사이의 분쟁을 조정하겠다고 나서기 시작했다. 이처럼 미국이 지역 내에서 자신들의 역할을 넓혀나가자, 강대국 간의 충돌이 임박했다는 우려의 목소리가 들려오기 시작했다. 1895년에 영국과 베네수엘라 사이에 벌어진 영토 분쟁에 미국이 개입한 사건이 영-미 전쟁으로 이어질지도 모른다는 두려움에, 뉴욕증권거래소는 공황 상태에 빠졌다.[108] 1896년에 총리 솔즈베리 경은 재정장관에게, "전쟁이 올해는 아니겠지만 그리 멀지 않은 시기에 일어난다는 것은 이제 단순한 가능성 이상이 되어버렸습니다"라고 충고했다.[109]

미 해군은 아직 영국 해군에 비할 바가 못 되었지만, 갈수록 전력이 늘고 있었다(특히 에스파냐-미국 전쟁 이후에 그리고 강경파인 시어도어 루스벨트가 대통령이 되고 나서). 1900년과 1910년 사이에 미 해군 전함의 총 톤수는 거의 영국의 세 배가 되었다.[110] 1901년에 영국 해군장관은 "만약 미국이 마음만 먹으면 거뜬히 비용을 댈 수 있는 대상에 지출하기로 작정한다면 우리만큼, 아니 우리보다 더 큰 해군을 갖는 것은 시간문제입니다"라고 인정했다. 이런 현실을 염두에 둔 그는, "저는 피할 수만 있다면 미국과는 절대로 싸우지 않을 것입니다"라고 주장했다.[111]

영국 육군성으로서는 실망스럽게도 해군장관은, 영국이 두 번째와 세 번째 경쟁국이 보유한 전함을 합한 수준의 전함 수를 유지해야 한다는 2국 표준주의 정책 대상에서 조용히 미국을 제외시켰다. 장관은 더 가까이 있는 위협에 촉각을 곤두세우고 있었고 미국과는 어떤 우발적인 요인도 전쟁으로 연결되지 않도록 최선을 다했다. 1904년에 최고해군의원은 해군을 찾은 민간 상급자에게, 영국은 "그런 전쟁을 피하기 위해서 가능한 모든 방법을 다 동원해야 합니다"라고 말했다. "어떤 상황에서도, 미국에게 압도적이고 굴욕적인 패배를 당하리라는 결과는 피할 길이 없기" 때문이었다. 그러므로 "미국을 상대로 전쟁 준비를 한다는 것은 완전히 시간 낭비"였다.[112]

솔즈베리는 미국의 위협에 미리 대처하지 못한 일을 두고 영국인들 다수가 느끼는 아쉬움을 표현한 적이 있다.

"매우 슬픈 일이지만, 미국은 이미 저만치 앞서가고 있으니만큼 더 이상 우리나라가 미국과 대등했던 시절로 되돌아갈 수 있는 방법은 전혀 없습니다. 만약 우리가 남북전쟁에 개입했더라면 미국을 우리가 감당할 수 있을 정도의 나라로 약화시켜놓을 수 있었을 것입니다. 하지만 다른 일들에 정신이 팔려 있었던 이 나라는 그런 기회가 두 차례나 있었음에도 그 기회를 제대로 붙들지 못했지요."[113]

영국은 전쟁을 통해서 미국의 부상에 도전하는 대신, 가까스로 '대타협'을 이루어가면서 적응해나갔다. 다른 더 긴박하고 가까이 있는 위협들을 마주하고 있고, 제국주의적 소유권을 지키기 위해서 먼 곳까지 신경을 써야 하며, 서반구에서 딱히 동맹국으로 삼을 만큼 미국에 상응하는 경쟁국이 없는 상황에서, 영국으로서는 미국과 타협하는 방법 외에는 다른 선택의 여지가 별로 없었다. 영국은 많은 영국인들이 말도 안 된다고 보았던 미국의 각종 요구 사항들을 순순히 받아주었다. 이를테면, 캐나다와 라틴아메리카에서의 영토 분쟁, 수익성 좋은 어장에 대한 조업권, 앞으로 건설될 파나마운하에 대한 통제권 등에 관한 요구 사항이 이에 해당했다. 역사가 앤 오드에 따르면, "영국은 1903년 말까지 미국에 대가 없는 양보를 계속하여, 베네수엘라에서부터 알래스카에 이르기까지 서반구에서 미국이 패권을 행사하는 것을 묵인해주었다".[114]

영국은 자신들이 한 세기 동안 '공짜 안보'를 제공해준 일에 대해 미국이 고마워하지 않는 태도에 억울해할 법도 했다.[115] 그러나 런던은 기꺼이 타협하려는 모습을 보였고, 이런 태도는 1914년에 전쟁이 닥쳤을 때 미국이 영국에게 꼭 필요한 물적 자원과 경제적 자금의 원천이 되어줄 수 있을 정도로, 두 나라 사이에 오랫동안 유지되어온 적대감을 해소하는 데 큰 도움이 되었다. 제1차 세계대전 동안에 미국은 차관과 지원금으로 그리고 결국에는 영국의 동맹국으로 직접 전쟁에 참여하여, 독일을 패배시키는 데 결정적인 역할을 했다.

12. 영국 대 독일

기간: 20세기 초

지배 세력: 프랑스와 러시아의 지원을 받은 영국

신흥 세력: 독일

경쟁 영역: 유럽 지배권과 세계 제해권

결과: 제1차 세계대전(1914~18)

비스마르크의 주도로 통일을 이룬 독일은 유럽 대륙에서 군사와 경제 면에서 가장 큰 힘을 가진 나라가 되었다. 이후에도 성장세를 이어간 독일은 산업과 해군력에서 영국의 패권을 위협하고 유럽에서 힘의 균형을 뒤흔들어놓을 정도로 부상했다. 독일은 처음에는 자국의 힘에 걸맞은 대접을 받기 위해서 해군력을 강화했지만, 그 때문에 결국 제해권을 두고 영국과 치열하게 경쟁하게 되었다. 영국-독일의 경쟁 관계는, 동쪽에서 새롭게 부상 중인 러시아와 독일 사이에 생겨난 또 다른 투키디데스의 함정 사례와 더불어, 발칸에서 일어난 지역 갈등이 제1차 세계대전으로 전이되는 데 핵심적인 역할을 했다.

1860년에서 1913년 사이에 세계 제조업에서 독일 제조업이 차지한 비율이 4.8퍼센트에서 14.8퍼센트로 급증하여, 그 비율이 19.9퍼센트에서 13.6퍼센트로 하락을 겪은 주요 경쟁국 영국을 앞질렀다.[116] 독일의 철강 생산은 1870년에 통일되기 전에는 영국의 절반에 그쳤지만, 1914년에는 영국의 두 배가 되었다.[117] 1880년대까지 비스마르크는 아프리카에서 식민지를 획득했으며 중국, 뉴기니 그리고 남태평양의 몇몇 섬에 무역 거점을 마련했다. 이 정도로는 영국이나 프랑스 제국의 진출 규모와 비교조차 할 수 없는 상황이었지만, 이는 비스마르크가 그다지 열성적인 제국주의자가 아니기 때문이었다. 그러나 1890년에 비스마르크를 축출한 독일 황제 빌헬름 2세는 자신의 나라를 '세계적인 강대국'으로 만들어야겠다고 마음먹었다. 그런데 이를 위해서는 엄청난 해군력이 뒷받침되어야 했다.

1890년대에 독일 장군 알프레트 티르피츠는 유럽에서 가장 강력한 해군력을 지닌 영국에 필적하는 해군력을 갖는 것을 목표로 정했다. 독일의 해군력 증강은 비록 영국의 존중을 얻어내기 위한 것이었지만, 영국 지도자들의 두려움을 자극하여 강력한 군비 경쟁을 촉발시켰다. 해군장관인 셸본

백작은 1902년에 이런 우려를 강조했다.

"나는 독일이 새로 건설한 저 엄청난 해군이 우리와 전쟁을 하겠다는 치밀한 계획하에 만들어진 것이라고 확신합니다. …… 〔독일에 있는 영국 대사가 확신하는 바이지만〕 우리가 해군 정책을 결정할 때, 독일 국민들의 악의에 찬 증오나 독일 해군의 명백한 계획을 결코 무시하고 넘어가서는 안됩니다."[118]

독일의 새 함대는 영국의 해군 정책에만 영향을 미친 게 아니라 영국이 국제 정세를 바라보는 시각 자체를 완전히 바꿔놓았다. 역사가 마거릿 맥밀런이 말했듯이, "독일이 영국을 마지못해서라도 우호적으로 행동하게 만들 심산으로 시작한 해군 경쟁은, 오히려 영국으로 하여금 독일을 앞지르기 위해 애쓰도록 그리고 유럽과는 어느 정도 거리를 두고자 했던 기존의 태도를 바꾸어 프랑스 및 러시아와 더 가까워지게 만들었다"[119] 독일이 세력을 강화해나가자, 독일이 유럽의 다른 경쟁국들을 제거하고 영국 건너편 해안 일대를 지배하게 될 수도 있다는 전망이 제기되었다. 런던이 볼 때는 영국 해군력의 우위에 대한 일체의 도전과 더불어, 이런 사실도 결코 용납할 수 없는 위협이었다. 1910년까지 러시아는 일본으로부터의 군사적 패배와 끓어오르는 잠재적 혁명의 불안에서 회복하여 (그것도 독일 국경 바로 너머에서) 새롭게 활기를 되찾은 현대 군사력으로 부상하고 있는 듯 보였다. 1913년에 러시아는 다음 해에 실행할, 병력 증강을 위한 '원대한 계획'을 발표했다. 1917년까지 러시아의 병력을 독일 병력의 세 배 수준으로 끌어올릴 계획이었다. 프랑스가 러시아를 위해 건설해준 군사 전략 차원의 철도는 이미 독일의 전쟁 계획 전체에 위협이 되고 있었다. 독일의 양면 전쟁 계획에는 움직임이 느린 러시아의 위협에 맞서기 전에 프랑스를 재빨리 격파하는 작전이 수반되었다. 그런데 1914년까지 프랑스가 러시아 철도 시스템 건설에 엄청난 돈을 투자하여 독일의 전쟁 계획에서 6주로 가늠되었던 병력 이동 기간을 단 2주로 단축시킨 것이다.[120]

결국에는 유럽에서 전쟁이 일어나리라는 일반적인 숙명론과 더불어, 러시아의 급격한 부상은 독일의 정계와 군사 지도자들 사이에서 공격적인 태도를 자극했다. 아직 러시아를 이길 수 있을 때 예방적 차원의 전쟁을 할 필요가 있다는 생각을 지지하는 사람들이 많았다. 무엇보다도, 전쟁에 이긴다면 독일이 러시아, 프랑스, 영국의 '포위망'을 벗어날 수 있으리라는 기대 때문이었다.[121] 베를린은 사라예보에서 오스트리아 대공의 암살 사건이 발생한 1914년 6월 이후에 빈에 그 악명 높은 '백지수표'를 주었다. 일차적으로 만약 오스트리아-헝가리 제국이 발칸에서 적을 무너뜨리지 못한다면 자기네 나라의 유일한 동맹국이 무너지게 될지도 모르고, 그렇게 된다면 나중에 러시아와 갈등이 생겼을 때 어느 나라의 도움도 받지 못하게 되리라는 두려움 때문이었다.[122]

교전이 시작된 이후로 학자들 사이에는 제1차 세계대전 발발의 책임이 어느 쪽에, 얼마만큼 있는지를 두고 끊임없이 논쟁이 불거졌다. 그러나 그런 질문 자체를 아예 무시하고 넘어가는 이들도 있었다.[123] 범인을 지목하는 일은 필연적으로 지나칠 정도의 단순화가 이루어질 수밖에 없지만, 오스트리아-헝가리 제국과 세르비아 사이의 지역 갈등을 대륙 전체의 다층적인 불길로 번지게 만든 데는 무엇보다도 투키디데스적인 경쟁 관계 한 쌍(독일과 영국 그리고 독일과 러시아)에 일차적인 책임이 있다.

1914년에 런던과 베를린 사이에 그리고 베를린과 모스크바 사이에 유사한 역학이 서로 맞물리게 되었다. 동맹국을 지원하여 부상하는 러시아의 위협을 미연에 방지하고, 그로써 자국의 생존을 도모하겠다는 독일의 결정이 차르와 그의 동맹국 프랑스에 대한 전쟁 선포로 이어졌다. 독일은 프랑스를 무너뜨리고 유럽의 힘의 균형을 뒤집어놓겠다는 위협을 가하여 영국이 생각한 레드라인을 넘었다. 역사가 폴 케네디의 표현에 따르면, "영국과 독일 정부에 관한 한, 1914~18년의 충돌이 일어난 것은, 영국 세력은 세력 판도의 현상 유지를 원한 반면, 독일은 공격과 방어에 대한 동기가 결합되어 판도를 바꾸고자 했기 때문이었다. 그런 의미에서, 런던과 베를린 사이의 전쟁은 적어도 15년 전이나 20년 전부터 이어져온 갈등의 연장선상에서 일어난 일이었다".[124] 전쟁의 수많은 다른 원인들 중에 그 어느 것도 투키디데스의 함정만큼 파괴적인 것은 없었다.

13. 소련, 프랑스, 영국 대 독일

기간: 20세기 중엽

지배 세력: 소련, 프랑스, 영국

신흥 세력: 독일

경쟁 영역: 유럽 본토 패권과 제해권

결과: 제2차 세계대전(1939~45)

아돌프 히틀러Adolf Hitler는 독일의 경제력, 군사력, 국가적 자부심을 동시에 회복하고자 노력했다. 그 과정에서 그는 베르사유조약을 파기하고, 프랑스와 영국에 의해서 유지되고 있던 전후 질서를 무시했다. 히틀러는 '레벤스라움Lebensraum('국민 생활권' 또는 '삶의 공간'이라는 뜻으로, 독일 나치의 이념이었음—옮긴이)'을 추구하기 위해서 나치 지배의 범위를 오스트리아와 체코슬로바키아로 확장하는 방법을 택했다. 히틀러의 야심을 너무 늦게 알아차린 프랑스와 영국은 그가 폴란드를 침공하고 나서야 전쟁을 선언했고, 제2차 세계대전의 말미에 소련과 미국이 수백만 병력을 동원하여 흐름을 반전시켜놓을 때까지 독일의 유럽 대륙 지배를 막지 못했다.

제1차 세계대전에서 승리를 거둔 두 지배 세력인 프랑스와 영국은 자국의 경제력과 군사력을 재건하면서 1920년대를 보낸 반면, 독일은 베르사유 조약의 가혹한 조건에 의해 제약받는 종속된 상태로 남아 있었다. 조약에는 상당한 금액의 배상금을 요구하는 조항과 비행기, 탱크, 10만 병력 이상을 금지하여 독일의 군사력을 엄격하게 제한하는 조항이 담겨 있었다. 독일은 해외 식민지만이 아니라 유럽 영토의 13퍼센트(그리고 인구의 10퍼센트)를 포기하고 핵심 산업 지역인 라인 지방을 연합군에게 내주어야 했다.[125] 독일의 자존심에 가장 큰 손상을 입힌 것은 전쟁의 책임을 독일에 정면으로 돌린, 이른바 '전쟁범죄' 조항이었다. 이 이른바 "노예 조약"에[126] "거의 모든 독일인들이 격렬하게 반발했지만"[127] 그럼에도 "나치 독일은 지리적으로나 경제적으로 크게 손상 받지 않았고 정치적으로 통합을 유지했으며 대국으로서의 잠재적인 힘도 그대로 남아"[128] 있었다. 세계대전이 끝나고 20년도 채 지나지 않아, 아돌프 히틀러는 유럽의 질서를 뒤집어놓으려는 두 번째 시도를 감행하는 데 그 힘을 사용했다.

히틀러는 오직 독일의 힘을 강화하는 데 초점을 맞추어 "끊임없는 노력을 쏟았다".[129] 1933년에 실시한 선거에서 자신의 국가사회당(나치스)이 승리를 거두자 히틀러는 추가적인 민주적 방법으로 자신의 권력을 공고화하기 시작했다. 그는 독일 국민들에게 자신이 만든 '레벤스라움(삶의 공간)'이라는 비전을 제시하고, 이를 실현하기 위한 방편으로 독일의 재무장이라는 단일한 목표를 세웠다. 그리고 이 목표를 향해 '독일의 모든 에너지'를 모으는 소명을 자신이 부여받았다는 식으로 스스로를 정당화했다. 폴 케네디에 따르면, "그는 중부 유럽 전체와 볼가강 일대에 이르는 러시아 전체를 원했다. 독일인들이 '레벤스라움'을 확보하여 독일의 자족과 강대국으로서의 지위를 지키기 위함이었다".[130] 군사력 증강은 빠른 속도로 진행되었다. 히틀러가 총리가 되었을 무렵에는 프랑스와 영국이 각각 지출한 국방비를 합한 금액이 독일 국방비의 두 배였다. 그러나 1937년에 독일은 프랑스와 영국의 군사비 지출을 합한 금액의 두 배를 지출하여 그 비율을 완전히 거꾸로 뒤집어놓았다.[131] 급속한 재무장화의 대표적인 예가 바로 전투기 생산이다. 1933년에 368대 수준이던 생산량을 1938년에는 무려 5,235대로 늘린 것이다. 이는 프랑스와 영국이 각각 생산한 전투기를 합한 것보다 많은 수준이었다.[132] 독일의 군대는 1936년에는 서른아홉 개 사단이었다가 1939년에는 103개 사단, 총 276만 병력으로 확장되었다.[133]

독일의 재무장을 본 미래의 적들은 처음에는 그저 "심드렁하게"[134] 반응했다. "재빨리 위험을 알아차리지 못한" 탓이었다.[135] 독일은 "아무것도 두려워하지 않으며", "독일 역사상 한 번도 본 적이 없는 방식으로 무장을 갖추었다"고 윈스턴 처칠이 사뭇 진지하게 거듭 경고했음에도, 총리 네빌 체임벌린Neveille Chamberlain은 히틀러가 단순히 베르사유조약의 불합리한 부분을 바로잡으려고 하는 것이라고 보고, 1938년 9월의 뮌헨 협정으로 독일이 주데텐란트를 합병하는 것을 인정해주었다.[136] 그러나 히틀러가 1939년 3월에 체코슬로바키아의 나머지 땅을 점령하겠다고 결정하여 그의 목표가 모두의 예상보다 더 크는 사실을 보여주자 체임벌린의 불안은 점점 커지기 시작했다. 체임벌린은 수사적인 질문을 제기했다.

"이 공격은 지난 모험의 끝일까 아니면 새로운 모험의 시작일까? 이번 공격이 작은 나라에 대한 마지막 공격일까 아니면 계속해서 다른 나라들을 공격하게 될까? 사실상 그가 무력으로 세계를 지배하는 방향으로 한 걸음을 내디딘 것은 아닐까?"[137]

한편 프랑스는, 헨리 키신저가 설명했듯이, "아무 행동도 취할 수 없어 의기소침한 상태"가 되었다.[138] 스탈린은 독일과 불가침조약을 맺는 것이 자국의 이익에 가장 부합한다고 보고 조약을 맺기로 결정했다. 조약에는 동유럽 분할에 관한 비밀 의정서가 포함되어 있었다.[139]

그러나 히틀러는 스탈린과 조약을 맺은 지 일주일 뒤에 폴란드를 침공했고, 영국과 프랑스는 1939년 9월 3일에 전쟁을 선포했다. 제2차 세계대전이 발발한 것이다. 1년 만에 히틀러는 서유럽 및 스칸디나비아의 상당 지역과 더불어 프랑스를 점령했다. 영국은 독일의 공중 폭격을 막아냈으면서도 지상전에서 패배했다. 1941년 6월, 히틀러는 스탈린을 배신하고 소련을 침략했다. 4년 뒤에 독일이 패배할 때까지 유럽 대륙의 상당 부분이 파괴되었고 동쪽 절반은 향후 40년간 소련의 지배하에 놓이게 되었다. 아마 미국이 아니었다면 서유럽은 해방되지 못했을 터다. 유럽은 그 이후로도 계속해서 미국의 군사력에 의존하게 되었다. 히틀러가 촉발시킨 전쟁은 세계 역사상 가장 피를 많이 흘린 전쟁이었다.

14. 미국 대 일본

기간: 20세기 중엽

지배 세력: 미국

신흥 세력: 일본

경쟁 영역: 아시아—태평양 지역에서의 제해권과 영향력

결과: 제2차 세계대전(1941~45)

제국주의 일본은 청일전쟁 및 러일전쟁에서의 승리와, 조선과 타이완 등
으로 영향권의 범위를 확장한 사실에 고무되어, 20세기에 공격적인 패권
국이 되었다. 1930년대에 일본의 팽창, 특히 중국을 향한 팽창이 태평양
지역에서 '문호 개방 정책'을 이끌고 있던 미국을 위협하면서, 미국은 일
본에 대해서 갈수록 적대적이 되어갔다. 미국이 원자재 수입에 대한 금수
조치로 일본을 봉쇄하자 일본은 진주만을 공격했고, 이를 계기로 그때까
지 참전에 소극적이었던 미국은 제2차 세계대전 속으로 뛰어들게 되었다.

1915년에 일본 총리 오쿠마 시게노부大隈重信는 아시아—태평양 지역에 대
한 경제적, 영토적 권한을 더 많이 차지하기 위해서 자신의 나라가 새롭게
찾게 된 지렛대를 사용하여 중국에 '21개조 요구안'을 제시했다. 이런 요구
는 중국뿐 아니라 1899년에 미국이 실시한 문호 개방 정책으로 확립된 지
역 질서에도 커다란 도전을 가하는 것이었다. 국무장관 헨리 스팀슨Henry
Stimson은 일본의 요구가 이 질서와 이 질서에 의존하는 미국인들의 삶을 위
협한다고 우려했다.[140]

일본은 '동아시아에서 새로운 질서'를 구축하고자 1931년에 만주를 점령
하기 위한 군사행동을 일방적으로 감행했다. 일본 군대는 중국의 심장부까
지 확장되었고 1937년의 난징 대학살에서 그 무자비함이 절정에 달했다.
미국은 자국의 동맹국에 대한 일본의 공격을 실망스러운 마음으로 지켜봤

지만 처음에 프랭클린 루스벨트 대통령은 대응을 자제하려고 노력했다. 심지어 일본이 미국인들을 구하기 위해 난징 근처로 온 미국 배를 폭파시켰을 때조차 마찬가지였다.

그러나 다음 몇 년 동안 미국은 중국을 돕기 위한 수순을 밟기 시작했고 일본에 대한 경제적 제재를 점차 심각한 수준으로 늘려나갔다. 이 섬나라는 원유, 고무, 고철 같은 핵심적인 원자재를 거의 완전히 수입에 의존했기 때문에 그리고 영토 확장이 이런 천연자원 조달과 강대국으로서의 미래에 필수라고 여겼기 때문에, 일본 대사 노무라 기치사부로野村吉三郎는 1941년 12월에 워싱턴을 향해 이렇게 말했다.

"일본인들은…… 미국으로부터 그들의 입장에 굴복하도록 심하게 강요받고 있으며, 압력에 굴복하느니 차라리 싸우는 게 낫다고 믿고 있습니다."[141]

일본이 유럽의 추축국(제2차 세계대전 당시 동맹국이었던 나치 독일, 파시즘하의 이탈리아, 제국주의 일본 등을 말함-옮긴이), 비시 임시정부하의 프랑스 그리고 소련과 동남아시아에서의 영토 확장을 더 용이하게 해줄 합의를 위한 협상을 진행하자, 미국은 일본과의 협상을 중단해버렸다. 역사가 리처드 스토리Richard Storry에 따르면, 워싱턴은 일본이 "서양을 배제하는 방향으로 아시아의 지도를 다시 그리고 있다"고 확신하게 되었다.[142] 제재가 더 강력해지면서, 도쿄 주재 미 대사 조지프 그루는 자신의 일기에 이런 통찰을 적었다.

"보복에 보복을 하는 악순환이 계속된다면…… 그 결말은 뻔하다. 전쟁이 일어날 일만 남은 것이다."[143]

결과적으로, 1941년 8월에 프랭클린 루스벨트가 일본을 상대로 단행한 원유 금수 조치가 결정타였다. 전 국무부 관리 찰스 매클링Charles Maechling

의 설명에 따르면, "원유가 관계 악화의 유일한 원인은 아니었지만, 일단 그게 외교 무기로 쓰이는 순간 적대감이 생겨날 수밖에 없었다. 미국은 이런 조처가 일촉즉발의 위기를 촉발할 가능성이 있음을 충분히 예견할 수 있었음에도 이를 제대로 고려하지 않고 무모하게도 강력한 적국의 에너지 생명줄을 잘라버린" 것이다.[144] 필사적이 된 일본 지도자들은 동남아시아와 네덜란드령 동인도의 자원이 풍부한 땅을 점령하기 위한 길을 확보하기 위해서 진주만에 있는 미 태평양 함대에 '결정타'를 가하는 선제공격 계획을 승인했다. 국제정치학자 잭 스나이더Jack Snyder가 말했듯이, 일본의 전략은 "해는 떠오르고 있거나 지고 있거나 둘 중 하나다"와 미국의 "탐욕스러운 본성"으로 보건대 미국과의 전쟁은 "필연적이다"라는 확신의 반영이었다.[145]

미국 정치가들은 나중에, 자신들의 원유 금수 조처가 경솔했음을 깨달았다. 훗날 국무장관을 지낸 딘 애치슨이 말한 대로, 미국이 일본의 의도를 잘못 읽은 부분은 "일본 정부가 아시아에서 하고자 했던 일도, 우리의 금수 조처가 불러일으킨 적대감도 아니며, 도조 히데키東條英機 장군이 자신의 목적을 달성하기 위해서 믿기 힘들 정도로 높은 위험을 감당하려는 의지를 가지고 있는 사람이라는 사실이었다. 워싱턴에서는 도조와 그의 체제가 아시아 정복을 야망의 실현이 아니라 체제의 생존으로 여긴다는 사실을 제대로 이해하고 있는 사람은 아무도 없었다. 아시아 정복이 그들에게는 사활이 걸린 문제였던 것"이다.[146] 일본의 진주만 공격은 단기적 차원에서 볼 때 성공을 거둔 측면이 있었고 일본은 잇달아 미국과 영국을 상대로 벌인 전투에서 연이어 승리를 맛보았으나, 결국 1945년에 이르러 거의 전멸하고 말았다. 일본이 동아시아에서 벌인 전쟁으로 수천만 명이 목숨을 잃었다.

15. 미국 대 소련

기간: 1940년대~1980년대

지배 세력: 미국

신흥 세력: 소련

경쟁 영역: 세계 패권

결과: 전쟁 회피

제2차 세계대전 이후에 미국은 논란의 여지없이 세계에서 가장 강력한 초강대국으로 부상했다. 미국은 세계 GDP의 절반을 차지하고 있었고 가공할 만한 재래식 군사력을 보유했으며 가장 파괴적인 전쟁 무기, 바로 핵폭탄을 독점하고 있었다. 그러나 미국의 패권은 곧, 제2차 세계대전 당시 동맹국이었던 소련의 도전을 받게 되었다. 냉전 기간 동안 긴장 상태가 발생한 경우도 종종 있었지만, 냉전은 역사상 투키디데스의 함정을 피하는 데 가장 큰 성공을 거둔 사례 중 하나다. 두 강대국은 무력 이외의 방법으로 경쟁하는 방법을 개발하여 역사상 위험이 가장 컸던 강대국 간의 세력 경쟁을 평화롭게 펼쳐나갔다.

엄청난 대가를 치르고 동유럽 국가들을 나치의 지배로부터 해방시킨 소련은 제2차 세계대전이 종결될 무렵, 폐허가 된 동유럽에 마음대로 영향력을 행사할 자격이 자신들에게 있다고 생각했다. 소련은 각국에 자국의 군사고문과 정보관을 파견하여 정치가들을 마음대로 골라서 공산당을 만들고, 쿠데타 음모를 꾸미고, 반대자들을 탄압하여, 독일 중심부에까지 이르는 거대한 제국을 건설했다. 처칠의 표현에 따르면, "발트해의 슈테텐(폴란드

414

서북부 지역-옮긴이)에서부터 아드리아해의 트리에스테(이탈리아 동북부 지역-옮긴이)에 이르기까지 대륙을 가로지르는 철의 장막이…… 쳐졌다".

역사가 존 개디스John Gaddis가 썼듯이, 곧 미국 정책 입안자들이 볼 때, 소련이 "유럽에서 힘의 균형을 회복하려는 게 아니라 히틀러와 마찬가지로 유럽 대륙 전체를 지배하려고 한다"는 사실이 명백해 보였다.[147] 스탈린으로서는 일단 유럽에서 지배적인 위치를 차지하고 나면, 자신의 '혁명적 제국주의'에 기초한 공산주의를 손쉽게 전 세계에 퍼뜨릴 수 있었다. 유럽전승일 이후 아홉 달 만인 1946년 2월에 모스크바의 대사관에서 일하던 조지 케넌이 긴 전보Long Telegram를 보내왔다. 이때는 윈스턴 처칠이 철의 장막 연설을 한 지 2주도 채 지나지 않은 시점이었다. 전보에는 소련 공산주의가 서방에 실존적 위협임을 밝히는 내용이 담겨 있었다. 해군장관 제임스 포러스틀은 많은 미국 정책 입안자들의 견해를 대표하여, 소비에트 공산주의는 "나치주의나 파시즘과 마찬가지로 민주주의와 양립할 수 없는 이념이다. 목표물을 얻기 위해서 기꺼이 무력 사용에 기대기 때문이다"라고 썼다.[148]

1949년까지 소련은 독자적으로 핵폭탄 실험을 함으로써 미국의 핵무기 독점 상태를 깨는 데 성공했다. 8년 뒤에 소련은 인류 최초의 인공위성인 '스푸트니크호'를 우주로 쏘아 보냄으로써 과학과 기술 영역에서 앞서간다고 자부하고 있던 미국을 충격의 도가니에 빠뜨렸다. 한편, 소련 경제가 다시 살아나기 시작했다. 1950년에는 공업 생산이 전쟁 전 수준보다 173퍼센트 증가했고, 1950년에서 1970년 사이의 연 경제성장률도 (적어도 공식 보고에 따르면) 평균 7퍼센트에 달하여,[149] 소련이 미국 경제와 맞먹거나 능가하게 될지도 모른다는 두려움을 촉발시켰다.[150] 1960년대에 베스트셀러까지 되었던, 폴 새뮤얼슨이 집필한 교과서 《경제학: 경제 분석의 기초》에는, 1980년대 중반쯤이면 소련의 GNP가 미국을 따라잡을 것이라는 예상치가 나와 있다.[151] 새뮤얼슨의 예상은 실현되지 않았지만, 소련은 두 가지 영역에서 미국을 따라잡았다. 바로 군사비 지출과 철강 생산이었다. 모두 1970년대 초에 일어난 일이었다.[152]

이 도전에 대응하기 위해서 미국은 폭탄과 총알을 제외한 모든 재래식 전쟁 무기와 비재래식 무기까지 다량 확충했다. 이런 대결은 나중에 이른바 '냉전'으로 불리게 되었다.[153] 많은 위기 상황과(예컨대 쿠바 미사일 위기) 몇 차례의 대리전(한국, 베트남, 아프가니스탄 등에서)이 벌어졌지만, 두 군대가 본격적으로 맞붙는 전투는 서로 자제하려고 애썼다.[154] 어째서 냉전이 열전으로 변하지 않았는지를 두고 역사학자들은 다양한 설명을 해왔지만, 가장 일리 있는 설명은 핵무기라는 요괴 때문이라는 설명이다.[155] 미국과 소련 간의 지리적 거리를 강조하거나[156] 위험한 오해를 할 가능성을 최소화해준 정찰 프로그램의 발달을 강조하는 사람들도 있다.[157] 그러나 다수는, 두 나라가 온갖 형태의 전쟁으로 서로를 공격할 수 있지만 직접 충돌만큼은 안 된다는 제약을 서로 분명하게 인식하고 있었기 때문이라고 지적한다.[158] 이들 두 세력이 전쟁을 피할 수 있었던 또 하나의 요인은 핵무기를 둘러싸고 발전된 협력 문화였다. 이 협력 문화는 1972년에 맺은 전략무기제한협정에서 시작해서 1980년대의 레이건-고르바초프 정상회담에서 절정을 이루었다. 이들 두 정상이 한 일은 단순히 핵 사고의 위험만을 줄인 게 아니라, 신뢰의 토대를 구축한 것이었다.

시간이 흘러, 미국의 접근 방법(40년 동안이나 지속된 봉쇄 전략)은 성공을 거두게 되었다. 자유 시장 민주주의 시스템의 성공과 명령–통제 방식에 따른 권위주의 시스템의 내적 모순 간의 대비로, 수십 년에 걸쳐서 소비에트 체제는 침식되어갔다. 총도 버터도 제공할 수 없게 된 소련은 1991년에 결국 무너지고 말았으며, 이로써 20세기 후반에 벌어진 결정적인 갈등은 피를 흘리지 않고 종결되었다.

16. 영국과 프랑스 대 독일

기간: 1990년대~현재

지배 세력: 영국과 프랑스

신흥 세력: 독일

경쟁 영역: 유럽 내의 정치적 영향력

결과: 전쟁 회피

냉전이 종결되고 나자, 새롭게 통합을 이룬 독일이 예전의 패권적 야망으로 회귀하리라고 예견한 사람들이 많았다. 독일이 유럽에서 정치적, 경제적 힘을 되찾게 되리라는 예측은 옳았지만 독일의 부상은 대체로 온건한 모습으로 표출되었다. 과거에 자신들이 어떻게 투키디데스의 함정에 걸려들었는지를 인식하고 있는 독일 지도자들이 자국의 힘과 영향력을 발휘할 새로운 방법을 찾아낸 덕분이었다. 이는 바로, 군사적 지배 대신에 경제적 통합을 이끌어나가는 일이었다.

냉전의 종식을 맞아, 서독 총리 헬무트 콜Helmut Kohl이 독일 통합 문제를 꺼내놓았을 때, 당시 유럽 주요 세력인 영국과 프랑스의 지도자들은 독일이 다시 강력해질지도 모른다는 두려움에 주춤거렸다. 많은 전략가들은, 제2차 세계대전이 끝날 때 독일을 둘로 나눈 것이 두 세계대전의 뿌리에 있던 '독일 문제'에 대한 장기적인 해결책이라고 생각하고 있었기 때문이다. 유럽에 대한 나토의 삼중 전략이 농담 반 진담 반으로, "소련을 배제하고 미국을 포함시키며 독일은 주저앉히는 것이다"라고 회자되기까지 하던 터였다.[159]

영국과 프랑스의 걱정은 이해하기 어렵지 않다. 다시 통일이 된다면 독일은 서유럽에서 가장 인구가 많은 나라이자 유럽의 경제적 중심지가 될 가능성이 높았다. 이런 맥락에서, 1989년에 독일 주재 프랑스 대사는 독일의 재통합으로 "유럽은 독일의 지배하에 놓이게 될 것이며, 동유럽에서건 서유럽에서건 이런 사태가 벌어지는 것을 바라는 사람은 아무도 없다"라고 주장했다.[160] 마거릿 대처 영국 총리는 이런 우려를 더 심각하게 표명했다. 그녀는 조지 H. W. 부시 대통령에게 사적으로, "독일인들은 히틀러가 전쟁으로 얻지 못했던 것을 평화롭게 얻게 될 겁니다"라는 말로 자신의 두려움을 전달했다.[161] 이런 위협에 맞서기 위해서 대처 총리와 미테랑 대통령은 두 나라 사이의 동맹을 강화하기로 의견을 모았다. 예컨대 미테랑은 "힘의 균형을 유지하기 위해서 영국과 군사적 협력과 심지어 핵무기에 관한 상호 협력까지" 고려했다.[162] 전직 외교관이자 국제관계학자인 필립 젤리코Philip Zelikow와 전 국무장관 콘돌리자 라이스Condoleezza Rice에 따르면, "유럽인들, 특히 프랑스인들은 독일이 프랑스를 위험에 빠뜨리는 일이 없도록, 독일의 부활은 다양한 유럽 조직들과 손을 맞잡고 이루어져야 한다고 믿었다".[163]

유럽 지도자들이 예견했듯이, 실제로 독일은 자신들의 경제력을 지렛대 삼아 유럽에서 가장 강력한 정치적 목소리를 내면서, 소련의 붕괴로 비어 있던 공간을 채울 수 있었다. 그러나 놀랍게도, 지금까지 이런 독일의 재부상은 평화적으로 이루어지고 있다. 최근에는 영국과 프랑스의 지지마저 얻고 있다. 어떻게 이런 일이 일어나게 되었을까? 최근에 헨리 키신저가 관찰한 바로는 "유럽을 지배하겠다는 독일을 패배시키고 나서 70년이 지난 지금, 이제는 거꾸로 승리자들이, 주로 경제적인 이유로 유럽을 이끌어달라고 독일에 간청하고 있는 상황"이다.[164]

독일의 평화적 부상은 대부분 선의와 열린 자세로 유럽의 의혹을 가라앉히고, 예전의 적국들과 상호 의존 관계를 맺는 폭넓은 전략을 통해서였다. 무엇보다도, 독일 지도자들이 자국의 경제력에 걸맞은 군사력 증진을 다시 추구하지 않겠다는 의식적인 선택을 한 점이 가장 중요했다.

이런 새로운 길은 특히, 독일이 경제적 주도권을 획득하여 유럽통합시장과 프랑크푸르트에 있는 유럽 중앙은행에서 주도적인 역할을 하게 되면서 더욱 명백해졌다. 영국의 전 통상장관 스티븐 그린Stephen Green이 지적하듯이, 독일은 자국의 힘을 주로 유럽의 정치경제에 영향력을 행사하는 방식으로 사용했다.

"국제정치 세계에서 독일은 영국과 프랑스 모두 당연하게 여긴 어떤 전략적 역할을 할 태세도 보여준 적이 없다."[165]

국제관계학자인 헬가 하프텐도른이 설명한 대로, 통합 전략은 "강력해진 독일의 힘과 주권에 대해서, 그 잠재력을 새로운 유럽에 통합시켜나가는 일의 중요성을 강조하는 방법으로 보상해주는 전략"이었다. 이를테면 '독일화된 유럽'이 아니라 '유럽화된 독일'을 만드는 방법으로 가능했다.[166]

물론, 독일의 경제적 통합 추구가 통일 이전에 시작되었다는 사실에 유의하는 게 중요하다.[167] 더욱이 자국의 경제적 영향력에 상응하는 군사력 확장을 포기하겠다는 독일의 결정은 분명, 미국이 지역 안보의 수호자이자 유럽의 세력 조정자로 버티고 있는 현실의 영향 때문이기도 했다. 그럼에도 그 근원이 무엇이건, 독일의 접근은 궁극적으로 이전의 적국들을 안심시켜주면서, 정책 분석가 한스 쿤드나니hans Kundnani가 《독일의 힘이 가진 역설 The Paradox of German Power》에서 "경제 분야에서는 자기주장을 하지만 군사 분야에서는 절제하는 특이한 조합"이라고 요약한, 새로운 정신을 보여주었다. "지리정치학적 관점에서 보자면 독일은 매우 온건한 나라"인 것이다.[168]

최근에는 세계 금융 위기의 여파와, 시리아와 중동 지역에서 유입된 엄청난 수의 이민자와 난민으로 상황이 불안정해진 탓에, 지금의 유럽 시스템(그리고 독일의 지도력)에 의구심이 제기되고 있는 실정이다. 그러나 유럽의 미래가 어떻게 되든지, 혹은 미국이 유럽 대륙에서 안보를 담당해주는 역사적으로 특수한 조건이라는 사실과는 별개로, 세력 이동의 결정적인 순간에 독일이 취한 접근 방식은 투키디데스의 함정을 피하려고 애쓰는 세력들에게 오래도록 곱씹어볼 의미심장한 교훈을 제공해준다. 독일은 경제적 발전에 상응하는 방위비 지출 증가는 갈등을 부를 수 있으며, 경쟁국들 사이에 깊이 자리 잡고 있는 두려움을 극복하기 위해서는 끊임없이 선의를 보여주는 일이 필요하다는 점을 배웠다. 독일은 지금까지 안정성, 개방성, 과거의 적들과의 통합 그리고 예전처럼 힘을 과시하는 행위를 더 이상 하지 않는 방법으로 투키디데스의 함정을 성공적으로 피해오고 있는 중이다.

학문적 논쟁에서, 제시된 주제보다는 허수아비를 더 공격하기 좋아하는 사람들이 종종 있다. 양식은 단순하다. 허수아비를 만들어 그것을 불태운 다음, 어떤 가설을 논박했다고 우기는 것이다. 2015년 9월, 《애틀랜틱》에 이 책의 논지를 소개한 글이 실렸는데, 그 글에 대해서 다음 일곱 가지 허수아비를 불태우는 비판 글들이 줄을 이었다.

1. **필연성:** 투키디데스의 함정은 지배 세력과 신흥 세력 간에 전쟁이 필연적이라고 주장한다.

《애틀랜틱》과 이 책에서 이미 언급했듯이, 투키디데스의 함정은 전쟁이 필연적이라고 주장하지 않는다. 사실, 사례 파일(부록 1)에서 열여섯 가지 사례 중 네 가지 사례는 전쟁으로 귀결되지 않았다. 게다가 앞서 설명한 대로, 《펠로폰네소스 전쟁사》에서 투키디데스가 쓴 '필연적이다'라는 말조차 명백히 과장법을 사용한 표현이다.

2. **티핑 포인트, 인계철선**引繼鐵線, **분수령:** 세력 이동이 이루어지는 동안에 특정 티핑 포인트는 전쟁 없이 지나갔다. 그러므로 투키디데스가 틀렸다.

투키디데스의 함정 가설은 전쟁이 가장 일어나기 쉬운 순간에 관해서 어떤 주장도 하지 않는다. 투키디데스의 역학은 새로운 세력이 부상하고 있는 동안에 두 세력이 균형을 이루는 지점에서 그리고 한 세력이 다른 세력에 게 추월당한 이후에 꾸준히 작동된다.

3. 선택 편향: 투키디데스의 함정은 입맛에 맞는 사례만, 즉 전쟁으로 이 어진 사례만 골라서 만든 가설이다.

사례 파일에는 과거에 주요 신흥 세력이 지배 세력을 대체하려고 위협했 던, 우리가 찾아낼 수 있었던 모든 사례가 다 포함되어 있다. 이 사례 파일 에는 (표본이 아니라) 모든 사례가 다 들어 있기 때문에 선택 편향이 들어갈 여지가 아예 없다. 투키디데스의 함정에서 사용한 방법론에 관해서 더 자 세히 알고 싶다면 다음을 보라.

http://belfercenter.org/thucydides-trap/thucydides-trap-methodology.

4. 빠진 사례들: 투키디데스의 함정 사례 파일은 불완전하다.

투키디데스의 함정 사례 파일은 누구에게나 개방되어 있다. 2015년에《애 틀랜틱》에 실린 글에서 사례 파일이 공표된 이후로, 투키디데스의 함정 프 로젝트 웹 사이트는, 세계의 다른 지역에서 있었던 사례나 주요 세력이 아 닌 세력들 간의 사례 혹은 다른 시대의 사례를 알고 있는 독자들이 있다면 얼마든지 알려달라고 부탁해왔다. 이런 연구는 사례가 많을수록 더 좋다. 추가 사례들은 신흥 세력 대 지배 세력 간의 기본적인 역학에 관해서 더 많은 통찰들을 제공해줄 수 있기 때문이다. 추가 사례를 제안하고 싶은 독 자라면 다음 사이트에 들어가보기 바란다.

http://www.belfercenter.org/thucydides-trap/case-file.

5. **너무 적은 데이터:** 투키디데스의 함정 사례 파일은 어떤 법칙이나 규칙성을 주장하는 증거로 받아들이기에는 혹은 그런 법칙을 찾아내려는 사회과학자가 사용하기에는 데이터의 양이 너무 적다.

동의한다. 그러나 이 연구의 목적은 어떤 현상에 관해서 탐색하는 데 있지, 무슨 확고한 법칙을 제시하거나 통계학자들을 위한 데이터를 만드는 데 있는 게 아니다.

6. **그렇다면 다른 요인들은⋯⋯ :** 사례 파일에 들어 있는 사건이나 갈등 요인들은 '그보다 훨씬 더 복잡하다'.

물론이다. 그 점에서는 어떤 사건이나 갈등 요인도 다 마찬가지다.

7. **독창성:** 투키디데스의 함정이라는 개념은 전혀 새로울 것이 없는 개념이다.

'투키디데스의' 함정이라는 말 자체가 그렇다는 사실을 보여준다. 웹 사이트에도 언급해두었지만, 투키디데스가 책을 써서 남긴 이후로 수 세기 동안 다른 학자들도 패권적인 도전 현상을 이해하는 데 꾸준히 기여해왔다.

주

1. 세계사에서 가장 큰 행위자

1 Henry Kissinger, foreword to *Lee Kuan Yew: The Grand Master's Insights on China, the United States, and the World* (Cambridge, MA: MIT Press, 2013), ix.

2 리콴유는 1976년부터 세상을 떠날 때까지 중국을 총 서른세 차례 방문했고, 중국 관리들은 1990년에서 2011년 사이에만 2만 2,000명이 싱가포르의 시스템을 연구하기 위해서 싱가포르를 다녀갔다. 다음을 보라. Chris Buckley, "In Lee Kuan Yew, China Saw a Leader to Emulate," *New York Times*, March 23, 2015. http://sinosphere.blogs.nytimes.com/2015/03/23/in-lee-kuan-yew-china-saw-a-leader-to-emulate.

3 Graham Allison, Robert D. Blackwill, and Ali Wyne, *Lee Kuan Yew: The Grand Master's Insights on China, the United States, and the World* (Cambridge, MA: MIT Press, 2013), 42.

4 다음을 보라. "Merchandise imports(current US$)," *World Bank*, http://data.worldbank.org/indicator/TM.VAL.MRCH.CD.WT?locations=CN; and "Merchandise exports(current US$)," *World Bank*, http://data.worldbank.org/indicator/TX.VAL.MRCH.CD.WT?locations=CN.

5 실제로 중국의 GDP는 2년에 한 번꼴로 인도 하나를 추가하고 있는 셈이다. 예컨대 2012년에 8조 6000억 달러였던 중국의 GDP가 2014년에는 10조 6000억 달러가 되었다. 2년 만에 거의 2조 달러가 늘어난 것이다. 반면, 2012년에 1조 8000억이었던 인도의 GDP는 2013년에는 1조 9000억이었고, 2014년에는 2조 달러였다. GDP 데이터(시세, 미국달러)는 2016년 10월 국제통화기금(IMF)의 '세계경제전망 데이터베이스'에서 가져옴. http://www.imf.org/external/pubs/ft/weo/2016/02/weodata/index.aspx.

6 앵거스 매디슨 프로젝트(Angus Maddison Project)의 역사적인 GDP 성장 수치를 기반드로 계산됨. "GDP Levels in Western Offshoots, 1500-1899," in Angus Maddison, *The World Economy: Historical Statistics* (Paris: OECD Publishing, 2006), 462-3을 보라.

7 이런 생산력 차이에는 다양한 예가 있다. 가령, 영국은 제임스 하그리브스James Hargreaves가 발명한 제니 방적기 덕분에 실을 잣는 부분에서의 생산력이 예순여섯

배나 더 높았다. 이 기계는 중국이 받아들이는 데 실패한 당대의 핵심적인 혁신 중 하나였다. Joel Mokyr, *The Lever of Riches: Technological Creativity and Economic Progress*(New York: Oxford University Press, 1990), 221을 보라. 네덜란드의 섬유 생산성은 같은 기간 영국의 생산성과 견줄 만했는데, 중국에서 가장 발달된 지역인 양쯔강 삼각지 지역의 생산성보다 여섯 배나 더 높았다. Bozhong Li and Jan Luiten van Zanden, "Before the Great Divergence? Comparing the Yangzi Delta and the Netherlands at the Beginning of the Nineteenth Century," *The Journal of Economic History 72*, no. 4(December 2012), 972를 보라. 더욱이, 1800년에는 전쟁 능력도 서양의 국가들이 동양의 국가들보다 다섯 배나 높았다. 이언 모리스Ian Morris의 주장에 따르면, 이런 현실은 1800년대에 영국 군대가 중국의 옆구리를 어떻게 그처럼 손쉽게 밀고 들어올 수 있었는지(1차 아편전쟁을 말함—옮긴이)와 많은 관련이 있다." Ian Morris, *Why the West Rules—For Now*(New York: Farrar, Straus and Giroux, 2010), 496, 634-5를 보라.

8   Hillary Clinton, "America's Pacific Century," *Foreign Policy*, October 11, 2011, http://foreignpolicy.com/2011/10/11/americas-pacific-century.

9   "Remarks by President Obama to the Australian Parliament," November 17, 2011, https://obamawhitehouse.archives.gov/the-press-office/2011/11/17/remarks-president-obama-australian-parliament.

10   "A Dangerous Modesty," *Economist*, June 6, 2015, http://www.economist.com/news/briefing/21653617-america-has-learnt-hard-way-it-cannot-fix-problems-middle-east-barack.

11   Yi Wen, *The Making of an Economic Superpower: Unlocking China's Secret of Rapid Industrialization*(Hackensack, NJ: World Scientific Publishing, 2016), 2.

12   다음을 보라. "International Car Sales Outlook," in *Improving Consumer Fundamentals Drive Sales Acceleration and Broaden Gains Beyond Autos*, Scotiabank Global Auto Report, September 29, 2016, http://www.gbm.scotiabank.com/English/bns_econ/bns_auto.pdf.

13   다음을 보라. "As China's Smartphone Market Matures, Higher-Priced Handsets Are on the Rise," *Wall Street Journal*, April 29, 2016, http://blogs.wsj.com/chinarealtime/2016/04/29/as-chinas-smartphone-market-matures-higher-priced-handsets-are-on-the-rise/; Serge Hoffmann and Bruno Lannes, "China's E-commerce Prize," Bain & Company, 2013, http://www.bain.com/Images/BAIN_BRIEF_Chinas_e-commerce_prize.pdf; Euan McKirdy, "China's Online Users More Than Double Entire U.S. Population," CNN, February 4, 2015, http://www.cnn.com/2015/02/03/world/china-internet-growth-2014/.

14   Candace Dunn, "China Is Now the World's Largest Net Importer of Petroleum and

Other Liquid Fuels," US Energy Information Administration, March 24, 2014, http://www.eia.gov/todayinenergy/detail.php?id=15531; Enerdata, "Global Energy Statistical Yearbook 2016," https://yearbook.enerdata.net/; Richard Martin, "China Is on an Epic Solar Power Binge," *MIT Technology Review*, March 22, 2016, https://www.technologyreview.com/s/601093/china-is-on-an-epic-solar-power-binge/.

15 Stephen Roach, "Why China Is Central to Global Growth," World Economic Forum, September 2, 2016, https://www.weforum.org/agenda/2016/09/why-china-is-central-to-global-growth.

16 Brett Arends, "It's Official: America Is Now No. 2," *Market Watch*, December 4, 2014, http://www.marketwatch.com/story/its-official-america-is-now-no-2-2014-12-04.

17 Chris Giles, "The New World Economy in Four Charts," *Alphaville Blog*, *Financial Times*, October 7, 2014, http://ftalphaville.ft.com/2014/10/07/1998332/moneysupply-the-new-world-economy-in-four-charts/.

18 다음을 보라. PPP description in GDP methodology in "Definitions and Notes," CIA World Factbook, https://www.cia.gov/library/publications/the-world-factbook/docs/notesanddefs.html; Tim Callen, "PPP Versus the Market: Which Weight Matters?" *Finance and Development* 44, no. 1(March 2007), http://www.imf.org/external/pubs/ft/fandd/2007/03/basics.htm.

19 International Monetary Fund, "World Economic Outlook Database."

20 예를 들면 다음을 보라. Tim Worstall, "China's Now the World Number One Economy and It Doesn't Matter a Darn," *Forbes*, December 7, 2014, http://www.forbes.com/sites/timworstall/2014/12/07/chinas-now-the-world-number-one-economy-and-it-doesnt-matter-a-darn/; Jeffrey Frankel, "Sorry, but America Is Still No. 1, Even If China Is Bigger," *Market-Watch*, December 5, 2014, http://www.marketwatch.com/story/sorry-but-america-is-still-no-1-2014-12-04.

21 이어서 피셔는 이렇게 말한다. "하지만 이것은 단지 대략적인 계산의 첫 단계라는 사실을 인식하는 게 중요하다. 특히 원유처럼 국제적으로 거래되는 상품과 관련해서는 시장 환율이 더 나은 척도다. 게다가 훨씬 더 중요한 점은, 한 국가의 군사 잠재력에는 기본 경제력을 넘어, 여러 다른 요인들이 영향을 미친다는 사실이다. 가령 시민들에게 세금을 부과할 수 있는 정치력이나, 국가 안보 역량을 강화하는 데 필요한 미묘한 자원 같은 것들 말이다." 이런 지적은 경제학자 찰스 킨들버거Charles Kindleberger도 강조한 적이 있다. "상당히 큰 규모의 한 국가가 군비를 얼마나 지출할지는 강압적인 수단의 사용 외에도, 그 국가가 작심하고 일관되게 노력을 하는지 여부에 달려 있을 것이다. 이것은 경제학자들이 쉽게 받아들이는 결론은 아니다." 다음을 보라. Charles Kindleberger,

Manias, Panics, and Crashes(New York: Wiley Investment Classics, 2005), 225-6.

22 International Institute for Strategic Studies, *The Military Balance 2016*(New York: Routledge, 2016), 495.

23 뉴스 웹 사이트 〈팩티바Factiva〉의 데이터베이스를 통해서, 2013년 10월 25일에서 2016년 10월 25일까지 〈뉴욕 타임스〉, 〈월스트리트 저널〉, 〈파이낸셜 타임스〉의 1면 기사 제목에서 '중국'과 '성장'이나 'GDP'나 '경제'라는 단어와 함께 사용된 말 중에서 가장 많이 사용된 말을 뽑아보니, '구름'이라는 단어가 나왔다.

24 GDP 추이 데이터는 IMF에서 나온 것이다. 대침체 이후 기간은 2010-16년으로 정의된다. 2016년 수치는 IMF가 2016년 10월에 업데이트한 세계경제 데이터베이스에서 IMF 자체적으로 대략 추산한 것이다.

25 세계 전체 성장에서 중국이 차지하는 비율은 세계은행이 발표하는 세계발전지표World Development Indicators 중에서 "GDP, PPP(2011년 국제 달러로 계산한 수치)"를 사용하여 계산한 것이다. 다음을 보라. David Harrison, "The U.S. May Not Be an Engine of the World Economy for Long," *Wall Street Journal,*T March 8, 2016, blogs.wsj.com/economics/2016/03/08/the-u-s-may-be-an-engine-of-the-world-economy-but-perhaps-not-for-long. 2013년에 해리슨은 "중국 한 나라의 성장이 세계 전체 성장의 거의 3분의 1을 차지했다"는 사실을 강조했다.

26 World Bank, "Poverty Headcount Ratio at $1.90 a Day (2011 PPP) (% of Population)," accessed November 19, 2016, http://data.worldbank.org/topic/poverty?locations=CN.

27 "Beijing to Cut Number of New Cars," Xinhua, October 25, 2016, http://www.globaltimes.cn/content/1013607.shtml; Hu Shuli, Wang Shuo, and Huang Shan, "Kissinger: China, U.S. Must 'Lead in Cooperation,'" *Caixin*, March 23, 2015, http://english.caixin.com/2015-03-23/100793753.html.

28 Kevin Rudd, "The West Isn't Ready for the Rise of China," *New Statesman*, July 16, 2012, http://www.newstatesman.com/politics/international-politics/2012/07/kevin-rudd-west-isnt-ready-rise-china.

29 Evan Osnos, *Age of Ambition: Chasing Fortune, Truth, and Faith in the New China*(New York: Farrar, Straus and Giroux, 2014), 25.

30 2011년에서 2013년 사이에 중국은 20세기 내내 미국이 생산한 양보다 더 많은 시멘트를 생산했다. 다음을 보라. Jamil Anderlini, "Property Sector Slowdown Adds to China Fears," *Financial Times*, May 13, 2014, https://www.ft.com/content/4f74c94a-da77-11e3-8273-00144feabdc0; See Ana Swanson, "How China Used More Cement in 3 Years than the U.S. Did in the Entire 20th Century," *Wonkblog, Washington Post,*

March 24, 2015, https://www.washingtonpost.com/news/wonk/wp/2015/03/24/how-china-used-morecement-in-3-years-than-the-u-s-did-in-the-entire-20th-century/.

31 Eoghan Macguire, "The Chinese Firm That Can Build a Skyscraper in a Matter of Weeks," CNN, June 26, 2015, http://www.cnn.com/2015/06/26/asia/china-skyscraper-prefabricated.

32 *Economist Intelligence Unit*, "Building Rome in a Day: The Sustainability of China's Housing Boom"(2011), 2, www.eiu.com/Handlers/Whitepaper-Handler. ashx?fi=Building_Rome_in_a_day_WEB_Updated.pdf.

33 Thomas Friedman and Michael Mandelbaum, *That Used to Be Us: How America Fell Behind in the World It Invented and How We Can Come Back*(New York: Macmillan, 2012), 3-4.

34 다음을 보라. "China for a Day(but Not for Two)," in Thomas Friedman, *Hot, Flat, and Crowded: Why We Need a Green Revolution—and How It Can Renew America*(New York: Picador, 2009), 429-5.

35 Jay Bennett, "Here's an Overpass in Beijing Being Replaced in Under Two Days," *Popular Mechanics*, November 20, 2015, http://www.popularmechanics.com/technology/infrastructure/a18277/beijing-overpass-replaced-in-less-than-two-days/.

36 George Fortier and Yi Wen, "The Visible Hand": The Role of Government in China's Long-Awaited Industrial Revolution," working paper, Federal Reserve Bank of St. Louis, August 2016, 215, https://research.stlouisfed.org/wp/more/2016-016.

37 앞의 책.

38 다음을 보라. Virginia Postrel, "California Hits the Brakes on High-Speed Rail Fiasco," *Bloomberg*, June 28, 2016, https://www.bloomberg.com/view/articles/2016-06-28/california-hits-the-brakes-on-high-speed-rail-fiasco; "Taxpayers Could Pay Dearly for California's High-Speed-Train Dreams," *Economist*, March 27, 2016, http://www.economist.com/news/science-and-technology/21695237-taxpayers-could-pay-dearly-californias-high-speed-dreams-biting-bullet.

39 Lu Bingyang and Ma Feng, "China to Build Out 45,000 km High-Speed Rail Network," *Caixin*, July 21, 2016, http://english.caixin.com/2016-07-21/100968874.html.

40 다음을 보라. World Bank, "Poverty Headcount Ratio at $1.90 a Day", http://data. worldbank.org/topic/poverty?locations=CN.

41 '세계경제전망(WEO) 데이터베이스'에서 가장 최근에 나온 IMF 추산에 따르면 중국의 1인당 GDP는 2015년에는 8,141달러이고 2016년에는 8,261 달러다.

42 World Bank, "World Bank Group President Says China Offers Lessons in Helping the World Overcome Poverty," September 15, 2010, http://www.worldbank.org/en/news/press-release/2010/09/15/world-bank-group-president-says-china-offers-lessons-helping-world-overcome-poverty.

43 기대 수명의 증가에 대해서는 다음을 보라. Linda Benson, *China Since 1949*, 3rd ed.(New York: Routledge, 2016), 28; current statistics (1960–014) in "Life Expectancy at Birth, Total (Years)," World Bank, http://data.worldbank.org/indicator/SP.DYN.LE00.IN?locations=CN.
읽고 쓰기 능력의 증가에 대해서는 다음을 보라. Ted Plafker, "China's Long—but Uneven—March to Literacy," *International Herald Tribune*, February 12, 2001, http://www.nytimes.com/2001/02/12/news/chinas-long-but-uneven-march-to-literacy.html; current statistics(1982–2015) in "Adult Literacy Rate, Population 15+ Years, Both Sexes(%)," World Bank, http://data.worldbank.org/indicator/SE.ADT.LITR.ZS?locations=CN.

44 〈이코노미스트〉는 '보스턴 컨설팅 그룹BCG'에서 내놓은 연구 결과에 주목했다. BCG는 2020년까지 아시아의 부는 75조 달러에 이르는 반면, 북아메리카의 부는 76조 달러가 될 것으로 전망했다. "미국은 여전히 세계에서 가장 부유한 국가로 남아 있겠지만, 2020년 이후부터는 북아메리카가 아시아—태평양 지역(일본 포함)에 추월당하리라고 예상된다." 다음을 보라. "The Wealth of Nations," *Economist*, June 17, 2015, http://www.economist.com/blogs/freeexchange/2015/06/asia-pacific-wealthier-europe; "Global Wealth 2016: Navigating the New Client Landscape," Boston Consulting Group, June 2016, https://www.bcgperspectives.com/content/articles/financial-institutions-consumer-insight-global-wealth-2016/?chapter=2.

45 다음을 보라. Robert Frank, "China Has More Billionaires Than US: Report," CNBC, February 24, 2016, http://www.cnbc.com/2016/02/24/china-has-more-billionaires-than-us-report.html; UBS/PwC, "Billionaires Report, 2016," May 2016, 12, http://uhnw-greatwealth.ubs.com/billionaires/billionaires-report-2016/. The report finds that China minted 80 billionaires in 2015, which is equal to roughly 1.5 new billionaires per week.

46 Christopher Horton, "When It Comes to Luxury, China Still Leads," *New York Times*, April 5, 2016, http://www.nytimes.com/2016/04/05/fashion/china-luxury-goods-retail.html.

47 The 2016 Global Innovation Index, published by Cornell University and the World Intellectual Property Organization, ranked China's primary and secondary education system fourth and America's thirty-ninth.

48 2015년에 서른다섯 개의 OECD 국가 중에 미국은 31위였다. 그러나 2015년 평가에 중

국은 단 네 개 지역만 참여한 반면, 미국의 점수는 전국 단위에서 치른 테스트 결과이다. OECD, *PISA 2015 Results*, vol. 1: *Excellence and Equity in Education* (Paris: OECD Publishing, 2016.)

49 그러나 이 예비 조사는 또한, 대학교에 다니는 동안 중국인들이 비판적 사고 능력을 잃어버리면서 미국 학생들이 중국 학생들을 따라잡고 중국 학생들은 같은 수준에 머물러 있다는 사실을 발견했다. 이 연구는 중국 본토의 열한 개 대학교에 재학 중인 2,700명의 학생들이 치른 시험을 자료들 중 하나로 삼았다. 다음을 보라. Clifton B. Parker, "Incentives Key to China's Effort to Upgrade Higher Education, Stanford Expert Says," *Stanford News*, August 18, 2016, http://news.stanford.edu/2016/08/18/incentives-key-to-chinas-effort-upgrade-higher-education/.

50 "Best Global Universities for Engineering," *U.S. News and World Report*, http://www.usnews.com/education/best-global-universities/engineering

51 Te-Ping Chen and Miriam Jordan, "Why So Many Chinese Students Come to the U.S.," *Wall Street Journal*, May 1, 2016, http://www.wsj.com/articles /why-so-many-chinese-students-come-to-the-u-s-1462123552.

52 National Science Board, "Science and Engineering Indicators, 2016" (Arlington, VA: National Science Foundation, 2016), https://www.nsf.gov/statistics/2016/nsb20161/#/report.

53 Richard Waters and Tim Bradshaw, "Rise of the Robots Is Sparking an Investment Boom," *Financial Times*, May 3, 2016, http://www.ft.com/cms/s/2/5a352264-0e26-11e6-ad80-67655613c2d6.html; "World Record: 248,000 Industrial Robots Revolutionizing the World Economy," *International Federation of Robotics*, June 22, 2016, http://www.ifr.org/news /ifr-press-release/world-record-816/.

54 National Science Board, "Science and Engineering Indicators, 2016."

55 특허 신청 건수에서 중국이 전 세계의 38퍼센트를 차지하여, 다음 세 나라인 미국, 일본, 한국의 신청 건수를 합한 수준이었다. 다음을 보라. "World Intellectual Property Indicators 2016," World Intellectual Property Organization (2016) 7, 21, http://www.wipo.int/edocs/pubdocs/en/wipo_pub_941_2016.pdf.

56 2012년에 미국은 3970억 달러를 지출했고 중국은 2570억 달러밖에 지출하지 않은 반면, 2024년에 6000억 달러로 급등할 것으로 전망된다. (2024년에 중국은 6000억 달러로 급등할 것으로 전망되며 미국은 5000억 달러 이하로 유지될 전망이다.) 다음을 보라. "China Headed to Overtake EU, US in Science & Technology Spending, OECD Says," Organization for Economic Cooperation and Development, November 12, 2014, http://www.oecd.org/newsroom/china-headed-to-overtake-eu-us-inscience-technologyspending.htm.

57 Norman R. Augustine et al., *Restoring the Foundation: The Vital Role of Research in Preserving the American Dream* (Cambridge, MA: American Academy of Arts and Sciences, 2014), 7.

58 다음을 보라. Pierre Thomas, "FBI Director Tells ABC News Whether the US Has the Goods on China," ABC News, May 19, 2014, http://abcnews.go.com/US/fbi-director-tells-abc-news-us-goods-china/story?id=23787051; "The Great Brain Robbery," *60 Minutes* transcript, CBS News, January 17, 2016, http://www.cbsnews.com/news/60-minutes-great-brain-robbery-china-cyber-espionage/.

59 Thomas Kalil and Jason Miller, "Advancing U.S. Leadership in High-Performance Computing," the White House, July 29, 2015, https://obamawhitehouse.archives.gov/blog/2015/07/29/advancing-us-leadership-high-performance-computing.

60 "New Chinese Supercomputer Named World's Fastest System on Latest Top500 List," Top500, June 20, 2016, https://www.top500.org/news/new-chinese-supercomputer-named-worlds-fastest-system-on-latest-top500-list/; James Vincent, "Chinese Supercomputer Is the World's Fastest—and Without Using US Chips," *The Verge*, June 20, 2016, http://www.theverge.com/2016/6/20/11975356/chinese-supercomputer-worlds-fastes-taihulight.

61 다음을 보라. Steven Mufson, "Energy Secretary Is Urged to End U.S. Nuclear Fuel Program at Savannah River," *Washington Post*, September 9, 2015, https://www.washingtonpost.com/business/economy/energy-secretary-is-urged-to-end-us-nuclear-fuel-program-at-savannah-river/2015/09/09/bc6103b4-5705-11e5-abe9-27d53f250b11_story.html; Darren Samuelsohn, "Billions Over Budget. Two Years After Deadline. What's Gone Wrong for the 'Clean Coal' Project That's Supposed to Save an Industry?" *Politico*, May 26, 2015, http://www.politico.com/agenda/story/2015/05/billion-dollar-kemper-clean-coal-energy-project-000015.

62 중국은 핵무기 보유량도 늘려가고 있다. 1964년에 핵보유국이 된 이후로 수십 년 동안 베이징은 소량의 사일로 기반 대륙간탄도미사일ICBM을 유지해왔으나, 이는 적의 최초 공격에 취약한 수준이었다. 1990년대 중반 이후로 보다 생존 가능한 수준의 핵무기를 배치해두고 있다. 최근에는 도로 이동 및 잠수함 발사 탄도미사일을 배치했다. 그 결과, 미국은 중국과 '상호확증파괴' 조건의 관계임을 받아들이지 않을 수 없게 되었다. 즉, 냉전 시대에 소련과의 관계와 비슷한 관계가 된 것이다. 이런 상황은 2010년의 미국 핵 태세 보고서NPR에서 미국은 '중국이나 러시아와의 핵 관계 안정성'에 부정적인 영향을 미칠 수 있는 어떤 행동도 하지 않겠다고 확인한 것에서 반영된 바 있다.

63 1988년 이후로 중국의 국방 예산 지출은 GDP의 평균 2.01퍼센트였던 반면, 미국의 지출은 평균 3.9퍼센트였다. 다음을 보라. World Bank, "Military Expenditure(% of GDP)," http://data.worldbank.org/indicator/MS.MIL.XPND.GD.ZS.

64 72 법칙을 떠올려 보라. 72를 연평균 성장률로 나누면 성장률이 두 배가 될 때까지 얼마나 오래 걸릴지 알 수 있다.

65 International Institute for Strategic Studies, *The Military Balance 2016*(New York: Routledge, 2016), 19.

66 Eric Heginbotham et al., *The U.S.-China Military Scorecard: Forces, Geogra-phy, and the Evolving Balance of Power, 1996-2017*(Santa Monica, CA: RAND Corporation, 2015), xxxi, xxix.

67 2012년 5월에 베이징에서 있었던 미중 전략경제대화Strategic and Economic Dialogue를 두고 클린턴은 기자들에게 이렇게 말했다. "우리는 미래를 매우 낙관적으로 바라봅니다. 또, 중국한테도 우리한테도 계속해서 과거의 렌즈로 세계를 바라볼 여유가 없습니다. 제국주의든 냉전이든 아니면 힘의 균형 정치든 그게 뭐가 되었든지 말이지요. 제로섬Zero sum 게임적인 사고는 결국 부정적인 결과만을 가져오게 될 것입니다. 그래서 우리 두 나라는, 두 나라 모두가 건강하지 못한 경쟁이든 겨루기든 갈등 없이 번영하고, 국가적, 지역적, 세계적 차원의 책임을 이행할 수 있도록 해줄 탄력적인 관계를 건설하려고 하는 것입니다." 다음을 보라. "Remarks at the Strategic and Economic Dialogue U.S. Press Conference," US Department of State, May 4, 2012, https://2009-2017.state.gov/secretary/20092013clinton/rm/2012/05/189315.htm.

68 Author's interview with Lee Kuan Yew, December 2, 2011.

69 Robert Blackwill and Jennifer Harris, *War by Other Means: Geoeconomics and Statecraft*(Cambridge, MA: Harvard University Press, 2016), 11.

70 Association of Southeast Asian Nations, "External Trade Statistics," June 10, 2016, http://asean.org/?static_post=external-trade-statistics-3; Shawn Donnan, "China Manoeuvres to Fill US Free-Trade Role," *Financial Times,* November 21, 2016, https://www.ft.com/content/c3840120-aee1-11e6-a37c-f4a01f1b0fa1.

71 Henry Kissinger, *On China*(New York: Penguin Books, 2012), 28.

72 James Kynge, "China Becomes Global Leader in Development Finance," *Financial Times,* May 17, 2016, https://www.ft.com/content/b995cc7a-1c33-11e6-a7bc-ee846770ec15.

73 2014년 말까지 중국의 국가개발은행과 수출입은행은 국제적 대출 규모가 6840억에 달했다. 이는 세계은행, 아시아개발은행, 미주개발은행, 유럽투자은행, 유럽부흥개발은행 그리고 아프리카개발은행의 대출 금액을 모두 합한 7000억 달러에 약간 못 미치

는 수준이다. 게다가 중국은 쌍무개발금융과 지역개발금융에 약 1160억 달러를 조달한 것으로 추산되어, 총 국제개발금융에서 중국이 지원한 금액이 나머지 다자 은행들보다 훨씬 더 많았다. 다음을 보라. Kevin Gallagher, Rohini Kamal, Yongzhong Wang, and Yanning Chen, "Fueling Growth and Financing Risk: The Benefits and Risks of China's Development Finance in the Global Energy Sector," working paper, Boston University Global Economic Governance Initiative, May 2016, 3-7, http://www.bu.edu/pardeeschool/research/gegi/program-area/china-and-global-development-banking/fueling-growth-and-financing-risk/.

74 다음을 보라. "Our Bulldozers, Our Rules," *Economist*, July 2, 2016, http://www.economist.com/news/china/21701505-chinas-foreign-policy-could-reshape-good-part-world-economy-our-bulldozers-our-rules; Enda Curran, "China's Marshall Plan,"Bloomberg, August 7, 2016, www.bloomberg.com/news/articles/2016-08-07/china-s-marshall-plan.

75 Allison, Blackwill, and Wyne, *Lee Kuan Yew*, 6-7.

2. 아테네 대 스파르타

1 Leopold von Ranke's phrase in its original German is *"wie es eigentlich gewesen."*

2 Thucydides, *History of the Peloponnesian War*, 1.23.6. 투키디데스는 스트래슬러Strassler의 번역본을 사용했고, 이 번역본은 기본적으로 크롤리Crawley의 번역본을 따른 것이다. 더 현대적인 영어 문법에 맞추어 내가 변형을 가한 부분이 일부 있음을 밝혀둔다. 인용 시에 사용된 세 가지 숫자는 책의 권, 장章, 줄을 가리키는 것이다. 다음을 보라. Thucydides, *The Peloponnesian War*, ed. Robert B. Strassler, trans. Richard Crawley(New York: Free Press, 1996).

3 앞의 책, 1.23.6. 투키디데스의 글에 나오는 그리스어 단어 '아난카사이anankasai'와 그 뜻에 관한 더 자세한 논의를 알고 싶다면 다음을 보라. G.E.M. de Ste. Croix, *The Origins of the Peloponnesian War*(London: Gerald Duckworth & Company, 1972), 51-63.

4 Book 1 of *History of the Peloponnesian War* analyzes the path to war. The remaining seven books chronicle the war itself.

5 Herodotus, *Histories*, 9.10.1.

6 Plutarch, *Moralia*, 241.

7 Thucydides, *History of the Peloponnesian War*, 2.13.6.

8   앞의 책, 1.76.2.

9   앞의 책, 1.118.2.

10   앞의 책, 1.70.2.

11   앞의 책, 1.76.2.

12   Paul Rahe, *The Grand Strategy of Classical Sparta: The Persian Challenge*(New Haven, CT: Yale University Press, 2015), 327-6.

13   Thucydides, *History of the Peloponnesian War*, 1.25.4. 갈등의 가장 근본적인 원인은 상처받은 자존심이었다고 투키디데스는 우리에게 말한다. 코린토스인들은 신에게 제물을 바치는 공적 의례에서 자신들의 차례가 뒤로 밀려난 사실을 두고, 코르키라인들로부터 '경멸적인 대우를 받았다'고 느꼈다.

14   앞의 책, 1.84.4.

15   앞의 책, 1.86.2.

16   앞의 책, 1.69.1-4.

17   앞의 책, 1.88.1. Adapted from the translation of Rex Warner(1972). Thucydides, *The Peloponnesian War*, ed. M. I. Finley, trans. Rex Warner(New York: Penguin, 1954), 55.

18   아테네에는 권력을 너무 많이 가진 정치 지도자를 제거하는 공식적인 시스템인 배척 제도가 있었다.

19   Donald Kagan, *The Peloponnesian War*(New York: Penguin, 2004), 32-4.

20   Thucydides, *History of the Peloponnesian War*, 5.105.2.

21   이 점에 관해서는 현대 학자들 가운데 도널드 케이건Donald Kagan의 설명이 가장 통찰력이 돋보인다. 다음을 보라. Donald Kagan, *On the Origins of War and the Preservation of Peace*(New York: Doubleday, 1995); Donald Kagan, "Our Interests and Our Honor," *Commentary*, April 1997, https://www.commentarymagazine.com/articles/our-interests-and-our-honor/.

22   Richard Neustadt, *Presidential Power and the Modern Presidents: The Politics of Leadership from Roosevelt to Reagan*(New York: Free Press, 1990), xix.

3. 500년

1   우리 연구에서 독립 변수는 주요 지배 세력과 그 세력을 대체할 수 있는 신흥 경쟁 세

력 간에 힘의 균형(무력의 상관관계)이 급격하게 이동하는 현상이다. 지배/우월함/지도력은 특정 지역이라는 지리적 차원에서 나타날 수도 있고(예컨대 16세기 유럽 대륙의 합스부르크 왕가처럼), 특정 영역에서(예컨대 19세기에 영국이 해상을 제패했듯이) 나타날 수도 있다. 이 연구에서 종속변수는 전쟁이다. 이때 전쟁은, 전쟁 상관관계 프로젝트Correlates of War Project의 기준에 따라, 연 사망자 수가 최소 1,000명인 군사적 충돌로 정의된다. 이런 사례를 밝히고 요약하면서 우리는 역사학에서 가장 대표적인 설명들의 판단을 따랐다. 특히 역사적 사건들을 두고 독창적이거나 색다른 해석을 제시하고픈 유혹을 피했다. 이 프로젝트에서 우리는 1,500년 이후에 주요 지배 세력이 신흥 세력에게 도전받은 사례는 전부 다 포함하고자 했다. 기법技法 차원에서, 대표적인 표본이 아니라 모든 사례를 모으는 것을 목표로 했다. 《옥스퍼드 정치방법론 편람The Osford Handbook of Political Methodology》에 나와 있듯이, "비교-역사 연구자들이 모든 사례를 전부 다 찾기로 방침을 정하는 한, 흔히 저지르기 쉬운 선택 편향 문제가 발생하지 않는다". 연구 방법론에 관한 보다 자세한 설명을 원한다면 다음을 참조하라. http://belfercenter.org/thucydides-trap/thucydides-trap-methodology.

2   US Department of State, *Papers Relating to the Foreign Relations of the United States and Japan, 1931–1941*, vol. 2(Washington, DC: US Government Printing Office, 1943), 780.

3   Jack Snyder, *Myths of Empire: Domestic Politics and International Ambition*(Ithaca, NY: Cornell University Press, 1993), 126.

4   Paul Kennedy, *The Rise and Fall of the Great Powers: Economic Change and Military Conflict from 1500 to 2000*(New York: Random House, 1987), 334.

5   Charles Maechling, "Pearl Harbor: The First Energy War," *History Today 50*, no. 12(December 2000), 47.

6   Bruce Bueno de Mesquita, *The War Trap*(New Haven, CT: Yale University Press, 1987), 85.

7   Roberta Wohlstetter, *Pearl Harbor: Warning and Decision*(Palo Alto, CA: Stanford University Press, 1962); Gordon W. Prange, *Pearl Harbor: The Verdict of History*(New York: McGraw Hill, 1986).

8   Herbert Feis, *The Road to Pearl Harbor: The Coming of the War Between the United States and Japan*(New York: Atheneum, 1965), 248.

9   B. R. Mitchell, *International Historical Statistics: Africa, Asia and Oceania, 1750–1993*(New York: Macmillan, 2003), 1025.

10 Akira Iriye, "Japan's Drive to Great-Power Status," in *The Cambridge History of Japan*,

vol. 5: *The Nineteenth Century,* ed. Marius Jansen (Cambridge: Cambridge University Press, 1989), 760 – 1.

11   charts on Japanese military expenditure in J. Charles Schencking, *Making Waves: Politics, Propaganda, and the Emergence of the Imperial Japanese Navy, 1868 – 1922*(Palo Alto, CA: Stanford University Press, 2005), 47(1873 – 1889); 104(1890 – 1905).

12   Whereas the Korean king invited the help of the Chinese military, Japan, unwilling to allow China to erode its buildup of regional influence, intervened of its own volition.

13   다음을 보라. Kan Ichi Asakawa, *The Russo-Japanese Conflict: Its Causes and Issues*(Boston: Houghton Mifflin, 1904), 70 – 2; Peter Duus, *The Abacus and the Sword: The Japanese Penetration of Korea, 1895 – 1910*(Berkeley: University of California Press, 1995), 96 – 7.

14   Asakawa, *The Russo-Japanese Conflict,* 52.

15   J. N. Westwood, Russia Against Japan, 1904 – 05: *A New Look at the Russo-Japanese War*(Albany: State University of New York Press, 1986), 11.

16   Michael Howard, *The Franco-Prussian War*(New York: Methuen, 1961), 40.

17   Geoffrey Wawro, *The Franco-Prussian War: The German Conquest of France in 1870 – 1871*(New York: Cambridge University Press, 2013), 17.

18   Correlates of War Project, "National Material Capabilities Dataset," version 4, 1816 – 2007, http://www.correlatesofwar.org/data-sets/national-material-capabilities; J. David Singer, Stuart Bremer, and John Stuckey, "Capability Distribution, Uncertainty, and Major Power War, 1820 – 1965," in *Peace, War, and Numbers,* ed. Bruce Russett(Beverly Hills, CA: Sage, 1972), 19 – 48.

19   Wawro, *The Franco-Prussian War,* 17.

20   앞의 책, 19.

21   Robert Howard Lord, *The Origins of the War of 1870*(Cambridge, MA: Harvard University Press, 1924), 6.

22   앞의 책.

23   Jonathan Steinberg, *Bismarck: A Life*(New York: Oxford University Press, 2011), 284.

24   Henry Kissinger, *Diplomacy*(New York: Simon & Schuster, 1994), 118.

25   Kennedy, *The Rise and Fall of the Great Powers,* 515.

26 George Edmundson, *Anglo-Dutch Rivalry During the First Half of the Seventeenth Century*(Oxford: Clarendon Press, 1911), 5.

27 앞의 책.

28 Jack Levy, "The Rise and Decline of the Anglo-Dutch Rivalry, 1609–1689," in *Great Power Rivalries*, ed. William R. Thompson(Columbia: University of South Carolina Press, 1999), 176.

29 Kennedy, *The Rise and Fall of the Great Powers*, 63; 앞의 책., 178.

30 Charles Wilson, *Profit and Power: A Study of England and the Dutch Wars*(London: Longmans, Green, 1957), 23.

31 앞의 책., 111.

32 Levy, "The Rise and Decline of the Anglo-Dutch Rivalry," 180.

33 Edmundson, *Anglo-Dutch Rivalry*, 4.

34 María J. Rodriguez-Salgado, "The Hapsburg-Valois Wars," in *The New Cambridge Modern History*, 2nd ed., vol. 2, ed. G. R. Elton(New York: Cambridge University Press, 1990), 380.

35 앞의 책., 378. Making war against Muslim "infidels" was a responsibility inherent in the title of Holy Roman Emperor.

36 앞의 책., 380.

37 Henry Kamen, Spain, 1469–1714: *A Society of Conflict*, 4th ed.(New York: Routledge, 2014), 64.

38 John Lynch, *Spain Under the Hapsburgs*, vol. 1(Oxford: Oxford University Press, 1964), 88.

39 Rodriguez-Salgado, "The Hapsburg-Valois Wars," 381.

40 Lynch, *Spain Under the Hapsburgs*, 88.

41 Robert Jervis, "Cooperation Under the Security Dilemma," *World Politics* 2, no. 2(January 1978), 167–214.

4. 영국 대 독일

1 Martin Gilbert, *Churchill: A Life*(London: Heinemann, 1991), 239.

2   David Evans and Mark Peattie, *Kaigun: Strategy, Tactics, and Technology in the Imperial Japanese Navy, 1887–1941* (Annapolis, MD: Naval Institute Press, 1997), 147.

3   처칠은 총리로 임명된 지 두 달이 채 지나지 않아, "전쟁을 위한 비행술"은 "가장 명예로운 일로 인정받아야 합니다. 이 일은 젊은이가 택할 수 있는 가장 위험한 일이기 때문입니다"라고 선언했다. 그는 솔선수범하는 차원에서 직접 비행기에 올라탔다. 새로운 전쟁에 대비하여 안전한 원유 공급처를 확보하기 위해서 처칠은 대부분의 원유 구입을 앵글로-페르시아 오일 컴퍼니(나중에 브리티시 페트롤리움으로 이름이 바뀌었다)를 통해서 했다. Gilbert, Churchill: A Life, 240–1, 248–9, 251–3, 259–61. Winston S. Churchill, *The World Crisis*, vol. 1 (New York: Scribner, 1923), 125–48.

4   Churchill, *The World Crisis*, 123–4.

5   하버드대학교 케네디스쿨에서 열린 세미나에서 나는, 그때 이후로 한 세기가 지난 지금까지도 국가 안보 전문가들과 군 장교들이 이런 딜레마에서 벗어날 수 있는 실현 가능한 계획을 만들어내기 위해서 진땀을 흘리고 있다는 사실을 알게 되었다.

6   처칠은 이렇게 주장했다. "역사적 관점에서 볼 때, 일관된 목표를 유지해온 4세기 동안 이름과 사실, 환경과 조건의 변화가 너무도 많았다. 이 기간은 다른 어떤 인종이나 국가나 민족이 보여준 것보다도 놀라운 사건들의 연속이었다. 게다가 영국은 늘 가장 어려운 길을 택했다. 에스파냐의 펠리페 2세에 맞서서, 윌리엄 3세와 말보로 공작 아래에서는 루이 14세에, 나폴레옹에 그리고 독일의 빌헬름 2세에 맞서서 싸울 때, 더 강한 세력과 힘을 합쳐서 정복의 과실을 나누는 것이 훨씬 더 쉽고 매력적인 선택이었을 것이다. 그러나 우리는 늘 더 어려운 길을 택하여, 덜 강한 세력들과 손을 잡고 대륙의 군사적 폭군을 상대로 이기고 그를 주저앉혔다. 그가 누구든, 그가 이끄는 나라가 어느 나라든 가리지 않고 말이다. 그렇게 우리는 유럽의 자유를 보존하고, 유럽이 활기차고 다양한 사회를 만들어나가도록 보호했으며, 네 차례의 끔찍한 싸움을 치르며 살아남았다. 그 싸움은 갈수록 드높아진 명성과 제국의 확장 그리고 저지대 국가들의 안정된 독립을 보호하는 일이었다." Winston S. Churchill, *The Second World War*, vol. 1: The Gathering Storm (Boston: Houghton Mifflin, 1948), 207.

7   전쟁으로 이어지는 요인들과 사건들은 엄청나게 복잡하고 종종 과도한 결정으로 보이는 경우가 많다. 주된 역할을 했다고 지목되어온 요인들 중에는, 명예에 대한 공격적인 의미 부여, 국내 혼란 사태에 두려움을 느낀 지배 계급이 애국 전쟁으로 이를 잠재울 수도 있으리라고 기대하는 일, 민족주의, 때로는 미래를 향한 불가피한 투쟁으로까지 미화되어 예찬되는 사회 진화론적 태도와 운명주의, '공격성에 대한 숭배', 군사 동원에 대해 조직 차원의 제약이 이루어짐에 따라 외교적 경직성이 심화되는 현상 등이 있으며, 그 외에도 수많은 요인들이 있다. 그처럼 복잡한 사건을 충분히 설명해주는 단 하나의 모델이라는 것은 있을 수 없다. 다음을 보라. Christopher Clark, *The Sleepwalkers: How Europe Went to War in 1914* (London: Allen Lane; New York: Penguin Books, 2012),

xxi-xxvii; Margaret MacMillan, *The War That Ended Peace: How Europe Abandoned Peace for the First World War*(London: Profile Books, 2013), xxi-xxii, xxx-xxxi, 605. 이 장章의 목적은 서로 경쟁하는 역사학파들의 주장에 어떤 판정을 내리거나 역사의 특정 행위자들에게 오롯이 책임을 떠안기는 데 있지 않다. 또 전쟁의 모든 복잡한 요인과 속성을 '설명'하는 데 있지도 않다. 이 장의 초점은 영국과 독일이 세계를 영영 바꿔놓을 갈등 속으로 빠져드는 데 어떻게 투키디데스적인 긴장이 일조했는지를 보여주는 데 있다.

8 Churchill, *The World Crisis*, 17-8.

9 강조는 필자. Gilbert, *Churchill: A Life*, 268. 크리스토퍼 클라크Christopher Clark의 논평도 한번 숙고해볼 만하다. 그는 어떻게 "1914년의 주인공들이 경계를 늦추지 않았음에도 앞을 제대로 보지 못했는지, 어떻게 자신들이 전 세계에 싸움을 불러오고 있는 중이라는 무시무시한 현실을 깨닫지 못하고 마치 몽유병자가 꿈속을 헤매듯이 행동했는지"를 설명했다. Clark, *The Sleepwalkers*, 562. 전쟁에 대한 독일의 군사적 야심이 어떻게 "악몽으로 변했는지, 그런 뒤에 어쩌다가 그 악몽이 현실이 되었는지"에 관한 논의가 궁금하다면 다음을 보라. Stig Förster, "Dreams and Nightmares: German Military Leadership and the Images of Future Warfare, 1871-1914," in *Anticipating Total War: The German and American Experiences, 1871-1914*, ed. Manfred F. Boemeke, Roger Chickering, and Stig Förster(Washington, DC: German Historical Institute; Cambridge and New York: Cambridge University Press, 1999), 376.

10 Gilbert, *Churchill: A Life*, 268.

11 나중에 정부가 기록해놓은 바에 따라 더 정확히 말하자면, 왕은 "독일에 대해서 끊임없이 비우호적으로 보이는 우리 정부의 태도가, 우리가 프랑스를 쫓아다니면서 프랑스가 요구하는 것이라면 뭐든지 하려고 기를 쓰는 모습과는 완전히 대조적인 것에 불안을 느끼는 심정을 여러 차례 표출했다". Paul M. Kennedy, *The Rise of the Anglo-German Antagonism, 1860-1914*(London and Boston: Allen & Unwin, 1980), 402-3, 540n73; K. M. Wilson, "Sir Eyre Crowe on the Origin of the Crowe Memorandum of 1 January 1907," *Historical Research* 56, no. 134(November 1983), 238-1.

12 MacMillan, *The War That Ended Peace*, 115-6.

13 크로 메모 전문은 "Memorandum on the Present State of British Relations with France and Germany," January 1, 1907, in *British Documents on the Origins of the War, 1898-1914, vol. 3: The Testing of the Entente*, ed. G. P. Gooch and H. Temperley(London: H. M. Stationery Office, 1928), 397-420에서 볼 수 있다. 외무부의 사무차관으로 일하다가 은퇴한 포머스 샌더슨Thomas Sanderson 경은 크로의 분석에 동의하지 않았지만 "독일을 상대로 싸움의 고삐를 쥐기 시작한" 것처럼 보였고, 크로의 관점이 널리 받아들여졌다. 다음을 보라. 420-31, and Zara S. Steiner, *Britain and the Origins of the First World*

War(New York: St. Martin's Press, 1977), 44-5. For a discussion of the memorandum's significance, see Kissinger, *On China*, 514-22.

14 Kennedy, *The Rise and Fall of the Great Powers*, 224-6.

15 London was also the world's financial capital. 앞의 책., 226, 228.

16 Niall Ferguson, *Empire: How Britain Made the Modern World*(London: Allen Lane, 2003), 222, 240-4; Kennedy, *The Rise and Fall of the Great Powers*, 226.

17 MacMillan, *The War That Ended Peace*, 25-8, 37.

18 사실 처칠의 첫 번째 연설은 2년 전에 있었다. 이 연설에서 그는 런던 중심에 있는 다양한 종류의 술집을 숨기려는 도덕주의자들의 시도에 항의했다. 그러나 나중에 그는 1897년 연설을 '내 첫 (공식) 연설'이라고 불렀다. Robert Rhodes James, ed., *Winston S. Churchill: His Complete Speeches, 1897-1963*,vol. 1(New York: Chelsea House Publishers, 1974), 25, 28; Richard Toye, *Churchill's Empire: The World That Made Him and the World He Made*(London: Macmillan, 2010), 4-5; Gilbert, *Churchill: A Life*, 71-2.

19 Aaron Friedberg, The Weary Titan: Britain and the Experience of Relative Decline, 1895-1905(Princeton, NJ: Princeton University Press, 1988); Kennedy, Anglo-German Antagonism, 229.

20 For a recent account of Churchill's adventures in South Africa, see Candice Millard, Hero of the Empire: The Boer War, a Daring Escape, and the Making of Winston Churchill(New York: Doubleday, 2016).

21 Kennedy, Anglo-German Antagonism, 265.

22 Kennedy, *The Rise and Fall of the Great Powers*, 198, 226-8. 케네디는 이렇게 말했다. "세기말의 세계를 관찰해온 사람들은 경제적, 정치적 변화의 속도가 빨라지고 있으며 따라서 국제 질서가 이전보다 더 위태로워지기 쉽다는 데 동의했다. 힘의 균형의 변화는 언제나 불안정을 가져왔으며, 종종 전쟁으로 귀결되었던 탓이다. 투키디데스는 《펠로폰네소스 전쟁사》에서, "전쟁이 필연적이었던 것은 아테네의 부상과 그에 따라 스파르타에 스며든 두려움 때문이었다"고 썼다. 하지만 19세기 말에 와서는 세계 전체의 세력 구도에 영향을 미친 변화들이 과거 어느 때보다도 광범위하고 전달 속도도 대체로 빨랐다. 세계무역과 커뮤니케이션망의 발달로…… 과학기술 분야의 획기적인 혁신들이나 공산품 생산에서의 새로운 진전이 단 몇 년이면 한 나라에서 다른 나라로 전파될 수 있었다."

23 Kennedy, *The Rise and Fall of the Great Powers*, 227, 230, 232-3.

24 Hew Strachan, *The First World War*, vol. 1(Oxford and New York: Oxford University Press, 2001), 13; see also Kennedy, The Rise and Fall of the Great Powers, 219-24.

25 Kennedy, *The Rise and Fall of the Great Powers*, 242-4.

26 앞의 책., 202.

27 Kenneth Bourne, *Britain and the Balance of Power in North America, 1815-1908* (Berkeley: University of California Press, 1967), 339.

28 Kennedy, *The Rise and Fall of the Great Powers*, 209-15; Kennedy, Anglo-German Antagonism, 231.

29 MacMillan, *The War That Ended Peace*, 55, 129-30.

30 George F. Kennan, *The Decline of Bismarck's European Order: Franco-Russian Relations, 1875-1890* (Princeton, NJ: Princeton University Press, 1979), 97-8, 400.

31 Kennedy, *The Rise and Fall of the Great Powers*, 212.

32 앞의 책., 199.

33 1910년에 독일의 GDP는 2100억 달러였고 영국의 GDP는 (식민지를 제외하고 본토에서만) 2070억 달러였다(1990년 국제 달러 기준). 다음을 보라. "GDP Levels in 12 West European Countries, 1869-1918," in Maddison, *The World Economy*, 426-7.

34 Kennedy, *The Rise and Fall of the Great Powers*, 211.

35 Kennedy, *Anglo-German Antagonism*, 464.

36 앞의 책,, 293.

37 MacMillan, *The War That Ended Peace*, 101-2. 다음을 보라. Clark, *The Sleepwalkers*, 164-5.

38 Ivan Berend, *An Economic History of Nineteenth-Century Europe: Diversity and Industrialization* (New York: Cambridge University Press, 2012), 225.

39 Clark, *The Sleepwalkers*, 165.

40 Bernard Wasserstein, *Barbarism and Civilization: A History of Europe in Our Time* (Oxford and New York: Oxford University Press, 2007), 13-4.

41 Modris Eksteins, *Rites of Spring: The Great War and the Birth of the Modern Age* (Toronto: Lester & Orpen Dennys, 1994), 70-2. 독일이나 미국의 식자층과는 대조적으로, 영국의 지배 계층이 주로 다니는 대학교들과 그 졸업생들이 비즈니스와 산업에 얼마나 적대적이었는지에 관한 논의가 궁금하다면 다음을 보라. Martin J. Wiener, *English Culture and the Decline of the Industrial Spirit, 1850-1980* (Cambridge and New York: Cambridge University Press, 1981), 22-4.

42　개인적으로 독일의 과학적 창의력이 어느 정도인지를 이해하고 싶은 독자라면, 지금 이 순간 자신들의 몸에 있는 질소 원자의 절반이 하버-보슈Haber-Bosch법으로 '제조한' 공기로 만들어진 것이라는 사실을 생각해보아야 한다. 지금 우리 인간이 먹는 식량의 절반에 이 1913년에 개발된 공정으로 생산한 화학비료가 사용되고 있다. Robert L. Zimdahl, *Six Chemicals That Changed Agriculture* (Amsterdam: Elsevier, 2015), 60.

43　Kennedy, *The Rise and Fall of the Great Powers*, 194-6; MacMillan, The War That Ended Peace, 54-5.

44　만약 독일의 신민지 원정이 늦었다면, 거기에는 비스마르크 스스로 식민지 원정에 대해서 언급을 자제했던 이유가 매우 컸다. 그는 독일을 다른 선결 과제로 "꽉 찬" 세력으로 설명했다. 1880년대에 너나 할 것 없이 모두가 "아프리카를 향해 앞 다투어 달려가는" 상황에서 그는 한 탐험가에게 유럽 지도를 가리키며 이렇게 말했다. "내 아프리카 지도는 여기 유럽에 있소. 여기 러시아가 있고, 여기 프랑스가 있고, 우리는 그 사이에 있지요. 이게 내 아프리카 지도요." MacMillan, *The War That Ended Peace*, 80-2; Kennedy, *The Rise and Fall of the Great Powers*, 211-3. 국력에 상응하는 세계적 지위를 인정받지 못할 경우에 발생하는 분노의 예로는 프리드리히 폰 베른하르디Friedrich von Bernhardi 장군이 써서 베스트셀러가 된 책 *Germany and the Next War* (New York: Longmans, Green, 1912)를 보라. '세계 강대국이 되든지 몰락하든지' 장章에서 그는 독자 부대를 향해 이렇게 말한다. "지금까지 우리는 우리나라의 통합을 위해서 그리고 유럽 세력들 사이에서 우리의 위치를 확보하기 위해서 여러 차례 전쟁을 치러왔다. 이제는 우리가 세계 제국으로 나아갈지 그리고 지금까지 그들이 인정하기를 거부해온 독일의 정신과 독일의 이상을 실현하기 위해서 행동에 나설지 여부를 결정해야 할 때가 된 것이다."

45　Strachan, *The First World War*, 6.

46　황제가 비스마르크를 내친 것은 외교정책 때문이라기보다는 내부적 이유에서였다. 다음을 보라. Robert K. Massie, *Dreadnought: Britain, Germany, and the Coming of the Great War* (New York: Random House, 1991), 92-9.

47　MacMillan, *The War That Ended Peace*, 74.

48　Kennedy, *Anglo-German Antagonism*, 223-5.

49　강조는 필자. Clark, *The Sleepwalkers*, 151.

50　세계 정책 자체도 일관되게 정의되지 않았다.
Clark, *The Sleepwalkers*, 151-2; Strachan, *The First World War*, 9-11; MacMillan, *The War That Ended Peace*, 78-81.

51　Clark, *The Sleepwalkers*, 151.

52 뷜로는 반대론자들을 전형적인 고압적인 부모, 그러니까 다음 세대가 성장하는 것을 가로막기로 단단히 작심한 부모로 비유했다. Kennedy, *Anglo-German Antagonism*, 311.

53 Jonathan Steinberg, "The Copenhagen Complex," *Journal of Contemporary History* 1, no. 3(July 1966), 27.

54 강조는 필자. MacMillan, *The War That Ended Peace*, 83-4.

55 Michael Howard, *The Continental Commitment*(London and Atlantic Highlands, NJ: Ashfield Press, 1989), 32.

56 빅토리아는 세 살이 될 때까지 독일어만 배우면서 자랐다. Massie, *Dreadnought*, 3; MacMillan, *The War That Ended Peace*, 58, 84; Joseph Bucklin Bishop, *Theodore Roosevelt and His Time: Shown in His Own Letters*(New York: Scribner, 1920), 253-4. 황제와 루스벨트는 베를린에서 만난 직후에 에드워드 7세의 장례식 참석을 계기로 런던에서 다시 만나게 된다. 이후 에드워드의 아들이자 빌헬름의 사촌인 조지 5세가 에드워드의 자리를 계승하게 되었다.

57 킬은 결코 카우스만큼 매력적인 곳은 아니었다. 재위 초기에 빌헬름이 에드워드가 조카인 자신에게 충분한 경의를 표하지 않은 것에 화를 냈다는 말을 전해들은 빅토리아 여왕은 인내심이 바닥나고 말았다. 그녀는 한 편지에, "우리는 빌헬름과 늘 매우 친밀하게 지내왔지만…… 그가 공적인 자리에서만이 아니라 **사적인 자리에서조차** '황제 폐하' 대우를 받고 싶어 한다니 **완전히 제정신이 아니다!**"라고 썼다. MacMillan, *The War That Ended Peace*, 60-5, 84-6; Massie, *Dreadnought*, 152-9.

58 루스벨트는 황제가 자신의 삼촌에 대해서 지닌 양가감정, 즉 "에드워드 7세에 대한 진짜 애정과 존경의 마음과, 그를 향한 엄청난 질투심과 적개심은 처음에는 그저 단순한 느낌이었다가 나중에는 극도의 감정으로 치달아 결국 입 밖으로 그런 말을 꺼내기에 이르렀다"고 언급했다. Bishop, *Theodore Roosevelt and His Time*, 254-5; MacMillan, *The War That Ended Peace*, 86. 황제의 인정 요구는 지배 세력과 신흥 세력 사이의 국가적 수준에서 반영되었다. 조너선 스타인버그가 주장한 대로, "동생이나 졸부가 인정받고자 하는 욕구에는 협상의 여지가 없다. 따라서 영국인들이 독일인들이 원한 것을 절대 이해할 수 없었던 것도, 일반적인 의미에서 외교적 '협상'을 이루지 못한 것도 결코 놀랄 일이 아니다. 실익도 별로 없는 남태평양의 몇몇 섬이나 북아프리카의 영토 한 조각을 두고 전쟁을 선포할 준비가 되어 있는 나라에는 그저 국제적인 합의 절차에 따라 협상을 할 여지가 없는 것이다. 독일인들은 영국인들이 가졌다고 생각한 것을 갖고 싶어 했지만 그 과정에서 영국을 파괴하는 것은 원하지 않았다. 만약 그것을 갖는 과정에서 대영제국이 파괴되어버린다면 독일은 [평등한 상태를] 즐기지 못할 테니 말이다." 다음을 보라. Steinberg, "The Copenhagen Complex," 44-5.

59 빌헬름이 했던 또 다른 항해 비유가 어떻게 자국 함대 건설을 예고한 것이었는지에 관

해서는 다음을 보라. MacMillan, *The War That Ended Peace*, 72.

60　시어도어 루스벨트는 머핸의 견해를 따랐다. 머핸의 책은 향후 20년간 미국에서 진행된 해군 확장을 지지하는 이들에게 바이블 역할을 했다. MacMillan, *The War That Ended Peace*, 87-9.

61　Steinberg, "The Copenhagen Complex," 43.

62　Clark, *The Sleepwalkers*, 149.

63　Kennedy, *Anglo-German Antagonism*, 224.

64　Kennedy, *The Rise and Fall of the Great Powers*, 196, 215.

65　MacMillan, *The War That Ended Peace*, 93.

66　Steinberg, "The Copenhagen Complex," 25.

67　Kennedy, *Anglo-German Antagonism*, 225; Massie, *Dreadnought*, 180.

68　MacMillan, *The War That Ended Peace*, 93; Kennedy, *Anglo-German Antagonism*, 224.

69　Kennedy, *The Rise and Fall of the Great Powers*, 212; Kennedy, *Anglo-German Antagonism*, 422.

70　Kennedy, *Anglo-German Antagonism*, 224.

71　마거릿 맥밀런은 "티르피츠는 영국이 독일의 목표물이라는 이토록 분명한 암시를 영국이 알아차리지 못하리라고 예상한 듯하다. 이런 점을 볼 때, 우리는 티르피츠가 시야가 얼마나 좁은 사람인지 알 수 있다"고 말했다. MacMillan, *The War That Ended Peace*, 94; Archibald Hurd and Henry Castle, *German Sea-Power: Its Rise, Progress, and Economic Basis*(London: J. Murray, 1913), 348.

72　1897년, 영국과의 전쟁 계획을 비밀리에 준비해달라는 황제의 요청에 정부가 마련한 계획안에는, 일단 기습 공격으로 중립국인 벨기에와 네덜란드를 먼저 점령하여 이들 나라를 영국 침략을 위한 발판으로 삼아야 한다는 내용이 들어 있었다. 조너선 스타인버그에 따르면, 이 계획이 "해군 내에서는 강력한 지지"를 받았지만 티르피츠는, 독일 함대가 훨씬 더 강력해지기 전까지는 그런 침략은 "미친 짓"이라고 주장했다. Steinberg, "The Copenhagen Complex," 27-8.

73　MacMillan, *The War That Ended Peace*, 94-5.

74　전쟁이 끝나고 나서 티르피츠는, "영국의 지배욕에 따라 맺은 조약은 독일이 필요로 하는 바와는 절대 맞지 않을 것이다. 독일의 필요를 충족시키기 위해서는 평등이 전제 조건이 되어야 한다"라고 주장했다. MacMillan, *The War That Ended Peace*, 78-9, 95-6; Kennedy, *Anglo-German Antagonism*, 226-7.

75 대규모 함대를 만들기 위해서는 시간이 제법 걸릴 터였지만, 황제는 자신에게 어울리는 모습을 세상에 당당히 보여줄 수 있을 날만을 손꼽아 기다렸다. 그가 프랑스 대사에게 이야기한 대로, 20년 뒤에 자국의 해군이 어엿한 꼴을 갖추게 되는 순간 "내가 사용하는 언어가 달라질 것"이었다. MacMillan, *The War That Ended Peace*, 90, 93, 95-9; Massie, *Dreadnought*, 176-9; Strachan, *The First World War*, 11-2.

76 MacMillan, *The War That Ended Peace*, 89-90; John Van der Kiste, *Kaiser Wilhelm II: Germany's Last Emperor* (Stroud, UK: Sutton, 1999), 121-2; Holger H. Herwig, *"Luxury" Fleet: The Imperial German Navy, 1888-1918* (London and Atlantic Highlands, NJ: Ashfield Press, 1987), 51.

77 Van der Kiste, *Kaiser Wilhelm II*, 122; Herwig, *"Luxury" Fleet*, 51.

78 폴 케네디가 말한 대로, "독일이 자국 내에 엄청난 규모의 해군을 건설하면서 이를 영국이 알아차리지 못하게, 혹은 대응하지 못하게 해낼 수 있다는 티르피츠의 계산에는 애초부터 결함이 있었다". Kennedy, *Anglo-German Antagonism*, 251-2.

79 Matthew S. Seligmann, Frank Nagler, and Michael Epkenhans, eds., *The Naval Route to the Abyss: The Anglo-German Naval Race, 1895-1914* (Farnham, Surrey, UK: Ashgate Publishing, 2015), 137-8.

80 독일의 해군 계획에 대한 영국의 불안이 점점 커져감에 따라, 독일과의 외교에 임하는 런던의 태도도 대체로 냉랭해져갔다. 영국에 대한 독일의 태도가 기만적이라고 여겨진 탓에 특히 중국에서 협조적 관계를 기대했던, 내각의 영-독 동맹 지지자들은 1901년 무렵이 되자 애초의 바람을 상당 부분 접게 되었다. Kennedy, *Anglo-German Antagonism*, 225, 243-6, 252.

81 앞의 책., 243-6, 265.

82 MacMillan, *The War That Ended Peace*, 129. 황제와 티르피츠는 독일이 배제되고 있다고 주장했다. 그러나 외무부의 논평대로, "황제는 이 점을 부당하다고 여기고 있는 것 같지만, 만약 영국 언론이 브라질의 해군력 증강보다는 독일의 해군력 증강에 더 많은 관심을 쏟는다면, 이런 현상은 독일 해안은 영국 가까이에 있고 브라질은 멀리 있다는 사실 때문임에 틀림없다." Kennedy, *Anglo-German Antagonism*, 421.

83 Friedberg, *The Weary Titan*, 161-80.

84 Kennedy, *Anglo-German Antagonism*, 243-6, 249-50.

85 George W. Monger, *The End of Isolation: British Foreign Policy, 1900-1907.* (London and New York: T. Nelson, 1963), 163.

86 Howard, *Continental Commitment*, 33-4.

87 Kennedy, *Anglo-German Antagonism*, 310.

88 앞의 책., 424-9.

89 John C. G. Rohl, *Kaiser Wilhelm II: A Concise Life*(Cambridge: Cambridge University Press, 2014), 98

90 1905년에 피셔는 사석에서, 전쟁을 피하는 최선의 방법은 적에게 겁을 주는 것이라고 말한 적이 있다. "나라 안에서든 밖에서든 계속해서 상기시켜주는 겁니다. 일선에 배치된 모든 부대가 언제라도 즉각 전투에 임할 태세가 되어 있고, '먼저 전투를 시작할' 의향이 있다는 것을 말입니다. 또 적이 뻗으면 그 상태에 있는 적의 배를 가격한 다음 발로 차버리고, 포로를(잡을 수 있다면 말이지만!) 기름에 튀겨버리고 여자와 아이들을 잔인하게 고문할 것이라고 계속 으름장을 놓는 거죠. 그러면 사람들은 아예 당신 근처에도 안 가려고 할 겁니다. '평화를 원하면 전쟁에 대비하라.' 율리우스 카이사르가 한 말이죠. 이 말은 지금 떠올려도 진짜 진리예요!" 그러나 같은 해에 해군성 장관이 "적은 전쟁이 선언되었다는 사실을 신문에서 읽기도 전에 영국 해군한테 단단히 일격을 당할 것이다"라고 공개적인 입장을 표명했을 때, 황제는 이 정치가가 영국 정부로부터 질책을 받게 만들고자 애를 썼다. 빌헬름의 반응은 그가 어느 장군에게 한 말로 요약될 수 있다. "영국의 지속적인 위협에 맞서서 해군 무장 계획에 속도를 내야 한다고 말한 사람들이 옳았어요. 영국의 위협에 맞서서 더 빠른 속도로 함대를 건설하기를 원하지 않는다면, 독일 국민의 미래 따위는 안중에도 없는 사람인 것입니다." 피셔는 왕에게 방어를 위한 선제공격을 제안하는 것도 마다하지 않았으며, 1905년에는 해군성 장관에게 이렇게 말했다. "독일 함대를 으스러뜨려 놓기를 원하신다면, 지금 저는 그렇게 할 준비가 되어 있습니다. 만약 5, 6년 더 기다린다면 훨씬 더 어려워질 겁니다." 총리는 장관에게, "우리는 독일 해군을 으스러뜨려 놓을 생각은 없고, 다만 계속해서 잘 감시하고 대비할 것"임을 피셔에게 알려주라고 말했다. 피셔는 이렇게 대답했다. "잘 알았습니다. 그런데 제가 경고했었다는 사실만큼은 잊지 마십시오." 전쟁이 끝나고 나서 피셔는, 영국에는 독일 함대에 대한 "집중 포격을 시작하라고 명령을 내릴 피트도 비스마르크도 없었다"고 탄식했다. 하지만 해군성 내에서 이런 전략을 실질적인 대안으로 고려해보기라도 했는지에 관해서는 아무런 증거가 없다. Arthur J. Marder, From the Dreadnought to Scapa Flow, vol. 1(London and New York: Oxford University Press, 1961-70), 111-4; Steinberg, "The Copenhagen Complex,"30-1, 37-9; William Mulligan, "Restraints on Preventative War Before 1914," in *The Outbreak of the First World War: Structure, Politics, and Decision-Making*, ed. Jack S. Levy and John A. Vasquez(Cambridge: Cambridge University Press, 2014), 131-2; MacMillan, *The War That Ended Peace*, 118-9; John Arbuthnot Fisher, *Memories*(London and New York: Hodder and Stoughton, 1919), 4-5.

91 MacMillan, *The War That Ended Peace*, 99.

92 티르피츠는 전쟁에서 결국 영국이 결정적인 전투를 벌이는 대신 독일을 봉쇄하는 해군 전략을 택하리라는 것과, 비싼 전함보다는 독일의 잠수함들이 훨씬 더 효과적인 역할을 하게 되리라는 사실을 예측하는 데도 실패했다. MacMillan, *The War That Ended Peace*, 88, 94, 99. 독일 내에, 티르피츠의 계획에 결함이 있다는 사실을 알아본 사람들도 있었다. 폴 케네디의 말에 따르면, "해가 갈수록 이런 비판들이 옳은 것으로 판명되었다. 그러나 황제의 절대적인 신임을 받고 있던 티르피츠는 이런 주장을 인정하지 않으려고 했다. 어쨌든 경주는 멈추지 않고 계속될 터였다." Kennedy, *Anglo-German Antagonism*, 419.

93 Marder, *From the Dreadnought to Scapa Flow*, 74.

94 Strachan, *The First World War*, 17.

95 MacMillan, *The War That Ended Peace*, 86. 처칠이 나중에 자신의 책에 쓴 바에 따르면, 베를린은 전함 건설에 부정적인 의견을 "민족정신이 부족한" 탓으로 돌렸으며, 이는 "지나치게 문명화되어 무기력해진 사람들과, 더 이상 세계를 움직이는 일에 뚜렷한 제 위치를 유지할 능력이 없는 평화주의적인 사회를 대체하기 위해서 독일이 활기찬 경쟁에 뛰어들 필요가 있음을 알려주는 또 하나의 증거"라고 믿었다. Churchill, *The World Crisis*, 34

96 Strachan, *The First World War*, 17-8.

97 MacMillan, *The War That Ended Peace*, 116-7.

98 Marder, *From the Dreadnought to Scapa Flow*, 67.

99 Massie, *Dreadnought*, 407.

100 앞의 책., 183.

101 Kennedy, *Anglo-German Antagonism*, 443-4; Steinberg, "The Copenhagen Complex," 40.

102 자유당 정부가 들어서자(이들은 보수당에서 탈당한 윈스턴 처칠을 받아들였다) 해군은 전방위 로비를 통해서 예산을 늘리려고 안간힘을 썼다. 그리하여 에드워드 7세가 여덟 척의 새 드레드노트 전함을 건설하는 계획을 옹호했고, 급기야는 "어서 여덟 척을 건조하라. 시간이 없다!"는 슬로건이 인기를 얻기에 이르렀다. 1909년에 정부는, 그해에 네 척을 건조하고 필요하다고 생각되면 다음 해에 네 척을 더 건조하기로 하는 절충안을 내놓았다. 로이드 조지가 제시한 새 조세 계획은 격렬한 정치 파동을 불러왔지만, 결국에는 자유당이 승리를 거두고 예산안이 통과되었다. MacMillan, *The War That Ended Peace*, 127-9; Strachan, The First World War, 26.

103 크로의 시각에 대한 비판적인 논의에 관해서 알고 싶다면 다음을 보라. Clark, *The Sleepwalkers*, 162-4.

104 휴 스트라찬Hew Strachan이 주장하듯이, 1905년 이후의 독일을 두고 '편집광적'이라 든지 '숙명론적'이라는 표현을 사용하는 게…… 그리 어색하지 않아 보인다." Strachan, *The First World War*, 20.

105 Kennedy, *Anglo-German Antagonism*, 445.

106 Barbara W. Tuchman, *The Guns of August*(New York: Macmillan, 1962), 2.

107 1908년에 에드워드 7세는 피셔에게 영-독 사이의 적대감이 얼마나 이상한 일인지를 피 력한 바 있다. "우리가 우리의 자연적 동맹인 켈트족 일파들을 위해서 색슨족을 버려야 한다는 식의 이야기는 뭔가 부자연스럽다. 하지만 나는, 꼭 색슨족 같은 국가나 종족 중 하나가 강렬한 질투심 때문에 불행하게도 우리에게 가장 치명적인 적이 되었음을 고 백해야겠다." 하지만 그는 영국의 경계 덕분에 어떤 불상사도 일어나지 않기를 희망했 다. "만약 우리가 계속해서 지금처럼 단호한 태도를 보인다면 그들은 불가피함을 받아 들이고 우리에게 우호적이 되리라는 믿음을 나는 포기하지 않지만, 그래도 우리는 북해 해상에서 끊임없이 경계를 소홀히 하지 말아야 한다!" Arthur J. Marder, *Fear God and Dread Nought: The Correspondence of Admiral of the Fleet Lord Fisher of Kilverstone*, vol. 2(London: Cape, 1956-59), 170. 빌헬름이 런던 주재 대사로부터 영국은 독일이 프 랑스를 "완전히 무너뜨리고" 대륙의 패권국으로 등장하는 것을 받아들이지 않으리라 는 보고서를 받은 날, 그는 외무장관에게 이렇게 말했다. "영국이 독일에 맞서서 프랑 스와 러시아를 도우리라는 데는 의심의 여지가 없소. 지금 유럽의 독일계 민족들(오스 트리아, 독일)은 슬라브족(러시아)과 라틴족(프랑스)을 돕는 이들과 맞서서 이제 막 생 존 투쟁을 벌여야 하는 판인데, 슬라브족 편에 선 것이 바로 앵글로-색슨족이라는 말이 오. 그들이 슬라브족 편이 된 것은 우리가 대국으로 성장한 것에 대한 옹졸한 질투심과 두려움 때문이지." Fritz Fischer, *Germany's Aims in the First World War*(New York: W. W. Norton, 1967), 32; Holger H. Herwig, "Germany,"in *The Origins of World War I*, ed. Richard F. Hamilton and Holger H. Herwig(Cambridge and New York: Cambridge University Press, 2003), 162-3.

108 Churchill, *The World Crisis*, 43-8; Marder, *From the Dreadnought to Scapa Flow*, 239-1; Strachan, *The First World War*, 25-6; Gilbert, *Churchill: A Life*, 233-5; Annika Mombauer, *Helmuth Von Moltke and the Origins of the First World War*(Cambridge and New York: Cambridge University Press, 2001), 126.

109 이것이 바로, 베른하르디가 세계적 강대국이 되려는 독일의 좌절된 욕망에 관해서 쓴 호전적인 책《독일과 다음 전쟁*Germany and the Next War*》(1912)이 출간되어 베스트 셀러까지 된 배경이었다. 베른하르디가 자신의 책에 썼듯이, "우리는 우리나라가 지적 위상과 확장된 정치적 기초에 걸맞은 충분한 물질적 발전을 요구하는 데서 그치지 않 고…… 늘어나고 있는 인구를 감당할 만한 공간과 발전 중인 산업을 위한 시장을 획득 해야만 한다. 하지만 우리가 이 방향으로 한 걸음 한 걸음 내디딜 때마다 영국이 단호하

게 우리 앞을 가로막고 나설 것이다. …… 국제 문제를 모두 자세히 살펴보면, 이런 싸움은 필수적이고 불가피하기 때문에 우리는 어떤 비용을 치르더라도 싸움을 마다하지 않아야 한다." 베른하르디를 읽은 독자라면 누구라도, 독일이 당시 유럽에 짜여 있던 힘의 균형 구도이자 영국이 확고하게 지키고 있는 원칙들을 뒤엎어야 하는 필연적인 이유가 차고 넘친다는 사실을 알게 되었을 것이다. "세계 역사에서 현상 유지라는 것은 없다. …… 현상을 그대로 유지하는 일은 명백히 불가능하다. 그런데도 외교에서는 그런 시도를 하는 경우가 너무도 많다. …… 프랑스를 완전히 무너뜨려서 그 나라가 두 번 다시 우리 앞을 가로막는 일이 없게 해야 한다. …… 그동안 유럽에서 힘의 균형 원칙은 빈 회의(나폴레옹전쟁 후 1814-15년 빈에서 열렸던 국제 평화 회의-옮긴이) 이후로 거의 신성불가침의 원칙으로 그러나 완벽하게 부당한 원칙으로 작동해왔다. 이런 원칙은 이제 완전히 묵살되어야 한다."

110 융커 당원들은 프로이센 귀족들이었다. 아가디르 사건(1911년 7월 독일이 프랑스의 모로코 파병에 대항하여 아가디르에 포함을 파견한 데서 발생한, 모로코의 이권을 둘러싼 위기-옮긴이)이 일어나기 전에 처칠은 독일에 대해서 더 낙관적이었다. 1908년에 처칠은 해군 예산 증가에 대한 로이드 조지의 경고에 고개를 끄덕였다. 그는 나중에 자신의 책에, 독일의 해군력 증강 움직임과 관련해서 자신과 로이드 조지가 "좁은 의미에서" 의심의 눈초리로 바라본 점에서는 옳았지만, "운명의 커다란 흐름을 읽는 데는 완전히 실패했다"고 썼다. Gilbert, *Churchill: A Life*, 233-6; Churchill, *The World Crisis*, 33, 43-8; Massie, *Dreadnought*, 819.

111 아가디르 위기 때 영국 지도자들은 독일의 기습 공격에 두려움을 느꼈지만, 독일 함대는 산발적으로 흩어져 있었고 명백히 공격에 취약해 보였다. 해군의 비밀 전쟁 계획을 알고 있는 유일한 사람은 피셔의 후임자라는 사실을 내각은 깨달았지만, 공교롭게도 그는 휴가 중이었다. 해군성은 해군의 취약한 군수품 창고를 보호하기 위해서 무장 병력을 제공하지 않으려고 했다. 그래서 처칠은 자신이 직접 군에 무기고를 보호하라고 명령을 내렸다. 그는 의심스러운 교신을 도청하라는 명령을 내렸고, "우리는 독일 군대와 해군 당국에 의해서 세세한 것까지 과학적 연구의 대상으로 관찰당하고 있다"는 사실을 발견했다. 1911년 8월에 처칠은 미래의 독일이 프랑스를 어떻게 공격할지에 대해서 뛰어난 선견지명을 발휘하여 설명했다. 그의 시각표는 거의 날짜까지 정확했고, 1914년에 그의 동료 중 한 사람은 그 메모를 '예언의 승리!'라고 표현했다. "피셔는 제1차 세계 대전 당시에는 이미 퇴역한 상태였지만, '새 해군장관(처칠)'을 위해 열렬한 조언자로 활동했다" Gilbert, *Churchill: A Life*, 234-7, 240-2; Marder, *From the Dreadnought to Scapa Flow*, 242-4; Churchill, *The World Crisis*, 44-7.

112 처칠은 카셀에게 덧붙이기를, 만약 독일이 거부한다면 "더 이상은 별다른 희망이 없다고 생각하지만 예의를 갖추고 잘 준비하라"고 말했다. Gilbert, *Churchill: A Life*, 198, 242-5. 영국에 대한 중립 요구는 1901년에서 1911년 사이에 있어온 영-독 논의에서 발목을 잡는 조항이었다가 결국 무산되었다. 외무부는 독일이 해군 협상을, 독일이 나중

에 유럽 대륙의 패권을 쥐게 되었을 때 영국으로 하여금 중립을 지키게 만드는 수단으로 이용할까 봐 경계했다. 독일의 새 총리인 테오발트 폰 베트만홀베크에게는 티르피츠로 하여금 그가 아끼는 해군 계획을 축소하게 만들 영향력이 없기도 했다. 다음을 보라. Steiner, *Britain and the Origins of the First World War*, 52–7; MacMillan, *The War That Ended Peace*, 122–4, 507–9; Strachan, *The First World War*, 23; Marder, *From the Dreadnought to Scapa Flow*, 221–3.

113 티르피츠는 사적인 자리에서, 그 비율은 순양함에는 적용되지 않는다고 강조했다. Patrick Kelly, *Tirpitz and the Imperial General Navy*(Bloomington: Indiana University Press, 2011), 326–1, 345; MacMillan, *The War That Ended Peace*, 507–9; Massie, *Dreadnought*, 821–3, 829–31.

114 Kennedy, *The Rise and Fall of the Great Powers*, 203, cited in, and ratios calculated by, Niall Ferguson, *The Pity of War*(New York: Basic Books, 1999), 84.

115 MacMillan, *The War That Ended Peace*, 129.

116 Massie, *Dreadnought*, xxv; MacMillan, *The War That Ended Peace*, 129–30.

117 Michael Howard, *Empires, Nations and Wars*(Stroud, UK: Spellmount, 2007), 5–6.

118 MacMillan, *The War That Ended Peace*, 129–30; Kennedy, *Anglo-German Antagonism*, 231; Steiner, *Britain and the Origins of the First World War*, 57–9.

119 1913년까지 해군 경쟁은 독일의 부상에 영국이 느낀 두려움이 표출된 결과였지, 두려움 그 자체의 유일한 원인이 아니었다. 외무장관 에드워드 그레이는 "티르피츠가 한 말에는 큰 의미가 없다. 그가 그런 말을 하는 이유는 우리의 아름다운 눈에 반해서가 아니라, 5000만 명 이상의 사람들이 독일 군대의 증강을 요구했기 때문이다"라고 인식했다. Massie, *Dreadnought*, 829. 두 나라 모두에서 1912년에서 1914년 사이에 관계가 약간 나아졌다고 느낀 사람들도 있었지만, 이후에 영-독 '데탕트'라고 불린 현상은 그냥 착시 현상일 뿐이었다. 다음을 보라. Kennedy, *Anglo-German Antagonism*, 452.

120 해군 예산이 영국에 대한 독일의 태도를 반영한 것이었듯이, 육군 예산은 모스크바에 대한 베를린의 두려움이 어느 정도인지를 알려주는 척도였다. 1898년에 독일 해군의 지출은 육군 예산의 5분의 1도 채 되지 않았다가, 1911년까지 절반 이상으로 늘었다. 1904년에서 1912년 사이에 영국과 해군 경쟁을 벌이는 동안, 해군 예산은 137퍼센트 증가한 반면, 육군 예산 증가는 47퍼센트에 그쳤다. 하지만 이 시점부터 추는 다시 되돌아가서, 1910년에서 1914년 사이에 해군 예산 증가율은 10퍼센트 미만인 반면, 육군의 예산은 117퍼센트나 급증했다. 다음을 보라. Herwig, *"Luxury" Fleet*, 75; Quincy Wright, *A Study of War*(Chicago: University of Chicago Press, 1965), 670–1.

121 1914년까지 모든 프랑스 투자의 4분의 1이 러시아 산업화를 가속화하는 데 들어갔다.

게다가 1914년에는 러시아의 해군 예산 지출이 1907년의 세 배에 달하여 독일을 능가했다. Strachan, *The First World War*, 19, 62-3.

122 1912년 12월, 독일 참모총장 헬무트 폰 몰트케Helmuth von Moltke는 황제에게 러시아와 전쟁을 해야 한다고 설득했다. "빠를수록 더 좋습니다." 독일 외무장관은 1914년에 몰트케가 그에게, "우리가 아직 싸움에서 유리한 지금 미리 전쟁을 치러서 적을 이기는 방법 외에는 다른 대안이 없습니다"라고 말한 사실을 떠올렸다. 그렇게 하지 않는다면, 재무장한 러시아를 어떻게 다룰지 그로서는 가늠이 되지 않았다. 이후 얼마 지나지 않아, 5월에 몰트케가 자신의 오스트리아 상대에게 "더 기다린다는 것은 우리의 기회가 줄어든다는 것을 뜻합니다"라고 말했다. 7월 위기가 정점에 이르렀을 때 몰트케는 황제에게, "지금처럼 프랑스와 러시아의 군대 확장이 아직 완료되지 않은 상태만큼 이 나라들을 치기가 쉬운 때는 두 번 다시 오지 않으리라"고 말했다. 황제 자신도 프란츠 페르디난트 대공이 암살되기 한 달 전에, 러시아가 충분히 재무장하기 전에 러시아를 공격하는 게 좋은 선택인지 고민했었다. 총리 베트만홀베크는 러시아는 "점점 커져서 우리에게 악몽으로 다가오고 있습니다"라고 말했고, 뭐든지 곧 러시아 손에 들어가게 될 테니 사유지에 나무 한 그루도 심지 말라고 조언했다. 1914년 여름에 그는 "만약 전쟁을 피할 수 없다면 지금이 나중보다는 더 유리할 것입니다"라고 주장했다. Holger H. Herwig, *The First World War: Germany and Austria-Hungary*, 1914-1918(London: Bloomsbury, 2014), 20-4. 또 다음을 보라. Clark, *The Sleepwalkers*, 326-4.

123 오스트리아-헝가리의 외무장관은, "세르비아에 대한 우리의 작전으로 세계대전이 일어난다고 해도" 베를린은 빈을 지지할 것이라고 내각에 보고했다. Herwig, *The First World War*, 17.

124 7월 초에 황제가 내린, 빈을 지지한다는 결정은 최근에 일어난 위기 상황들에서 자신이 적에 맞서지 않아서 굴욕을 당했다는 근심에서 나온 것이기도 했다. 그는 이 결정으로 모스크바와 전쟁을 치르게 되더라도, 지금이 발칸 지역에 대한 러시아의 영향력 행사를 끝장낼 수 있는 좋은 기회가 되리라고 보았다. 오스트리아가 암살 사건에 대응하는 차원에서 세르비아를 공격하는 계획을 세우고 있다는 내용을 담은 보고를 황제가 대사로부터 받았을 때 그는 이렇게 공표했다. "지금이 아니면 절대 못한다." 7월 말에는 영국이 참전하리라는 사실이 분명해지면서 베트만홀베크는 황제의 뜻대로, 세르비아에 대한 오스트리아-헝가리의 개입 정도를 '베오그라드에서 멈추는 것'으로 제안하기 위해서 애를 썼다. 하지만 몰트케는 빈에 보내는 그의 메시지를 거둬들이고 오스트리아를 향해, 오스트리아와 독일이 즉각 러시아에 대응해야 한다고 말했다. Herwig, *The First World War*, 17-30; MacMillan, *The War That Ended Peace*, 522-33. 1914년 7월에 황제가 얼마나 적극적으로 러시아와의 전쟁을 원했는지는 불확실하다. 어쩌면 발칸 지역에서 오스트리아가 러시아보다 더 많은 영향력을 발휘하는 것만으로도 만족했을지도 모른다. 그러나 분명히 그는 여차하면 상트페테르부르크와의 전쟁도 야기할 수 있는 분쟁에 기꺼이 뛰어들고 있었다. 다음을 보라. John C. G. Rohl, "Goodbye to All That

(Again)? The Fischer Thesis, the New Revisionism and the Meaning of the First World War," *International Affairs* 91, no. 1(2015), 159.

125 Howard, *Empires, Nations and Wars*, 111; Kennedy, *Anglo-German Antagonism*, 462; Massie, *Dreadnought*, 901-2, 905. 처칠은 전쟁에 관해 설명하면서, 독일의 1914년 도전을 에스파냐 제국, 루이 14세 그리고 나폴레옹의 도전과 비교했다. 그에 따르면, 영국은 그들의 '군사적 지배'로부터 유럽을 구해왔다. Churchill, *The World Crisis*, 1-2.

126 Kennedy, *Anglo-German Antagonism*, 470.

127 MacMillan, *The War That Ended Peace*, xxiii-xv, 593.

128 Gilbert, *Churchill: A Life*, 261-4.

129 처칠은 내각을 향해, 전쟁은 "문명 국가들로서는 상상하는 일조차 끔찍한 재앙"이라고 말했지만, 그럼에도 그는 프랑스 방어를 위한 영국의 개입을 주장하는 가장 강력한 목소리를 내는 사람에 속했다. 개인적인 차원에서는 전쟁이 주는 흥분을 즐기기도 했다. 처칠은 전쟁이 벌어지는 동안 군 사령관으로 직접 참전했다. 그가 아내에게 "파괴과 붕괴"를 경고한 바로 그 편지에서 "나는 지금 호기심이 발동하여 당장이라도 뛰어들고 싶은 마음에 약간 흥분된 상태라오"라고 시인하기도 했다. 그와 가까운 사이였던 지인이 기록해놓은 이후의 발언에서는 이렇게 외쳤다. "와! 이건 살아 있는 역사야. 우리가 지금 하고 있는 행동, 말 하나하나가 전부 다 짜릿짜릿해. 우리의 후손들이 길이길이 이 이야기를 읽게 되겠지. 생각해보라고! 이 영광스럽고 달콤한 전쟁을, 세계가 나한테 줄 수 있는 그 어떤 것과도 나는 바꾸지 않을 걸세(눈빛이 반짝거렸으나 '달콤한'이라는 단어가 내 신경을 거스르지 않도록 거기에 살짝 걱정스런 눈빛이 더해졌다네). 부디 '달콤하다'는 말에 토를 달지는 말아주게. 그게 무슨 말인지는 자네도 알잖아." Gilbert, *Churchill: A Life*, 268-75, 281, 283-6, 294-5, 331-60; Churchill, *The World Crisis*, 245-6.

130 Churchill, *The World Crisis*, vi.

131 흥미롭게도 처칠은, 영국이 전쟁에 개입할 것이라고 그레이가 분명한 선언을 했더라면 전쟁을 막는 데 도움이 되었을지도 모른다는 사실을 믿지 않았다. 그런 선언은 정치적 지지를 받지 못해 정부의 붕괴를 낳았으리라고 생각했기 때문이다. 그는 프랑스와 러시아를 저버리는 일은 불가능했을 것이며, "최종적인 위기 상황에서 영국 외무장관에게는 다른 선택의 여지가 없었다"고 주장했다. Churchill, *The World Crisis*, 5-6; Winston S. Churchill, *The World Crisis: The Aftermath*(London: T. Butterworth, 1929), 439-4.

132 그런 질문에 대답하려면 역易사실적 추론을 해야만 한다. '만약 이랬다면 어땠을까' 같은 가정은 어려운 질문인 동시에 매력적인 탐구 주제이다. 그러나 주류 역사학자들 중에는 이런 질문을 불편하게 느끼는 사람들이 많다. 그러나 바로 그런 질문을 제기하는 것이 응용역사학이 주로 하는 일이다. 사실, 하버드 응용역사 프로젝트에서 보여주었듯

이(적어도 내 기대는 충족되었다), 역사실적 추론은 상대적으로 중요한 요인이 무엇인지를 역사적으로 평가하는 데 가장 핵심적인 부분이다. 그 과정에서 명료함과 엄격함을 동시에 지키는 일이 과제다.

133 7월 위기 동안에 베트만홀베크는 이렇게 말했다. "인력을 넘어선 운명의 힘이 유럽과 우리 국민을 덮치고 있다." 사실, 베트만홀베크는 전쟁을 개시하는 데 자신이 한 역할에 대해서 잘 알고 있었다. 전쟁이 발발한 지 1년이 안 된 시점에 그는 자신이 날마다 죄책감에 시달리고 있음을 사석에서 고백한 적이 있다. "그 생각이 떠나질 않아. 나는 주야장천 그 생각만 하면서 살고 있네." 다음을 보라. Herwig, *The First World War*, 23, 30. 베트만홀베크가 한, 미처 몰랐다는 주장은 표리부동하고 자기중심적인 이야기이긴 하지만, 또 다른 역설을 보여주기도 한다. 바로 자신들이 의식적으로 내린 결정이 파국적인 결과를 가져올 수도 있다는 사실을 행위자들이 알고 있다고 해도, 나중에는 과거에 자신들이 무기력했었다고 느끼게 될지도 모른다는 생각에 강력하게 사로잡힐 수 있다는 점이다.

5. 중국도 미국과 똑같다고 상상하라

1 Edmund Morris, *The Rise of Theodore Roosevelt*(New York: Coward, Mc-Cann & Geoghegan, 1979), 21.

2 Memorandum to President William McKinley, April 26, 1897, in *The Selected Letters of Theodore Roosevelt*, ed. H. W. Brands(New York: Cooper Square Press, 2001), 129-30.

3 Morris, *The Rise of Theodore Roosevelt*, 572-3.

4 루스벨트의 대통령 재임 기간 동안 미국은 콜롬비아에 세 차례, 온두라스와 도미니카 공화국에 두 차례 그리고 쿠바와 파나마에 각각 한 차례씩 개입했다. 이들 개입을 포함해서 1935년까지 있었던 개입 사례를 모두 요약해놓은 글을 읽고 싶다면 다음을 보라. William Appleman Williams, *Empire as a Way of Life*(New York: Oxford University Press, 1980), 102-10, 136-42, 165-7; Barbara Salazar Torreon, "Instances of Use of United States Armed Forces Abroad, 1798-2015," Congressional Research Service, October 15, 2015, https://www.fas.org/sgp/crs/natsec/R42738.pdf.

5 Theodore Roosevelt, "Expansion and Peace," in *The Strenuous Life*(New York: P. F. Collier & Son, 1899), 32.

6 Theodore Roosevelt, "Naval War College Address," Newport, RI, June 2, 1897, http://www.theodore-roosevelt.com/images/research/speeches/tr1898.pdf.

7 Albert Weinberg, *Manifest Destiny: A Study of Nationalist Expansionism in*

American History(Baltimore: Johns Hopkins University Press, 1935), 1-2.

8   Theodore Roosevelt, *The Winning of the West*, vol. 1(Lincoln: University of Nebraska Press, 1995), 1, 7.

9   *Gregg Jones, Honor in the Dust: Theodore Roosevelt, War in the Philippines, and the Rise and Fall of America's Imperial Dream*(New York: New American Library, 2012), 24. 루스벨트의 언급 이후 70여 년이 지나고 나서 C. 반 우드워드C. Vann Woodward는 미국이 누린 (태평양, 대서양, 북극해와 남극해가 제공하는 장벽이라는 '자연의 선물'뿐만 아니라, 1880년대에 미국 상선들이 상품을 실어 나르는 동안에 대서양을 지켜주었던 영국 해군의 보호 같은) '공짜 안보'가 미국이 힘을 기르고 바깥으로 뻗어나가려는 경향을 형성하는 데 매우 중요한 역할을 했다고 보았다. 우드워드는 자신의 글에 이렇게 썼다. "공짜로 얻은 땅이 비옥하고 경작하기 좋은 땅인 데다가, 안보가 저절로 이루어질 뿐 아니라 튼튼하고 효과적이기까지 하는 한, 세계가 미국만을 위해 준비된 어장으로 보였던 것도 놀라운 일이 아니다." 다음을 보라. C. Vann Woodward, "The Age of Reinterpretation," *American Historical Review 66*, no. 1(October 1960), 1-19.

10 Theodore Roosevelt, *The Naval War of 1812*(New York: Modern Library, 1999), 151. First published in 1882.

11 Roosevelt, "Naval War College Address."

12 Charles Kupchan, *How Enemies Become Friends: The Sources of Stable Peace*(Princeton, NJ: Princeton University Press, 2010), 74.

13 Edmund Morris, *Theodore Rex*(New York: Random House, 2001), 184.

14 Roosevelt, "Expansion and Peace," 29.

15 Weinberg, *Manifest Destiny*, 429-30.

16 Theodore Roosevelt, "The Expansion of the White Races: Address at the Celebration of the African Diamond Jubilee of the Methodist Episcopal Church," Washington, DC, January 18, 1909, www.theodore-roosevelt.com/images/research/speeches/trwhiteraces.pdf.

17 Theodore Roosevelt, "Fourth Annual Message," December 6, 1904, UCSB American Presidency Project, http://www.presidency.ucsb.edu/ws/?pid=29545; Roosevelt, "The Expansion of the White Races."

18 Theodore Roosevelt, "First Annual Message," December 3, 1901, UCSB American Presidency Project, www.presidency.ucsb.edu/ws/?pid=29542.

19 Joseph Nye, *Presidential Leadership and the Creation of the American Era*(Princeton, NJ: Princeton University Press, 2013), 23.

20   Theodore Roosevelt, "The Strenuous Life," April 10, 1899, http://voicesofdemocracy.umd.
      edu/roosevelt-strenuous-life-1899-speech-text/.

21   Theodore Roosevelt, "The Monroe Doctrine," *The Bachelor of Arts 2*, no. 4(March
      1896), 443.

22   Louis Perez Jr., *Cuba in the American Imagination: Metaphor and the Imperial Ethos*
      (Chapel Hill: University of North Carolina Press, 2008), 30.

23   1860년대에 시작해서 에스파냐는 쿠바에서 연이어 독립운동을 겪게 되었다. 10년 전쟁
      (1868-78), 소小전쟁(1879-80) 그리고 독립전쟁(1895-98)이 계속해서 벌어졌고, 결국에
      는 미국이 개입하는 계기가 되었다.

24   Morris, *The Rise of Theodore Roosevelt*, 513.

25   다음을 보라. William McKinley, "First Inaugural Address," March 4, 1897, Avalon
      Project, Yale Law School, http://avalon.law.yale.edu/19th_century/mckin1.asp.

26   Morris, *The Rise of Theodore Roosevelt*, 513, 526에, 루스벨트가 "에스파냐인들을 쿠
      바에서 몰아내고" 싶은 욕망을 표출한 두 통의 편지가 들어 있다. 그가 머핸에게 한 말
      에 대해 궁금하다면, 그가 1897년 5월 3일에 머핸에게 보낸 다음의 편지 참조. Brands,
      The Selected Letters of Theodore Roosevelt, 133. 모리스는 루스벨트가 *The Rise of
      Theodore Roosevelt* 560쪽에 쓴 "미국을 전쟁에 끌어들이려고 한다"는 사실에 매킨리가
      불안해했음을 설명하고 있다.

27   Ben Procter, William Randolph Hearst: The Early Years, 1863 -1910(New York: Oxford
      University Press, 1998), 103.

28   Morris, The Rise of Theodore Roosevelt, 586.

29   1898년 1월 17일, 주미 독일 대사 헤르만 슈페크 폰 슈테른베르크Hermann Speck
      von Sternberg에게 보낸 다음의 편지 참조. Brands, *The Selected Letters of Theodore
      Roosevelt*, 168.

30   Morris, *The Rise of Theodore Roosevelt*, 607.

31   Jones, *Honor in the Dust*, 10.

32   이 연구에서 특별히 에스파냐나 쿠바의 행위자들에 책임을 돌리지는 않았지만 폭발이
      탄광 외부의 개입으로 일어났다는 점만큼은 분명히 했다. 그러나 이 사실은 여전히 논
      쟁거리로 남아 있다. 폭발이 사실상 사고에 의한 것이었다고 보는 연구들도 많다.

33   Mark Lee Gardner, *Rough Riders: Theodore Roosevelt, His Cowboy Regiment, and the
      Immortal Charge Up San Juan Hill*(New York: HarperCollins, 2016), 175; Morris, *The
      Rise of Theodore Roosevelt*, 650.

34 1898년 5월에 마닐라만에서 미국 함선들이 에스파냐 함대를 괴멸시켜, 예기치 않았던 신속한 승리를 얻게 되었다. 쿠바 문제가 공식적으로 해결되기 몇 개월 전의 일이었다. 전쟁이 끝났을 때 미국은 필리핀을 얻는 대가로 2000만 달러를 지불한 다음 군도를 점령했고, 이는 필리핀-미국 전쟁으로 이어졌다. 1899년에 시작된 이 전쟁은 1902년까지 지속되었다. 한편, 새롭게 해방된 쿠바는 그저 명목상의 독립을 되찾았을 뿐이었다. 이 나라의 새로운 헌법은 쿠바가 다른 나라와 맺는 관계에 대해서 미국에 통제권을 부여했고, 질서를 유지한다는 명목으로 미국에 '개입권'을 보장했다. 미국은 이 권리를 행사하여 1906-09년, 1912년 그리고 1917-22년에 개입 활동을 했다.

35 Daniel Aaron, *Men of Good Hope: A Story of American Progressives* (New York: Oxford University Press, 1951), 268.

36 역사가 리처드 콜린Richard Collin은 자신의 책에서 루스벨트 대통령의 재임 기간에 일어난 일들에 관해서 설명하면서, "루스벨트의 주된 임무는 유럽을 향해 미국이 얼마나 진지한지를 설득하는 일이었다"고 썼다. 다음을 보라. Richard Collin, *Theodore Roosevelt, Culture Diplomacy, and Expansion: A New View of American Imperialism* (Baton Rouge: Louisiana State University Press, 1985), 101. 다른 글에서는 "카리브해에서 강력한 독일이 약한 에스파냐의 자리를 대체하는 것을 막으려는" 루스벨트의 욕망에 관해서 언급하고 있다. "루스벨트의 큰 몽둥이는…… 라틴아메리카가 아니라 유럽을 향했다." 다음을 보라. Collin's *Theodore Roosevelt's Caribbean: The Panama Canal, the Monroe Doctrine, and the Latin American Context* (Baton Rouge: Louisiana State University Press, 1990), xii. 베네수엘라를 두고 독일이 세운 계획에 관해서 루스벨트가 품었던 의혹에 관해서 더 자세히 알고 싶다면 다음을 보라. James R. Holmes, *Theodore Roosevelt and World Order: Police Power in International Relations* (Washington, DC: Potomac Books, 2006), 165-7.

37 Morris, *Theodore Rex*, 186-7.

38 Edmund Morris, "A Few Pregnant Days," *Theodore Roosevelt Association Journal* 15, no. 1 (Winter 1989), 4. The episode is described in detail by Morris in both *Theodore Rex*, 183-91, and "A Few Pregnant Days," 2-13.

39 Morris, "A Few Pregnant Days," 2.

40 먼로독트린은, 서반구에 있는 나라들은 "어떤 유럽 세력도 식민지로 삼을 대상으로 여겨서는 안 되는 곳"이라고 선언했으며 미국은 "유럽 열강에 의한 중재는 어떤 식으로 보더라도 미국을 향해서 비우호적인 입장을 드러내는 것으로밖에 볼 수 없다"고 경고했다. 다음을 보라. James Monroe, "Seventh Annual Message," December 2, 1823, UCSB American Presidency Project, http://www.presidency.ucsb.edu/ws/?pid=29465.

41 Stephen Rabe, "Theodore Roosevelt, the Panama Canal, and the Roosevelt Corollary:

Sphere of Influence Diplomacy," in A Companion to Theodore Roosevelt, ed. Serge Ricard(Malden, MA: Wiley-Blackwell, 2011), 277; Ernest May, Imperial Democracy: The Emergence of America as a Great Power(Chicago: Imprint Publications, 1961), 33, 128; Robert Freeman Smith, "Latin America, The United States and the European powers, 1830-1930," in The Cambridge History of Latin America, vol. 4: 1870 to 1930, ed. Leslie Bethell(Cambridge: Cambridge University Press, 1986), 98-9.

42 Lars Schoultz, Beneath the United States: A History of U.S. Policy Toward Latin America(Cambridge, MA: Harvard University Press, 1998), 112

43 Letter to Henry Cabot Lodge, December 27, 1895, in Brands, The Selected Letters of Theodore Roosevelt, 113. Around the same time, Roosevelt also claimed, "If there is a muss I shall try to have a hand in it myself!" 다음을 보라. Brands, The Selected Letters of Theodore Roosevelt, 112.

44 The 1895 dispute is described in detail in Schoultz, Beneath the United States, 107-24.

45 Roosevelt, "The Monroe Doctrine," 437-9.

46 다음을 보라. Theodore Roosevelt, "Second Annual Message," December 2, 1902, UCSB American Presidency Project, www.presidency.ucsb.edu/ws/?pid=29543.

47 Collin, Theodore Roosevelt's Caribbean, 121. The US naval advantage in the Caribbean that December was 53 warships to Germany's 10. See Morris, "A Few Pregnant Days," 7.

48 Rabe, "Theodore Roosevelt, the Panama Canal, and the Roosevelt Corollary," 280; Warren Zimmerman, First Great Triumph: How Five Americans Made Their Country a World Power(New York: Farrar, Straus and Giroux, 2002), 426.

49 Theodore Roosevelt, "Charter Day Address," UC Berkeley, March 23, 1911. 다음을 보라. University of California Chronicle, vol. 13(Berkeley, CA: The University Press, 1911), 139.

50 Rabe, "Theodore Roosevelt, the Panama Canal, and the Roosevelt Corollary," 274.

51 David McCullough, The Path Between the Seas: The Creation of the Panama Canal, 1870-1914(New York: Simon & Schuster, 1977), 250.

52 다음을 보라. Theodore Roosevelt, "Special Message," January 4, 1904, UCSB American Presidency Project, www.presidency.ucsb.edu/ws/?pid=69417.

53 다음을 보라. Schoultz, Beneath the United States, 164; Collin, Theodore Roosevelt's Caribbean, 239. 그 계획들이 추진되는 것을 공식적으로 무산시킨 주체는 콜롬비아 상원이었음에도, 루스벨트는 그 나라의 대통령 호세 마로킨José Marroquín이 권력에 고분

고분한 상원에 조약을 승인하도록 영향력을 행사하지 않는다고 그를 비난했다.

54 William Roscoe Thayer, *The Life and Letters of John Hay*, vol. 2(Boston: Houghton Mifflin, 1915), 327-8.

55 Morris, *Theodore Rex*, 273. 다음을 보라. Collin's detailed description of the legal memo presented to Roosevelt that advocated this conclusion, in Collin, *Theodore Roosevelt's Caribbean*, 240-3.

56 다음을 보라. Morris, *Theodore Rex*, 275; Rabe, "Theodore Roosevelt, the Panama Canal, and the Roosevelt Corollary," 285.

57 뷔노-바리야의 혁명이 정말로 일어날 가능성이 있는지 확인하기 위해서, 루스벨트는 파나마 상황을 판단하는 임무를 띠고 연초에 비밀리에 파견되었던 군 장교 두 사람을 백악관에서 만났다. 그들은 여행객으로 가장하여 그 지역을 두루 사찰한 뒤에 반란 계획이 실제로 진행 중임을 보고했다.

58 Morris, *Theodore Rex*, 282-3; McCullough, *The Path Between the Seas*, 378-9.

59 미국은 군사 주둔을 유지하면서 콜롬비아에 개입하지 말라는 신호를 보내는 동시에, 파나마에는 그들의 허약한 독립이 미국의 지속적인 지지에 달려 있음을 상기시켰다. 루스벨트 쪽에서 정확하게 혁명에 얼마나 개입했는지 그리고 혁명에 관해 얼마나 알고 있었는지는 여전히 논쟁의 대상이다. 자세한 내용은 다음을 보라. Morris, *Theodore Rex*, 270-83; Schoultz, *Beneath the United States*, 165-8; Collin, *Theodore Roosevelt's Caribbean*, 254-68; McCullough, *The Path Between the Seas*, 349-86.

60 Schoultz, *Beneath the United States*, 175.

61 Noel Maurer and Carlos Yu, "What T.R. Took: The Economic Impact of the Panama Canal, 1903-1937," *Journal of Economic History* 68, no. 3(2008), 698-9.

62 수입의 대부분은 운하의 운영과 유지 비용을 충당하는 데 쓰였다. 다음을 보라. McCullough, *The Path Between the Seas*, 612; Eloy Aguilar, "U.S., Panama Mark Handover of Canal," Associated Press, December 14, 1999, http://www.washingtonpost. com/wp-srv/pmextra/dec99/14/panama.htm.

63 Noel Maurer and Carlos Yu, The Big Ditch: *How America Took, Built, Ran, and Ultimately Gave Away the Panama Canal*(Princeton, NJ: Princeton University Press, 2010), 89-92.

64 루스벨트는 "파나마 국민들은 오랫동안 콜롬비아공화국에 불만을 품어왔고 오로지 조약으로 분명하게 매듭지어지기만을 고대하며 조용히 기다렸다. 조약은 그들에게 사활이 걸린 문제였다. 조약이 파기될 것이 확실해지자 파나마 국민들은 말 그대로 한 사람처럼 들고 일어났다"고 주장했다. 한 상원의원은 이렇게 응수했다. "그래요, 그 한 사

람이 바로 루스벨트였지요." 다음을 보라. McCullough, *The Path Between the Seas*, 382. 나중에 루스벨트는 이렇게 지적했다. "파나마에서 일어난 내란 사태를 내가 조장했다고 말하는 사람들이 있습니다. …… 하지만 그럴 필요가 없었습니다. 나는 그냥 발만 들어 올렸을 뿐이지요." 다음을 보라. Frederick S. Wood, *Roosevelt As We Knew Him*(Philadelphia: J. C. Winston, 1927), 153, "TR on the Panama Revolution of 1903,"*Theodore Roosevelt Association Journal* 15, no. 4(Fall 1989), 5에서 인용됨. 모리스와 콜린스가 동시에 지적하듯이, 루스벨트는 자신을 비판하는 사람들에게, 지난 수십년 동안 파나마에서는 혁명 시도가 매우 잦았고, 콜롬비아 정부는 종종 미국에 질서를 유지해달라고 도움을 요청했음을 자주 상기시켰다. Morris, *Theodore Rex*, 273; Collin, *Theodore Roosevelt's Caribbean*, 327. 콜린스는, 1855년 이후로 "미국의 해군 전함들이 항상 파나마 근처나 파나마 해상을 지키고 있었고, 내란 발생 시에는 언제나 무력을 보강하곤 했음을 더욱 강조했다. 미 해군의 주둔은 타국에 대한 침입이 아니라 콜롬비아의 정책과 외교의 중심으로, (콜롬비아의 요청에 따라) 오래전부터 지속적으로 양면적인 태도를 지녀온 파나마에 대한 콜롬비아의 통치권을 법적, 실질적 차원에서 보장해주는 역할을 해왔다." 다음을 보라. Collin, *Theodore Roosevelt's Caribbean*, 267.

65 Rabe, "Theodore Roosevelt, the Panama Canal, and the Roosevelt Corollary," 287.

66 오랫동안 정확한 경계선이 불분명했다. 1825년에 맺은 러시아와 영국 사이의 조약에서는 영국이 분쟁 영토의 상당 부분을 지배하는 것으로 못 박았지만, 러시아의 지도는 조약에서 정한 좌표를 반영하지 않았다. 이후 지도가 사실상 국경선을 알려주는 역할을 하게 되었고 영국은 한 번도 이의를 제기하지 않았다. 그 결과, 영토의 '공식적' 경계와 '실질적' 경계 사이에 상당한 불일치가 남게 되었다.

67 다음을 보라. Tony McCulloch, "Theodore Roosevelt and Canada: Alaska, the 'Big Stick,'and the North Atlantic Triangle, 1901–1909," in *A Companion to Theodore Roosevelt*, ed. Serge Ricard (Malden, MA: Wiley-Blackwell, 2011), 296–300; Christopher Sands, "Canada's Cold Front: Lessons of the Alaska Boundary Dispute for Arctic Boundaries Today," *International Journal* 65(Winter 2009–10), 210–2.

68 Elting E. Morison, ed., *The Letters of Theodore Roosevelt*(Cambridge, MA: Harvard University Press, 1954), 530. 헨리 캐벗 로지 상원이 설명했듯이, "일말의 자존심이라도 있는 나라라면" 자신들의 소중한 영토가 된 땅을 기꺼이 양도하려고 하지 않았을 것이다. 로지는 이렇게 말했다. "어떤 미국 대통령도 자신이 그처럼 굴복하는 모습은 한순간도 상상하고 싶어 하지 않을 터인데, 하물며 시어도어 루스벨트가 그런 일을 하지 않으리라는 것은 불을 보듯 뻔한 일이다." 다음을 보라. John A. Munro, ed., *The Alaska Boundary Dispute*(Toronto: Copp Clark Publishing, 1970), 4.

69 Howard Beale, *Theodore Roosevelt and the Rise of America to World Power*(Baltimore: Johns Hopkins University Press, 1956), 113–4.

70 중재재판소의 재판관들을 뽑는 방식에 관해서는 다음을 보라. Norman Penlington, *The Alaska Boundary Dispute: A Critical Reappraisal*(Toronto: McGraw-Hill, 1972), 70-81.

71 William Tilchin, *Theodore Roosevelt and the British Empire: A Study in Presidential Statecraft*(London: Macmillan, 1997), 44.

72 Wood, *Roosevelt As We Knew Him*, 115.

73 다음을 보라. "Statement by the Canadian Commissioners" in Munro, *The Alaska Boundary Dispute*, 64; Canadian reactions in Penlington, *The Alaska Boundary Dispute*, 1, 104. 캐나다 재판관들은 앨버스톤에게 책임을 돌렸다. 터너 상원의원은 이렇게 회상했다. "당시 앨버스톤 경과 그의 캐나다 동료들 사이에 격론이 오갔다. 그때 캐나다 재판관들은 앨버스톤 경이 영국 정부가 외교적인 이유로 내세운 주장에 이 캐나다 건을 거저 넘겨줘버리고 있음을 암시했다." 다음을 보라. Wood, *Roosevelt As We Knew Him*, 120; Penlington, *The Alaska Boundary Dispute*, 108.

74 Munro, *The Alaska Boundary Dispute*, 86.

75 Frederick Marks III, *Velvet on Iron: The Diplomacy of Theodore Roosevelt*(Lincoln: University of Nebraska Press, 1979), 163n37.

76 Roosevelt, "Fourth Annual Message."

77 Robert Osgood, *Ideals and Self-Interest in America's Foreign Relations*(Chicago: University of Chicago Press, 1953), 144.

78 미국에 대한 부정적인 태도와 인식은 곳곳에서 발견된다. 그중 세 가지 사례만 짚어보자면 다음과 같다. 20세기 초에 이르러 이미 라틴아메리카 사회 전체에, 미국의 지배 계획에 대한 걱정이 커져가고 있었다." [Thomas O'Brien, *Making the Americas: The United States and Latin America from the Age of Revolutions to the Era of Globalization*(Albuquerque: University of New Mexico Press, 2007), 127.] 1920년대에는 "북쪽을 향한 거대 기업의 불신과 비판의 목소리가 어느 때보다도 높았다." [Stuart Brewer, *Borders and Bridges: A History of US-Latin American Relations*(Westport, CT: Praeger Security International, 2006), 99.] 그리고 1898-1933년은 미국을 향한 '맹렬한 적대감'이 만연한 시기였다. [Alan McPherson, ed., *Anti-Americanism in Latin America and the Caribbean*(New York: Berghahn Books, 2006), 14.]

79 다음을 보라. John Hassett and Braulio Munoz, eds., *Looking North: Writings from Spanish America on the US, 1800 to the Present*(Tucson: University of Arizona Press, 2012), 46; "Porfirio Díaz," in *The Oxford Dictionary of American Quotations*(New York: Oxford University Press, 2006).

6. 시진핑의 중국이 원하는 것

1   Allison, Blackwill, and Wyne, *Lee Kuan Yew*, 2.

2   앞의 책., 35.

3   앞의 책., 133.

4   Evan Osnos, "Born Red,"*New Yorker*, April 6, 2015, http://www.newyorker.com/magazine/2015/04/06/born-red.

5   Allison, Blackwill, and Wyne, *Lee Kuan Yew*, 17.

6   앞의 책.

7   앞의 책., 2.

8   앞의 책., 2.

9   Kissinger, *On China*, 2.

10   John K. Fairbank, "China's Foreign Policy in Historical Perspective," *Foreign Affairs* 47, no. 3(1969); and as summarized in Eric Anderson, *China Restored: The Middle Kingdom Looks to 2020 and Beyond*(Santa Barbara, CA: Praeger, 2010), xiv.

11   John K. Fairbank, "Introduction: Varieties of the Chinese Military Experience," in *Chinese Ways in Warfare*, ed. Frank A. Kiernan Jr. and John K. Fairbank(Cambridge, MA: Harvard University Press, 1974), 6–7; John K. Fairbank, "A Preliminary Framework," in *The Chinese World Order: Traditional China's Foreign Relations*, ed. John K. Fairbank(Cambridge, MA: Harvard University Press, 1968), 2, 4.

12   Kissinger, *On China*, 2–3.

13   앞의 책., 9-10, 15. 키신저의 박사학위논문《회복된 세계*A World Restored*》에는 빈 회의를 분석하고, 유럽이 서로 어우러져 힘의 균형 외교를 일궈냄으로써 한 세기 동안 평화를 가져온 사실을 격찬하는 내용이 들어 있다. 이런 지적 배경을 가진 사람이었기에, 그는 세계 질서라는 이 생경한 개념으로 사고를 확장할 수 있었던 것이다. 다음을 보라. Henry Kissinger, *World Order*(New York: Penguin Books, 2014).

14   Kissinger, *On China*, 17, 529.

15   조약은 난징 근처의 양쯔강에 정박하고 있던 포함 HMS 콘월리스Cornwallis호에서 조인되었다. 영국이 강을 거슬러 올라와서, 세금으로 걷은 물품을 가득 실은 청나라 정부의 바지선을 장악한 뒤였다.

16   중국은 열 곳이 넘는 국제무역항을 추가로 개방하고, 상하이와 광저우 지역 일부의 지배권을 프랑스와 영국으로 이양하라는 압력을 받았다. Jonathan D. Spence, *The*

Search for Modern China(New York: W. W. Norton, 1990), 158–62, 179–81; John
K. Fairbank, *Trade and Diplomacy on the China Coast: The Opening of Treaty Ports,
1842–1854*(Cambridge, MA: Harvard University Press, 1964), 102–3, 114–33.

17 Kemp Tolley, *Yangtze Patrol: The U.S. Navy in China*(Annapolis, MD: Naval Institute
Press, 2013), 30.

18 Stapleton Roy, "The Changing Geopolitics of East Asia," working paper, Paul Tsai China
Center, Yale Law School, July 25, 2016, 5, https://www.law.yale.edu/system/files/area/
center/china/document/stapletonroy_final.pdf.

19 James L. Hevia, "Looting and Its Discontents: Moral Discourse and the Plunder of
Beijing, 1900–1901," in *The Boxers, China, and the World*, ed. Robert Bickers and R. G.
Tiedemann(Lanham, MD: Rowman & Littlefield, 2007), 94.

20 Diana Preston, *Besieged in Peking: The Story of the 1900 Boxer Rising*(London:
Constable, 1999), 31; "Gift from Peking for the Museum of Art: H. G. Squiers to
Present Bronzes and Curios to This City," *New York Times*, September 3, 1901, http://
query.nytimes.com/gst/abstract.html/?res=9A07E7DE153DE433A25750C0A96F9C94609
7D6CF.

21 Osnos, "Born Red."

22 앞의 책.

23 Kerry Brown, *CEO, China: The Rise of Xi Jinping*(London: I. B. Tauris, 2016), 65.

24 앞의 책., 72.

25 앞의 책., 73-4.

26 Osnos, "Born Red."

27 Chris Buckley, "Xi Jinping Is China's 'Core'Leader: Here's What It Means," *New
York Times*, October 30, 2016, http://www.nytimes.com/2016/10/31/world/asia/china-
xi-jinping-communist-party.html; Jeremy Page and Lingling Wei, "Xi's Power Play
Foreshadows Historic Transformation of How China Is Ruled," *Wall Street Journal*,
December 26, 2016, http://www.wsj.com/articles/xis-power-play-foreshadows-radical-
transformation-of-how-china-is-ruled-1482778917.

28 Allison, Blackwill, and *Wyne, Lee Kuan Yew*, 114.

29 Andrew Nathan, "Who is Xi?" *New York Review of Books*, May 12, 2016, https://
www.nybooks.com/articles/2016/05/12/who-is-xi/.

30 Kevin Rudd, "How to Break the 'Mutually Assured Misperception'Between the U.S. and

China," *Huffington Post*, April 20, 2015, http://www.huffingtonpost.com/kevin-rudd/us-china-relations-kevin-rudd-report_b_7096784.html.

31 다음을 보라. Liu He's discussion paper from the Belfer Center for Science and International Affairs, "Overcoming the Great Recession: Lessons from China," July 2014, http://belfercenter.org/publication/24397.

32 인도는 2008년 이후로 연간 대략 7퍼센트의 성장률을 기록했지만, 금융 위기 당시에 인도는 아직 세계 10대 경제국에 들지 않았기 때문에 '주요 경제국'이 아니었다.

33 9830억 달러라는 액수는 조지 W. 부시 대통령과 버락 오바마 대통령하에서 마련한 경기부양 예산 및 은행에 대한 긴급구제 금융자금을 모두 합한 금액이다.

34 International Monetary Fund, "World Economic Outlook Database," October 2016.

35 Robert Lawrence Kuhn, "Xi Jinping's Chinese Dream," *New York Times*, June 4, 2013, http://www.nytimes.com/2013/06/05/opinion/global/xi-jinpings-chinese-dream.html.

36 Osnos, "Born Red."

37 Chun Han Wong, "China's Xi Warns Communist Party Not to Waver on Ideology," *Wall Street Journal*, July 1, 2016, http://www.wsj.com/articles/chinas-xi-exhorts-communist-party-to-hold-fast-to-marxism-1467380336.

38 Allison, Blackwill, and Wyne, *Lee Kuan Yew*, 121.

39 다음을 보라. "Xi: Upcoming CPC Campaign a 'Thorough Cleanup' of Undesirable Practices," *Xinhua*, June 18, 2013, http://news.xinhuanet.com/english/china/2013-06/18/c_132465115.htm; Zhao Yinan, "Xi Repeats Anti-Graft Message to Top Leaders," *China Daily*, November 20, 2012, http://usa.chinadaily.com.cn/epaper/2012-11/20/content_15944726.htm; Macabe Keliher and Hsinchao Wu, "How to Discipline 90 Million People," *Atlantic*, April 7, 2015, http://www.theatlantic.com/international/archive/2015/04/xi-jinping-china-corruption-political-culture/389787/.

40 *China Economic Review* online corruption database, http://www.chinaeconomicreview.com/cartography/data-transparency-corruption; "Visualizing China's Anti-Corruption Campaign," ChinaFile.com, January 21, 2016; "Can Xi Jinping's Anti-Corruption Campaign Succeed?" CSIS China-Power Project, http://chinapower.csis.org/can-xi-jinpings-anti-corruption-campaign-succeed/.

41 Josh Chin and Gillian Wong, "China's New Tool for Social Control: A Credit Rating for Everything," *Wall Street Journal*, November 28, 2016, http://www.wsj.com/articles/chinas-new-tool-for-social-control-a-credit-rating-for-everything-1480351590.

42   Joseph Fewsmith, "Xi Jinping's Fast Start," *China Leadership Monitor*, no. 41, Spring 2013, http://www.hoover.org/sites/default/files/uploads/documents/CLM41JF.pdf.

43   시진핑의 차이나 드림은 잃어버린 위대함이라는 개념을 들먹이면서 이를 되찾고자 하는데, 그 기원은 적어도 12세기까지 거슬러 올라간 시절의 중국 문학과 지성사에 있다. 굴욕의 세기 동안에는, 이런 부활을 향한 열망이 이 나라의 정치적 동력이었다. 1860년에 청나라 학자 펑기펜馮桂芬은 이런 사실을 환기시키면서 영국과 프랑스에 관해서 이런 의문을 제기한 적이 있다. "이들 나라는 그렇게 작은데도 어떻게 그토록 강한 나라가 되었을까? 우리나라는 이렇게 큰데도 어떻게 이토록 허약한 나라가 되었을까? …… 중국인들이 쌓아온 지성과 지혜는 여러 부류의 오랑캐들보다 근본적으로 우월하다. …… 그렇다면 우리가 이 오랑캐들로부터 배워야 할 것은 딱 한 가지뿐이다. 바로, 튼튼한 배와 성능 좋은 총이다." 잃어버린 위대함은 '자강 운동'을 일으킨 세력들에게도 희망의 원천이었다. 이 운동은 경제적, 군사적으로 중국을 '부활시키고' 제국주의 세력을 몰아내기 위해서 같은 해에 시작되었다. 그러나 마치 반복되는 악몽처럼, 약속했던 꿈은 실현되기도 전에 완전히 짓밟히고 말았다. 다음을 보라. Ryan Mitchell, "Clearing Up Some Misconceptions About Xi Jinping's 'China Dream,'" *Huffington Post*, August 20, 2015, http://www.huffingtonpost.com/ryan-mitchell/clearing-up-some-misconce_b_8012152.html; Jonathan D. Spence, *The Search for Modern China* (New York: W. W. Norton, 1990), 197.

44   Didi Kristen Tatlow, "Xi Jinping on Exceptionalism with Chinese Characteristics," *New York Times*, October 14, 2014, http://sinosphere.blogs.nytimes.com/2014/10/14/xi-jinping-on-exceptionalism-with-chinese-characteristics/.

45   Mark Elliott, "The Historical Vision of the Prosperous Age (*shengshi*)," *China Heritage Quarterly*, no. 29, March 2012, http://www.chinaheritagequarterly.org/articles.php?searchterm=029_elliott.inc&issue=029.

46   Jin Kai, "The Chinese Communist Party's Confucian Revival," *Diplomat*, September 30, 2014, http://thediplomat.com/2014/09/the-chinese-communist-partys-confucian-revival/.

47   Geoff Dyer, *The Contest of the Century* (New York: Vintage Books, 2014), 150-2.

48   Allison, Blackwill, and Wyne, *Lee Kuan Yew*, 14.

49   Dexter Roberts, "China Trumpets Its Service Economy," *Bloomberg Businessweek*, January 28, 2016, http://www.bloomberg.com/news/articles/2016-01-28/china-trumpets-its-service-economy

50   Gabriel Wildau, "China: The State-Owned Zombie Economy," *Financial Times*, February 29, 2016, https://www.ft.com/content/253d7eb0-ca6c-11e5-84df-70594b99fc47

51   Ben Bland, "China's Robot Revolution," *Financial Times*, June 6, 2016, https://www. ft.com/content/1dbd8c60-0cc6-11e6-ad80-67655613c2d6.

52   "Xi Sets Targets for China's Science, Technology Mastery," *Xinhua*, May 30, 2016, http://news.xinhuanet.com/english/2016-05/30/c_135399691.htm.

53   *Associated Press*, "Air Pollution in China Is Killing 4,000 People Every Day, a New Study Finds," August 13, 2015, https://www.theguardian.com/world/2015/aug/14/air-pollution-in-china-is-killing-4000-people-every-day-a-new-study-finds.

54   World Bank, *Cost of Pollution in China: Economic Estimates of Physical Damages* (Washington, DC: World Bank, 2007), http://documents.worldbank.org / curated/en/782171468027560055/Cost-of-pollution-in-China-economic-estimates-of-physical-damages.

55   John Siciliano, "China Deploys Green 'SWAT Teams' to Meet Climate Goals," *Washington Examiner*, March 19, 2016, http://www.washingtonexaminer.com/china-deploys-green-swat-teams-to-meet-climate-goals/article/2586271.

56   "China Must Quickly Tackle Rising Corporate Debt, Warns IMF Official," Reuters, June 10, 2016, http://www.reuters.com/article/us-china-imf-debt-idUSKCN0YX029.

57   Martin Feldstein, "China's Next Agenda," *Project Syndicate*, March 29, 2016, https:// www.project-syndicate.org/commentary/china-growth-through-pro-market-reforms-by-martin-feldstein-2016-03.

58   United Nations, Department of Economic and Social Affairs, Population Division, *World Urbanization Prospects: The 2014 Revision, Highlights* (ST/ESA/SER.A/352), https:// esa.un.org/unpd/wup/publications/files/wup2014-highlights.pdf.

59   Martin Feldstein, "China's Latest Five-Year Plan," *Project Syndicate*, November 28, 2015, https://www.project-syndicate.org/commentary/china-new-five-year-plan-by-martin-feldstein-2015-11?barrier=true.

60   Halford Mackinder, *Democratic Ideals and Reality: A Study in the Politics of Reconstruction* (New York: Henry Holt, 1919), 186.

61   Xi Jinping, "New Asian Security Concept for New Progress in Security Cooperation: Remarks at the Fourth Summit of the Conference on Interaction and Confidence Building Measures in Asia," Shanghai, May 21, 2014, http://www.fmprc.gov.cn/mfa_eng/zxxx_662805/t1159951.shtml.

62   Mira Rapp-Hooper, "Before and After: The South China Sea Transformed," Center for Strategic and International Studies, February 18, 2015, https://amti.csis.org/before-and-

after-the-south-china-sea-transformed/.

63   Bill Hayton, *The South China Sea* (New Haven, CT: Yale University Press, 2014), 71.

64   Toshi Yoshihara, "The 1974 Paracels Sea Battle: A Campaign Appraisal," *Naval War College Review* 69, no. 2 (Spring 2016), 41.

65   US Department of Defense, "Asia-Pacific Maritime Security Strategy" (August 2015), 16, http://www.defense.gov/Portals/1/Documents/pubs/NDAA%20A-P_Maritime_SecuritY_Strategy-08142015-1300-FINALFORMAT.PDF.

66   Derek Watkins, "What China Has Been Building in the South China Sea," *New York Times*, February 29, 2016, http://www.nytimes.com/interactive/2015/07/30/world/asia/what-china-has-been-building-in-the-south-china-sea-2016.html.

67   US Department of Defense, "Asia-Pacific Maritime Security Strategy," 17.

68   전체 무역 규모 5조 3000억 달러 중에서 미국이 차지하는 무역 규모는 1조 2000억 달러에 달한다. Bonnie Glaser, "Armed Clash in the South China Sea," Council on Foreign Relations, April 2012, 4, http://www.cfr.org/asia-and-pacific/armed-clash-south-china-sea/p27883.

69   Andrei Kokoshin, "2015 Military Reform in the People's Republic of China: Defense, Foreign and Domestic Policy Issues," Belfer Center for Science and International Affairs, October 2016, vi, http://belfercenter.org/publication/27040

70   Nomaan Merchant, "Over 1,000 Protest in Front of Chinese Defense Ministry," *Associated Press*, October 11, 2016, http://www.military.com/daily-news/2016/10/11/1-000-protest-front-chinese-defense-ministry.html.

71   Regina Abrami, William Kirby, and F. Warren McFarlan, *Can China Lead?* (Boston: Harvard Business Review Press, 2014), 179.

72   "President Xi Stresses Development of PLA Army," *Xinhua*, July 27, 2016, http://news.xinhuanet.com/english/2016-07/27/c_135544941.htm.

73   Jeremy Page, "For Xi, a 'China Dream' of Military Power," *Wall Street Journal*, March 13, 2013, http://www.wsj.com/articles/SB10001424127887324128504578348774040546346.

74   이라크의 지휘-통제 시스템은 첩보 활동에 의한 기밀 누설이 너무 심해진 나머지, 결국 사담 후세인은 자신의 명령을 전선戰線으로 전달하는 데 오토바이 배달원을 이용해야 했다. Fred Kaplan, *Dark Territory: The Secret History of Cyber War* (New York: Simon & Schuster, 2016), 22-3.

75   필스베리가 국방부를 위해 연구하여 작성한 전체 평가는 Michael Pillsbury, *China*

Debates the Future Security Environment (Washington, DC: National Defense University Press, 2000)로 출간되었다. 다음도 보라. *Chinese Views of Future Warfare, ed. Michael illsbury* (Washington, DC: National Defense University Press, 1997).

76 코코신이 지적하듯이, "'주요 군사 지역'의 사령관들과 정치위원들은 한꺼번에 여러 성省을 관리하는데, 이들이 베이징의 중앙 정치권력을 안전하게 지켜주는 중요한 요소였다. 이들 사령관과 정치위원은 인민해방군PLA 중앙정치부의 통제를 받는데, 중앙정치부는 곧바로 중화인민공화국PRC의 중앙군사위원회 주석에게 보고한다. 국내 위기가 발생했을 때, '주요 군사지역'의 사령관과 정치위원들은 이들 지역 내에 위치한 성省들에 대해서 비상 통제권을 행사할 각종 기회를 가졌다. 군 개혁을 어느 정도로 할 것인지를 고려할 때 당과 국가 최고관리들이 직면한 핵심 쟁점 중 하나는, 나라 밖의 정책적 관심사들을 추구하기 위해서 군사력을 보다 효과적으로 사용할 수 있게 해주는 무장 능력과, 내부의 위기가 발생했을 때 이를 해결하는 인민해방군의 기존 역할을 그대로 유지하는 일, 이 두 가지를 서로 어떻게 조화시키느냐 하는 것이었다." 다음을 보라. Kokoshin, 2015 Military Reform in the People's Republic of China,"22–3, 4.

77 Yang Yong, quoted in Dyer, *The Contest of the Century*, 25.

78 인민해방군에서 '군대army'라는 용어는 보통, 세 지상군(미국은 이 육군을 '아미'라고 부른다)뿐 아니라 공군과 해군까지 포함한 군사력을 가리키는 용어다.

79 M. Taylor Fravel, "China's Changing Approach to Military Strategy: The Science of Military Strategy from 2001 to 2013," in Joe McReynolds, *China's Evolving Military Strategy* (Washington, DC: Jamestown Foundation, 2016), 59–62; Toshi Yoshihara and James Holmes, *Red Star over the Pacific: China's Rise and the Challenge to U.S. Maritime Strategy* (Annapolis, MD: Naval Institute Press, 2010), 60.

80 Holmes and Yoshihara, *Red Star over the Pacific*, 18.

81 2015년에 국방부는 '공해전투'를 '국제 공역에서의 접근과 기동을 위한 합동 개념(Joint Concept for Access and Maneuver in the Global Commons, JAM–GC)'이라는 명칭으로 바꾸었다. 그러나 여전히 공해전투라는 표현도 많이 쓰인다. Sam Lagrone, "Pentagon Drops Air Sea Battle Name, Concept Lives On," *USNI News*, January 20, 2015, https://news.usni.org/2015/01/20/pentagon-drops-air-sea-battle-name-concept-lives.

82 Eric Heginbotham et al., *The U.S.–China Military Scorecard: Forces, Geography, and the Evolving Balance of Power, 1996–2017* (Santa Monica, CA: RAND Corporation, 2015), xxxi, xxix

7. 문명의 충돌

1   Samuel Kim, *China, the United Nations, and World Order*(Princeton, NJ: Princeton University Press, 1979), 38.

2   Helen H. Robbins, *Our First Ambassador to China: The Life and Correspondence of George, Earl of Macartney, and His Experiences in China, as Told by Himself*(New York: E. P. Dutton, 1908), 175.

3   Alain Peyrefitte, *The Immobile Empire*, trans. Jon Rothschild(New York: Knopf, 1992), 10.

4   Kissinger, *On China*, 37.

5   J. R. Cranmer-Byng, ed., *An Embassy to China: being the journal kept by Lord Macartney during his embassy to the Emperor Ch'ien-lung, 1793-1794*(Hamden: Archon Books, 1963), 117.

6   Peyrefitte, *The Immobile Empire*, 170.

7   앞의 책., 220.

8   앞의 책., 206.

9   앞의 책., 227, 306.

10 Qianlong's First Edict to King George Ⅲ(September 1793), in *The Search for Modern China: A Documentary Collection*, ed. Pei-kai Cheng, Michael Lestz, and Jonathan Spence(New York: Norton, 1999), 104-6.

11 Samuel Huntington, "The Clash of Civilizations?," *Foreign Affairs* 72, no. 3(Summer 1993), 22.

12 앞의 책., 24.

13 Francis Fukuyama, "The End of History?," *The National Interest*, no. 16(Summer 1989), 3-18.

14 Huntington, "The Clash of Civilizations?,"25.

15 앞의 책. 41.

16 Samuel Huntington, *The Clash of Civilizations and the Remaking of World Order*(New York: Simon & Schuster Paperbacks, 2003), 225.

17 앞의 책., 169.

18 앞의 책., 234.

19 Crane Brinton, *The Anatomy of a Revolution*(New York: Vintage Books, 1952), 271.

20 Huntington, *The Clash of Civilizations*, 223.

21 앞의 책., 225.

22 Jeffrey Goldberg, "The Obama Doctrine," *Atlantic*, April 2016, http://www.theatlantic.com/magazine/archive/2016/04/the-obama-doctrine/471525/.

23 Allison, Blackwill, and Wyne, Lee Kuan Yew, 42.

24 Harry Gelber, *Nations Out of Empires: European Nationalism and the Transformation of Asia*(New York: Palgrave, 2001), 15.

25 Kevin Rudd, "The Future of U.S.-China Relations Under Xi Jinping: Toward a New Framework of Constructive Realism for a Common Purpose," Belfer Center for Science and International Affairs, April 2015, 12, http://belfercenter.org/files/SummaryReportUSChina21.pdf.

26 William Pitt, Earl of Chatham, Speech in House of Lords, January 20, 1775, http://quod.lib.umich.edu/cgi/t/text/text-idx?c=evans;idno=N11389.0001.001.

27 Richard Hofstadter, *Anti-intellectualism in American Life*(New York: Alfred A. Knopf, 1963), 43.

28 Kissinger, *On China*, 15

29 앞의 책.

30 Thomas Paine, *Common Sense: Addressed to the Inhabitants of America*(Boston: J. P. Mendum, 1856), 19.

31 Neustadt, *Presidential Power and the Modern Presidents*, 29.

32 *Myers v. United States*, 272 US 52(1926).

33 Lee Kuan Yew, "Speech at the Abraham Lincoln Medal Award Ceremony," Washington, DC, October 18, 2011, https://www.mfa.gov.sg/content/mfa/overseasmission/washington/newsroom/press_statements/2011/201110/press_201110_01.html.

34 Thomas Jefferson letter to William Hunter, March 11, 1790.

35 Eric X. Li, "A Tale of Two Political Systems," TED Talk, June 2013, https://www.ted.com/talks/eric_x_li_a_tale_of_two_political_systems/transcript

36 Kissinger, *World Order*, 236.

37 Huntington, *The Clash of Civilizations*, 184.

38 Kissinger, *On China*, 17.

39 Kissinger, *World Order*, 230.

40 George Washington, "Address to the members of the Volunteer Association and other Inhabitants of the Kingdom of Ireland who have lately arrived in the City of New York," December 2, 1783, http://founding.com/founders-library/american-political-figures/george-washington/address-to-the-members-of-the-volunteer-association-and-other-inhabitants/.

41 Yoree Koh, "Study: Immigrants Founded 51% of U.S. Billion-Dollar Startups," *Wall Street Journal*, March 17, 2016, http://blogs.wsj.com/digits/2016/03/17/study-immigrants-founded-51-of-u-s-billion-dollar-startups/.

42 A llison, Blackwill, and Wyne, *Lee Kuan Yew*, 22-3. 물론 이게 완전히 정확한 것은 아니다. 유럽인들이 도착했을 때 미 대륙은 개발된 상태는 아니었을지 몰라도 '비어' 있지는 않았기 때문이다.

43 "Notes from the Chairman: A Conversation with Martin Dempsey," *Foreign Affairs*, September/October 2016, https://www.foreignaffairs.com/interviews/2016-08-01/notes-chairman.

44 Kissinger, *On China*, 30.

45 Sun Tzu, *The Art of War*, trans. Samuel B. Griffith(London: Oxford University Press, 1971), 92.

46 Francois Jullien, *The Propensity of Things: Toward a History of Efficacy in China*, trans. Janet Lloyd(New York: Zone Books, 1999), 26.

47 Sun Tzu, *The Art of War*, 95.

48 Kissinger, *On China*, 23.

49 David Lai, "Learning from the Stones: A Go Approach to Mastering China's Strategic, *Shi*," US Army War College Strategic Studies Institute, May 2004, 5, 28, http://www.strategicstudiesinstitute.army.mil/pubs/display.cfm?pubID=378; Kissinger, On China, 23-4.

50 Sun Tzu, *The Art of War*, 14-6.

51 Clinton, "America's Pacific Century."

52 Rudd, "The Future of U.S.-China Relations Under Xi Jinping," 14.

53 M. Taylor Fravel, *Strong Borders, Secure Nation: Conflict and Cooperation in China's Territorial Disputes*(Princeton, NJ: Princeton University Press, 2008).

8. 전쟁을 향하여

1   이 주장을 지지하기 위해서 토머스 크리스텐센Thomas Christensen의 《중국의 도전 *China Challenge*》에 나오는 부분을 인용하는 사람들이 있다. 크리스텐센은 세계경제와 정치에서의 변화가 어떻게 미국과 중국, 이 두 대국 간의 전쟁 가능성을 줄이고 있는지를 효과적으로 설명한다. 그러나 크리스텐센은 그런 충돌은 여전히 가능하다고 인정한다. 게다가 그는 중국의 군사력 강화로, 상호 관계에서 생기는 도전들을 성공적으로 해결해 나가기가 훨씬 더 어려워지리라는 점까지 인정한다. 이런 주제들과 관련해서 더 확장된 논의를 알고 싶다면 다음을 보라. Thomas Christensen, *The China Challenge: Shaping the Choices of a Rising Power*(New York: W. W. Norton, 2015), particularly chapters 2("This Time Should Be Different: China's Rise in a Globalized World") and 4("Why China Still Poses Strategic Challenges").

2   David Gompert, Astrid Cevallos, and Cristina Garafola, *War with China: Thinking Through the Unthinkable*(Santa Monica, CA: RAND Corporation, 2016), 87, 48–50.

3   Benjamin Valentino, *Final Solutions: Mass Killing and Genocide in the Twentieth Century*(Ithaca, NY: Cornell University Press, 2005), 88.

4   P. K. Rose, "Two Strategic Intelligence Mistakes in Korea, 1950: Perceptions and Reality," *Studies in Intelligence*, Fall–inter 2001, 57–65.

5   T. R. Fehrenbach, *This Kind of War: A Study in Unpreparedness*(New York: Macmillan, 1963), 184–96.

6   페렌바크의 설명에 따르면, 맥아더의 생각은 해군 부대가 중국 본토에 충분히 가까이 다가감으로써 중국의 폭력적인 반응을 자극한다고 했다. 그리고 이런 반응은 핵무기를 사용할 수 있는 명분으로 삼을 수 있도록 중국을 자극한다고 했다.

7   Fehrenbach, *This Kind of War*, 192.

8   Michael Gerson, "The Sino-Soviet Border Conflict: Deterrence, Escalation, and the Threat of Nuclear War in 1969," Center for Naval Analyses, November 2010, 17, https://www.cna.org/CNA_files/PDF/D0022974.A2.pdf.

9   앞의 책., 16–7, 44.

10 Nicholas Khoo, *Collateral Damage: Sino-Soviet Rivalry and the Termination of the Sino-Vietnamese Alliance*(New York: Columbia University Press, 2011), 144.

11 Kissinger, *On China*, 219.

12 Kissinger, *Diplomacy*, 723.

13 Gerson, "The Sino-Soviet Border Conflict," iii.

14 Fravel, *Strong Borders, Secure Nation*, 201.

15 앞의 책.

16 Gerson, "The Sino-Soviet Border Conflict," 24.

17 중국 학자들이 올바르게 지적하듯이, 분리를 향한 리덩후이의 움직임도 더 적극적이 되었다.

18 다음을 보라. Wallace Thies and Patrick Bratton, "When Governments Collide in the Taiwan Strait," *Journal of Strategic Studies* 27, no. 4(December 2004), 556-84; Robert Ross, "The 1995-96 Taiwan Strait Confrontation," *International Security* 25, no. 2(Fall 2000), 87-123.

19 다음을 보라. Jane Perlez, "American and Chinese Navy Ships Nearly Collided in South China Sea," *New York Times*, December 14, 2013, http://www.nytimes. com/2013/12/15/world/asia/chinese-and-american-ships-nearly-collide-in-south-china-sea.html.

20 Henry Kissinger, *A World Restored: Metternich, Castlereagh, and the Problems of Peace*, 1812-22(Boston: Houghton Mifflin, 1957), 331.

21 헨리 키신저는 PRI의 《세계*The World*》에 관한 2014년 인터뷰에서 이렇게 말했다. "미국은 제2차 세계대전 이후로 다섯 차례의 전쟁을 치렀습니다. 그중 천명한 목표를 달성한 전쟁은 단 한 차례였습니다. 또 한 차례는 교착상태에 빠졌고, 나머지 세 차례는 우리가 일방적으로 후퇴했지요. 제가 말한 첫 번째 경우는 이라크 전쟁입니다. 그 전쟁에서는 우리가 정했던 목표를 달성했지요. 한국전쟁은 교착상태로 끝났다고 할 수 있고요. 베트남전쟁과 두 번째 이라크 전쟁 그리고 아프가니스탄 전쟁은 우리가 일방적으로 후퇴한 경우입니다." 다음을 보라. "Henry Kissinger Would Not Have Supported the Iraq War If He'd Known What He Knows Now," PRI, September 11, 2014, http://www.pri.org/stories/2014-09-11/henry-kissinger-would-not-have-supported-iraq-war-if-hed-known-what-he-knows-now.

22 "Remarks by Secretary of Defense Robert Gates at the U.S. Military Academy at West Point," February 25, 2011, http://archive.defense.gov/Speeches/Speech. aspx?SpeechID=1539.

23 Carl von Clausewitz, *On War*, ed. Peter Paret, trans. Michael Eliot Howard(Princeton, NJ: Princeton University Press, 1989), 101.

24 Robert McNamara, *In Retrospect: The Tragedy and Lessons of Vietnam*, 2nd ed.(New York: Vintage, 1996), 128-43.

25 다음을 보라. *David Sanger, Confront and Conceal: Obama's Secret Wars and Surprising*

Useof American Power(New York: Crown Publishers, 2012).
Allison_DESTINED FOR WAR_F.indd 329 3/21/17 9:12 AM

26   "Kaspersky Lab Discovers Vulnerable Industrial Control Systems LikelyBelonging to
     Large Organizations," Kaspersky Lab, press release, July 11, 2016, http://usa.kaspersky.
     com/about-us/press-center/press-releases/2016/Kaspersky-Lab-Discovers-Vulnerable-
     Industrial-Control-Systems-Likely-Belonging-to-Large-Organizations.

27   Herman Kahn, *On Escalation: Metaphors and Scenarios*(New York: Penguin,1965), 39.

28   Audrey Wang, "The Road to Food Security," *Taiwan Today,* July 1, 2011,
     http://taiwantoday.tw/ct.asp?xItem=167684&CtNode=124; "Taiwan Lacks
     Food Security Strategy,"*Taipei Times,* July 26, 2010, http://www.taipeitimes.com/News/
     editorials/archives/2010/07/26/2003478832.

29   다음을 보라. Ross, "The 1995-96 Taiwan Strait Confrontation," 87-123.

30   이 시나리오는 〈포린 폴리시Foreign Policy〉의 의뢰로 랜드연구소가 수행한 전쟁 게
     임 분석에 기초한 것이다. 다음을 보라. Dan De Luce and Keith Johnson, "How FP
     Stumbled Into a War with China —and Lost," *Foreign Policy,* January 15, 2016, http://
     foreignpolicy.com/2016/01/15/how-fp-stumbled-into-a-war-with-china-and-lost/.

31   오바마 대통령은 2014년에 다음과 같이 선언함으로써 이를 분명히 했다. "조약을 통해
     서 일본의 안보에 관해 우리가 한 약속은 절대적이다. 조항 5는 센카쿠열도를 포함해서
     일본 정부가 통치하는 모든 영토에 적용된다." 트럼프 대통령도 대통령에 오르자마자
     이 약속을 재확인했다. 다음을 보라. "Joint Press Conference with President Obama and
     Prime Minister Abe of Japan," April 24, 2014, https://obamawhitehouse.archives.gov/the-
     press-office/2014/04/24/joint-press-conference-president-obama-and-prime-minister-
     abe-japan; "Joint Statement from President Donald J. Trump and Prime Minister Shinzo
     Abe," February 10, 2017, https://www.whitehouse.gov/the-press-office/2017/02/10/joint-
     statement-president-donald-j-trump-and-prime-minister-shinzo-abe.

32   Jeremy Page and Jay Solomon, "China Warns North Korean Nuclear Threat Is Rising,"
     Wall Street Journal, April 22, 2015, http://www.wsj.com/articles/china-warns-north-
     korean-nuclear-threat-is-rising-1429745706; Joel Wit and Sun Young Ahn, "North
     Korea's Nuclear Futures: Technology and Strategy," U.S.-Korea Institute at SAIS, 2015,
     http://38north.org/wp-content/uploads/2015/02/NKNF-NK-Nuclear-Futures-Wit-0215.
     pdf.

33   Eli Lake, "Preparing for North Korea's Inevitable Collapse," *Bloomberg,* September 20,
     2016, https://www.bloomberg.com/view/articles/2016-09-20/preparing-for-north-korea-
     s-inevitable-collapse.

34 "Trade in Goods with China," US Census, http://www.census.gov/foreign-trade/balance/c5700.html.

35 Michael Lewis, *Flash Boys: A Wall Street Revolt* (New York: W. W. Norton, 2014), 56–88.

36 Andrew Ross Sorkin, *Too Big to Fail: The Inside Story of How Wall Street and Washington Fought to Save the Financial System—and Themselves*, updated ed. (New York: Penguin Books, 2011), 59.

37 Andrew Ross Sorkin et al., "As Credit Crisis Spiraled, Alarm Led to Action," *New York Times*, October 1, 2008, http://www.nytimes.com/2008/10/02/business/02crisis.html

38 David Hambling, "How Active Camouflage Will Make Small Drones Invisible," *Popular Mechanics*, November 14, 2015, http://www.popularmechanics.com/flight/drones/a18190/active-camouflage-make-small-drones-invisible/.

9. 평화의 문을 열어줄 열두 개의 열쇠

1 "14세기에 흑사병이 창궐하기 직전에, 포르투갈 인구는 150만 정도였을 것으로 추산된다. 이는 평방킬로미터당 열일곱 명 정도인 유럽 평균치에 해당한다. 적절하다고 생각되는 인구였다. 그러나 1348년에 이 수치는 3분의 1에서 절반 사이로 떨어졌고, 이후 큰 변동 없이 계속해서 거의 그 수준으로 이어지다가, 1460년경부터 조금씩 회복되기 시작했다." 다음을 보라. Armindo de Sousa, "Portugal," in The New Cambridge Medieval History, vol. 7: c. 1415–c. 1500, ed. Christopher Allmand (Cambridge: Cambridge University Press, 1998), 627. 놀랍게도, 그보다 훨씬 더 많은 수의 포르투갈인들이 역병에 목숨을 잃었을 수도 있다. "포르투갈에서는 사망자 수가 대략 인구의 3분의 2라고 추산하지만, 10분의 9라고까지 기록해놓은 문서도 있다." 다음을 보라. Peter Linehan, "Castile, Navarre and Portugal," in The New Cambridge Medieval History, vol. 6: c. 1300–c. 1415, ed. Michael Jones (Cambridge: Cambridge University Press, 2000), 637.

2 A. R. Disney, *A History of Portugal and the Portuguese Empire from Beginnings to 1807, vol. 2: The Portuguese Empire* (New York: Cambridge University Press, 2009), 40.

3 H. V. Livermore, "Portuguese Expansion," in *The New Cambridge Modern History*, 2nd ed., vol. 1: *The Renaissance, 1493–1520*, ed. G. R. Potter (Cambridge: Cambridge University Press, 1957), 420.

4 Joseph Perez, "Avance portugues y expansion castellana en torno a 1492," in *Las Relaciones entre Portugal y Castilla en la Epoca de los Descubrimientos y la Expansion*

Colonial, ed. Ana Maria Carabias Torres(Salamanca, Spain: Ediciones Universidad de Salamanca, 1994), 107.

5 Alan Smith, *Creating a World Economy: Merchant Capitalism, Colonialism, and World Trade, 1400 – 1825*(Boulder, CO: Westview Press, 1991), 75.

6 Christopher Bell, *Portugal and the Quest for the Indies*(London: Constable, 1974), 180.

7 페르난도와 이사벨이 콜럼버스의 첫 번째 제안은 거절했다가, 결국 나중에 그 제안을 재고하여 그의 항해에 자금을 대기로 합의하게 된 거라는 사실은 지적해둘 만하다.

8 포르투갈로서는 20년 전처럼 비용이 많이 드는 전쟁을 카스티야와 또 한 차례 치르게 될 위험을 감수할 수가 없었다. 카스티야 왕위 계승 전쟁은 카스티야-아라곤 연합을 허용할지 여부를 두고 1475년과 1479년 사이에 벌어진 전쟁이었다. 만약 이 카스티야 내전으로, 아라곤의 왕 페르난도와 결혼한 이사벨이 카스티야의 다음 왕으로 재확인된다면, 연합은 남게 될 터였다. 만약 후아나Juana(그녀는 포르투갈 왕 알폰소 5세와 결혼했다)의 지지자들이 이긴다면, 카스티야는 아라곤 대신 포르투갈과 통합될 터였고 말이다. 물론 포르투갈은 이사벨 대신에 후아나를 왕위에 앉히려는 편을 도와 싸웠다. 따라서 이 전쟁을 투키디데스의 함정 시나리오로 이해하여 신흥 세력인 카스티야가 아라곤과 통합하는 것을 두려워한 포르투갈이 공격을 감행했다고 보기보다는, 이 전쟁을 포르투갈이 카스티야를 자국의 형제 나라로 얻으려는 시도라고 이해하는 편이 더 정확하다. 더 자세한 논의가 궁금하다면 부록 1의 미주 2를 보라.

9 Disney, *A History of Portugal and the Portuguese Empire*, 48.

10 오바마는 자신의 재임 기간 동안에 아프가니스탄, 이라크, 시리아, 리비아, 파키스탄, 소말리아 그리고 예멘에서의 군사행동을 승인했다. 한편, 미국의 특수작전부대는 최소한 여덟 개국에서 테러리스트를 색출하는 작전을 지원했다. 다음을 보라. Mark Landler, "For Obama, an Unexpected Legacy of Two Full Terms at War," *New York Times*, May 14, 2016, http://www.nytimes.com/2016/05/15/us/politics/obama-as-wartime-president-has-wrestled-with-protecting-nation-and-troops.html.

11 니카라과의 경우에는 국제재판소가 니카라과 편을 들어 미국에 배상금을 지불하라고 판결했을 때 미국은 이를 거부했으며, 국제재판소의 판결에 따르라는, 여섯 개국의 찬성으로 의결한 유엔안보리의 결정에도 거부권을 행사했다. 유엔 주재 미 대사 진 커크패트릭Jeane Kirkpatrick은 이 문제를 바라보는 워싱턴의 시각을 다음과 같이 적절하게 요약했다. 자신이 국제재판소의 판결을 받아들이지 않은 것은 이 재판소가 "준-법률적, 준-사법적, 준-정치적 기관으로, 나라마다 이 기관의 결정을 받아들일 수도 있고 그렇지 않을 수도 있"기 때문이라고. 다음을 보라. Graham Allison, "Of Course China, Like All Great Powers, Will Ignore an International Legal Verdict," *Diplomat*, July 11, 2016, http://thediplomat.com/2016/07/of-course-china-like-all-great-powers-will-ignore-aninternational-legal-verdict/.

12　Jacob Heilbrunn, "The Interview: Henry Kissinger," *National Interest*, August 19, 2015, http://nationalinterest.org/feature/the-interview-henry-kissinger-13615.

13　Philip Zelikow and Condoleezza Rice, *Germany Unified and Europe Transformed: A Study in Statecraft*(Cambridge, MA: Harvard University Press, 1995), 207. 최근에 기밀이 해제된 내각 파일에 따르면, 1990년에 대처가, 유럽은 '독일 세력에 맞서서 반드시 힘의 균형'을 유지해야 하며, 이를 위해서 영국이 소련과 동맹을 맺을 필요가 있을지도 모른다는 말을 꺼내 부시 행정부를 깜짝 놀라게 했다. 다음을 보라. Henry Mance, "Thatcher Saw Soviets as Allies Against Germany," *Financial Times*, December 29, 2016, https://www.ft.com/content/dd74c884-c6b1-11e6-9043-7e34c07b46ef.

14　Jussi M. Hanhimaki, "Europe's Cold War," in *The Oxford Handbook of Postwar European History*, ed. Dan Stone(Oxford: Oxford University Press, 2012), 297.

15　John Lanchester, "The Failure of the Euro," *New Yorker*, October 24, 2016, www.newyorker.com/magazine/2016/10/24/the-failure-of-the-euro.

16　Andrew Moravcsik, *The Choice for Europe: Social Purpose and State Power from Messina to Maastricht*(Ithaca, NY: Cornell University Press, 1998), 407.

17　1989년에 독일 마인츠에서 부시는 다음과 같이 연설했다. "자유를 향한 열정이 영원히 부정될 수는 없습니다. 세계는 충분히 오래 기다렸습니다. 이제 그때가 된 것입니다. 유럽 전체가 하나가 되어 자유롭게 앞으로 나아가십시오." 다음을 보라. George H. W. Bush, "A Europe Whole and Free," Remarks to the Citizens in Mainz, Germany, May 31, 1989, http://usa.usembassy.de/etexts/ga6-890531.htm

18　International Monetary Fund, "World Economic Outlook Database."

19　Helga Haftendorn, *Coming of Age: German Foreign Policy Since 1945*(Lanham, MD: Rowman & Littlefield, 2006), 319.

20　Similar questions can be asked about the second great post-orld War II anomaly, modern Japan.

21　Bradford Perkins, *The Great Rapprochement: England and the United States, 1895-1914*(New York: Atheneum, 1968), 9.

22　다음을 보라. "GDP Levels in 12 West European Countries, 1869-1918," "GDP Levels in *Western Offshoots*, 1500-1899," and "GDP Levels in *Western Offshoots*, 1900-1955," in Maddison, *The World Economy*, 427, 462-63.

23　Kennedy, *The Rise and Fall of the Great Powers*, 200-2, 242-4.

The British were dissuaded in part by pro-American public opinion. Ernest R. May and Zhou Hong, "A Power Transition and Its Effects," in *Power and Restraint: A Shared Vision for the U.S.-China Relationship*, ed. Richard Rosecrance and Gu Guoliang(New York: Public Affairs, 2009), 13.

25 Schoultz, *Beneath the United States*, 115.

26 May and Hong, "A Power Transition and Its Effects,"12.

27 사실, 영국 정부는 미국 행정부가 서명한 모든 미래의 불화를 중재하기 위한 조약을 모색했으나, 상원은 거부했다. Perkins, *Great Rapprochement*, 12-9; J. A. S. Grenville, *Lord Salisbury and Foreign Policy: The Close of the Nineteenth Century*(London: Athlone Press, 1964), 54-73; May, Imperial Democracy, 52-3, 56-9, 60-5.

28 Bourne, *Britain and the Balance of Power in North America*, 339.

29 앞의 책., 351.

30 May and Hong, "A Power Transition and Its Effects," 12-3.

31 셀본은 피셔의 열성에 자신이 다소 충격을 받았음을 털어놓았다. "그는 캐나다를 방어하기 위해서 한 사람도, 1파운드도 쓰지 않을 거라고 말했다. 그의 말은 진심이었다." 피셔의 함대 재배치로, 미국에 배치되어 있던 영국 해군은 극적으로 감소했다. Friedberg, *The Weary Titan*, 161-98. 이후 2년 만에 캐나다 영토 방어는 캐나다인들 스스로 떠안아야 하는 일이 되었다. 그리고 결국에는, 마지막까지 남아 있던 영국군마저 철수했다. Bourne, *Britain and the Balance of Power in North America*, 359-89.

32 Selbourne made this comment in 1901. Bourne, *Britain and the Balance of Power in North America*, 351.

33 셀본은 그의 내각 동료들에게, "내가 지금 진짜로 믿는 기준은 공개적으로 말할 수 없는 것"임을 분명히 했다. Friedberg, *The Weary Titan*, 169-80.

34 앞의 책., 161-5, 169-74, 184-90.

35 Anne Orde, *The Eclipse of Great Britain: The United States and British Imperial Decline, 1895-1956*(New York: Saint Martin's Press, 1996), 22.

36 May and Hong, "A Power Transition and Its Effects," 13. Some Americans also believed in a natural Anglo-American bond, although they were fewer in number than their British counterparts.

37 MacMillan, *The War That Ended Peace*, 38; May and Hong, "A Power Transition and Its Effects," 13.

38 May and Hong, "A Power Transition and Its Effects," 11-7.

39 앞의 책., 14-7.

40 George Will, "America's Lost Ally," *Washington Post*, August 17, 2011, https://www.washingtonpost.com/opinions/americas-lost-ally/2011/08/16/gIQAYxy8LJ_story.html?utm_term=.3188d2889da3.

41 Paul Samuelson, *Economics: An Introductory Analysis*, 6th ed.(New York: Mc-Graw-Hill, 1964), 807.

42 Churchill, *The Second World War*, vol. 3: *The Grand Alliance*(Boston: Houghton Mifflin, 1950), 331.

43 James Forrestal letter to Homer Ferguson, May 14, 1945. 다음을 보라. Walter Millis, ed., *The Forrestal Diaries*(New York: Viking Press, 1951), 57.

44 The full text of the Long Telegram is available from the National Security Archive at George Washington University, http://nsarchive.gwu.edu/coldwar/documents/episode-1/kennan.htm.

45 Bernard Brodie et al., *The Absolute Weapon: Atomic Power and World Order*, ed. Bernard Brodi(New York: Harcourt, Brace, 1946).

46 Mark Harrison, "The Soviet Union After 1945: Economic Recovery and Political Repression," *Past the Present* 210, suppl. 6(2011), 103-20.

47 다음을 보라. "GDP Levels in Former Eastern Europe and USSR, 1820-949" and "GDP Levels in Former Eastern Europe and USSR, 1950-2002," in Maddison, *The World Economy*, 476-7.

48 Robert Gates, *From the Shadows: The Ultimate Insider's Story of Five Presidents and How They Won the Cold War*(New York: Simon & Schuster, 1996), 29.

49 미국의 고위급 관리들은 냉전이 시작된 첫 10년간 적어도 두 차례 예방 전쟁을 고려했다. 예방 전쟁이 꼭 필요하다는 주장은, 핵무기를 국제적 차원에서 통제하는 것을 소련이 받아들이도록 강제하여, 소련이 강력한 핵 능력을 개발하기 전에 항구적인 평화를 유지할 수 있다는 논리였다. 1950년에 한국전쟁이 발발하고 몇 개월 지나지 않았을 때 해군장관 프랜시스 매튜스Francis Matthews는 이렇게 주장했다. "평화를 위해서 우리는 어떤 대가를 치르고서라도, 심지어 전쟁을 일으켜서라도 평화를 위한 협력을 적극적으로 강제하여 우리의 의도를 분명히 알려야 합니다." 1945년에 고든 딘Gordon Dean은 원자력위원회의 의장직에서 물러난 직후에 쓴 글에서 다음과 같이 자신의 소신을 피력했다. "과연 한 나라의 국민인 우리가 그리고 지금의 자유세계가, 소련이 이런 위치를 점할 정도의 힘을 갖게 되는 것을 허용할 수 있는가? 소련은 결국 그런 위치에 도달하게 될 것이기 때문이다. 세계의 자유민들이 아무리 열렬히 희망한들, 철의 장막을 열어

젖히고 소련으로 하여금 엄청난 무기 프로그램을 중단하도록 강제하는 모종의 구체적인 행동을 취하지 않는다면, 결국 소비에트가 이처럼 끔찍한 능력을 갖게 되는 것을 막지 못하게 될 것이다. …… 단도직입적으로 말하자면, 바로 이것이 우리가 1953-54년에 해결해야 할 문제다." 결국 트루먼도 아이젠하워도 이전 주장들을 받아들이지 않았다. 트루먼은 이렇게 비꼬았다. "전쟁으로 '막을' 수 있는 건 평화뿐이지."

50 버나드 브로디가 자신의 책에 썼듯이, "지금까지 우리가 군사력 확충에 신경 써온 주된 목적은 전쟁에 이기기 위한 것이었다. 지금부터는 그 주된 목적이 전쟁을 피하는 것이어야 한다. 다른 유용한 목적이라고는 있을 수 없다." 다음을 보라. Brodie et al., *The Absolute Weapon*, 76.

51 조지 마셜의 하버드대학교 연설 전문은 http://www.oecd.org/general/themarshallplans peechatharvarduniversity5june1947.htm; the text of NSC-68에서 볼 수 있다. 전후 미국의 국가 안보 전략과 실천에 관해서 보다 상세한 개요를 원한다면 http://fas.org/irp/offdocs/nsc-hst/nsc-68.htm을 보라. 미국의 국가 안보 전략 및 성과에 대한 자세한 개요는 다음을 보라. Graham Allison, "National Security Strategy for the 1990s," in *America's Global Interests: A New Agenda*, ed. Edward Hamilton(New York: W. W. Norton, 1989), 199-211.

52 Clausewitz, *On War*, 87.

53 Graham Allison, "Second Look: Lesson of the Cuban Missile Crisis," *Boston Globe*, October 26, 1987, http://belfercenter.org/publication/1334/second_look.html.

54 John Lewis Gaddis, *The Long Peace: Inquiries into the History of the Cold War*(New York: Oxford University Press, 1987), 237-41.

55 냉전 기간 동안 미국의 전략과 개입이 어떤 형태로 이루어졌는지에 관해서 쓴 믿을 만한 역사서를 찾는다면 다음을 보라. John Lewis Gaddis, *Strategies of Containment: A Critical Appraisal of Postwar American National Security Policy*(New York: Oxford University Press, 1982), and Gaddis's The Cold War: A New History(New York: Penguin), 2005. 이 시기에 소련과 미국이 제3세계에 어떻게 개입했는지에 관해서 가장 잘 설명하고 있는 책은 Odd Arne Westad, *The Global Cold War: Third World Interventions and the Making of Our Times*(Cambridge: Cambridge University Press, 2005)이다. 냉전 시대에 미국이 다른 나라들의 체제 변화를 목표로 펼쳤던 은밀한 작전들에 관해서, 이해하기 쉬운 서사로 풀어낸 역사서로는 다음을 참조하라. Stephen Kinzer, *Overthrow: America's Century of Regime Change from Hawaii to Iraq*(New York: Times Books, 2006), 111-216.

56 Carmen Reinhart and Kenneth Rogoff, *This Time Is Different: Eight Centuries of Financial Folly*(Princeton, NJ: Princeton University Press, 2009).

57 다음을 보라. Howard Weinroth, "Norman Angell and *The Great Illusion*: An Episode in Pre-1914 Pacifism," *Historical Journal* 17, no. 3(September 1974), 551-74.

58 Harvard Nuclear Study Group, *Living with Nuclear Weapons*(Cambridge, MA: Harvard University Press, 1983), 43-4.

59 20세기 후반에는 투키디데스라면 자신이 말한 역학이 작동한 탓이라고 지적했을 사건들의 연속이었다. 이런 사건들은 전체적인 힘의 균형 차원이 아니라, 결정적인 군사력 차원에서의 변화가 임박한 상황에서 일어났다. 경쟁국이 핵무기를 확보하여 조만간에 진짜 실질적인 위협이 될 핵무장을 하게 되는 문턱에 서 있을 때, 이미 핵무장을 한 경쟁국이 선제공격을 심각하게 고려하는 경우가 일곱 차례 있었다. 1949년 말에 소련이 첫 핵폭탄 실험을 한 이후로 미 공군참모총장은 트루먼 대통령에게 모스크바의 핵무기 능력을 없애기 위한 선제공격을 허가해달라고 강력하게 설득했다. 중국이 핵무기 보유의 티핑 포인트에 근접했을 때 소련은 베이징을 사전에 제압하는 계획을 세우고, 그 방안을 두고 미국과 상의까지 했다. 인도와 중국이 그랬고, 파키스탄과 인도가 그랬고, 지금은 북한과 미국이 그런 상황에 놓여 있다(가장 최근의 국방장관인 애슈턴 카터 Ashton Carter는 후자의 입장을 가진 것으로 널리 알려져 있다). 그런 계획을 실제로 실천에 옮긴 나라는 딱 한 나라, 이스라엘뿐이다. 이스라엘은 '적극적으로 핵 확산을 막는 정책'에 따라, 1981년에는 이라크의 원자로를, 2007년에는 시리아의 원자로를 괴멸시켰고, 지금은 계속해서 이란의 핵 프로그램을 공격하겠다는 위협을 하고 있다. 그 위협이 단순히 말에 그치는 위협이 아니라는 것은 이제 모두가 알고 있다. 이런 흐름에서 우리는 제1차 세계대전의 메아리를 듣는다. 당시에 엄청난 규모의 군대를 독일 국경 쪽으로 움직이게 해줄 새 철로를 서둘러 완공하려는 러시아를 보고 독일의 작전 참모들은 공포를 느꼈다. 철로가 완공되고 나면, 전쟁이 발발할 경우 독일이 동부와 서부 전선에서 동시에 싸워야 했기 때문이다. 지금은 사이버 전략가들이 예컨대 적의 핵 공격 시스템을 정지시킬 수 있게 해주는 기술 등의 돌파구를 상상하기 시작하고 있는데, 이 또한 선제공격의 유인이 되고 있다.

60 Ronald Reagan, "Statement on the 40th Anniversary of the Bombing of Hiroshima," August 6, 1985, UCSB American Presidency Project, http://www.presidency.ucsb.edu/ws/?pid=3897.

61 "미국 영토에 대규모 탄도미사일 공격을 실행할 능력이 있는 나라는 러시아와 중국뿐이지만, 이들 나라가 그럴 가능성은 매우 낮고 이 나라들이 미국의 탄도미사일 방어체제 BMD의 주요 대상도 아니다. 다음을 보라. US Department of Defense, "Ballistic Missile Defense Review Report," February 2010, 4, http://www.defense.gov/Portals/1/features/defenseReviews/BMDR/BMDR_as_of_26JAN10_0630_for_web.pdf.

62 Winston Churchill, "Never Despair," House of Commons, March 1, 1955, http://www.winstonchurchill.org/resources/speeches/1946-1963-elder-statesman/never-despair.

63 Philip Taubman, "Gromyko Says Mao Wanted Soviet A-Bomb Used on G.I.'s," *New York Times*, February 22, 1988, http://www.nytimes.com/1988/02/22/world/gromyko-says-mao-wanted-soviet-a-bomb-used-on-gi-s.html?pagewanted=all.

64 Susan Heavey, "Romney: Obama Going in 'Wrong Direction'on China," Reuters, February 16, 2012, http://www.reuters.com/article/usa-campaign-china-idUSL2E8DG26A20120216.

65 Michael Warren, "Romney on China's Currency Manipulation," *Weekly Standard*, October 12, 2011, http://www.weeklystandard.com/romney-on-chinas-currency-manipulation/article/595779.

66 Nick Gass, "Trump: 'We Can't Continue to Allow China to Rape Our Country,'" *Politico*, May 2, 2016, http://www.politico.com/blogs/2016-gop-primary-live-updates-and-results/2016/05/trump-china-rape-america-222689.

67 미-중 관계를 설명하기 위해서 이 말을 사용한 사람들 중에 이언 브레머Ian Bremmer 가 있다. "China vs. America: Fight of the Century," *Prospect*, April 2010, http://www.prospectmagazine.co.uk/magazine/china-vs-america-fight-of-the-century; David Rapkin and William Thompson, "Will Economic Interdependence Encourage China's and India's Peaceful Ascent?" in *Strategic Asia 2006-07: Trade, Interdependence, and Security*, ed. Ashley J. Tellis and Michael Wills(Seattle: National Bureau of Asian Research, 2006), 359; and James Dobbins, David C. Gompert, David A. Shlapak, and Andrew Scobell, *Conflict with China: Prospects, Consequences, and Strategies for Deterrence*(Santa Monica, CA: RAND Corporation, 2011), 8-9, http://www.rand.org/pubs/occasional_papers/OP344.html.

10. 이제 어디로 갈 것인가?

1 닉슨은 사람들에게 흔히 알려진 문화적 표현을 쓴 것이었지만, 실제로 그가 언급한 대상은 프랑켄슈타인 박사가 만든 괴물이었다. 다음을 보라. William Safire, "The Biggest Vote," *New York Times*, May 18, 2000, http://www.nytimes.com/2000/05/18/opinion/essay-the-biggest-vote.html

2 Belfer Center estimates, based on data(1980-2016) from International Monetary Fund, "World Economic Outlook Database," October 2016.

3 Kissinger, *Diplomacy*, 812.

4 Graham Allison and Niall Ferguson, "Establish a White House Council of Historical

Advisers Now," Belfer Center for Science and International Affairs, September 2016, http://belfercenter.org/project/applied-history-project.

5   우리 모두에게 비유의 위험을 상기시키기 위해서 메이는, 비유의 선례와 유사물이 특히 그럴듯해보일 때는 잠시 멈춰 선 뒤에 노트를 꺼내, 중간에 선을 긋고 한쪽 면에는 '유사점'을, 다른 한쪽에는 '차이점'을 적어보아야 한다고 주장했다. 각 난에 세 가지 핵심 항목을 적어 넣을 수 없다면 전문 역사가를 찾아가서 물어봐야 한다.

6   Henry Kissinger, *White House Years*(New York: Little, Brown, 1979), 54.

7   Allison and Ferguson, "Establish a White House Council."

8   1990년대 중반에, 당시 국방부의 국제안보 담당 차관보였던 조지프 나이가 펜타곤의 동아시아-태평양 안보 전략 초안을 작성했는데, 그는 여기에서 일종의 '포용과 견제의 이중 전략'을 제안했다. 한편으로는, 만약 미국이 중국을 적으로 취급한다면 우리에게 적이 있다는 사실이 확실해질 터였다. 따라서 이 전략안에서는 중국을 포용하여 국제 시스템 안으로 통합시킬 것을 제안했다. 그러나 동시에, 이런 노력이 성공하지 못할 위험도 만만치 않다는 점도 인식하고 있었다. 따라서 다른 한편으로는, 일본과의 관계를 강화하여 "10만 병력을 유지하고…… 이를 통해서, 이 지역에 대한 우리의 전략적 이해를 증진시키고, 앞으로도 미국의 개입 방침을 그대로 유지하겠다는 증거를 보여주는" 견제 전략이 필요했다. 다음을 보라. Department of Defense, *The United States Security Strategy for the East Asia-acific Region*, 1998, 59-60.

9   이런 진화 과정을 개괄해놓은 글로는 다음이 있다. Richard Weixing Hu, "Assessing the 'New Model of Major Power Relations' Between China and the United States," in *Handbook of US-China Relations*, ed. Andrew T. H. Tan(Northampton, MA: Edward Elgar Publishing, 2016), 222-4.

10 Robert Zoellick, "Whither China: From Membership to Responsibility: Remarks to the National Committee on U.S.-China Relations," New York City, September 21, 2005, https://2001-2009.state.gov/s/d/former/zoellick/rem/53682.htm. 중국이 책임감 있는 이해 당사국이 되리라는 졸릭의 말을 잘못 이해한 사람들이 있지만, 그의 이야기는 분명히 하나의 바람일 뿐 실제로 그렇게 되었다는 말은 아니었다.

11 Kissinger, *Diplomacy*, 812.

12 Allison, Blackwill, and Wyne, *Lee Kuan Yew*, 13, 3.

13 Kissinger, *Diplomacy*, 410-6.

14 찰스 글레이저는 그런 '대타협'을 옹호했다. 다음을 보라. Charles Glaser, "A U.S.-China Grand Bargain?," *International Security* 39, no. 5(Spring 2015), 49-90.

15 Rudd, *The Future of U.S.-China Relations Under Xi Jinping*, 14. Rudd's analysis of how

Chinese leaders view the US is discussed in greater detail in chapter 7.

16 Gaddis, *Strategies of Containment*, 342–79.

17 1978년에 덩샤오핑은 센카쿠 교착상태에 관해서 이렇게 말했다. "한동안, 그러니까 한 10년 정도 이 문제는 밀쳐두어도 괜찮다. 우리 세대는 이 문제에 관해서 이야기를 나눌 공통 언어를 찾을 수 있을 만큼 지혜롭지 않다. 분명히 우리 다음 세대는 우리보다 더 지혜로울 것이다. 그들은 모두가 받아들일 만한 해결책을 찾아낼 것임에 틀림없다." 다음을 보라. M. Taylor Fravel, "Explaining Stability in the Senkaku (Diaoyu) Islands Dispute," in *Getting the Triangle Straight: Managing China-Japan-US Relations*, ed. Gerald Curtis, Ryosei Kokubun, and Wang Jisi(Tokyo: Japan Center for International Exchange, 2010), 157.

18 라일 골드스타인은 자신의 '나선형 협력' 개념을 통해서 이런 아이디어를 비롯하여 여러 가지 아이디어들을 전개한다. 다음을 보라. Lyle Goldstein, *Meeting China Halfway: How to Defuse the Emerging US-China Rivalry*(Washington, DC: Georgetown University Press, 2015).

19 시진핑의 생각을 개괄해놓은 글을 찾는다면 다음을 보라. Cheng Li and Lucy Xu, "Chinese Enthusiasm and American Cynicism over the 'New Type of Great Power Relations,'" *China-US Focus*, December 4, 2014, http://www.chinausfocus.com/foreign-policy/chinese-enthusiasm-and-american-cynicism-over-the-new-type-of-great-power-relations/ 오바마 정부의 관리들 가운데 시진핑의 제안을 공식적으로 거부한 사람은 아무도 없었지만, 대통령과 참모들은 정확히 중국이 남중국해에 인공 섬을 건설하기 시작한 2014년 말부터 더 이상 그런 표현을 사용하지 않았다. 다음을 보라. Jane Perlez, "China's 'New Type'of Ties Fails to Sway Obama," New York Times, November 9, 2014, https://www.nytimes.com/2014/11/10/world/asia/chinas-new-type-of-ties-fails-to-sway-obama.html.

20 Jimmy Orr, "Reagan and Gorbachev Agreed to Fight UFOs," *Christian Science Monitor*, April 24, 2009, http://www.csmonitor.com/USA/Politics/The-Vote/2009/0424/reagan-and-gorbachev-agreed-to-fight-ufos.

21 Graham Allison, "The Step We Still Haven't Taken to Create a Nuke-Free World," *Atlantic*, March 23, 2014, https://www.theatlantic.com/international/archive/2014/03/the-step-we-still-havent-taken-to-create-a-nuke-free-world/284597/.

22 Graham Allison, *Nuclear Terrorism: The Ultimate Preventable Catastrophe*(New York: Henry Holt, 2004).

23 Susan Hockfield, "The 21st Century's Technology Story: The Convergence of Biology with Engineering and the Physical Sciences," Edwin L. Godkin Lecture, John F. Kennedy

Forum, Harvard Kennedy School of Government, March 12, 2014, iop.harvard.edu/forum/21st-centurys-technology-story-convergence-biology-engineering-and-physical-sciences.

24 *World at Risk: The Report of the Commission on the Prevention of WMD Proliferation and Terrorism*(New York: Vintage Books, 2008).

25 파리협정과 그에 따른 국가별 자발적 기여 방안(INDCs)을 분석한 《네이처*Nature*》는 이렇게 지적했다. 2030년까지 기온 상승을 현 수준에서 2도 이하로 제한하겠다는 목표가 달성되기 쉽지 않을 전망이다. …… 기온 상승을 2도 아래로 유지하려는 목표를 달성하기 위해서는 지금의 INDCs만으로는 불가능하며, 더 많은 국가적, 지역적, 비국가적 차원의 행동을 통하여 상당한 정도의 추가적인 노력을 기울일 필요가 있다. Joeri Rogelj et al., "Paris Agreement Climate Proposals Need a Boost to Keep Warming Well Below 2℃" *Nature* 534, June 2016, 631, 636, http://www.nature.com/nature/journal/v534/n7609/full/nature18307.html.

26 이런 방향으로 진행될 가능성을 탐구한 예로는 다음을 보라. Kishore Mahbubani and Lawrence Summers, "The Fusion of Civilizations," *Foreign Affairs*, May/June 2016, https://www.foreignaffairs.com/articles/2016-04-18/fusion-civilizations.

결론

1 Graham Allison and Philip Zelikow, *Essence of Decision: Explaining the Cuban Missile Crisis*, 2nd ed.(New York: Longman, 1999).

2 John F. Kennedy, "Commencement Address at American University," June 10, 1963, https://www.jfklibrary.org/Asset-Viewer/BWC7I4C9QUmLG9J6I8oy8w.aspx.

3 Robert Ellsworth, Andrew Goodpaster, and Rita Hauser, *America's National Interests: A Report from the Commission on America's National Interests*(Washington, DC: Report for the Commission on America's National Interests, 2000).

4 Sun Tzu, *The Art of War*, 84.

5 Whittaker Chambers, "A Witness," in *Conservatism in America Since 1930: A Reader*, ed. Gregory Schneider(New York: New York University Press, 2003), 141.

6 David Remnick, "Going the Distance: On and Off the Road with Barack Obama," *New Yorker*, January 27, 2014, http://www.newyorker.com/magazine/2014/01/27/going-the-distance-david-remnick.

7 Allison, Blackwill, and Wyne, *Lee Kuan Yew*, 10.

8 Niall Ferguson, *Civilization: The West and the Rest*(New York: Penguin, 2011), 12.

부록 1: 투키디데스의 함정 사례 파일

1 Pérez, "Avance portugues y expansion castellana en torno a 1492," 107.

2 이 사례를 '전쟁 회피'로 귀결된 사례로 제시하는 이유로서, 포르투갈의 참전이 카스티야의 왕위 계승을 둘러싼 싸움에 개입한 것임을 언급해둘 필요가 있겠다. 카스티야 왕위 계승 전쟁은 카스티야-아라곤 연합을 허용할지 여부를 두고 1475년과 1479년 사이에 벌어진 전쟁이었다. 만약 이 카스티야 내전으로, 아라곤의 왕 페르난도와 결혼한 이사벨이 카스티야의 다음 왕으로 재확인된다면, 연합은 남게 될 터였다. 만약 후아나(그녀는 포르투갈 왕 알폰소 5세와 결혼했다)의 지지자들이 이긴다면, 카스티야는 아라곤 대신 포르투갈과 통합될 터였고 말이다. 물론 포르투갈은 이사벨 대신에 후아나를 왕위에 앉히려는 편을 도와 싸웠다. 따라서 이 전쟁을 투키디데스의 함정 시나리오로 이해하여 신흥 세력인 카스티야가 아라곤과 통합하는 것을 두려워한 포르투갈이 공격을 감행했다고 보기보다는, 포르투갈이 카스티야를 자국의 형제 나라로 얻으려는 시도라고 이해하는 편이 더 정확하다. 요컨대, 두려움보다는 팽창이 더 큰 동인이었다는 말이다. 이 전쟁을 1494년의 투키디데스의 함정 사례와 구별시켜주는 요소가 하나 더 있다. 그것은 바로, 포르투갈의 해외 제국 그리고 그에 따른 부는 카스티야보다 훨씬 더 빠른 속도로 팽창하고 있었다는 점이다. 전쟁이 일어나기 전에, 포르투갈이 서아프리카의 '황금 해안'에서 금을 발견했다는 뉴스가 퍼진 상태였고, 포르투갈의 식민지인 아조레스와 카보베르데 농작물의 수익성이 좋다는 사실은 잘 알려져 있었으며, 그 수익성은 날로 증가하고 있었다. 전쟁 전에 교황은 일련의 칙서를 발표하여 포르투갈이 이들 땅에 대한 통치권이 있음을 승인했다. 포르투갈이 전쟁에 뛰어든 이후, 이사벨 여왕은 포르투갈의 힘을 약화시키려는 계산에서 아프리카에 있는 포르투갈 땅을 공격했다. 그러나 이런 노력들은 결국 성공을 거두지 못했고, 전쟁은 결국 포르투갈이 지배적인 식민지 세력이 되는 것으로 막을 내렸다. 이 패권은 1479년의 알카소바스 조약으로 확고해졌다. 따라서 우리가 분명하게 조명한 1492년의 '전쟁 회피' 시나리오는 신흥 세력인 에스파냐가 지배 세력인 포르투갈을 위협한 사례에서 타협이 이루어졌음을 보여주지만, 카스티야 왕위 계승 전쟁 중에 발생한 식민지 전투들은 두 세력 모두가 부상하고 있던 시기에 벌어졌다. 당시 대륙에서는 에스파냐가 영토를 확장했지만, 해외 식민지 건설 경쟁에서는 포르투갈이 에스파냐의 팽창을 저지할 정도로 부상했다.

3 Malyn Newitt, *A History of Portuguese Overseas Expansion, 1400–1668*(London: Routledge, 2005), 56.

4 Christopher Bell, *Portugal and the Quest for the Indies*(London: Constable, 1974), 180.

5 Alexander Zukas, "The Treaty of Tordesillas," in *Encyclopedia of Western Colonialism*

Since 1450(Detroit: Macmillan Reference, 2007), 1088.

6   Bell, *Portugal and the Quest for the Indies*, 183.

7   Stephen Bown, *1494: How a Family Feud in Medieval Spain Divided the World in Half*(New York: Thomas Dunne Books, 2012), 146-7.

8   당시에 아메리카 대륙의 지리에 관해서 얼마나 알려진 게 없었는지를 떠올려보면, 교황이 정한 경계선에 대한 주앙 왕의 단호한 태도는 이해하기 힘들지도 모른다. 1494년까지는 어느 세력도, 서경 46도 동쪽에 위치한 지금의 브라질 일부 지역의 위치는 말할 것도 없고 아메리카 대륙이라는 게 존재하는지조차 몰랐다. 그러나 크리스토퍼 벨 Christopher Bell은, 1494년 이전에 대서양을 탐험했던 포르투갈인들이 아프리카로 가던 도중에 우연히 그곳에 도착해서 그 땅을 실제로 보았고, 나중에 돌아와서 왕에게 이 땅에 관해서 보고했을지도 모른다고 추측한다. 따라서 주앙 2세가 1493년에 교황이 내린 칙서를 두고 이의를 제기했을 때, "대서양 건너편의 남반구에 땅이 있다는 사실 그리고 그게 섬이든 육지든 식민지로 삼기에 적합하고, 조만간 서경 36도 안에 있는 이웃들에게 발견되리라는 사실을 그가 이미 알고 있었을" 가능성이 있다. Bell, *Portugal and the Quest for the Indies*, 186.

9   Disney, *A History of Portugal*, 48.

10   1521년에 있었던 페르디난드 마젤란Ferdinand Magellan의 세계일주는 콜럼버스가 사실은 동인도로 가는 서쪽 항로가 아니라, 거대한 아메리카 신대륙을 발견한 것이었음을 보여주었다.

11   Bown, *1494*, 155.

12   사실, 이 조약은 매우 효과적이어서 이와 유사한 두 번째 조약의 실마리가 되었다. 1529년에 포르투갈과 에스파냐는 몰루카제도의 주권을 둘러싸고 생긴 의견 충돌을, 사라고사 조약을 통해서 해결했다. 이번에는 태평양에서 에스파냐와 포르투갈이 서로 영토권을 나누는 두 번째 경도선을 정한 것이다.

13   Jonathan Hart, *Empires and Colonies*(Malden, MA: Polity Press, 2008), 28.

14   Rodriguez-Salgado, "The Hapsburg-Valois Wars," 380.

15   앞의 책, 378. 무슬림 '불신자들'과 전쟁을 벌이는 것은 신성로마제국이라는 명칭에 걸맞은 책임을 떠안는 행위였다. 프랑수아에게 다가올 충돌을 예견하는 능력이 있었다는 사실로 볼 때, 프랑수아가 합스부르크 제국의 부상을 막기 위해서 고의로 방어 전쟁을 일으킨 것이라는 정치학자 데일 코플랜드Dale Copeland의 주장이 신빙성이 있어 보인다. 다음을 보라. Dale Copeland, *The Origins of Major War*(Ithaca, NY: Cornell University Press, 2000), 215.

16   Henry Kamen, *Spain, 1469-1714*(New York: Routledge, 2014), 65; Copeland, *The*

Origins of Major War, 381.

17 John Lynch, *Spain Under the Hapsburgs,* vol. 1(Oxford: Oxford University Press, 1964), 88.

18 Robert Knecht, *Francis I*(Cambridge: Cambridge University Press, 1982), 72.

19 Rodríguez-Salgado, "The Hapsburg-Valois Wars," 400.

20 Brendan Simms, *Europe: The Struggle for Supremacy*(New York: Basic Books, 2013), 10.

21 Halil ínalcı, *The Ottoman Empire: The Classical Age, 1300 – 1600*(London: Phoenix Press, 2001), 35.

22 Caroline Finkel, *Osman's Dream: The Story of the Ottoman Empire, 1300 – 1923*(New York: Basic Books, 2006), 58.

23 Andrew Hess, "The Ottoman Conquest of Egypt(1517) and the Beginning of the Sixteenth-Century World War," *International Journal of Middle East Studies* 4, no. 1, 67; Colin Imber, The Ottoman Empire, 1300 – 1650(New York: Palgrave Macmillan, 2009), 293.

24 Hess, "The Ottoman Conquest of Egypt," 70.

25 앞의 책., 55.

26 Richard Mackenney, *Sixteenth-Century Europe: Expansion and Conflict*(New York: Palgrave Macmillan, 1993), 243.

27 Simms, *Europe,* 11.

28 Imber, *The Ottoman Empire,* 54.

29 Geoffrey Parker, *Europe in Crisis, 1598 – 1648*(Ithaca, NY: Cornell University Press, 1979), 70.

30 앞의 책, 210-1.

31 Michael Roberts, "Sweden and the Baltic, 1611-54," in *The New Cambridge Modern History,* 2nd ed., vol. 4, ed. J. P. Cooper(New York: Cambridge University Press, 1970), 392-3.

32 Samuel Rawson Gardiner, *The Thirty Years'War, 1618 – 1648*(London: Longmans, Green, 1912), 105.

33 Peter Wilson, *The Thirty Years War: Europe's Tragedy*(Cambridge, MA: Harvard University Press, 2009), 431.

34   Erik Ringmar, "Words That Govern Men: A Cultural Explanation of the Swedish Intervention into the Thirty Years War"(PhD diss., Yale University, 1993), 157.

35   Simms, *Europe*, 15.

36   Michael Roberts, *Gustavus Adolphus*(London: Longman, 1992), 59-60.

37   제프리 파커Geoffrey Parker는 구스타브가, 스웨덴이 전쟁에 승리할 경우에 전후 구도에서 완전히 소외당할지도 모른다는 프랑스의 두려움을 자극해서 프랑스 로부터 대규모 재정 지원을 사실상 강탈하다시피 하여 받아냈다고 주장한다. "프랑스 로서는 구스타브가 자국의 도움 없이, 독일 지도가 다시 그려지게 될지도 모르는 지배 적인 위치를 차지하는 상황을 맞는 위험을 감수할 수가 없었다. …… 프랑스 특사들 은…… 스웨덴에 5년간 연간 100만 리브르를 지원하겠다고 약속했다. 명분은 '발트해 와 해양의 안전 보장, 무역의 자유 그리고 신성로마제국의 억압을 받는 나라들의 해방' 을 위한 전쟁을 돕는다는 거였다. 조약은 그 자리에서 30만 리브르를 내놓는다는 전언 과 더불어 즉각 공표되었고, 이는 사람들을 깜짝 놀라게 했다. …… 이 조약은 스웨덴 외교의 절묘한 성취로 널리 칭송받았다." Parker, *Europe in Crisis*, 219.

38   Roberts, "Sweden and the Baltic, 1611-54," 392.

39   Wilson, *The Thirty Years War*, 462.

40   Kennedy, *The Rise and Fall of the Great Powers*, 63, 56.

41   Wilson, *Profit and Power*, 107.

42   J. R. Jones, *The Anglo-Dutch Wars of the Seventeenth Century*(New York: Routledge, 1996), 8.

43   Kennedy, *The Rise and Fall of the Great Powers*, 67.

44   두 나라 모두의 중상주의 경제학에 대한 이해가 애덤 스미스 이전 단계에 머물러 있었 으므로 상호 이익을 가져다줄 수 있는 자유무역의 가능성에 대해서는 아직 인정하지 않았다는 사실을 기억하는 게 중요하다. F. L. 카르슈텐Carsten은 네덜란드인들이 "자 유로운 바다 원칙이라고 불렀고, 그들의 상업적 힘이 우월하리라고 기대하는 혹은 기 대할 수 있는 곳이라면 어디에서나 지켜온 시스템에 반하여 영국해를 지배하겠다는 생 각 또는 시스템의 불완전함"에 반응한 것이었다고 설명한다. "세계무역 자체가 확장될 수 있고 두 자본주의 국가 혹은 경쟁국이 서로를 괴멸시키지 않고도 함께 번영할 수 있 다는 사실을 깨닫기까지는, 세월이 한참 흘러 새로운 가능성이 열리기 시작할 때까지 기다려야 했다." 다음을 보라. E. H. Kossmann, "The Dutch Republic," in *The New Cambridge Modern History*, 2nd ed., vol. 5: *The Ascendancy of France, 1648-8*, ed. F. L. Carsten*(Cambridge: Cambridge University Press, 1961), 283.

45   Levy, "The Rise and Decline of the Anglo-Dutch Rivalry," 176, 189.

46 Edmundson, *Anglo-Dutch Rivalry During the First Half of the Seventeenth Century*, 5.

47 Immanuel Wallerstein, *The Modern World-System II: Mercantilism and the Consolidation of the European World-Economy, 1600-1750* (Berkeley: University of California Press, 2011), 77-8.

48 Wilson, *Profit and Power*, 78.

49 John A. Lynn, *The Wars of Louis XIV, 1667-1714* (Harlow, UK: Longman, 1999), 17.

50 Kennedy, *The Rise and Fall of the Great Powers*, 99; Sir George Clark, "The Nine Years War, 1688-1697," in *The New Cambridge Modern History*, 2nd ed., vol. 6: *The Rise of Great Britain and Russia, 1688-1715*, ed. J. S. Bromley (New York: Cambridge University Press, 1970), 223.

51 Derek McKay and H. M. Scott, *The Rise of the Great Powers, 1648-1815* (London: Longman, 1983), 46. 명예혁명은 윌리엄이 제임스 왕을 폐위한 것만이 아니라 의회에 더 많은 권한을 부여하는 다양한 헌법 개정까지 포함하여 가리키는 말인 경우가 많다. 윌리엄은 이런 법 개정을 대체로 흔쾌히 승인했으며, 그의 주된 관심은 프랑스와의 전쟁에 영국의 자원을 이용하는 것이었다.

52 Clark, "The Nine Years War," 230.

53 Lawrence James, *The Rise and Fall of the British Empire* (New York: St. Martin's Press, 1996), 66.

54 John Brewer, *The Sinews of Power: War, Money and the English State, 1688-1783* (London: Unwin Hyman, 1989), xvii.

55 Robert Tombs and Isabelle Tombs, *That Sweet Enemy: The French and the British from the Sun King to the Present* (London: William Heinemann, 2006), 51.

56 James, *The Rise and Fall of the British Empire*, 58.

57 Tombs and Tombs, *That Sweet Enemy*, 45.

58 James, *The Rise and Fall of the British Empire*, 66.

59 Tombs and Tombs, *That Sweet Enemy*, 46.

60 Kennedy, *The Rise and Fall of the Great Powers*, 120.

61 David Chandler, *The Campaigns of Napoleon* (New York: Macmillan, 1966), 208.

62 역사가 프랑수아 크루제François Crouzet에 따르면, 18세기 말, 프랑스는 경쟁국 영국과는 반대로 거의 경제 발전을 이루지 못했다. 영국이 독창성과 혁신 의지에서 결정적으로 앞서간 것이, 18세기 후반에 두 나라 경제의 구조적 차이가 두드러지게 된 근

본 요인이다. 다음을 보라. Francois Crouzet, *Britain Ascendant: Comparative Issues in Franco-British Economic History*(Cambridge: Cambridge University Press, 1990), 12.

63 William Doyle, *The Oxford History of the French Revolution*(Oxford: Oxford University Press, 2002), 197.

64 앞의 책., 198, 204-5.

65 William Cobbet, ed., *Cobbett's Parliamentary History of England: From the Norman Conquest, in 1066, to the Year 1803*, vol. 30(London: T. C. Hansard, 1806), 239.

66 Doyle, *The Oxford History of the French Revolution*, 200-2.

67 나폴레옹은 1815년까지 프랑스 군대를 1789년 수준의 세 배 이상으로 늘렸다. 다음을 보라. Kennedy, *The Rise and Fall of the Great Powers*, 99.

68 Charles Downer Hazen, *The French Revolution and Napoleon*(New York: Henry Holt, 1917), 251-2.

69 Norman Longmate, *Island Fortress: The Defense of Great Britain, 1603-1945* (London: Hutchinson, 1991), 291.

70 Michael Leggiere, *The Fall of Napoleon*(Cambridge: Cambridge University Press, 2007), 2.

71 Kennedy, *The Rise and Fall of the Great Powers*, 124.

72 그처럼 빠른 속도의 팽창은 러시아 역사상 전례가 없는 일이었다. "러시아는 1917년에서 1917년 사이에 매년 많은 유럽 국가들의 전 영토보다 큰 영역(평균 연 10만 스퀘어 킬로미터씩)을 확장했다." 다음을 보라. Kissinger, *World Order*, 53.

73 Correlates of War Project, "National Material Capabilities Dataset." 다음을 보라. Singer, Bremer, and Stuckey, "Capability Distribution, Uncertainty, and Major Power War," 19-48.

74 Orlando Figes, *The Crimean War: A History*(New York: Metropolitan Books, 2010), 40.

75 앞의 책.

76 Simms, *Europe*, 221.

77 Figes, *The Crimean War*, 48.

78 Kissinger, *World Order*, 50.

79 Astolphe de Custine, *Letters from Russia*, ed. Anka Muhlstein(New York: New York Review of Books, 2002), 647.

80 Alexander Polunov, Thomas Owen, and Larissa Zakharova, eds., *Russia in the Nineteenth*

Century: *Autocracy, Reform, and Social Change, 1814-1914*, trans. Marshall Shatz(New York: M. E. Sharpe, 2005), 69.

81 Adam Lambert, *The Crimean War: British Grand Strategy Against Russia, 1853-56*(Manchester, UK: Manchester University Press, 1990), 27.

82 Kennedy, *The Rise and Fall of the Great Powers*, 120.

83 앞의 책., 149.

84 앞의 책., 183.

85 Howard, *The Franco-Prussian War*, 40.

86 Wawro, *The Franco-Prussian War*, 19.

87 Howard, *The Franco-Prussian War*, 22.

88 Correlates of War Project, "National Material Capabilities Dataset." 다음을 보라. Singer, Bremer, and Stuckey, "Capability Distribution, Uncertainty, and Major Power War," 19-48.

89 Wawro, *The Franco-Prussian War*, 19.

90 Simms, *Europe*, 241.

91 Steinberg, *Bismarck*, 281-2.

92 Otto von Bismarck, *Bismarck, the Man and the Statesman, Being the Reflections and Reminiscences of Otto, Prince von Bismarck, Written and Dictated by Himself After His Retirement from Office*, trans. A. J. Butler(New York: Harper & Brothers, 1898), 57.

93 프랑스와의 전쟁을 위해서 호엔촐레른 공국의 왕을 에스파냐 왕의 후보로 만들고자 한 의향이 비스마르크에게 어느 정도 있었는지에 대해서는 학자마다 의견이 다르다. 그러나 비스마르크가 전쟁을 원했고, 우연을 통해서건 잘 짜인 계획을 통해서건 이 호엔촐레른 왕이 에스파냐 왕이 될 가능성이 '대결을 향해 나아가는 과정에 핵심 요소였다는 점들에 대해서는 대체로 의견이 일치하는 편이다. 다음을 보라. S. William Halperin, "The Origins of the Franco-Prussian War,"*Journal of Modern History* 45, no. 1(March 1973), 91.

94 Jasper Ridley, *Napoleon III and Eugenie*(New York: Viking, 1980), 561.

95 Howard, *The Franco-Prussian War*, 40.

96 Simms, *Europe*, 243.

97 Mitchell, *International Historical Statistics*, 1025.

98 다음 책에서 일본 군사비 지출 도표를 보라. *Making Waves*, 47(1873-1889), 104(1890-

1905).

99   Iriye, "Japan's Drive to Great-Power Status,"in *The Cambridge History of Japan*, vol. 5: *The Nineteenth Century*, ed. Marius Jansen(Cambridge: Cambridge University Press, 1989), 760-1.

100   Duus, *The Abacus and the Sword*, 49.

101   Iriye, "Japan's Drive to Great-Power Status," 764.

102   S. C. M. Paine, *The Sino-Japanese War of 1894-1895: Perceptions, Power, and Primacy*(Cambridge: Cambridge University Press, 2003), 77.

103   Stewart Lone, *Japan's First Modern War: Army and Society in the Conflict with China, 1894-1895*(London: St. Martin's Press, 1994), 25.

104   Westwood, *Russia Against Japan*, 11.

105   Schencking, *Making Waves*, 104.

106   Adam Tooze, *The Deluge: The Great War, America, and the Remaking of the Global Order, 1916-1931*(New York: Viking, 2014), 13.

107   Kennedy, *The Rise and Fall of the Great Powers*, 200-1.

108   May, *Imperial Democracy*, 57-9.

109   Bourne, *Britain and the Balance of Power in North America*, 339.

110   Kennedy, *The Rise and Fall of the Great Powers*, 203.

111   Bourne, *Britain and the Balance of Power in North America*, 351.

112   Friedberg, *The Weary Titan*, 197.

113   MacMillan, *The War That Ended Peace*, 38.

114   Orde, *The Eclipse of Great Britain*, 22. 또 다음을 보라. May and Hong, "A Power Transition and Its Effects," 12-3.

115   C. 밴 우드워드C. Vann Woodward는 이 '공짜 안보'에 관해 설명하면서, 이렇게 말했다. "해군이 대서양에서 경찰 노릇을 하면서 해상을 지키는 데는 비용이 만만치 않게 들었는데, 한 세기가 넘는 기간 동안 영국 신민들이 그 인력과 자금을 댄 반면, 미국인들은 자기네들에게 제공되는 안전을 아무 비용도 내지 않고 공짜로 누렸다." Woodward, "The Age of Reinterpretation," 2.

116   116. Kennedy, *The Rise and Fall of the Great Powers*, 202.

117   Kennedy, *Anglo-German Antagonism*, 464.

118 Seligmann, Nagler, and Epkenhans, eds., *The Naval Route to the Abyss*, 137−8.

119 MacMillan, *The War That Ended Peace*, xxvi.

120 1914년까지 프랑스 총 투자의 4분의 1이 빠른 속도로 산업화가 진행 중이던 러시아에 집중되었다. Strachan, *The First World War*, 19, 62−3.

121 Herwig, *The First World War*, 20−4.

122 독일 황제는 최근의 위기에 대해서 적에 맞서지 않는 데서 굴욕을 느꼈던 일을 떨치지 못하고 발칸에서 러시아의 영향력을 종식시킬 적당한 기회만을 노리고 있었다. 그 때문에 모스크바와 전쟁을 하게 되더라도 마찬가지였다. Herwig, *The First World War*, 21−4; MacMillan, *The War That Ended Peace*, 523.

123 For example, Clark, *The Sleepwalkers*, xxi−xvii, 561.

124 Kennedy, *Anglo-German Antagonism*, 470.

125 Margaret MacMillan, *Paris 1919: Six Months That Changed the World* (New York: Random House, 2003), 465.

126 Richard J. Evans, *The Third Reich in Power, 1933−1939* (New York: Penguin, 2005), 4.

127 Kennedy, *The Rise and Fall of the Great Powers*, 288.

128 William Shirer, *The Rise and Fall of the Third Reich: A History of Nazi Germany* (New York: Simon & Schuster, 2011), 58.

129 Evans, *The Third Reich in Power*, 705.

130 Kennedy, *The Rise and Fall of the Great Powers*, 305; Antony Beevor, *The Second World War* (London: Weidenfeld & Nicolson, 2012), 5.

131 Stephen Van Evera, *Causes of War: Power and the Roots of Conflict* (Ithaca, NY: Cornell University Press, 1999), 95−6.

132 Kennedy, *The Rise and Fall of the Great Powers*, 324.

133 Zara Steiner, *The Triumph of the Dark: European International History, 1933−1939* (New York: Oxford University Press, 2011), 835.

134 Beevor, *The Second World War*, 4.

135 Gerhard Weinberg, *A World at Arms: A Global History of World War II* (New York: Cambridge University Press, 2005), 22.

136 Winston Churchill, *Never Give In!: Winston Churchill's Speeches*, ed. Winston S. Churchill (New York: Bloomsbury, 2013), 102−3.

137 "Speech by the Prime Minister at Birmingham on March 17, 1939," Yale Law School Avalon Project, http://avalon.law.yale.edu/wwii/blbk09.asp.

138 Kissinger, *Diplomacy*, 294.

139 Beevor, *The Second World War*, 17-21.

140 Kennedy, *The Rise and Fall of the Great Powers*, 334.

141 US Department of State, *Foreign Relations of the United States and Japan*, 780.

142 Richard Storry, *Japan and the Decline of the West in Asia, 1894-1943*(London: Macmillan, 1979), 159.

143 Feis, *The Road to Pearl Harbor*, 248.

144 Maechling, "Pearl Harbor," 47.

145 Snyder, *Myths of Empire*, 126, 5.

146 Dean Acheson, *Present at the Creation: My Years in the State Department*(New York: Norton, 1969), 36.

147 Gaddis, *The Cold War*, 15.

148 Forrestal letter to Homer Ferguson, see Millis, ed., *The Forrestal Diaries*, 57.

149 Wilfried Loth, "The Cold War and the Social and Economic History of the Twentieth Century," in *The Cambridge History of the Cold War*, vol. 2, ed. Melvyn Leffler and Odd Arne Westad(New York: Cambridge University Press, 2010), 514.

150 국무장관 존 포스터 덜레스John Foster Dulles는 "만약 우리도 공산국들처럼 생산력 기준을 올리기 위해서 집중적인 노력을 기울이지 않는다면 세계의 상당 부분이 공산화되는 것을 막기가 매우 어려울" 것이라고 걱정하기 시작했다. 다음을 보라. H. W. Brands, *The Devil We Knew: Americans and the Cold War*(New York: Oxford University Press, 1993), 70.

151 Samuelson, Economics, 807.

152 Correlates of War Project, "National Material Capabilities Dataset"; Singer, Bremer, and Stuckey, "Capability Distribution, Uncertainty, and Major Power War," 19-48.

153 '수정주의' 학파에서부터 조지 케넌 같은 존경받는 냉전 전사들에 이르기까지 많은 학자들이 미국이 소련의 위협에 과잉 반응을 보였다고 주장했다. 이 견해를 지지하는 역사적 증거는 아주 많다. 그러나 투키디데스의 함정에서는 신흥 세력의 부상에 대한 지배 세력의 인식이 합리적이거나 위협의 정도를 정확하게 반영할 필요는 없다. 그저 신흥 세력이 적어도 어느 정도 부상하고 있고, 그 부상이 지배 세력에 두려움을 불러일으

키기에 충분할 정도면 된다. 이 사례의 경우, 두 조건이 잘 충족되고 있다.

154 두 세력이 은밀히 싸우는 흔치 않은 경우에, 가령 한국전쟁 당시에 소련 조종사들이 남한 상공으로 폭격을 위해 출격했을 때 그들은 양측이 핵무기를 사용하게 되는 파국적인 결과를 가져오게 될까 봐 두려운 마음에 출격 사실을 인정하기를 꺼렸다.

155 다음을 보라. Campbell Craig and Fredrik Logevall, *America's Cold War* (Cambridge, MA: Harvard Belknap, 2009), 357; Melvyn Leffler, *For the Soul of Mankind* (New York: Hill and Wang, 2007), 465; Gaddis, *The Cold War*, 261.

156 Gaddis, *The Long Peace*, 225.

157 앞의 책., 232.

158 Graham Allison, "Primitive Rules of Prudence: Foundations of Peaceful Competition," in *Windows of Opportunity: From Cold War to Peaceful Competition in US–Soviet Relations*, ed. Graham Allison, William Ury, and Bruce Allyn (Cambridge, MA: Ballinger, 1989).

159 Jussi M. Hanhimaki, "Europe's Cold War," in *The Oxford Handbook of Postwar European History*, ed. Dan Stone (Oxford: Oxford University Press, 2012), 297.

160 Moravcsik, *The Choice for Europe*, 407.

161 Zelikow and Rice, *Germany Unified and Europe Transformed*, 207.

162 Moravcsik, *The Choice for Europe*, 408.

163 Zelikow and Rice, *Germany Unified and Europe Transformed*, 47.

164 Heilbrunn, "The Interview: Henry Kissinger."

165 Stephen Green, *Reluctant Meister* (London: Haus Publishing, 2014), 299.

166 Haftendorn, *Coming of Age*, 319.

167 마틴 데드맨이 지적하듯이, "전쟁에서 패한 호전적인 과거의 독일과 평화에 대한 어떤 공식적인 합의도 하지 않은 상황에서, 부활한 독일 경제를 서유럽으로 안전하게 통합시키겠다는 목표는 경제통합을 통해서 달성되었다. 1951년에 처음으로 석탄 및 철강 산업에서 그리고 1957년에는 공업 제품 영역에서 공동시장을 만든 것이다. 이는 제2차 세계대전 이후 45년간, 독일의 경제력 회복이 유럽에 아무런 정치적, 군사적 위협이 되지 않았다는 의미다(반면, 일본이 경제 강국으로 부상한 일은 아시아의 이웃들을 불안하게 만들었다)." 다음을 보라. Martin Dedman, *The Origins and Development of the European Union, 1945–2008* (New York: Routledge, 2009), 2.

168 Hans Kundnani, *The Paradox of German Power* (London: C. Hurst, 2014), 102–3, 107.

도판 출처

32쪽: World Bank(GDP: http://data.worldbank.org/indicator/NY.GDP.MKTP.CD?locations=CN-US; 수입: http://data.worldbank.org/indicator/TM.VAL.MRCH.CD.WT?locations=CN-US; 수출: http://data.worldbank.org/indicator/TX.VAL.MRCH.CD.WT?locations=CN-US; 지급준비금: http://data.worldbank.org/indicator/FI.RES.XGLD.CD?locations=CN-US).

35쪽: International Monetary Fund, Economist Intelligence Unit.

39쪽: International Monetary Fund, World Economic Outlook Database, October 2016.

83쪽: 저자 제공.

115쪽: The Maddison-Project, http://www.ggdc.net/maddison/maddison-project/home.htm, 2013 version.

132쪽: Kennedy, *The Rise and Fall of the Great Powers*, p. 203.

172쪽: "American Aggression," *Toronto Star* (November 12, 1903), reproduced in *Literary Digest* 27, no. 26(December 26, 1903), 909, P 267.3 v.27, Widener Library, Harvard University.

223쪽: 저자 제공.

260~261쪽: Mapping Specialists, Ltd., Fitchburg, WI.

363쪽: 저자 제공.

찾아보기

기타

예정된 전쟁

지은이	그레이엄 앨리슨
옮긴이	정혜윤
펴낸이	오세인
펴낸곳	세종서적(주)

주간	정소연
기획	노만수
책임편집	이진아
편집	김하얀
디자인	전성연 전아름
마케팅	임종호
경영지원	홍성우

출판등록	1992년 3월 4일 제4-172호
주소	서울시 광진구 천호대로132길 15, 세종 SMS 빌딩 3층
전화	경영지원 (02)778-4179, 마케팅 (02)775-7011
팩스	(02)776-4013
홈페이지	www.sejongbooks.co.kr
네이버 포스트	post.naver.com/sejongbook
페이스북	www.facebook.com/sejongbooks
원고 모집	sejong.edit@gmail.com

초판 1쇄 발행 2018년 1월 22일
　　21쇄 발행 2023년 5월 17일

ISBN 978-89-8407-677-8 03900